公文写作

理论与实务

黄文贵　赵映诚　张志华　主编

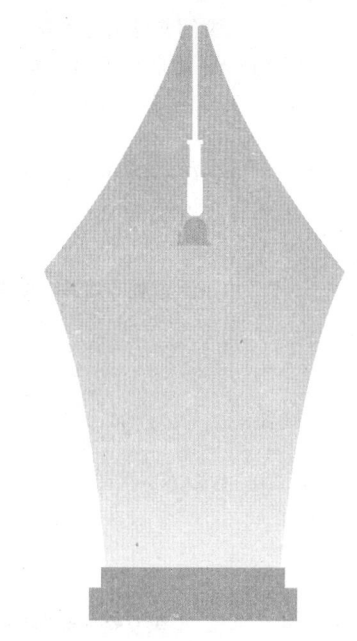

中国出版集团　现代出版社

图书在版编目（CIP）数据

公文写作理论与实务 / 黄文贵，赵映诚，张志华主编. — 北京 : 现代出版社,2024.1
ISBN 978-7-5231-0756-0

Ⅰ. ①公… Ⅱ. ①黄… ②赵… ③张… Ⅲ. ①公文－写作 Ⅳ. ①H152.3

中国国家版本馆 CIP 数据核字(2024)第 007069 号

主　编　黄文贵　赵映诚　张志华
责任编辑　袁　涛

出 版 人	乔先彪
出版发行	现代出版社
地　　址	北京安定门外安华里 504 号
邮政编码	100011
电　　话	010-64267325
传　　真	010-64245264
网　　址	www.1980xd.com
电子邮箱	xiandai@vip.sina.com
印　　刷	北京建宏印刷有限公司
开　　本	787mm×1092mm　1/16
印　　张	25.5
字　　数	496 千字
版　　次	2024 年 1 月第 1 版　2024 年 1 月第 1 次印刷
书　　号	ISBN 978-7-5231-0756-0
定　　价	89.00 元

版权所有，翻印必究；未经许可，不得转载

编写说明

《公文写作理论与实务》是一部讲授公务文书写作知识，探讨公文写作规律，培养学习者的公文写作技能，进而全面提升其写作素养的教学用书，可供大学相关课程选用，也可供党政机关、企事业单位、社会团体的办公人员学习参考。本书在编写过程中力求突出以下三个"结合"：

一是实践特征与理论体系的结合。

人类所有的写作活动都属于社会实践范畴，尤其是公文的实用性价值取向，要求公文写作必须面向社会现实问题，并且通过制发公文来解决这些实际问题。具体表现为写作者能够根据某一公务活动的需要，选择恰当的文种，完成相应公务文书的写作，即熟练掌握"用法"与"写法"。本教材中，第六章到第十五章的各类公文写作部分，就是按照上述目标展开编写思路的。其中的"文种概说"，以"文种释义""特征解析""文种辨析"等条目讲述"用法"，旨在说明这一文种用来做什么以及在什么情况下使用；而"写作指要""写作策略"则重在阐明"写法"，即应该怎样写以及在写作中应该注意什么问题。

当然，这种编写模式也是很多公文写作和应用写作教材共同的选择。但与此相对的是，似乎很多公文写作和应用写作教材都不太注重对学科理论的探讨。事实上，一门学科一定有其特定的术语（概念）和理论构架，其内部诸要素和内外各要素之间一定具有特定的运行规律与规则，所以，公文写作教学有责任引导学习者了解并深入认识这些规律与规则，从而真正提高学习者的公文写作水平。正是基于这样的思考，本教材除了讨论机关单位常用公文文种的用法、写法外，还力求揭示公文、公文写作的本质，并从公文自身的形式法则、公文写作活动的产生、公文写作构成要素、公文写作的运行过程等方面，总结公文与公文写作的一般规律与规则，构建学科的理论框架，致力于公文写作教学的理论性和实践性相结合。为此，本教材吸收了较多近年来公文写作理论与实践研究的学术成果，编写者还对学科所有重要术语进行了突出标示，希望学习者关注这些术语，并深入领会公文写作的核心知识。

二是技能训练与课程思政的结合。

公文写作是一项技能，一项综合性应用技能。它不仅反映写作者的语言表达水平，也综合体现了其逻辑思维水平和有效解决问题的能力。任何技能的形成和提高都需要反复训练，通过训练，在人的动作、智能和相关问题的有效解决之间建立起稳定的联系。本教材在每节内容的讲解后安排了有针对性的练习，同时注重训练的层次性和丰富性，着力将知识点的学习转化为学习者的公文写作实际能力的提升。

同时，公文写作又不只是技能，公文写作实践内在地包含了人的目的性与价值选择。因此，所有机关单位的公文写作都必须以社会主义核心价值观作为其必然的价值选择。公文是政治的工具，政治活动常常需要借助公文产生特定的效力，公文的政治性是其突出的特征。本教材在编写过程中注重突出良好的政治站位，以中国特色的社会主义理论体系为指导思想，不仅每一章都以相应的思政故事导入，而且将思政元素渗透于知识讲授与案例分析、例文导读之中，克服思政内容与学科知识生拼硬凑的"两张皮"现象，为教学者和学习者提供可靠的支持。

三是知识讲解与例文导读的结合。

技能训练总是建立在掌握必备知识的基础之上，只有在恰当的知识和方法指导下的训练才是科学有效的。无论是理论型课程，还是应用型课程，以概念和命题呈现的知识总是构成一门学科的基本元素。只是掌握公文写作的知识不是目的，目的在于知识的运用。同时，公文写作的模式性又决定了规范的例文在公文写作技能提升的过程中发挥了重要作用。

所谓模式，是指公文有大致相同或相似的布局和写法，有习惯使用的句式和规范化词语等。规范的公文例文对于公文写作的学习者可以起到模型示范的作用，公文写作的任何学习者都不能忽视对典范的公文例文的反复研读。令人遗憾的是，长期以来，公文写作教学普遍忽视文本的研习，通常是教学者讲完某一文种的知识之后，学习者草草浏览例文，简单分析一下文章结构即告结束。这种不能揣摩、探抵文本精微之处，浮光掠影式的阅读，使学习者常常陷入"一看就懂，一听就会，一写就错"的怪圈。

如何引起学习者深入地研读文本的兴趣？本教材采取了问题导读的方法。在精选的例文或者案例最值得关注、最值得推敲处设计相应的问题，引导学习者深入思考和讨论。通过文本细读，学习者不仅能获得对某一文种写作方法的具体感受，而且能形成良好的公文写作语感素养。公文写作需要具备良好的"问题意识"，除了编写者设计的问题外，在阅读文本的同时，阅读者还可以进一步思考：本文主要用于解决什么问题？本文是如何解决这一问题的？本文解决问题的思路和方式是不是最优选择？等等。

本教材是国内十多所高校二十余位专家集体智慧的结晶。三位主编黄文贵、赵映诚、张志华共同确定编写提纲，分配编写任务。各章编写人员如下：

第一章：赵映诚（浙江财经大学教授）

第二章：吴晓蓉（重庆医科大学副教授）

第三章：黄文贵（重庆科技学院副教授）

第四章：李晓华（西华大学教授）、张志华（湖南警察学院教授）

第五章：龚炜（重庆交通大学教授）、黄文贵（重庆科技学院副教授）

第六章：张志华（湖南警察学院教授）

第七章：王平（重庆科技学院副教授）、汪晓华（重庆科技学院讲师）

第八章：刘俐（西南大学副教授）

第九章：侯首辉（重庆交通职业技术学院副教授）

第十章：杨莉（重庆电子工程职业学院教授）

第十一章：张申平（重庆科技学院教授）、李新（重庆科技学院讲师）

第十二章：霍浩（重庆建筑工程职业学院副教授）

第十三章：罗蓉蓉（重庆科技学院副教授）、向海燕（重庆医科大学行政人员）

第十四章：王荣珍（重庆文理学院副教授）

第十五章：王科（长江师范学院副教授）

各章思政故事：朱省果（湖南警察学院讲师）

初稿编写完成后，第一至五章由赵映诚审核，第六至九章由张志华审核，第十至十五章由黄文贵审核，最后由黄文贵统稿修订。

一本教材是一门学科已有研究的代表性成果的结构性呈现，感谢所有为本教材提供研究成果的专家学者，尤其感谢国际汉语应用写作学会常务副会长、湖北大学洪威雷教授为本书的编著提出建设性意见。同时，因编写者的知识水平有限，教材中难免有疏漏之处，恳请各位专家和读者批评指正。

编者

2023 年 12 月

目 录

第一章 绪 论 （1）
  第一节 公文写作的概念 （1）
  第二节 公文写作文体与种类划分 （9）
  第三节 公文写作的性质特点与作用 （20）
  第四节 学习公文写作的意义与方法 （27）

第二章 公文的格式与稿本 （33）
  第一节 公文格式和公文格式标准化 （34）
  第二节 公文格式的要素与规范 （38）
  第三节 公文的稿本 （53）

第三章 公文写作的主体 （60）
  第一节 公文写作主体的构成 （60）
  第二节 公文法定主体的行文 （68）
  第三节 公文写作者的素养 （77）

第四章 公文写作的要素 （88）
  第一节 公文的主旨 （89）
  第二节 公文的材料 （96）
  第三节 公文的结构 （101）
  第四节 公文的语言 （108）

第五章 公文写作的运行过程 （117）
  第一节 公文写作的准备 （118）
  第二节 公文文稿的起草 （126）
  第三节 公文的修改与审核 （133）

第六章 指挥指导性公文的写作 （143）
  第一节 命令（令）的写作 （143）
  第二节 决议的写作 （151）

第三节　决定的写作 …………………………………… (155)
　　第四节　通知的写作 …………………………………… (162)
　　第五节　意见的写作 …………………………………… (173)

第七章　公布告知性公文的写作 ………………………………… (180)
　　第一节　公报的写作 …………………………………… (180)
　　第二节　公告的写作 …………………………………… (184)
　　第三节　通告的写作 …………………………………… (188)
　　第四节　通报的写作 …………………………………… (198)

第八章　报请审议类公文的写作 ………………………………… (212)
　　第一节　报告的写作 …………………………………… (213)
　　第二节　请示的写作 …………………………………… (222)
　　第三节　批复的写作 …………………………………… (229)
　　第四节　议案的写作 …………………………………… (237)

第九章　函商与纪要类公文的写作 ……………………………… (243)
　　第一节　函的写作 ……………………………………… (244)
　　第二节　纪要的写作 …………………………………… (253)

第十章　计划类公文的写作 ……………………………………… (261)
　　第一节　计划的写作 …………………………………… (261)
　　第二节　实施方案的写作 ……………………………… (270)

第十一章　总结类公文的写作 …………………………………… (278)
　　第一节　总结的写作 …………………………………… (279)
　　第二节　经验材料的写作 ……………………………… (289)
　　第三节　述职报告的写作 ……………………………… (295)

第十二章　信息类公文的写作 …………………………………… (301)
　　第一节　简报的写作 …………………………………… (302)
　　第二节　调研报告的写作 ……………………………… (312)
　　第三节　公示、启事的写作 …………………………… (322)

第十三章　讲话类公文的写作 …………………………………… (332)
　　第一节　领导讲话稿的写作 …………………………… (333)
　　第二节　致辞的写作 …………………………………… (340)
　　第三节　竞聘演讲稿的写作 …………………………… (347)

第十四章　规约类公文的写作 ……………………………………………（354）
　　第一节　规约类文书概述 ……………………………………………（355）
　　第二节　章程的写作 …………………………………………………（360）
　　第三节　规定的写作 …………………………………………………（370）

第十五章　书信类公文的写作 ……………………………………………（376）
　　第一节　感谢信的写作 ………………………………………………（377）
　　第二节　慰问信的写作 ………………………………………………（382）
　　第三节　贺信的写作 …………………………………………………（389）

参考文献 ……………………………………………………………………（395）

第一章 绪 论

一封公函改变命运

1966年2月，袁隆平的论文《水稻的雄性不孕性》刊登在中国科学院主编的《科学通报》上。同年5月，国家科委九局局长赵石英同志在获悉袁隆平发表的《水稻的雄性不孕性》一文后，对其高度重视，认为水稻雄性不育研究若能成功，将会对中国粮食生产产生重大影响。于是，在国家科委主任聂荣臻元帅的支持下，国家科委分别向湖南省科委和安江农校发函，责成他们支持袁隆平的水稻雄性不育研究活动。这封公函改变了袁隆平的命运，一个行将接受批斗的人突然变身为"保护对象"，并被任命为杂交水稻科研工作组的技术参谋。[①]

事实上，公文与每个人的工作、学习、生活都有着十分密切的联系。公文是开展公务活动的依据，这些活动的内容或者规范，均须用公文来传递和表达。

人类自从有了文字，就有了反映社会需求的写作活动。人类的一切实践活动，都离不开写作活动的参与，在当今这个以信息的生产和传播为主要特征的时代，写作甚至成了人类一种主要的和基本的实践活动形式。公文写作是写作的组成部分，在国家政务管理和促进人类物质文明、精神文明的社会实践中发挥着重要作用。

本章主要介绍公文的基本概念，包括写作与公文写作，文章、公文与应用文，公文与相关概念的区别，公文写作文体与种类划分，公文的性质、特点与作用等。

第一节 公文写作的概念

一、写作与公文写作

（一）写作

写作是什么？不同的人对写作有不同的理解。社会学家认为它是一种社会现象；政治学家认为它属于为经济基础服务的上层建筑；人类学家认为它是人与人之间的信息交流；教育学家认为它是人才能力培养的重要方面；哲学家认为它是一种精神生产；

[①] 材料来源于隆平水稻博物馆。

美学家认为它是真实的主观和客观的符号化;文学家认为它是自我精神生命的延伸。也有人说,写作是语言的书面表达,写作是文字符号的精选和巧用等。所有这些阐述和理解,不仅反映了人们对写作的态度和多层次的研究,而且反映了社会生产中写作活动的重要性。

究竟什么是写作呢?我们可以概括为:**写作是对从事智能性、生产性、社会性的文字、文章的撰写工作的统称。**

这个定义主要说明了两点:一是表明写作是在撰写文字或文章,它有别于其他的社会活动,离开了文字,就不能称其为写作。同时,它所形成的结果只能是文章。二是表明写作是一种智能性、生产性、社会性的行为活动。智能性,说明它是一种脑力劳动,思维的积极活动将会贯穿于写作的全过程。生产性,说明它是一种精神生产,其产品就是文章。社会性,说明它是一种信息传播行为,是社会所需要的一种信息传播手段。

为了更好地研究写作这种社会现象,我们还可以采用社会学研究的方法,给写作下一个相对具体的操作性定义:**写作是为实现写作功能,通过复杂的思维感知活动,反映客观实际,并以书面语言文字为媒介,形成具有技艺性、结构性并以一定文体形式反映出来的书面表达材料,即形成文章的创造性活动。**写作是人类各个领域不可或缺的信息记录与信息传播方式。作为人类凝聚思想、表达情感、加工与传递知识的基本手段,写作是人类精神生活与实践活动的重要组成部分,也是创作文章、作品的基本途径。

(二) 公文写作

写作按其社会功能划分,大致有两种类型:一是供欣赏阅读的文艺性文体的写作;二是应用性文体的写作,即应用写作。文艺性文体的写作主要是情动乎中而形于言,旨在反映社会生活、塑造艺术形象,并通过阅读欣赏来感染读者,使读者从思想、感情、情操等方面受到熏陶,从而发挥应有的社会作用。应用写作主要是缘事而发,为办事情、处理实际问题而写作,达到实际应用的目的。

在应用性文体的写作中,一个重要的组成部分就是公文写作。**公文写作是为处理公务,产生于社会公共事务和国家政务管理过程中的写作活动,其文章形式称为公文,即公务文章的写作。**

公文写作是一种公务性、管理性很强的写作活动和写作形式。它作为一种实践活动,直接服务和作用于社会的物质生产和精神生产,作用于社会管理活动和公务事项的处理,是一种十分重要的写作活动。

二、文章、应用文、公文

(一) 文章

文章是用于反映客观事物,并具有一定结构形式的书面语言文字材料,是社会信息传播与社会发展的工具。这个定义说明了三点:一是文章的内容反映的是客观事物;

二是文章的形式是一定结构的篇章，它的上位概念是书面语言；三是文章的作用是传播社会信息和促进社会发展。这里所说的促进社会发展，主要是就一般意义而言，即具有正向价值的文章促进了社会的发展。

"文章"一词与语言文字发生联系，大约始于《论语》。《论语·泰伯》有："大哉！尧之为君也。……巍巍乎其有成功也，焕乎其有文章。"其中的最后一句是说尧的文章多么光辉呀！尧的什么"文章"呢？即"政施布于天下者"，如礼乐法度之类。大约在汉代以后，文章逐步有了文辞、篇章之意，即将语言文字称为"文章"。如《史记·儒林列传》："文章尔雅，训辞深厚。"后魏文帝曹丕在《典论·论文》中指出："文章，经国之大业。"一直到南朝梁任昉的《文章缘起》、北齐颜之推的《文章》篇，都论述了文章写作。至此，文章的名与文章的实才被完全统一起来。这里所说的文章，才是组成篇章的书面语言。魏晋南北朝直至唐代，虽然出现了"文""笔"之分，但"文章"一词仍然使用很宽泛，无韵之"笔"称"文章"，有韵之"文"也称"文章"。

《论衡·正说》中的"句有数以连章，章有体以成篇"已经谈到篇章构成。《文心雕龙·章句》："夫设情有宅，置言有位；宅情曰章，位言曰句。""夫人之立言，因字而生句，积句而成章，积章而成篇。"这些虽不是文章的定义，但已接触到语言的连贯性问题。真正给文章从语言方面下定义的是清代的阮元，他在《与友人论古文书》一文中说："属辞成篇，故曰文章。"也就是说，文字联结与连缀言辞成为篇，叫"文章"。毛泽东从唯物主义的反映论出发，认为文章是对客观事物的反映。我们可以定义，文章是具有一定结构形式的反映客观事物的组成篇章的文字材料，其作用是传播信息与促进社会发展，具有十分重要的工具作用。

（二）应用文

1946年，湘芬书局出版的秦熏陶先生[①]的《应用文》一书指出："文以达意为主，无论抒情之文、说理之文、记事之文、实用之文，均达意也。而世或判艺术之文与实用之文为两途。"这里，秦先生将文章分为抒情、说理、记事和实用之文四个种类，或分为艺术和实用之文两类。实用文，即注重实用价值的文章，与欣赏性的艺术类文章相对应。实用文自然注重实用，即实际应用。因此，自从有了"应用文"这个概念，应用文、实用文两个概念也就被同时使用，而现今称呼更多的还是"应用文"。

"应用文"一词大约出现在宋代。北宋时期欧阳修《免进五代史状》："自忝窃于科名，不忍忘其素习，时有妄作，皆应用文字。"又有《辞副枢密与两府书》："少本无于远志，早迫逮亲之禄，学为应用之文。"这里的"应用文字""应用之文"大概指科举应试文章。一代文豪苏轼也曾在《答刘巨济书》中说："仆老拙百无堪，向在科场时，不得已作应用文，不幸为人传写，深为羞愧，以此得虚名。"苏轼所说的科场应用

[①] 秦熏陶，曾于1943年前后供职于旧湖南省教育厅，其厅中"重要文告，多出其手，无不称意"。1946年，他于湘芬书局出版《应用文》一书。该书共分三编，第一编为尺牍，第二编为公文，第三编是楹联。其中，公文编共分六章。

文是一篇策论，题为《刑赏忠厚之至论》。① 宋代王安石当政后，立即对取士制度进行改革，废止了考诗赋，而改为考经义，以发表政治见解的时务策论作为考试的主要内容，以便选拔一些通经致用的人才，为变法服务。南宋时期，张侃在《拙轩集·跋陈后山再任校官谢启》一文中也使用了"应用文"一词，他说："骈四俪六，特应用文耳。"意为六朝、唐初时所写的应用文字都采用四字、六字句式相间成对的骈体文来表现。但要说明的是，这种"骈四俪六"的文风形式并不独限于应用文体，其他文艺性的文体也在使用。这也说明，宋代虽然有了"应用文"这一名称，但实际上并没有把它作为专用的文体概念。

应用文作为文体概念是清代学者刘熙载最早提出来的，他在《艺概·文概》中指出："辞命体，推之即可为一切应用之文。应用文有上行、有平行、有下行，重其辞乃所以重其实也。"显然，这里刘熙载所讲的"辞命体"之文，主要是指应用文（当然也包括私人文书在内），道出了应用文的实用即"重其实"的本质。

"五四"时期，陈独秀提出"文之大别有二，一曰应用文，二曰文学之文"，并将评论、文告、日记、信札等列入应用文的范畴。20世纪30年代前后，应用文的使用已经非常普遍。徐望之②先生在其《公牍通论》中说："有用周应人事者，若书札、公牍、杂记、序跋、箴铭、颂赞、哀祭等类，我名之应用之文。"这对应用文范围的认识扩大了很多。1931年，陈子展出版《应用文作法讲话》一书，提出了常用的九类应用文，即公牍文（公文）、电报文、书启文、庆吊文、联语文、契据文、广告文、规章文、题署文。

在中华人民共和国成立以前，应用文似乎并没有一个确切的定义。在中华人民共和国成立以后，《辞海》将应用文定义为"日常生活或工作中经常应用的文体"。这种说法显然太过概括，但它突出了这种文体的"应用"性质。20世纪80年代以后，众多学者都曾对应用文下过定义，如陈明模主编的由当时劳动人事出版社出版的《机关应用文写作》有一个定义："应用文就是一种适合实用的，具有特定对象和惯用格式的文体。它是机关、团体、企事业单位和人民群众在处理公务或私人事务时必不可少的文字材料。"裴显生先生在其主编的《应用写作》一书中指出，应用文是指国家机关、企事业单位、社会团体、人民群众在其日常生活、学习、工作中处理公共事务或私人事务时，所使用的具有某种惯用格式和直接应用价值的文章。洪威雷先生在《应用文写作新论》一书中指出："应用文是国家机关、政党、社会团体、企事业和个人在日常工作、生活中，为处理公私事务而常用的具有明道、交际、信守、致用功能和约定俗成

---

①《刑赏忠厚之至论》，为宋嘉祐二年（1057年）苏轼应礼部试的试卷。主考官欧阳修认为它脱尽五代宋初以来的浮靡艰涩之风，十分赏识，曾说："读轼书不觉汗出，快哉！老夫当避此人，放出一头地。"文章以忠厚立论，援引古仁者施行刑赏以忠厚为本的范例，阐发了儒家的仁政思想，说理透彻，结构严谨，文辞简练而平易晓畅。苏轼拥有深厚的儒学造诣，且总是着眼于现实性与致用性，并不赞成空谈性理。他在《答刘巨济书》中指出："近时士人多学谈理空性，以追世好，然不足深取。"所以，"深为羞愧"之词当为谦恭之语。

②徐望之，1930年前后曾在河北训政院任职，主讲公牍学，著有《公牍通论》一书。其父徐次舟"以牧令仕粤中，能认真做人、做事、做官，卓卓有声"，"所制官书、条教，皆博大精深，可谓经济文章，一时无两"。徐望之"承家学，有父风"。

体式的一种文字书写载体。"中国港台学者亦有一些说法，如中国香港陈跃南教授在《应用文概说》一书中说："应用文就是应付生活，'用'于实务的'文章'。凡个人、团体、机关相互之间公私往来，用约定俗成的体裁和术语写作，以及交际和信守的文字，都叫应用文。"中国台湾张仁青教授在《应用文》一书中说："凡个人与个人之间，或机关团体与机关团体之间，或个人与机关团体之间，互相往来所使用之特定形式之文字，而为社会大众所遵循，共同使用者，谓之应用文。"另有中国台湾学者林守为先生认为："应用文是个人或团体，为应日常公私生活的需要，或遵循礼俗风尚，或依从事理人情，或依据法律规章，所作的文字。"[1]

综上所述，**应用文是行为主体在社会生活中为处理事务和交际需要，形成并使用的具有约定俗成的体式和普遍通行的实用性文体**。这个定义说明了以下四点：

1. 应用文是行为主体，即使用者形成和使用的。一般来说，使用者应具有一定的文字修养，会写、会用应用文。其行文主体包括组织和个人。

2. 使用应用文的目的是处理各类事务和进行人与人之间的往来交际。应用文在事务处理和人际交往中发挥着重要作用，是人们处理事务和进行交际的工具。

3. 应用文是一种具有约定俗成体式、体裁形式的文章，具有普遍通行性。这也是同文艺性文体相区别的重要特征之一。

4. 应用文重在应用，"重其辞乃所以重其实也"，其本质是实用性。

（三）公文

公文，即处理公务事项的文章，是公务文书的简称。公文的概念比应用文的概念出现得早，同"文书"的概念相联系。"文书"一词大约出现在汉代，西汉初贾谊《新书·过秦下》："禁文书而酷刑罚，先诈力而后仁义。"东汉班固《汉书·刑法志》："文书盈于几阁，典者不能遍睹。"即当时的文章可被统称为"文书"。这大概与"书"的概念的出现有关，最初的文章是"连缀辞以成篇"，而由篇连缀成编、成书，如《尚书》，即上古之书汇编之意。在春秋战国时，书籍已很普遍。因此，在我国古代，文书泛指文籍典册，一切有史料价值的文字材料都可被称为"文书"。

三国以后，出现了"公文"这个概念，以示同一般文书的区别。《后汉书·刘陶传》："州即忌讳，不欲闻之，但更相告语，莫肯公文。"《三国志》："公文下郡县，绵绢悉以还民。"这里的公文，指的是官府的文书。同时，这时的文书已不再指其他文籍典册，而是指应用性的文字材料和文章。这样，"公文"就成了"官府之文书"的专用，但"文书"的概念仍在使用和流传。为了更好地区分文书的不同含义，以后出现了公务文书和私人文书概念的区分。公文在古代又称"官书"和"公牍"。"官"，即通公，也就是公文书。"牍"，《说文》释"片"部为书版，以其字从片，片为半木，书之于版者为牍。后来，无论书于竹或书于木，均称为"牍"。汉时诏书称"诏牍"，奏疏曰"奏牍"（《汉书·东方朔传》）。后来，为了区分公文和以尺牍为私人往来的短札、书信等私人文书，出现了"公牍"的概念。公牍的概念一直延续到清以后，但

---

[1] 林守为. 最新应用文[M]. 台南：大孚书局，1996：12.

在中华人民共和国成立后不再使用。

辛亥革命以后，1912年初，南京临时政府颁布第一个《公文程式条例》，自此以后又开始使用公文、文书这些概念。这时，公文显然是指政府的公务文书。秦熏陶先生在其《应用文》一书中为公文下的定义是："公文即国家机关，或地方机关，或人民，或团体，彼此处理公务时，互相表示意思之文书。"并将公文分为程式之公文和杂体类之公文两种。徐望之先生在《公牍通论》中对公文的定义是："公文者，为意思表示于一定程式之文书也。"二者表述基本相同。徐望之先生还强调了公文的职能主要是"处理公务"。他说："凡以文字表示意思，不得为之公文。必以一定之程式所制成之文书，始得为之公文。"这里强调了公文的规范性。

现今公文的概念可以定义为：**公文是指党政机关、企事业单位、群众团体等法定的机关与组织为了一定的目的，在社会活动中为处理公务而形成并使用的具有一定程式和格式的应用性文章和文字材料。**

这个定义说明了六点含义：

1. 公文首先是一种文字材料，是能够表达一定的意思而成篇的一种书面材料和文章。当然，它又不同于别的书面材料和文章，如处理公务的录像带、录音带等，这些材料当然具有公文的功用，但不具有文字的属性，因而不能被称为"公文"，也不能被称为"文章"或"文书"。

2. 公文是在处理公务活动中形成和使用的。公文"姓公"，凡不是为处理公务事项而形成的文字材料，不能被称为"公文"。当然，有些私务事项是要求公务机关处理的，所形成的文书也就成了公文。

3. 公文具有一定的程式和特定的文面格式。这是因为公文是处理政务和管理社会事务的工具，所以需要按照国家规定的程序和手续办理，遵循国家统一规定的通用格式要求，以便实现社会管理和社会交际的功用。在内容上，一般来说，公文要能表达一定的意思，即表达一个较为完整的思想和意图，即具有文章的要素。

4. 公文具有应用性。公文的作用主要是应用性，是处理公务事项和进行社会交际活动的工具，而且所涉及的事项除个别情况外，都是现行的，即正在进行或将要进行的工作和事务。

5. 公文具有目的性、针对性。公文作为处理事务的一种工具，具有明确的目的性。它根据社会活动和有关事项的需要而形成，同时定向、定范围传达意图，记载活动，推动工作，具有很强的针对性。

6. 使用公文的主体必须是党政机关、企事业单位、群众团体等法定的机关与社会组织。这与个人或家庭使用的私人文书不同。

私人文书，指的是个人、家庭（或家族）根据社会交往活动的需要，为处理私人事务而形成和使用的文书。例如，个人或家庭同亲友之间的来往书信，个人或家庭关于财产、经济关系等方面的契约、合同、收支账目，年老病危的人临终前写下的遗嘱，个人写的自传、家谱等。私人文书由个人制作、处理和保存，方法可以自便。当然，私人文书同样具有约定俗成的格式和要求。另外，如果私人文书的行文对象是法定的机关与组织，且被这些机关与组织受理，它也就变成了这些机关和组织的公文。公文一定是就公务事项而言，如果是私事，就不能被称为"公文"或"公务文书"。

这里要说明的是，公文有广义和狭义之分。广义的公文是指所有在公务活动中形成的文字材料。狭义的公文专指党政机关规范化公文，即国家规定的党政机关正式公文种类或法定性公文，这类公文具有规范化的程式与格式要求。其可定义为：**党政机关规范化公文是指党政机关在管理过程中形成的具有法定效力和规范体式的公文，是依法进行管理和开展公务活动的重要工具**。正如2012年4月中共中央办公厅、国务院办公厅发布的《党政机关公文处理工作条例》所说："党政机关公文是党政机关实施领导、履行职能、处理公务的具有特定效力和规范体式的文书，是传达贯彻党和国家的方针政策，公布法规和规章，指导、布置和商洽工作，请示和答复问题，报告、通报和交流情况等的重要工具。"按照《党政机关公文处理工作条例》的规定，党政机关规范性公文种类主要有15种，如决议、决定、命令、通知、函等。

三、公文与相关概念的联系与区别

（一）文书、公文、文件的联系与区别

公文通常也被称为"文书"和"文件"，三者有时可以通用。一般情况下，文书、公文、文件的基本含义是一致的，都是指公务文书。例如，我们通常说的"机关文书工作"，就是指机关的公文处理工作；通常说的"制发文件"，就是指制作和发送公文。但文书、公文、文件又有一些区别，可以根据不同情况来分别使用这三个概念。

1. 文书，作为所有公文材料的总称，是一个集合概念，如"文书材料""文书工作""文书处理"等。除作为文字材料的含义以外，文书也可以指一种职业或职务的名称，如"机关文书工作人员""机关文书"。另外，文书还可以指私人文书，这里的"文书"就不能与"公文"通用，只有在公文范围内的文书才可以同公文通用。

2. 公文，本质是"公"，所以，所有在公务活动中形成的文字材料都可以叫"公文"，如介绍信、便函、会议记录等，但不能把这些称为"文件"，其只有在泛指的时候才包含在文件之内。

3. 文件，有时是泛指文书材料的总称，如"文件材料""学习文件"；有时特指上级机关的重要来文，如"红头文件"。另外，单份公文通常被称为"文件"。一般说来，文件包括的范围比较小，主要是指上级机关下发的具有重要执行作用的文件种类，但目前企业使用"文件"一词较为宽泛，有时所有文件材料都被称为"文件"。这些主要是使用习惯问题，没有严格区分。对行政机关而言，如函、知照性通知等均不冠以具有"文件"字样的机关文头标识，只标明"××××机关（单位）"。不具有"行文单位"资格的机关部门在发文时也不冠以"文件"字样。

总的来说，文书、公文、文件三者的基本含义是一致的，出现不同的叫法主要是受历史流传的影响。"文书"一词出现最早，秦汉多称"文书"，三国以后多称"公文"。"文件"一词大约在清末才出现，当时外交文书中提到"寻常往来文件"。受其影响，中国共产党建立初期，在有关文书、秘书工作条例、办法中，主要沿用"文书""文件"两个词，如1931年由瞿秋白起草、周恩来签批试行的中国共产党第一个《文

件处置办法》，就是用"文件"一词。抗日战争胜利以后，"公文"一词被使用得较多。中华人民共和国成立以后，国务院发布的几个公文处理办法多用"公文"一词，但中共中央办公厅前期发布的公文处理条例多用"文件"一词，如1989年4月25日中共中央办公厅发布的《中国共产党各级领导机关文件处理条例》。直到1996年5月3日，中共中央办公厅印发的《中国共产党机关公文处理工作条例》才和国务院的提法统一起来，都使用"公文"。2012年4月16日，中共中央办公厅、国务院办公厅发布的现行《党政机关公文处理工作条例》统一使用"公文"一词。就公文处理工作而言，目前仍使用"文书处理工作"一词，"公文处理工作""文件处理工作"也有使用，且"公文处理工作"被使用得较多。

（二）公文（文书）与档案的联系与区别

"档案"一词始于清初。"档"，就是木架框格的意思；"案"，原意是"几属"，即像小桌子一类的东西，由于文章常常是伏案而作，因而又引申为文字材料。由此再引申，把处理一桩事件的有关文书叫作"一案"，把放置这些文书的架子称作"档架"，把每一格称为"一档"。后来，将分类立卷归档保存的文书材料称为"档案"。**档案是指机关、组织和个人在社会活动中形成的，作为历史记录保存起来以备查考的文字、图像、声音等的文书和信息材料。**

文书与档案具有密切的联系，在历史上，曾经出现过文书与档案不分的现象，这一方面说明文书、档案工作的不成熟、不发展，另一方面也说明文书与档案的亲缘关系。档案是由文书和信息转化而来的，没有文书、信息材料，也就没有档案。档案是保存起来的人类社会活动的原始文书材料和记录。

文书与档案的密切联系主要表现在三个方面：

1. 两者记录和反映人类社会实践活动的功用相同。文书记录的是现实的活动，档案是保存起来的历史活动记录，且这种记录具有基本相同的物质载体。历史上，文书和档案的主要载体有龟甲、兽骨、羊皮、竹木、绢帛、纸张等。

2. 两者在内容和格式上完全一致。档案直接来源于文书，今天的档案就是昨天的文书，今天的文书就是明天的档案，两者的内容和形式完全相同。可以说，文书是分散的档案，档案是集中保存的文书。

3. 两者互为因果。文书是档案的前身，档案是文书的归结，有了文书才有档案，没有文书也就没有档案，文书是因，档案是果。在有些情况下，文书的形成又需要查考档案，档案又为文书的形成提供了依据和参考。

文书与档案显然也是有区别的。文书是档案的前身，经过转化才能成为档案。转化的条件是：处理和办理社会事务完毕的文书才能转化为档案；对日后实际工作和科学研究活动有一定查考价值的文书才有必要作为档案保存；按照一定的规律，文书被集中保存起来，才能最后成为档案。

文书与档案的区别也主要表现在三个方面：

1. 两者的性质和形式不同。文书是具有现行效用的信息，在处理公务及社会交际活动中具有针对性、指导性、现实执行性；档案是保存起来的历史信息，在需要查考利用时才具有凭据性、见证性、借鉴性。文书是为了现行应用而产生的；档案是为了今后的应用而按照一定的规律组成和保存的。文书的本质属性是现实执行性、管理性；档案的本质属性是原始记录性、科学文化性。文书在形式上是零散的、单份的；档案在形式上是组合的、集中的、多份的。

2. 两者的目的和作用不同。形成文书的目的在于处理现实工作事务，如发布政令、传达指示、求决事项、汇报情况、商洽工作等，文书发挥着工具作用；形成档案的目的在于将处理完毕的文书有规律地组合起来，以备利用，将"昨天"告诉"今天"，所以，档案发挥着史记作用。

3. 两者存在和发挥效用的时间不同。文书由于是现行应用的，因而被处理完毕以后，就失去了效用，文书存在的使命也就基本完结；档案由于是以备将来利用的，因而具有存在的长期性、永久性，且在通常情况下，存在得越久越珍贵，价值也越大。

思考与练习

（一）谈谈你对文书、公文、文件三个概念的理解。
（二）文书与档案的区别是什么？
（三）单项选择题：
1. 该同学的文笔很好，其中的"文笔很好"是指（　　）。
A. 作文有文采　　　B. 字写得漂亮　　　C. 文章写得好　　　D. 会写笔记体文章
2. 下面四个文件标题，正确的是（　　）。
A. 杭城市党政机关文件处理实施细则
B. 杭城市党政机关文书处理实施细则
C. 杭城市党政机关公文处理实施细则
D. 杭城市党政机关公务文件处理实施细则
参考答案：1. C　2. C

第二节　公文写作文体与种类划分

一、写作文体

（一）文体与文体分类

文体是指文章在写作实践中为适应实际需要而形成的体制、体裁、体例样式。为适应不同的实际需要，文章形成了各种不同的语文体式，如政论文体、科技文体、文艺性文体、公文文体等。文体不同，其格式要求也就不同，写作自然各异。

在《尚书》编纂之前，文章处于自发的演化状态之中，很难说有一个固定的体式。在《尚书》编纂以后，文章经过梳理，较为有体，但显然不很规范。鲁迅根据刘勰的说法，在《汉文学史纲》中指出，《书》之体例有六："曰典、曰谟、曰训、曰诰、曰誓、曰命，是称六体。"再仔细归纳，还可以有其他一些体例形式，如"贡"。贡，即献功之意。《尚书》中有《禹贡》篇，大体相当于今天表彰性的公文体式。《尚书》中还有一些文章，我们很难为之定体，比如史官的记录。孔子以后还形成一种"语录体"，《论语》就是孔子的弟子及其再传弟子记录孔子及其弟子言行而编成的语录文集。今天，这种语录体文字依然存在，如《毛主席语录》《名人警句》等。随着现代手机的普及，这种语录体文字形式大量涌现。

秦汉以后，文学、哲学、宗教学都有了很大的发展，文章的体裁形式也多种多样，于是有了文艺性文体、政论文体、公文文体等之分，其具体的文体也就更多。后来，学者从简单化出发，按照文章总的用途，将其分为两大类，一是文艺性文体，二是应用性文体。但是，这种分类并不能很好地把握写作规律，分类的目的是便于掌握一定文体的写作规律，写出好的文章来，而大的分类太抽象。这样，学者又将文艺性的文体分为四类，即大家比较熟悉的诗歌、散文、小说、戏剧。依次还可以继续细分，如戏剧有电影剧本、电视剧本、曲艺剧本、小品剧本等，小说又有长篇小说、中篇小说、短篇小说、小小说等。这些细分的文体各有其不同的特点与文体样式要求。应用性文体，包括的范围很广，自然也需要细加区分，于是有了政论文体、科技文体、公文文体等。但这样分还看不出具体的文章特点，于是就有了各类文体中不同的具体文章种类，如古代公文文体中的制、诏、诰、敕、章、表、奏、议等。有人还列出古代八大文体类型：表、说、记、铭、序、辩、传、诏。

1. 表（议论文），为奏议的一种。古代向帝王上书言事的一种文体。中国古代臣子写给君主的呈文有各种不同的名称，战国时期统称为"书"，如李斯《谏逐客书》。到了汉代，这类文字分成章、奏、表、议四小类。

2. 说（议论文），是一种议论性的古代文体，大多针对一事、一物或一种现象抒发感想，写法上不拘一格，行文崇尚自由活泼，有波澜起伏，篇幅一般不长，跟现代小言论性杂文颇为相似。

3. 记（记叙文），又称"杂记"，包括山川、景物、人事杂记等。又有笔记文，以记事为主，它的特点是篇幅短小，长的千字左右；内容丰富，有历史掌故、遗文逸事、文艺随笔、人物短论、科学小说、文字考证、读书杂记等。

4. 铭（称颂功德，记叙文），用于述功纪行或警诫劝勉，文辞精练，有韵，读来铿锵有力；体制短小，最短者不足十字，与格言颇相似。铭最初是古代刻在器物、碑碣上的文字，后来发展为一种文体，用来记述事实、功德，即述公纪行，有时也用来警诫自己或劝勉他人。

5. 序（记叙文），有赠序。古代送别各以诗文相赠，集而为之序的，称为"赠序"。序（叙）一般指序言，放在书的前面；跋则放在书的后面，即后序。上古时代的序都是放在后面的。

6. 辩，即辩是非、别真伪。这种文体的特点是批驳一个错误论点，或论说某些事实。论辩类就是论说文，包括哲学论文、政治论文、史论、文论等。先秦诸子书，一般都可认为是论文集（通常都以政治为主）。单篇论文则以贾谊的《过秦论》为最早。

论辩类或者是发表自己的主张，阐明一个道理（论）；或者是论说事理的是非，驳斥别人的言论（辩）。如《淮南子》是论，而《论衡》则是辩；《过秦论》是论，而《神灭论》则是辩。

7. 传（记叙文），记述个人生平事迹的文章，一般为记述历史上较有影响而事迹突出的已逝的人物生平事迹，多采取叙述、描写等手法，展示人物的生平风貌。这种文体，惯用于史书。

8. 诏，是皇帝对臣下的书信。诏令和奏议本来都是书信，但因封建时代最高统治者与一般人不同，所以臣子给皇帝的书信叫"奏议"，皇帝给臣下的书信叫"诏令"。

写文章之前，除了要掌握文章总的分类以外，更重要的是掌握不同的具体文种，即不同文章名称的区别，以便写出符合文体规范的好文章来。当然，对于有些文章，我们很难区分出它们属于类还是种，如诏、诰、章、表、奏、议，或者今天常见的命令、决定、通知、请示、报告等。

文章写作重在语言表达，"文以达意为主"，因此又可从表达方式上对文章进行分类。这样，所有文章可分为三大类：记叙文、议论文、说明文（有时还加上抒情文）。

记叙文有广义和狭义两种：广义的记叙文泛指通过对人、事、物的具体描述来表现主题、反映社会生活的文章，包括采用艺术方法的有关文学作品，以及常用记叙性的文体。狭义的记叙文是指以叙述、描写为主要表达方法，以记真人、叙真事为主要内容的文体，如新闻（消息）、通讯、特写、回忆录、报告文学、参观记、访问记等，内容主要是记人、叙事、状物。

议论文是一种以说理为主，以议论为主要表达方式的文体，如学术论文以及其他言论性文章。议论文一般讲求论点、论据、论证。

说明文是运用解释和说明的表达方式，介绍某方面的知识或某事物的性质、作用、特点、用途等的文体。

（二）公文写作文体

我国现行机关的公文写作文体，一是指文体种类，即公文的种类名称。就种属关系而言，公文是应用文体中的公文文体。公文文体又可以分为若干种类名称，这些种类也可看作某种文体。二是指公文的表达方式。就表达方式而言，**我国现行机关的公文文体是采用白话文**，并主要运用议论、说明、记叙三种表达方式的应用文体。

这里的表达方式又说明了两点：一是现行机关公文在语言表达上采用白话文；二是公文在表达方式上兼有议论、说明、记叙或其他表达方式。

中华人民共和国成立以前，旧时期的公文采用文言文或半文半白的文体，早年不用标点，特别是上行文不能使用标点，阅读十分困难。1933 年，南京国民政府行政院颁布了《公文采用简单标点办法》。抗日战争时期，中国共产党领导的边区政府实行公文改革，明文规定废除文言文体和旧的公文文体，[①] 改用白话文和新的公文文体，废除旧的公文套语，使用新式标点符号。

[①] 关于旧的公文文体及使用等，可参考赵映诚著《当代公文写作》（第二版）第二章"公文的历史演进"（大连出版社，2013 年）。

公文之所以是一种兼有议论文、说明文、记叙文的一般特点的公文文体，就在于其讲清道理、说明观点、分析情况、得出结论时，兼有适当的议论，但又与议论文不同，不需要做过多的专门议论；公文有时也需要说明有关情况，但又与一般的说明文不同，不需要对有关细节做过细说明；在反映工作的情况、事件发生的始末、某人某单位的事迹时，公文中需要叙述有关的情况，与记叙文不同的是，其目的不在于叙事纪实，因此，公文叙事必须简明、朴实，不做过多的描述。在我国现行的文体分类中，有人将应用文列为议论文、说明文、记叙文三大文体后的第四大文体。应用文当然也就包括了公文。20世纪三四十年代，"文以达意为主"，将四大文体称作抒情之文、说理之文、记事之文、实用之文。正如秦熏陶先生所说："抒情之文、说理之文、记事之文、实用之文，均达意也。"①

公文文体除了在表达方式上与文学作品等文体有区别外，在诸如语言风格、结构方式、篇章构成等方面也独具特色。这些都需要我们在写作过程中认真把握。

关于公文的表达方式，以下面的公文为例，稍作分析：

◇ 例文

××市人民政府关于工商银行××分行"4·9"交通事故情况的通报

各区县人民政府、市人民政府各部门、各直属机构：

××××年4月9日，工商银行××分行组织职工参观××××展览。22时左右，在前往××宾馆住宿途中，职工乘坐的大客车翻入湖内，造成9人死亡、2人重伤的重大事故。目前，事故原因正在进一步调查之中。事故发生后，市人民政府和有关部门领导同志立即赶赴现场组织抢救，做好安抚和善后工作。工商银行市分行抽调人员到××分行顶班上岗，保证了该分行正常营业。

目前正值春游季节，人员外出活动增多，市人民政府要求各部门、各单位一定要从"4·9"事故中吸取教训，高度重视安全工作，增强安全意识。尽量不要组织到外地长途春游，在市内春游要量力而行，勤俭节约。在组织活动前，对全体参加活动人员进行安全、卫生、交通和组织纪律教育，做好严密的组织工作，落实各项安全措施和岗位责任制，对所使用的交通工具要严格检查，坚决制止无照驾驶、超员运行，消除事故隐患，防止事故发生。

××市人民政府
××××年×月××日

这是一个交通事故的情况通报。这份通报首先简要叙述所发生的事情，然后将事故发生后临时处理的情况告知有关部门和人员，最后为防止类似恶性事件再发生，提出具体意见和要求。通报的第一部分主要以记叙为主，简要叙述了事件发生的经过和结果；后两部分内容主要以说明为主，说明了事故发生后有关单位采取的措施，以及

---

① 秦熏陶. 应用文 [M]. 长沙：湘芬书局，1946.

市政府对各单位提出的要求——注意安全，即消除事故隐患、防止事故发生等。

公文文体的三种表达方式在各个文种的使用中，侧重点是不同的。有些以说明为主，有些以议论为主，有些是叙述、说明、议论兼而有之。

命令、批复、议案多以说明为主（表彰性的除外），如《国务院关于提请审议〈关于惩治劫持航空器、船舰犯罪的补充规定（草案）〉的议案》（国函〔××××〕××号）。这份议案，从提出议案的目的——"为了惩治劫持航空器、船舰的犯罪活动，维护航空器、船舰以及旅客的安全，建议对《中华人民共和国刑法》作出补充规定"，到提请审议的事项及审议要求——"公安部草拟了《关于惩治劫持航空器、船舰犯罪的补充规定（草案）》，这个草案已经国务院常务会议讨论通过，现提请审议"，都是使用的说明性语体。全文通过这种语体，明确地表达了审议目的、审议事项以及审议要求。

决定、指示、通知多以议论、说明为主。通报、报告、请示等则多是叙述、议论、说明兼而有之。

二、公文种类划分

（一）公文种类划分的意义

由于公文所反映的社会现象是极其纷繁复杂的，这就要求我们把握公文的不同种类，更好地区分不同种类的公文名称（文种），正确地使用它们，以便更好地发挥公文的效用。公文写作的范围很广，必须正确识别各种公文的异同，了解和掌握它们在格式、结构布局、语言风格等方面的特点和规律，使公文写作更加规范化、科学化，更好地发挥公文的作用。公文种类划分的意义主要体现在以下四个方面。

1. 适应组织管辖范围和功能，保证机关工作的有序性

从公文使用的实践来看，各类机关都是依法成立并根据自己的管理权限和范围行使权力和承担责任。只有在权限和范围内制发的公文才能有效。

党政机关、社会团体、企事业单位以及各级机关都可以根据自己的职能和权限制发公文，这些公文具有权威性。这种权威性取决于公文制发机关的法定权威性，公文代表机关发言，是机关的喉舌，具有法定的强制性和约束力。这种权威性也取决于制发机关的管理权限和范围，公文如果超越了自身机关的管理权限和范围，其法定权威性就无从谈起。将公文划分为不同的种类，正是基于公文在处理各类公务活动中体现出的不同的管理职能。因而在工作中恰当选用公文文种，可以使各级机关在自己的管辖范围内准确行使职权，保证机关工作正常有序地进行，有效维护公文的严肃性、权威性。

2. 适应机关不同的行文关系，保证公文的及时处理

机关行文时，或是对上行文，或是对下行文，或是使用平行文，三种不同的行文关系反映了不同的工作关系，应分别在上行文、下行文和平行文对应的文种范围内选择恰当的文种。比如对上行文，向上级汇报工作时，应选用"报告"，不可选择"命令"等下行文种；对下行文，针对下级的请示要求给予答复时，只能选用"批复"，而

不能选择"报告"等上行文种；平行或不相隶属的机关之间互相行文、商洽事宜时，宜用"函"，如错用"请示""批复"等上行文种或下行文种，就会打乱正常的行文关系。可见，正确划分文书种类，有利于准确判定本机关与文件接受方的行文关系，使文件得到及时、迅速的处理。

3. 适应行文的具体目的要求，保证公文的有效性

从公文写作的实践来看，不同的公文种类揭示了不同的发文意图和行文目的，有着不同的功能与作用，错误选择公文种类，就会使公文失去其功能。在各机关单位的公务活动中，为了解决一个个的具体问题，实现一项项工作目标，就有了针对这些问题和目标的一份份内容各异、类别不同的公文。比如，上行文种（请示、报告等）与下行文种（决定、批复等）的写法各不相同，用语、结构各具特色，不能混淆。此外，有的文种内容宏观、语气严肃、斩钉截铁（比如"命令"）；有的文种内容具体、语言平实、循循善诱（如作为下行文的"意见"）；有的文种需要询问有关信息，所以具有缘由、询问事项、恳请语的结构安排；有的文种多用文字表述（如大多数通用文种）；有的文种辅以大量表格，甚至以表格为主（如会计报表等专用文种）。因此，只有正确划分公文种类，才能使机关在行文时选择恰当的文种，保证公文的有效性。

4. 适应公文的使用规律，实现公文的规范化

公文的使用，是在长期的社会实践中形成和建立起来的，有自己的规律。公文的写作与处理必须遵循其规律。例如，请求上级领导机关给予指示或批准时应使用"请示"（适用于向上级机关请求指示、批准），如果错用"报告"，就会贻误公文的办理。因为"报告"只是报告情况的，上级机关不一定答复，要求解决的问题得不到批复，就会造成工作失误。再比如，公文办理完毕之后，针对不同的文种，处理方式往往不同。介绍信、请柬、事务性通知等常常因不具备查考利用价值而被销毁，有价值的公文则需要立卷归档，在归档时又要考虑到不同公文的属性，从而加以区别对待。在一个机关，要将关于同一问题的本机关的"请示"和上级机关的"批复"合并为一件，本机关与外机关的去函与复函合并为一件，以便查找利用。可见，在文书处理工作中，正确划分文书种类，可以保证文件的有效处理，形成文书处理工作的科学化和规范化。

（二）公文种类的划分

公文写作的目的是反映客观的社会公务活动，解决实际社会生活中的问题。现代社会生活的纷繁多样，以及行为主体、业务活动的多样性，决定了公文的多样性。有学者统计，现今公文有200余种，足见其文种的多样性。随着社会历史的发展和科学技术的进步，社会活动领域不断拓宽，公务的使用范围还将日益扩大，新文种会不断出现。因而关于公文范围的界定和分类，目前众说纷纭，尚难统一。但公文分类的主要目的是更好地了解某类公文文体的功用，把握它的写作规律和技巧。于是，根据这种目的性，我们可以把大致相同或相近的文种归为一类，以便找出它们的相同或者不同之处，从而加以学习与运用。因此，我们主要从公文的性质、内容、作用和使用范围上将其大体分为以下九类。

1. 党政机关规范化公文

这里所说的党政机关规范化公文，主要是指国家规定的党政机关正式公文种类。这类公文具有规范化的程序与格式要求，是党政机关在行政管理过程中形成的具有法定效力和规范体式的文书，是依法行政和进行公务活动的重要工具。按照2012年4月中共中央办公厅、国务院办公厅发布的《党政机关公文处理工作条例》规定，党政机关规范性公文种类主要有：

（一）决议。适用于会议讨论通过的重大决策事项。

（二）决定。适用于对重要事项做出决策和部署、奖惩有关单位和人员、变更或者撤销下级机关不适当的决定事项。

（三）命令（令）。适用于公布行政法规和规章、宣布施行重大强制性措施、批准授予和晋升衔级、嘉奖有关单位和人员。

（四）公报。适用于公布重要决定或者重大事项。

（五）公告。适用于向国内外宣布重要事项或者法定事项。

（六）通告。适用于在一定范围内公布应当遵守或者周知的事项。

（七）意见。适用于对重要问题提出见解和处理办法。

（八）通知。适用于发布、传达要求下级机关执行和有关单位周知或者执行的事项，批转、转发公文。

（九）通报。适用于表彰先进、批评错误、传达重要精神和告知重要情况。

（十）报告。适用于向上级机关汇报工作、反映情况，回复上级机关的询问。

（十一）请示。适用于向上级机关请求指示、批准。

（十二）批复。适用于答复下级机关请示事项。

（十三）议案。适用于各级人民政府按照法律程序向同级人民代表大会或者人民代表大会常务委员会提请审议事项。

（十四）函。适用于不相隶属机关之间商洽工作、询问和答复问题、请求批准和答复审批事项。

（十五）纪要。适用于记载会议主要情况和议定事项。

这15种公文从性质上大体又可以分为四个类型：一是内容要求贯彻执行性的，如决议、决定、命令、意见、通知。当然，这里有的性质存在交叉，如决定、通知等的内容也可能是表示认定、认可性的，有的通知的内容具有告知性，不一定须贯彻执行。二是告知性的，如公报、公告、通告、通报。它们的性质也可能存在交叉，如有些通告具有执行性。三是报请性的，主要是报告、请示、议案。四是知照与记录性的，主要是函、纪要。所谓知照性，主要是指要求知晓明了。对于这些不同性质的公文，在写作过程中需要认真加以辨别。同时，在撰写和制作这些公文时必须遵循规定的格式要求。

2. 规章类公文

这类公文主要包括章程、条例、办法、规定、细则及各种制度、公约、守则等。这类公文一部分属于法规性公文，法规性公文一般需要党政机关正式发布方可生效。

不属于法律、法规的公文，可称为"规范性公文"，规范性公文可直接生效。

3. 机关日常事务类公文

这类公文主要有计划、总结、调查报告、工作研究、述职报告、公示、提案、讲话稿、演讲词、解说词、典型材料等。这类公文不是党政机关正式公文种类，但经常使用，写作中需要遵循写作原理与约定俗成的格式要求。

4. 司法类公文

司法类公文主要是人民法院、人民检察院、公安机关、公证机关以及公民、法人和其他组织使用的专用公务文书。

人民法院使用的主要有：开庭通知书、刑事判决书、民事判决书、民事裁决书、刑事裁决书、行政赔偿调解书、决定书、案件审理报告以及判决公告等。

人民检察院使用的主要有：立案决定书、批准（不批准）逮捕决定书、侦缉决定书、起诉（不起诉）决定书、检察意见书、刑事抗诉书、抗诉决定书、复议决定书、复核决定书、检察建议书、委托诉讼代理人告知书、委托辩护人告知书以及辩护律师收集案件材料许可证等。

公安机关使用的主要有：传唤通知书、不予立案通知书、移送案件通知书、撤销案件通知书、刑事案件立案报告、刑事案件破案报告、预审终结报告、呈请拘留报告、提请批准逮捕书、起诉意见书、鉴定书、现场勘查笔录、讯问笔录、搜查笔录、侦缉实验笔录以及逮捕证、搜查证等。

公证、仲裁机关使用的主要有：公证书、涉外公证书、仲裁申请书、仲裁答辩书、仲裁调解书、仲裁裁决书等。

公民、法人和其他组织使用的主要有：刑事自诉状、民事起诉状、行政起诉状、民事上诉状、行政上诉状、答辩状、反诉状、申诉状、财产保全申请书、复议申请书、授权委托书、遗嘱、辩护词、代理词等。其中，个人使用的起诉状、遗嘱等，一旦进入司法程序，就具有了公务的性质。

司法类公文需要按照司法程序、规定等撰写与制作。

5. 经济类公文

这类公文常用的有：经济合同、市场调查报告、市场预测报告、经济活动分析报告、可行性分析报告、各类质量检查报告、财经预决算报告、工程建设预决算报告、审计报告、税务检查报告、税务稽查报告、商贸索赔求赔书、商贸理赔书、审计索赔求赔书、银行稽检报告、信贷审查报告、保险查勘理赔报告、股票承销书、申请保险书、保险理赔书、信用证书、产品说明书、外贸业务函电、出口货物申请书和许可证、出口货物报单、招标书、投标书以及电报、电传、传真、电子邮件等。

这类公文一般可按照规定的制式要求制作，如经济合同、各种保险理赔书等需要遵循合同法、保险法要求的文件格式制作。有些如调查报告、经济活动分析等则按照约定俗成的格式要求制作即可。

6. 科技类公文

这类公文主要有：专利申请书、专利说明书、权利要求书、发明申报书、科技建议书、科技考察报告、项目申请书、实验报告书等。

7. 外事类公文

这类公文主要有：各种函电、申请书、护照、备忘录、照会、公报、声明、证书、国书、接受书、确认书、协定、条约等。

8. 礼仪类公文

这类公文主要有：各种庆贺书，如贺信、贺电、贺词；各种致辞，如欢迎词、欢送词、祝酒词、答谢词、题词、祝词；各种请柬，如请帖、简帖、聘书、邀请函等。

9. 书信类公文

这类公文主要有：各种介绍信、证明书、推荐书、表扬书、慰问书、感谢信、申请书、告知书、求证书、决心书、保证书、倡议书、建议书、意见书、挑战书、应战书等。

以上九类公文又可以按照使用范围分为四种类型：一是通用公文；二是专用公文；三是常用公文；四是杂体类公文。

通用公文是各类机关与组织在工作活动中都可以使用的公文，它具有普遍通行的性质，如党政机关公文类。

专用公文是相对于通用公文而言的，主要是指在特定的专业部门和业务范围内根据特殊需要才能形成和使用的、具有专用性的公文。例如，司法类公文，只有司法机关才能使用。经济类、科技类、外事类公文也可称为"专用公文"。

常用公文是相对于法定性公文即国家规定的正式公文种类而言的，虽然不是法定性公文，但在机关和单位公务活动中经常使用，因而称为"常用公文"，如规章类、机关日常事务类公文。

杂体类公文主要是指日常应酬性的公文以及其他事务类公文，如礼仪类、书信类公文等。

需要指出的是，这里列举的九类公文种类都具有处理公务的性质，因此可以划入公文的范畴。但就规范程式和格式而言，目前只有党政机关类公文和规章类的法律、法规，以及司法类的部分公文规定了严格的程式和格式要求，其他由于缺乏程式、格式的规范性，因而一般列入应用文的研究范畴或放在其他公文写作的书籍之内。本教材着重于通用公文即党政机关正式公文的写作，适当介绍部分常用公文的写作。为叙述方便，我们大体按性质和内容，将其划分为十一大类公文，或者叫十一大类文体，即：

①指令执行性文体；②告知性文体；③报请性文体；④知照与记录性文体；⑤计划性文体；⑥总结性文体；⑦信息类文体；⑧讲话类文体；⑨规章制度类文体；⑩书信类文体；⑪申论文体。还有一些如司法文书、契约文书等受篇幅限制未列入，因此，这里不是一个严格的文体分类。

同时，为了更好地掌握公文的使用和撰写，还须掌握以下公文分类方法，主要是党政机关公文的分类方法。

1. 公文从行文关系上分，有上行文、下行文、平行文。

上行文是指下级机关向其所属的上级领导机关发送的公文，也就是自下而上的行文。例如，某机关给上级机关的请示、报告等。

下行文是指上级领导机关对所属下级机关、单位的一种行文。例如，市政府对所属区政府的行文。

平行文是指平级机关、单位或不相隶属的机关、单位之间的一种行文，其主要文种是函或知照性的通知等。

2. 公文从机密程度分，有绝密公文、机密公文、秘密公文，通常称"三密"文件。

机密公文是指内容涉及党和国家以及发文机关的机密事项，需要控制知密范围和知密对象的公文。 密级越高，传送、阅读和保管的要求也就越高。

绝密，是最重要的国家机密，泄露会使国家的安全和利益遭受特别严重的损害；**机密，是重要的国家秘密**，泄露会使国家的安全和利益遭受严重的损害；**秘密，是国家的一般秘密**，泄露会使国家的安全和利益遭受损害。

缓急程度是指公文办理时限的缓急情况，一般分为特急、急件两种；电报分为特提、特急、加急、平急四种。缓急程度在使用上有两种情况：一是指内容的贯彻紧急；二是指送达的时间紧急。当然，一般来说，内容紧急的，在传送时也要求及时送达。

三、公文种类名称的选用

每一类公文中，又有许多种，每一种又分别取了一个名字，即公文的名称，通常简称为"文种"。也可以说，**文种就是公文的种类名称**。公文写作中，必须正确选用这些公文种类名称。

（一）正确选择公文种类名称的意义

不同的公文种类名称，反映着不同的使用目的和要求，反映着不同行文机关的职权范围和行文机关之间的关系。因此，划清各种公文种类名称的适用范围和界限，正确地使用公文种类名称，对于公文写作以及公文处理，都具有十分重要的意义。

一般来说，每一份公文都有自己的名称，各种不同的公文名称，概括地表明和反映了各种公文的不同性质、作用和适用范围，因此，必须根据这些不同情况，恰当选择和正确使用这些公文的种类名称。

（二）公文种类名称的正确选择

如何选择公文的种类名称呢？主要根据以下三个方面来选择：

1. 根据发文机关的职责权限恰当选用

每个机关都有自己特定的职权范围和社会地位，不少文种都只限于一定级别或拥有相应职权的机关使用，因此，机关行文时一定要根据自身的地位，在自己的权限范围内选择相应文种；否则，所发文件无效。例如，在行政系统中，有关法规性文件规定，只有县级以上的人民政府才能制发命令性文件，如果不属于这个范畴，就不能使用"命令"这个文种；又如，"议案"只能用于各级人民政府按照法律程序向同级人民代表大会或人民代表大会常务委员会提请审议事项，其他的行政事务则不能使用；再如，"公证书"是公证机关办理公证时使用的专业文种，非公证机关无权使用。

2. 根据发文机关与收文机关的行文关系正确选用

机关制发公文，或是对上行文，或是对下行文，或是平行行文，三种不同的行文反映了不同的行文关系，必须分别在上行文、下行文和平行文对应的文种范围内选择恰当的文种。例如，向上级领导汇报工作时应选用"报告"，不能选择"命令"或"通知"，因为"命令"是下行文种，"通知"是下行或平行文种，都不能用于向上级机关报告工作；对被领导机关行文，针对下级的"请示"给予答复时，应选用"批复"，而不能选择"报告"等上行文种，也不能选择"函"这种平行文种；平行或不相隶属的机关之间互相行文商洽事项时，宜用"公函"，如果错用"请示""决定"等上行文种或下行文种，就会打乱正常的行文关系，耽误工作。

3. 在明确发文的具体目的要求后准确选用

每份文件都有特定的撰制目的，都是为了实现一定的工作意图和工作目标，因此，需要根据不同的行文目的选择不同的文种。例如，"请示"或者"议案"等文种，虽然都是上行文种，但一个是就有关事项请求批准的文种，另一个则是请求审议有关事项的文种。根据发文的具体目的和要求，我们应该选择不同的文种。比如，请求上级给予指示或批准某项要求时，必须选用"请示"，而不应选择"报告"这个文种。不同的文种揭示了不同的发文目的，不同的行文目的都有相对应的文种。只有选择了正确的、体现了行文目的的文种，才有助于受文者准确地理解公文的意图和主旨，才能使公文发挥应有的效用。

思考与练习

（一）什么是文体？我国现行党政机关公文文体的含义是什么？

（二）公文主要有哪些种类？什么是通用公文？什么是专用公文？

（三）举例说明什么是常用文书？什么杂体类文书？

（四）背诵党政机关15种公文的名称和适用范围。

（五）课堂案例讨论：

◇ 案例

随着电子文书的发展，手机短信文书大量出现，特别是名人名言等，对人们有很大的启示。这些能不能叫作文章或者什么？如果叫作文章，应该算什么文体？小莉同学说："这些不能构成严格的文章，只相当于古时的随笔，现在'笔'这个文体名称没有了，干脆就划入一个新的文体名称，即'信息'。"小刚同学说："'随笔'名称现在仍然有，但叫'随笔'不合适，短信内容各式各样，有些甚至是一篇文章。"小强同学说："以上说法都有道理，但我认为，分类的目的是更好地把握某一类'文章'的写作规律，因此，我们要合理区分信息所反映的不同内容形式，如有的是几句话、有的传递的是结构比较完整的文章。对结构比较完整的，按照文章类别如散文、诗歌、小说或小小说等进行区分，对一些随记或随机性的话语，可以称'随笔'，对于一些引用的有启发作用的名言警句，可列入'语录体'文。'语录体'文在历史上早就存在，如

《论语》《道德经》等就是。现今如《毛主席语录》33条，以及《名人警句集》等也是。"

1. 从文体划分的角度，你认为哪位同学的说法比较恰当？
2. 你认为"语录体"的分类是否成立，并举例说明其重要意义。

第三节　公文写作的性质特点与作用

一、公文写作的性质

公文写作的成果形式是公文，公文是传达党和国家的路线、方针、政策和实施领导的重要工具，其写作本身具有自己的属性。属性包括性质和特点，性质也是这一事物区别于另一事物的特点。但是，性质是相区别的根本之点，即能决定事物属性的特点，具有长期稳定性；而一般性特点可以是多种多样的，甚至差异就是特点。基于这样的认识，可以将公文写作的性质归纳为以下几点。

（一）写作成果的现实执行性

公文是应用文的组成部分，因而具有应用性。同时，公文形成的规律告诉人们，公文写作总是要说明机关、单位内一定的事实，反映一定的现象，解决一定的问题，达到实际的应用目的。具体地说，就是公文写作必须完成客观现实所反映和规定的任务。围绕机关工作活动、围绕机关公务的处理形成公文，这是公文写作赖以存在和发展的基础，也是我们认识公文写作的根本和关键所在。正因为如此，公文写作必然具有应用性，而这种应用性表现为写作的成果形式——公文，具有一种现实的执行性。

公文的现实执行性是指公文在一定时间内的有效性，主要具有两个方面的含义：一是说公文有执行性。在公文制作者的职权范围内，公文一旦制发，就要贯彻执行，就要处理有关公务。二是在一定的时间内有执行性。没有一份公文是永远有效、永远要求被执行的，随着形势的发展、情况的变化，以及执法机关本身的变化，旧的公文会被新的公文代替，旧公文也就没有执行性了。公文的现实执行性，就每份公文来说，时间长短不一，没有统一的固定期限，有的时间较长，如法规公文；有的时间较短，随着工作事项办理完毕而结束。

现实执行性要求公文写作者遵循及时性的原则。特别是在当今信息传播速度加快、人们生活节奏加快的情况下，公文写作必须尽快反映新情况、介绍新经验、处理新问题、解决新困难、预测新趋势，充分发挥公文的效用。同时，公文写作者要有更高的政策理论水平，思维敏捷，善于捕捉新问题、洞察新情况，以强烈的事业心和责任感写作公文。

（二）写作行为的受命性

对于公文的具体写作者来说，其写作行为受命于具体的机关与组织，受命于机关与组织的领导。也就是说，公文写作不是个人的行为，公文写作者要根据机关与组织及其代表人的意图进行写作，要代表机关与组织进行讲话，是应领导之命而作，被动地接受写作任务。当然，这也不是说写作者完全不能发挥主动性，而是写作者的思想要能体现和符合组织的意图；否则，公文写作研究就失去了意义，特别是对于写作者个体的意义。

受命性也带来了写作者的被动性，这就需要写作者在被动中寻求写作的主动，发挥其能动作用，写好公文。例如，在写作目标与写作动力不一致时，要用理智、意志去培养写作动机，不可应付差事，不能单纯从兴趣出发，要充分认识公文写作的重要性、必要性、工作需要性。要建立公文写作的强烈事业心和责任感，保持一种"要我写，我就高高兴兴写，而且尽力写好"的良好心态。要置身于特定的公务活动领域中，熟悉所要反映的人和事，熟悉社会动态，同群众同呼吸、共命运，充分调动起写作的兴趣。

（三）写作人员的群体性

写作本是一种个体行为、个体行动，文责自负，但公文写作是一种集体行为，从写作任务的接受到构思、拟稿、修改、定稿等，需要写作者、有关领导、群众以及秘书部门等共同参与。无论是集体讨论、分头执笔、共同修改、反复研磨的重要公文，还是领导交拟、个人起草的简短公文，都是群体思维的结果，都是集体智慧的结晶。重要公文需要集体讨论，简单公文也要经过秘书部门的核稿、领导人的签发才能形成，绝不是撰写者的"一锤定音"。同时，公文成果反映的也是集体的成果，"版权""著作权"属于写作者所在的机关、单位，写作者个人是无法署名的，因此，写作主体的群体性是公文写作的一个重要特性。

公文写作的群体性要求公文写作者充分认识和处理好个人与群体、个人与领导的关系；摆正位置，乐于奉献，甘当无名英雄；在群体中、在公文对国家管理和社会公务事项处理的效能中实现自己的价值。同时，写作者要与他人协调配合，要虚心听取各方面的意见，要服从集体和领导的决定，不可我行我素、固执己见。

（四）写作内容的政治性

何谓政治，孙中山先生曾言："政就是众人的事，治就是管理，管理众人的事便是政治。"公文是政治的产物，无论从公文的产生沿革、发展影响，还是从国家的诞生，以及社会自然发展的需求看，公文从诞生起就与政治密不可分。刘勰言公文是"政事之先务，经国之枢机"。斯大林在《马克思主义与语言学问题》一文中说："生产往前发展，出现了阶级，出现了文字，出现了国家的萌芽，国家进行管理工作需要比较有条理的文书。"这些管理国家的"比较有条理的文书"自然就是公文。

政治是政策的制定和执行，而公文则是政策的表现形式。党和国家的方针必须通过制发公文来贯彻执行。同时，党政机关、企事业单位、社会组织制发的所有公文，其内容必须体现党和国家的各项路线、方针和政策。党和国家机关所具有的强烈政治性，必然给公文打上深深的政治性的烙印。公文的政治性从根本上说是国家政权的性质、政党和国家机关的阶级性在公文上的具体体现。

公文具有的政治性决定了有些公文或公文的某些内容具有机密性，或者说公文的机密性实际上也是公文内容政治性的反映。

二、公文写作的特点

合体是公文写作的基本要求。历来的文章学家都主张写作必须合体。合体就是说语言的运用要合乎文章的体裁形式，要处理好文章体裁与语言的关系，处理得好就是"得体"，处理得不好就是"不得体"。"合体"的"体"字，在这里有两个意思：一是指社会地位，二是指文章的体裁。社会地位是作者在社会关系中的位置和文章在社会语言环境中的位置。它一方面指作者的位置，另一方面指读者对象。这是由语言作为社会交际工具的性质所决定的。而关于文章体裁，文章的用途不同，其体例形式就不同，写作就有不同的要求，所以要"量体裁衣"。刘勰《文心雕龙·熔裁》："是以草创鸿笔，先标三准：履端于始，则设情以位体……"这就是说，在写一篇文章前要先确定三项准则，首要的便是依照情况来决定文章的体裁，体裁不同，语言表达方式也就不同。因此，除了掌握公文体写作的性质以外，掌握它的特点也是很重要的，这是写作好公文的基础。

公文写作的特点，也就是公文的特点。公文的特点可以归纳为以下五个方面。

（一）写作文体上的实用性

实用性，或称"应用性"，是公文区别于其他文章的本质特点。因此，它是公文的性质所在。

文章的产生最早就是为了应用，从某种意义上说，最早的文章就是公文。鲁迅先生在《且介亭杂文·门外文谈》中就指出："人类是在未有文字之前，就有了创作，可惜没有人记下，也没有法子记下。我们的祖先原始人，原是连话也不会说的，为了共同劳作，必须发表意见，才渐渐地练出复杂的声音来，假如那时大家抬木头，都觉得吃力了，却想不到发表，其中一个叫道'杭育杭育'，那么，这就是创作；大家也要佩服、应用的。"文字产生以后，当然为这种"应用"创造了条件，于是就有了公文。以后随着人类社会文明的出现，文章才向着两个方向发展，除了应用以外，还需要满足人们的某种精神需求，于是具有"文采"的文章出现了。当然，这种具有文艺性的文章不能说不具有"应用"功能，但就其实用性而言，文艺性的文体可给人以审美愉悦之感，可以用来陶冶人们的性情，一般不能直接应用，而公文可以直接处理和解决生产、学习、工作、生活中的各种事务和实际问题。国家产生以后，公文开始出现，公文的主要功用在于政务管理，维护统治阶级的统治，解决和处理各种社会事务问题。从语言的表达来看，公文重实用而不重文采，即文以致用。因此，公文的本质特征就是应用，正如刘勰所说，公文是"政事之先务，艺文之末品"。

公文的应用价值主要表现在管理国家和治理社会上面，它是传达和贯彻党和国家的路线、方针、政策，发布法律、行政法规和规章，施行行政措施，请示和答复问题，指导、布置和商洽工作，报告情况，交流经验的工具。广义的公文还可在发展生产和经济的实践中，传播知识，推广技术，总结经验，介绍方法，改进管理，提高效益；

在科学研究中，反映成果，交流信息，推动科学的发展；在日常生活领域，也可用于单位之间建立联系，委托办事，互通信息，增强团结，促进协作，建立良好的人际关系。总之，应用是公文价值之所在、生命之所在。公文的应用性主要表现在它的现实效用上。因此，公文的应用性是讲求时效性的，要适应环境、适应时间的要求，不可拖拉、延误。

（二）写作形成上的法定性

这是公文在形成和使用主体上的特点。公文的形成和使用主体只能是法定的机关或组织，即依据法律和有关的条例、规章并经有关机关批准成立，能够以自己的名义行使法定的职能权利和担负一定的任务、义务的机关与组织。这些机关与组织具有一定的职责权限，其公文的形成与写作必须限制在自己的职权范围内，超越了职权范围，再好的公务文章也是没有效用的。例如，根据《中华人民共和国宪法》和《中华人民共和国地方各级人民代表大会和各级人民政府组织法》的有关规定，县级以上人民政府和国家主席、国务院、国务院各部委及部长、主任才能发布命令，才能使用"命令"这类公文，其他机关不可随意使用。法定的机关与组织才能有法定的权威性。

（三）写作对象上的针对性

这是公文在处理事务以及进行单位相互联系过程中具体应用上的不同特点。按照马克思主义的观点，人是一切社会关系的总和。公文的应用同样离不开具体的对象，离不开同具体的单位与人的交往。因此，写作公文必须针对一定的行为对象，而且必须明确这个对象，如这个公文是写给何单位、何部门以及谁看的。公文必定专指某个机关或某些机关，某一地区或某些地区，总是有一个明确的对象。对象不同，社会地位关系也就不同，所用公文的名称和语言表达自然不同，这是公文作为社会管理的工具性质所决定的。例如，阅读对象是下级机关，就可以使用指示、通知等公文名称；阅读对象是上级机关，则只能使用请示、报告等公文名称；平级机关之间则只能使用函行文。同时，不同的对象，不同的公文名称，其语言口气都会不同。针对下级机关的命令性公文表达严肃，具有不可抗拒的权威性；针对上级机关的请示、报告等则表达恳切，具有请求性；针对平级机关的函，则表达平易，具有协商性。

公文的对象性还包括所反映的客观事物必须有目的性、针对性。目的性是说公文的写作总要根据一定的目的，总要针对一定的问题，总要有解决和处理有关事务的需要，没有需要，这类公文也就不存在了。

因此，公文写作首先要明确对象，没有对象也就无所谓应用，没有对象也就无从表达，无的放矢也就没有行文必要了。

（四）写作形式上的程式性

这是公文在形成过程和文面形式上的特点。什么叫程式？程就是办事的标准，如把文章制度的标准叫"章程"，把上课学习的标准叫"课程"，把一天工作的标准叫"工作日程"……纳入一定的标准，成为一种定型的、有规矩的套子就叫"程式"，即所谓规程法式。**所谓公文程式，主要是指写作与处理公文时所应具有的一定程序与**

格式。

公文代表一个机关来讲话和处理问题，因而在形成过程中要经过交拟、起草、审核、签发等一系列程序，否则就不能据以生效。收到公文后同样要经过一系列的处理程序，没有这些程序，公文也就发挥不了应有的效用。

不同的公文有不同的格式要求，不能混淆。公文的格式是长期以来人们根据语言的应用规律、社会的发展和处理公文的需要，在社会实践中逐步形成的，同时经权威机关以行政法规的形式加以确定。这些格式体现了公文的不同功能，反映着不同的主客体关系，一旦形成和确定，就具有行文的规范性。这种规范性为公文的普遍通行奠定了基础。有了规范性，才能使公文普遍通行，容易掌握，方便利用，提高应用效果。特别是国家法定性公文，具有法定的规范格式，所有写作者必须遵循。

（五）写作语言上的简约性

这是公文在语言文字运用上的特点。"文贵简"，"意则期多，言唯求少"；"文以辨洁为能"，"事以明核为美"。公文一般要求简约，不枝不蔓，要以最简洁的文字表达较为丰富的内容。有些公文要求"一文一事"，内容单一，以方便处理和贯彻执行。同时，公文在语言上讲求朴实。

简约性还表现在公文往往有一定的句法用语。除格式一定外，公文中的句法、用语有很多是特定的。也就是说，在长期的公文写作实践中，形成了一套相对稳定的习惯用语，包括经办用语、开端用语、综合用语、祈请用语、承启用语、批转用语等。

公文的简约性还体现在为了用尽可能少的语言文字来传递尽可能多的信息，常常使用一些简略的手法。如大量使用缩略语；适当地使用文言词语，如兹、兹因、奉、查、基于、鉴于、为荷、此令、此复、惠书、悉、敬请、大安、专案、福祺、福祉、欣逢、赋予、贵国、谢意、下榻等；经常使用富有概括力的成语、熟语，如廉洁奉公、舍己为人等。

三、公文写作的功能与作用

（一）公文写作的功能

公文的主要功能是实用，这是公文的功用本质所在。墨子最早提出了文章尚用的观点。墨子认为，为文不可不先立"义法"。所谓"义法"，就是标准，它的标准之一就是尚用。《墨子·非命》："于何用之？发以为刑政，观其中国家百姓人民之利。"也就是说，文章用到政治上，就是考查它是否符合国家人民的利益。东汉王充也在《论衡·自纪》中说："为世用者，百篇无害；不为用者，一章无补。"文章的作用在于"匡济薄俗，驱民使之归实诚也"。他认为，一切优秀的文章都是"起事不空为，因事不妄作；作有益于化，化有补于正"。也就是说，文章应该有补于世，应该有匡济时弊、移风易俗的作用。白居易在《与元九书》中也提出："文章合为时而著，歌诗合为事而作。"王安石从政治家的立场出发，强调通经致用。他在《上人书》中说："且所谓文者，务为有补于世而已。"又在《与祖择之书》中说："治教政令，圣人之所文也。"

但公文的使用极为广泛，它涉及社会生活的各个领域，因而也就具有各个方面的实用性。作为社会管理的工具，总的来说，公文主要有以下三个方面的功能。

1. 管理功能

人类社会自从有了组织以后，就有了管理，公文在社会管理中发挥着重要功能。特别是在国家出现以后，公文更是"经国之大业""经国之枢机"。宋代李觏在《上李舍人书》中指出：公文，"治物之器焉……发而为诏诰，则国体明而官守备，列而为奏议，刚阙政修而民隐露。"北齐颜之推在《颜氏家训·文章》篇中亦指出："朝廷宪章，军旅誓诰，敷显仁义，发明功德，牧民建国，不可暂无。"现今，公文更是在领导与管理工作中起着重要作用，是国家政府或执政党实施领导、管理、指导、指挥的有力工具，是国家或执政党方针、政策具体化的书面形式。在管理工作中，政府通过规范性公文，规范人们的社会行为，保障人类社会生活的有序进行。

2. 交际功能

社会是一个有机的整体，没有人与人之间的言语、行为交流，社会就难以维持。个人或一个群体，总是处在复杂多变的社会中，既要不断地认识自己，又要了解他人，同社会结成一定的关系，这就需要人们同社会进行沟通、协调、交往。国家公务事项的处理更是需要相互沟通和协调，而公文在这种沟通、协调、交往中发挥着重要的作用。例如，机关和组织表达愿望、申述理由、告晓事项、做出决定、处理问题、总结过去、规划未来、交流信息、上传下达、相互协作、知照意图等都需要借助公文。无数的公文跨越时间和空间，像四通八达的网，把纵向、横向的国家、集体、个人诸方面联系起来，使之相互配合，加强协作，共同实现预期的目标。公文不仅是记载公务事项、用以备忘的工具，还是机关与组织处理事务、解决问题的依据和凭证。公文在社会交际中还具有宣传教育、启发、劝正等作用，从而消除人们的思想障碍，提高人们的工作积极性，或者让人们愉快地投入社会生活，正所谓"文以载道"。

3. 反映客观现实的功能

公文是在公务活动的需要中产生的，因此反映了人们的社会活动过程，也在一定程度上反映了客观现实。例如，国家管理机关使用的公文，真实地记载着国家各个历史时期的政治、经济、军事、教育、文化、科技、外交等方面的情况，记载和反映着各种公务活动的过程。这些真实记录，使人们了解了历史，或者说它为历史研究提供了真实资料。同时，公文对客观现实的反映也促进着人类的物质文明和精神文明建设，促进着人类社会生产力的发展，因为在任何社会形态下的生产效率状态都要靠公文来计划、描述、运转、评价和记载。例如，人们要协作开发产品、相互从事结构性生产活动，就要签订各种协议书、合同等。于是，公文成为推动生产力发展的工具。公文的精神文明作用更是不言而喻的，公文伴随着国家的形成而产生，伴随人类进入文明时代。当今社会，公文的大量使用及创新，也必然哺育着世界上一切文明之花，哺育着人类一切科学之树。

（二）公文写作的作用

公文是传达和贯彻执行党和国家的各项路线、方针、政策，管理政务，办理事务，沟通机关、单位之间的一种工具。具体而言，公文写作发挥了五个方面的作用。

1. 领导指导作用

机关、单位可以通过制发文件来部署各项工作，传达党和国家的路线、方针、政策，传达各级领导机关以及本机关的意见和决策，对下级的工作进行具体的领导和指导。领导的方式不外乎两种：一是书面领导，即利用公文进行领导与指导；二是面对面的领导。但一般说来，对于重大问题的处理、决策等适宜采用书面领导的方式，这样能避免面对面领导存在的随意性。而且各机关、单位，无论如何都不可能实行完全的面对面领导，领导者不可能同下级每一个组织以及成员直接接触。这就需要通过公文来贯彻有关方针政策，进行具体的领导与指导。

2. 行为规范作用

党和国家的各种法规都是以文件的形式制定和发布的，这些法规性文件，一经发布，便成为人们的行为规范，人们必须坚决遵照执行，不得违反。这对维护正常的社会秩序、保障人民的合法权益有着极其重要的作用。有些组织和单位无权制定法规和规章，但仍然可以根据本单位的实际情况，制定一些规定、办法等，这些规定、办法同样具有规范作用。

3. 公务联系和知照作用

各机关单位在处理日常事务时，经常要与各个关机关单位联系，而公文往来是机关单位之间协商和联系的一种手段。这是公文最常见、最普遍的作用。同时，公文在机关单位之间互相知照意图、协调关系等方面起着重要作用。

4. 凭据记载作用

公文是机关单位职能和公务活动的文字记录。一般来说，绝大多数公文在传达意图、联系公务的同时，也具有一定意义的凭据作用。这是因为，既然每一份公文都反映了制发者的意图，那么，对于受文者来说，就可以将公文作为安排工作、处理问题的依据。有些公文，本身就具有凭证作用，如经当事人双方共同签订的协议书、合同等公文。可以说，形成这类公文的目的，就是将其作为文字凭证。还有一些公文具有明显的记载作用，如会议记录、谈话记录、会议纪要、大事记等。它们都是机关工作活动的真实记录，可供日后利用和查考。

5. 传递信息与宣传教育作用

公文是各机关单位之间传递信息的重要渠道。同时，公文还发挥着宣传政策、教育群众的作用。

思考与练习

（一）性质与特点的区别是什么？公文写作的性质是什么？如何理解公文的本质特性？

（二）公文主要有哪些特点？公文主要有哪些功能和作用？

（三）课堂讨论：下列公文词语的含义是什么？如何正确使用？

相关词语：经、业经、径经；将、责成；酌情、酌办、酌定；在案、在卷；根据、据、按照、遵照、依照；为了、关于、由于、鉴于；奉、兹；为此、鉴此、有鉴于此；请、希、望、拟请、恳请、切请、提请、报请、希望、切望；批转、转发、发布、颁发、印发；拟、拟于、拟应、拟同意；当否、妥否、可否、是否妥当、是否可行、如无不妥；请批示、请批复、请核示、请指示；收悉、收妥；为要、为荷、为祷、为感、为谢、此致、敬礼。

第四节　学习公文写作的意义与方法

一、学习公文写作的重要意义

"公文写作"这一概念，可以从两个方面来理解：一是指公文的撰写，二是指对公文写作规律的研究和对公文写法技巧的掌握。就后一种理解来说，公文写作可以称为"公文写作研究"。它研究的对象是公文，任务是总结公文写作的经验、研究公文写作的规律和技法要求。因此，它不是单纯的事务性或技术性工作，而是一门科学。在现代社会，由于公文具有越来越重要的作用，学习和研究公文，掌握公文写作的规律和技法，学会公文写作，就成为一种必要。

徐望之先生在他的《公牍通论》一书中指出："处世之道，必先能做人，然后能做事。若做官，以治公牍。"由于公牍是推行政务的工具，因而在古代，朝廷官员一般都会写作公牍文章，并将其称为"治牍"。奏疏公牍是任职者的必备技能。公牍文章写得好、为后世所推崇的人，有汉代的贾谊、唐代的陆贽、宋代的苏轼，其他像白居易、杜甫、元稹等也作有大量的公牍文章。唐以前，凡做官的大都能治案牍。唐宋以后，代笔盛行。这主要是因为科举考试侧重诗赋、辞章，所以，读书人对实际应用的公牍缺少研究，"不暇研求有用之学"，一旦当官，只好借助幕僚，以致清代幕业盛行。但幕僚并不能代替执笔所有文章，很多公牍文章仍需为官者亲自撰写。

今天，我们要从事管理工作或者机关公务员工作，更离不开公文写作。公文是管理的工具，是国家行政机关实施管理的一种最主要的工具。公文是机关的喉舌，它代表了机关的政策水平、业务水平乃至领导水平。如果机关人员没有公文写作的知识，不会撰写公文，他们就无法开展工作。从事机关管理工作，不仅要学会写作公文，也必须保证公文的质量。一份高质量的公文，在内容上，要符合客观实际，体现党和国家的有关方针政策，如实地反映工作情况和业务活动，有针对性地、及时地提出当前问题，恰当妥善地解决问题。同时，公文在文字表述上还要简明通顺、确切得体，说理透彻、叙事清楚。这样的公文，才能发挥应有的效用。这就要求公文写作者掌握公文写作的技巧，提高公文写作的能力。

对党政管理机关来说，更要多培养一些"笔杆子"。在未来的信息社会里，要求越来越多的人学会公文写作。列宁在《宁肯少些，但要好些》一文中指出：凡被录用到工农检察院的职员，必须通过国家机关行政管理、公文处理知识的考试。毛泽东同志亦说过：一个革命干部必须能看会写。特别是现代社会，人人都需要公文的读写技巧。

正如美国著名的未来学家约翰·奈斯比特在他那风行全球的《大趋势——改变我们生活的十个新方向》一书中指出的，在工业社会向信息社会的过渡中，有五件"最重要"的事情应该记住，其中一件就是：我们比以往任何时候都需要具备最基本的读写技能。这里所说的读写技能，主要针对的是应用文，特别是公文。美国目前就面临着一场公文写作的危机，不少受过高等教育的企业经理写不出一封条理清楚的业务信函。面对这种情况，美国许多大专院校，特别是一些名牌大学，如哈佛大学、普林斯顿工学院等，都把公文写作列为必修课，不及格者不能毕业，因为没有此项能力，就难以应付日常工作。我国教育家叶圣陶先生也曾很有见地地指出："大学毕业生不一定要能写小说、诗歌，但一定要能写工作和生活中实用的文章，而且非写得既通顺又扎实不可。"

公文写作曾经也被人忽视过，如南朝梁代著名的文学批评家刘勰就把它列为文章之"末品"。时至今日，仍有一些人看不起公文写作，认为公文是"简易通俗的文字"，应用写作是"简易的技术性课程"，似乎此道并无多少学问，只是学学画画的"雕虫小技"而已。其实，这是一种错误的认识。公文，"看似寻常最奇崛，成如容易却艰辛"。写好公文，不仅需要高超的写作技巧，还必须具备很高的理论水平和政策水平，必须对日益发展的社会实际生活，对人民群众的愿望、情绪和要求有深刻的了解，必须具备广博的知识（包括社会科学知识和自然科学知识），必须掌握公文写作的特殊规律和技法要求、撰写方法，还要学习汉语语法修辞、形式逻辑、标点符号用法等，提高文字表达能力，以较少的文字传达更多的有价值的信息。

现代信息社会对公文写作提出了更新、更高的要求，这就是：

1. 传达信息的准确性。传达信息不能失真，失真就会造成工作上的失误。在实际工作中出现言不达意的情况，这主要是因为缺乏语言文字表达能力，需要认真学习，锻炼提高。

2. 传达信息的时效性。公文本身就具有时效性，信息社会对时效更为重视，从信息的发出到反馈应在尽可能短的时间内。这就需要我们熟练掌握公文写作的技巧，能及时撰写出所需要的公文。

3. 传达信息量的高密度性。这是说，要用尽可能少的信息承载体（文字）提供尽可能多的有用信息。对于公文来说，在某种意义上，其质量高低的评价标准应是提供有用信息的多少。

这些都需要学习有关语法、修辞、语言逻辑等方面的知识，提高文字表达能力，将所要反映的意图准确、完整、简练、通顺地表述出来。正像毛泽东同志所说："写文章要讲逻辑。注意整篇文章的结构、开头、中间、尾巴，要有一种内部的联系，不要互相冲突。还要讲文法。许多同志省掉了不应当省掉的主词、宾词，或者把副词当动词用，这些都是不符合文法的。要注意修辞，怎样写得生动一些。"

总之，写好公文并非易事，正如徐望之先生所言："公文之中有品、有学、有识、有文"，"非学识兼者不能胜任"。因此，学好公文写作这门课程，掌握公文的写作规律和技巧，对于政务管理具有十分重要的意义。

二、学习公文写作的方法

（一）认真学习

1. 要有正确的学习态度。所谓正确的学习态度，就是说，不要把公文写作看得非常简单，认为没有什么可学，甚至不屑一顾，这是片面的。公文不论是在内容上还是在形式上，都有其特殊要求，有它自己的规律。只有端正态度、认真学习，才能掌握公文写作规律，才能写好公文。

2. 要把握公文写作的基本原理和规律。公文写作有它的写作原理，有它的写作技法，要通过学习，认真掌握。掌握了这些基本原理，懂得了为什么，才能知道如何去写。把握了规律，才能遵循规律，符合客观实际。

3. 要熟练掌握各种不同的文体。每一种文体都有区别于其他文体的写作要求，我们要学会"辨体"，仔细研究各种文体的相同点和不同点，掌握各种文体的特殊规律和要求，熟悉各种文体的写作。

4. 熟悉公文的写作过程，掌握公文主题的确立、材料的选用、结构的安排、语言的表达等，确立公文写作的基本功。

5. 掌握公文的基本格式和要求。公文写作不是一日之功，首先要做到的是格式正确、语句通顺、事项清楚。

（二）刻苦训练

古人说："纸上得来终觉浅，绝知此事要躬行。"学习公文写作必须多写多练。

这里首先是提高自己的文字表达能力。正如古人所说："工欲善其事，必先利其器。"基础打不好，东抄、西抄、"临时抱佛脚"是公文写作的大忌。

其次是多读、多看、多思、多辨。公文种类繁多，有些具有很强的相似性，多读、多看才能做到熟能生巧。在读、看公文的过程中，要思考、比较和辨别，在比较和辨别中掌握它们的"异中之同"和"同中之异"。用比较的方法研读公文，主要是对其特点、形态、作用、写法进行比较，并注意写作背景，从而揭示基本规律和方法。

最后是多练，即进行实际撰写。撰写公文是综合能力的体现，只有多练，反复体会，才能悟意明理，识技师法。另外，修改练习也是一个重要环节。俗话说："经世文章改中得。"古今中外凡经世杰作，都是在修改上下过苦功夫的。公文也是一样，只有勤练习、多修改，才能不断提高自己的写作水平，写好公文。

▊ 思考与练习

（一）为什么说公文"看似寻常最奇崛，成如容易却艰辛"？

（二）你打算如何学好《公文写作》这门课程？

（三）写一篇不少于1000字的公文写作课程学习体会与打算。

案例研讨

机关干部公文写作能力亟待提升[①]

张奎宇 安 红

某年某月，市直机关工委牵头举办了"市直机关公文写作能手大赛"。通过对273份有效试卷的综合评判和深入分析，我们感到，市直机关党员干部整体写作能力与新形势、新任务、新要求还有较大差距，亟须采取综合措施，努力提高机关青年干部写作水平。

一、大赛的基本情况

一是组织具有权威性。为确保大赛紧贴机关事业单位工作实际，最大限度客观准确反映现状，市直机关工委历时一个多月组织调研、综合研判、精心筹备。大赛评审组由市委、市人大、市政府、市政协四大办公室和市委组织部、市委政研室分管文秘工作的相关领导等组成，他们都是市直机关公文写作的"专家"，代表市直机关公文写作最高水平。赛前，他们分别从大赛的组织、命题、参与、评审等方面提出意见和建议，为大赛定方向、定原则、定标准，并亲自参与出题、阅卷、评奖及试卷研判，确保了大赛的高层次和权威性。

二是命题具有针对性。评审组成员结合工作实际和各自多年经验，组织召开命题会议研究试题结构、题型和内容。经过反复研究论证，确定试卷采取以客观题、主观题两个模块相结合的结构形式，题型分填空、选择和给定材料写作三种，内容涉及理论时事知识、国情省情市情、公文写作常识和常用文种撰写等。既检验参赛者的机关干部必备基本理论知识和文字工作常备知识掌握情况，又考察参赛者的理论转化能力和逻辑思维能力，具有较强的现实性和针对性。

三是参赛者具有代表性。本次写作大赛共有95个单位（其中，机关单位57个，中央、省属驻汉单位5个，事业单位33个）选拔推荐273名党员干部参加，选手平均年龄34岁，职务以科员居多，包含县级、科级干部。参赛单位的广泛、众多和参赛者的成分结构，确保了大赛能反映出市直机关单位青年干部整体写作水平。

四是结果具有差异性。大赛全长3.5小时，采用集中闭卷答题方式进行，最后由评审组各评委集中流水阅卷、商议评分。273份有效试卷中，共评出60分以上试卷57份。其中，80分以上试卷3份，70—80分试卷20份，60—70分试卷34份。党政机关参赛者成绩总体优于事业单位。

二、反映的问题

赛后，评委组对大赛情况分析研判，认为广大机关党员干部注重学习、渴望进步的意识强烈，对待比赛态度端正。但提高公文写作能力是一个需要长期积累、实践的过程，大多数党员干部特别是年轻党员干部还存在理论基础不够扎实、学习重点不够

[①] 材料来源于豆瓣网。

明确、写作技巧不够娴熟等问题，与新的发展形势和工作需求相比还有一定差距。主要表现在：

一是政治理论基础不扎实。客观题中涉及党的基本理论知识、党的十八大精神的有6道题目，答对3道题以上的占参赛人数的41%；涉及中国梦内涵、好干部标准等时事方面的题目共3个，准确答对的人数比例仅为5%。这反映出参赛人员对党的最新理论掌握不系统、不全面，对知识更新不及时，也反映出参赛人员对理论学习的重要性认识不够、自觉学习的意识不强等问题。

二是省情、市情掌握不准确。客观题中涉及省情、市情知识的有6道题，既有"三个陕西""三市建设"内涵等基础型题目，也有2012年度汉中国内生产总值和地方财政收入指标、汉中做大做强三大产业集群等常识性题目。其中，能准确答出"三个陕西"内涵的占53%；能正确答出"三市建设"内涵简称的占77%，但能答对"三市建设"内涵全称的只占16%。这反映出大多数党员干部对省情、市情还是有一定了解的，但掌握得不够全面、准确，缺乏对省市发展战略目标的熟知。

三是公文常识知识不熟悉。在大赛题目中，公文写作常识题共4道，全部答对的人基本没有。写作题中的一题是撰写会议通知，该题最能考察选手的公文写作常识。通过阅卷统计，有33%的选手不了解通知的常规性写法，用一句话概括了通知的全部要素，有27%的选手遗漏通知的要素，或没有会议时间，或没有参会范围等。通知是最常见的公文，在机关工作中使用频率最高，但很多人关于此题的成绩并不理想，这是基本功底不牢的表现。

四是文字写作经验不丰富。大赛写作题中要求从在单位竞争上岗大会上的领导讲话和动员干部职工深入基层调查研究的领导讲话中任选一篇写作。两个题目都比较贴切机关工作实际，绝大多数机关干部都接触过，就写作而言，应该是具有很强的操作性的。但是，经过评阅，能达到立意高远、主题鲜明、内容全面的只有十余份答卷；能做到贴合题意、立意明确、文字通顺的仅占40%，甚至还出现了9份白卷。由此可以看出，很多选手对工作的思考较少，站位较低，对写作方面的积累也比较匮乏，文字工作的技巧、经验还很欠缺。

三、几点建议

政务公文是各级党委、政府及其部门单位实施管理、组织运行的基本工具和基本手段。公文写作是机关干部的基本功，也是他们必备的一项技能。抓好机关文稿写作，对于机关干部的培养锻炼是根本、全面和长远的，对于机关工作的开展也是务实、高效和管用的。

一要因需制宜，在"选"字上下功夫。公文既是机关工作的载体，也是机关工作的推动力量。没有公文写作，机关工作寸步难行。建立一支政治强、业务精、作风实的高素质机关文字工作者队伍，是提高公文质量的根本保证，要不断充实文字工作力量。因此，在为机关选拔配备干部时，特别要注重选拔了解下情、开口能讲、动手能干、提笔能写的干部，选出一些年富力强、有基层经验、具备一定文字功底的工作人员，以此提高机关工作人员的整体水平，从源头上保证公文写作的水平和质量。同时，单位要营造一种勤学善思、能读会写的良好风气和能者上、庸者下的竞争环境，建立对文字工作者的奖惩机制，把文字成果作为干部考核项目，对写作成果明显的给予一定的奖励，或作为日后选用依据。

二要注重培养，在"育"字上做文章。一是举办专题培训。建议由市委、人大、政府、政协四大办公室牵头，每年定期由从事文字工作时间长、经验比较丰富的领导或者干部传授党政机关常用公文的写作技巧等知识，加强对机关年轻干部的培训，提升他们机关公文的写作技巧、方法和水平。二是加强实践锻炼。经常性地开展知识竞赛、写作大赛、读后感征文等活动，不断提高机关干部看问题、想问题、写文章的深度。在分配写作任务时，纠正"能者多劳，庸者少劳甚至不劳"的现象，给单位的同志均衡压担子，让他们都能拿起笔来写材料，常动笔、敢动笔、能动笔，使大家变压力为动力。三是促进自我提高。写文如书法，凡上手之书法，抑扬顿挫、转接有致。但凡能做到段落间致、行里行外，浑然一体，必是花费时间、精力去积攒、练笔而成。机关干部必须秉着"衣带渐宽终不悔"的执着和"为伊消得人憔悴"的勇气，自觉扩充知识储备，学习并掌握创新思维方法，开发潜能，不断丰富内心世界，积淀文字功底，提高写作水平，最终通过公文写作过程，拓宽工作思路、提高工作站位，提升综合素质和工作能力。

三要大胆提拔，在"用"字上树导向。自古以来，为文者劳心，办事者劳力。从事文字工作的人经常加班加点、熬灯守夜，思维长时间处于高度集中、紧张的状态，其中甘苦完全不为外人所知。且文字工作成果的衡量标准是仁者见仁、智者见智。所以，不少机关干部，特别是年轻干部，宁肯跑跑腿，不肯提笔写。要打破这种现象，就需要组织上关心这个核心群体，把文字写作岗位作为培养锻炼干部的主阵地，逐步形成业务骨干从文字岗位向其他核心岗位的良性流动。要让文字工作者不仅有现实成就感，而且对于未来有良好的预期。要打破论资排辈、求全责备等观念的束缚，对于业绩优秀的文字工作者，在任用上早安排，尤其是把长期从事文字工作，有责任心、有潜力、有领导才能的优秀中青年干部及时提拔重用，树立重视实干、重视业绩的良好用人导向，逐步让机关干部勇于吃文字之苦、勤于钻研文字技巧、乐于承担文字写作。

问题与讨论：
（1）为什么说公文写作是机关干部的基本功和必备技能？
（2）结合本案例中的相关内容，谈谈如何才能提高自己的公文写作水平。

第二章 公文的格式与稿本

中国共产党早期公文的格式

中国共产党成立初期，文件用 16 开纸最多，油印小册子则为 32 开。1927 年 "四一二" 反革命政变后，为了便于文件传递和秘密收藏，常将 16 开纸的文件抄在 32 开纸上，或将文件四边空白纸剪掉，缩小文件体积，这是由当时的环境、条件决定的。

书写文件一般用油光纸、道光纸及打字纸、毛边纸等，用毛笔墨汁书写的最多，钢笔蓝墨水书写的也不少。地方上报的文件多用复写纸复写，中央下发的文件则多用蜡版油印。毛笔书写的文件留存时间长，如毛泽东于 1923 年起草的中央指示信，至今字迹清晰，完好无损。

当时的文书在拟写受文者的称谓时，常常会称兄道弟甚至使用代号，这是由特殊的战争环境和保密工作要求所决定的。如："各级同学们"是指中国共产党各级基层组织，"钟英"是指中共中央。中央主要领导则常用英文字母拼写的姓名为公文署名。

《党政机关公文处理工作条例》指出："党政机关公文是党政机关实施领导、履行职能、处理公务的具有特定效力和规范体式的文书。"由此可见，"特定效力"和"规范体式"是党政机关公文的两大突出特征。"特定效力"反映公文在机关单位管理活动中的效用，"规范体式"体现公文在书写和印制上的特征。"特定效力"要求公文在表现形式上严肃严谨、规范统一，这是所谓的"规范体式"。因此，公文的"规范体式"是实现其"特定效力"的必要条件。

公文的格式有别于公文的体式。**公文体式是公文表现形式全面、综合的反映，包括公文的外显格式，以及各个公文文种的结构与用语等语体特征。**公文格式只是公文体式的一部分。

公文稿本是公文在形成和使用过程中产生的各类文本。从产生过程看，可以将之区别为草稿、定稿；从使用情况看，可以将之区别为正本、副本，试行本、暂行本，存本，以及不同文字的稿本。公文稿本是公文各种文本形态的反映。

第一节　公文格式和公文格式标准化

一、公文格式的含义与类型

（一）公文格式的含义

公文格式，简言之，就是各种公文的表现形式。公文作为一种处理政务的专门文体，有别于其他文体的不同样式，特别是国家党政机关正式使用的公文，专门由国家机关以法规的形式确定其样式，以保证其规范性、权威性、普遍通行性和有效性。

格，本义是树的长枝条，后来有了限制、阻止、尺度、法式、标准、制度等含义。式，即法式。"格"与"式"均为古代公文的两种文体，属于需要遵守的行政规范制度，所谓"格以禁违正邪"，"式以轨物程事"，后逐步演化为文章写作应遵循的规格、样式。

公文格式，是在公文制作时应遵循的规格样式。它属于公文形式的范畴。相对于公文的内容而言，公文格式由公文的内容决定，又服务于公文的内容。

（二）公文格式的类型

公文格式包括两种：一是指文面格式；二是指内容格式。公文格式规范，通常是指文面格式，但法定性公文也包括一定的内容格式，如公文的标题、主送机关、附件、日期等。

正文则一般根据文章规律和约定俗成的要求。

公文文面格式从适用的范围来看有三种类型。

1. 公文的一般格式

公文的一般格式是指国家党政机关使用的法定性通用公文格式，即国家行政机关规定的法定性公文种类使用的规范化、标准化公文格式。

这种格式由中共中央、国务院、国家标准局等以法规的形式发布施行，并要求严格贯彻执行。如《党政机关公文格式》。凡国家行政机关正式公文种类，都要统一使用这种公文格式；企事业单位、团体等向国家行政机关行文，也必须使用正式公文种类和这种规范化的格式；其他范围内的行文原则上遵照执行。

党政机关文本格式主要有两种：一是通用公文格式，即多数党政机关的公文种类使用的统一格式，如决定、通知、请示、批复等使用的"某某机关文件""某某机关"等式样；二是特殊公文种类使用的特殊格式，如命令、纪要等使用的具有特殊要求的"专用"格式，如"某某机关命令""某某机关（办公室）会议纪要"。

党政机关公文格式主要包括四个方面的内容：

一是公文采用的介质。在中国历史上，曾经有甲骨介质公文、竹简介质公文、丝绢介质公文，一直发展到纸介质公文。纸介质公文是党政机关公文的基本表现形式。

尽管随着科技学术的进步，公文的传播、传递大量使用广播、电视、计算机网络等现代化手段，包括现在逐渐通行的电子公文形式，但最终作为凭证和依据的，还是纸介质公文。

二是公文的印制要求。纸介质公文涉及印制油墨的质量及公文的产品形态，包括纸介质的开本、规格、印刷、装订要求等。

三是公文数据的表现形式。即公文中文字、符号、数字、图表、图形等信息载体形式的相关要求。

四是公文格式各要素的排布。公文由哪些格式要素组成，这些要素的作用是什么，各要素的排列顺序、所处位置及其标识方法等。

2. 专用公文文本格式

专用公文文本格式是指行政职能机关和专业管理职能部门在管理工作中所制发的专用公文文本的规范形式。

在不同的专业领域、部门、行业内，根据专业和处理公务的需要，形成各种专用公文，其文本格式自然无法统一规定，但专业内的不同文体也有规范的格式要求。如司法文书与税务文书、专利文书、商标文书等，其规范文本格式迥异。但在同一专业、同一行业、同一领域中的规范文本，其格式则是一致的。如经济合同的格式在全国各地都普遍通用。

由于专业领域的复杂性、多样性，其文本格式类型也是各式各样的，从使用的规范程度而言主要有三类：一是法律、法规和行政法规规定统一使用的规范性文本格式。如合同法、专利法、商标法、民事诉讼法等规定使用的规范文本格式。这类文本格式，必须严格执行和使用。二是由有关部门提供的规范格式文本。如有关科技文书，由科技部门提供文本格式，有关人员需要按提供的文本格式进行填写。三是长期以来约定俗成的格式（内容）要求。如有关司法文书、信用文书等。

规范文本将公文有关内容分项列出，设计好项目名称和应填写的内容，编制成表格形式。各项目之后留下足够空白，让使用单位和个人按规定填写。填写好经审查无误后，要按规定分别加盖单位公章。法定代表人、代理人或经办人，或承担权利义务的自然人等也要签名或盖章。有时有关方面要联署和签名盖章。规范文本一般将填写要求和注意事项罗列出来，以供准确填写。有些规范文本还对文书处理过程中的有关程序，如审查、批准意见和审批签字盖章等要求都反映在同一文本上。这种经有关方面签字盖章后制作的一式若干份的规范文本具有同等的法定效力，受到法律保护，是特殊的正本形式。

3. 一般文章式公文格式

机关工作活动中，除了正式使用的法定性公文种类以外，还有许多常用公文种类，如工作研究、会议讲话稿、调查报告、工作总结、工作计划、经济活动分析报告等，也常采用一般文章式的公文格式单独印发，即没有文头形式的"白头文件"。这种形式灵活、简便，但却不够规范。

有些重要讲话等，为其执行的严肃性、权威性，应以党政公文格式的形式印发。

二、公文格式的特点

(一) 规范性

同应用性文体一样,所有的公文都具有一定的格式要求。而党政机关的法定性公文格式具有更强的规范性。从广义的公文看,公文有惯用的格式和法定的格式两种。惯用的格式,是约定俗成的,如计划、总结、专用书信等事务性文书。而法定的公文文种则必须遵从规范的格式。《党政机关公文处理条例》第三章专章规定了公文的格式。我国规范性公文格式标准主要有1988年《国家行政机关公文格式》、2012年《党政机关公文格式》。也就是说,党政机关法规性公文具有规范的国家标准。如公文的版头形式、公文主体以及版记都有相应的规范要求,每个要素在印制时的位置、字体、字号、行间距都有明确的规定。

(二) 执行性

法定公文的格式是由法规性文件限定的,因此,对公文格式的要求便具有了执行性。它要求所有从事公务活动的党政机关、企事业单位遵循统一的格式。早在20世纪30年代,公文研究学者徐望之先生就撰文指出:"公文为要式之文书,故其程序、形式,最关紧要。如有误漏,收文机关自有拒绝接受之权。如有奸伪,收发机关均有根究检举之权。"[①] 党政机关的公文具有严格的规范,如果各行其是,就会对公文的处理造成混乱,从而影响公文的执行效率。

(三) 稳定性

公文格式一经形成与确定,就具有了相对的稳定性,应该在一个较长的时间内贯彻执行。公文是国家党政机关"处理政务,管理事务"的产物,其规范的公文格式实际上是国家政治行政体制与行政机制相对稳定的体现。

(四) 可变性

公文格式的稳定性是相对的,并不是一成不变的。中华人民共和国成立以来,党和国家先后10次制定和发布有关公文处理方面的法规和规章,每次都涉及公文格式的变化。同时,公文格式在使用的过程中,根据不同的公文种类,根据每篇公文不同的要求,可以做相应变化,如公文某些要素的省略等,非保密性文件一般可以不编份号。又如会议纪要可以使用纪要专用文头格式,也可以使用"某某机关办公室文件形式",一般规律为"定期性"会议如办公会、常委会等使用专用文头格式,临时性会议等使用一般文头格式。又如使用专用纪要文头的会议纪要标题可以使用"动宾结构"的词组形式——"讨论什么什么问题",而使用一般文件格式,其标题就必须是规范性的"关于什么什么的会议纪要"。

[①] 徐望之. 公牍通论 [M]. 北京: 档案出版社, 1988: 176.

三、公文格式的标准化

标准化，是国家对公文格式的基本要求。所谓**公文格式标准化，就是对公文所有格式的形式和要素进行定型化和统一化**。在公文格式标准化的历史进程中，国家曾经出台过3个规范性文件，分别是1988年由原国家技术监督局发布的GB/T 9704-2012《国家机关公文格式》国家标准，1999年由原国家质量技术监督局发布的GB/T 9704-1999《国家行政机关公文格式》，以及2012年由国家质量监督检验检疫总局、国家标准化管理委员会制发、目前正在执行的GB/T 9704-2012《党政机关公文格式》国家标准，这些都是我国公文标准化的重要体现。

为什么要通过国家标准的形式对公文的格式进行规范？其原因主要有以下几个方面：

第一，体现公文的法定效力。党政机关的公文主要用于党政机关实施领导、履行职能、处理公务事项，具有法定的效力。而公文格式的标准化，正是党政机关公文这一根本属性所决定和要求的。公文格式不规范，就会影响公文的严肃性和作用的发挥，进而影响公文的法定权威和效力。《党政机关公文格式》国家标准对印章加盖的位置、颜色、方式都有明确的规定。印章是公文法定效力的显著标志，如果印章格式不规范，势必影响公文的权威性。《党政机关公文格式》要求公文版头的发文机关标志使用小标宋体字，颜色为红色，使公文醒目、庄重，并体现党政机关公文的权威性和严肃性。

第二，便于公文的规范化处理。公文格式的标准化是公文处理工作科学化、制度化、规范化的必然要求，公文格式的各项内容及其标准化的设计，都是为保证公文处理而设立的。公文的份数序号用于显示公文的制发份数，方便工作人员准确掌握带有密级的公文数量，防止和及时发现公文丢失；紧急程度用于告知公文的办理时限；秘密等级用于提示公文的阅读范围和保管等级；公文标题用于提示公文的主要内容和行文方向；等等。公文处理的规范化要求公文格式的标准化与之适应，公文格式的标准化又保证了公文处理的规范化。

第三，树立作者的良好形象。党政机关公文代表的是法定机关，因此，其内容与形式都必然涉及发文机关的形象。公文格式各要素的定型化和统一化体现了美观的要求，这种美观不仅是为了欣赏，也是为了方便受文对象认真阅读，深刻理解公文的内容，认真对公文进行处理，从而发挥公文应有的效力。如果公文格式存在各种问题，如无主送机关、简称不规范、字号编排混乱、印章与日期分离、缺少版记、纸张前后规格不一致、装订不规范等，不仅影响公文的质量、美观度和处理的效率，也有损发文机关的形象。

第四，适应社会的发展要求。由于社会的不断发展，公文的格式也会出现许多新的变化。尤其是随着我国政治经济地位的日益提高，我国经济已融入世界经济发展的大潮之中。在此背景下，作为"政事之先务"的党政机关公文也需要与之相适应。例如，国家机关公文格式在纸型上实现了从传统的16开型向国际标准的A4型转变，有利于国际的交往与合作。同时，公文格式的标准化是计算机技术和其他先进设备广泛运用于公务处理之中的必然成果，也促进了公务处理的信息化、自动化和现代化进程。

思考与练习

（一）如何理解公文格式的规范性？

（二）简述党和政府通过国家标准的形式对党政公文的格式进行规范的原因。

（三）单项选择题：

1. 所谓公文格式标准化，就是对公文所有格式要素的定型化和（　　）。

A. 原则化　　B. 规范化　　C. 约定化　　D. 统一化

2. 党政公文文面各要素在印制时的位置、字体、字号、行间距等都要遵循非常明确的规定，这说明公文格式具有（　　）。

A. 规范性　　B. 执行性　　C. 稳定性　　D. 可变性

3. 中华人民共和国成立以来，党和国家先后10次制定和发布有关公文处理方面的法规和规章，每次都涉及公文格式的变化。这说明公文格式具有（　　）。

A. 规范性　　B. 执行性　　C. 稳定性　　D. 变化性

4. 公文格式一经形成，就具有了相对的（　　）。

A. 规范性　　B. 执行性　　C. 稳定性　　D. 可变性

5. 现行党政公文的版式执行的国家标准是（　　）。

A. 《国家行政机关公文格式》　　B. 《党政机关公文格式》

C. 《国家行政机关公文处理办法》　　D. 《人大机关公文处理办法》

参考答案：1. D　2. A　3. D　4. C　5. B

第二节　公文格式的要素与规范

2012年4月16日中共中央办公厅、国务院办公厅联合发布的《党政机关公文处理工作条例》（以下简称《条例》），2012年6月29日国家质量监督检验检疫总局、国家标准化管理委员会联合发布的《党政机关公文格式》（以下简称《格式》）国家标准（GB/T 9704-2012），均于2012年7月1日起正式实施，从而首次实现了中华人民共和国成立以来党政机关公文的统一规范。

一、公文版式的规范与要求

（一）公文版面要求

1. 公文用纸幅面尺寸及版面要求

(1) 幅面尺寸：公文用纸采用GB/T 148中规定的A4型纸，其成品幅面尺寸为210mm×297mm。

(2) 页边与版心尺寸：公文用纸天头（上白边）为37mm±1mm，公文用纸订口（左白边）为28mm±1mm，版心尺寸为156mm×225mm。

2. 公文页面排版格式

（1）字体和字号：如无特殊说明，公文格式各要素一般用3号仿宋体字。特定情况可做适当调整。

（2）行数和字数：一般每面排22行，每行排28个字，并撑满版心。特定情况可做适当调整。

3. 文字颜色。如无特殊说明，公文中文字的颜色均为黑色。

4. 印刷要求。双面印刷；页码套正，两面误差不超过2mm。

5. 装订要求。公文应当左侧装订，不掉页，两页页码之间误差不超过4mm。骑马钉或平钉的公文应当钉位为两钉外钉眼距版面上下边缘各70mm处，允许误差±4mm；骑马钉均钉在折缝线上，平钉与书脊间的距离为3~5mm。

（二）公文文面格式要素

《条例》第九条规定，公文文面一般由份号、密级和保密期限、紧急程度、发文机关标志、发文字号、签发人、标题、主送机关、正文、附件说明、发文机关署名、成文日期、印章、附注、附件、抄送机关、印发机关和印发日期、页码18项组成。按《格式》对党政机关公文文面区域的划分，可将18个项目分为版头、主体、版记3个部分。

版头部分包括份号、密级和保密期限、紧急程度、发文机关标志、发文字号、签发人6个项目。

主体部分包括标题、主送机关、正文、附件说明、发文机关署名、成文日期、印章、附注、附件9项。

版记部分包括抄送机关、印发机关和印发日期、页码3项。

按党政机关公文格式使用的严格程度，可将党政机关公文格式项目分为指定性格式项目（如发文机关标志、发文字号、标题、正文、成文日期等）和选择性格式项目（如份号、秘密等级和保密期限、紧急程度、签发人、附注、附件等）两大部分。

二、公文格式要素的制作规范

《格式》将版心内的公文格式各要素划分为版头、主体、版记三部分。所谓"版心"，是指版面上除去周围白边，剩下的以文字和图片为主要内容的部分。公文首页红色分隔线以上的部分称为"版头"；公文首页红色分隔线（不含）以下、公文末页首条分隔线（不含）以上的部分称为"主体"；公文末页首条分隔线以下、末条分隔线以上的部分称为"版记"。页码位于版心外。

（一）版头部分

1. 份号

份号是将同一公文正本印制若干份时每份公文的顺序编号。如份号为000078，表示这是该公文的第78份。编制份号的目的是掌握每一份公文的去向，便于在登记、分发、清退、存档和销毁时对号核查管理。凡涉密公文，均应标注份号。

份号一般用10万份计，即6位3号阿拉伯数字顶格标注在版头的左上角第一行。

2.密级和保密期限

密级和保密期限是公文涉密程度和保密期限的标注。公文的密级分为"绝密""机密""秘密"三级。用黑色实五星"★"间开密级和保密期限。保密期限用阿拉伯数字标注。

《中华人民共和国保密法》规定："绝密级国家秘密是最重要的国家秘密，泄露会使国家安全和利益遭受特别严重的损害；机密级国家秘密是重要的国家秘密，泄露会使国家安全和利益遭受严重的损害；秘密级国家秘密是一般的国家秘密，泄露会使国家安全和利益遭受损害。"确定国家秘密的密级时，应当遵守定密权限（详见《中华人民共和国保密法》的相关规定）。

《中华人民共和国保密法》规定："各机关、单位在依照国家秘密及其密级具体范围的规定确定国家秘密事项的密级时，应当同时确定保密期限。国家秘密的保密期限，除有特殊规定外，绝密级事项不超过30年，机密级事项不超过20年，秘密级事项不超过10年。保密期限在一年及一年以上的，以年计；保密期限在一年以内的，以月计。"符合《中华人民共和国保密法》中相应密级的保密期限要求时，可只标注密级，省略保密期限。

密级和保密期限一般用3号黑体字顶格标注在公文版头左上角第二行。

3.紧急程度

紧急程度是对公文送达和办理的时间标注。紧急公文应当根据紧急程度分别标明"特急""加急"。其中，电报应当分别标明"特提""特急""加急""平急"。如一份公文需要同时标注份号、密级和保密期限、紧急程度时，按照份号、密级和保密期限、紧急程度的顺序，自上而下分行排列。

紧急程度一般用3号黑体字标注在公文首页左上角的第一至第三行。

一般在传递紧急公文时，要在信封上加盖"戳记"，如"紧急公文，立即送到"或"急件"等。

4.发文机关标志

发文机关标志是公文版头部分的中心标识，是公文最重要的生效标志之一，表明公文的归属，即公文的作者。

发文机关标志由发文机关全称或者规范化简称加"文件"二字组成，也可以使用发文机关全称或者规范化简称。机关全称应以批准该机关成立的文件核定的名称为准。规范化简称是由该机关自定后向上级机关申报的，且已明示其他行政机关。发文机关标志上边缘至版心上边缘距离一般为35mm。

命令（令）标志由发文机关和命令（令）组成，纪要标志由某某机关××会议纪要组成。居中排布。

发文机关标志原则上应使用小标宋体字，一般用红色标识，醒目、美观、庄重。小标宋体字显得庄重，其他字体如楷体、隶书、魏碑等都带有某些书法艺术的成分，不太适合具有行政职能的党政机关公文。电报的发文规定用黑色标识，字号以醒目美观为原则酌定，但应小于22mm×15mm。

联合行文时，应使主办机关名称在前，"文件"二字置于发文机关名称右侧，上下居中排放；如联合行文机关过多，必须保证公文首页显示正文。公文首页没有正文，是极不严肃的事。发文机关过多，可将发文机关字号缩小、行距缩小，直至保证公文首页显示正文为止（还要考虑留出发文字号、主送机关、标题的位置）。

联合行文在排列时还应注意：

（1）同级机关联合行文时，可用主办机关一家版头，也可并用几家版头。例如，党中央和国务院联合行文，一般用"中共中央、国务院文件"标志。

（2）联合行文的同级别机关，一般按党、政、军、群的顺序排列。如××省《关于党政群机关工作人员参加成人高等教育有关问题的通知》（×党组发〔×××〕15号），其发文机关的排列顺序就是用"中共××省委组织部、××省教育委员会、××省人事厅、××省财政厅文件"的文头发布的。

（3）联合发文机关过多（一般不超过3个发文机关），最好使用一个主办机关文头标志，避免文头臃肿繁复。

5.发文字号

发文字号，是发文机关对其所制发的公文依次编排的公文顺序号，其作用是便于文件管理，利于文件的收发、登记、归档、统计、查找和引用等。发文字号又称"文号"，由发文机关代字、年份和序号组成，组成部分通常称为"代号、年号、序号"。

（1）公文的发文字号一般由机关代字、发文年度（或称"年份"）和发文顺序号（或称"序号"）组成

机关代字可视为发文机关名称的缩写，一般由一个或两个层次组成。第一个层次是发文机关代字，如"国发〔2020〕16号"中的"国"代国务院，"国办〔2020〕1号"中的"国办"代国务院办公厅。第二个层次是发文机关主办文件的部门代字，"渝教办〔2020〕5号"，机关代字"渝教办"中的"渝教"代发文机关"重庆市教委"，"办"代主办这份文件的办公室。有的机关代字还包含其他层次，如"国发"中的"发"有下发的意思，用于层次较高的机关下发文件，低层机关不可随意使用。又如"国办函"中"函"代表发文形式，用于平行文，"函"不能理解为文种的代称，而是类别代字，如包含下行文的批（函）复、一般性通知等。有些机关为避免理解上的错误，对这些带有"信函式样"的公文规定使用"×政文"字样，"文"即代表这一类信函式发文。

确定机关代字时应注意：机关代字即代号，应能反映发文机关的本质属性，要选取机关名称中最具代表性的字，以避免与其他机关代字雷同，如"渝府"是重庆市人民政府的代字；同一类机关、同一类公文的代字应统一，不能有几种写法。

发文年份即年号，应标阿拉伯数字全称，用六角符号"〔〕"括入，不能使用圆括号和方括号。

发文顺序号应使用阿拉伯数字编号，不加"第"字，不编虚位（即1不编为01），在阿拉伯数字后加"号"字。如"中发〔2020〕6号""国办发〔2020〕26号"。联合行文，只标明主办机关发文字号。

发文字号编排在发文机关标志下空二行位置，用3号仿宋输入内容居中排布；上

行文的发文字号编排在发文机关标志下空二行位置，居左空一字，用 3 号仿宋输入内容，与最后一个签发人姓名处在同一行。

（2）使用专用文头的公文发文字号

可以使用的专用文头主要包括三种：一是命令；二是会议纪要；三是信函式样公文。

命令的文号主要是按年内命令文种进行编号，因此只在"×××机关命令（令）"标志下方居中编排"第×号"即可。

纪要的文号编排有两种形式：一是使用一般式样的文号编排同一般文件式样，如"×××机关办公室文件"，下编"×办"或"×办纪〔2022〕×号"，下面为横隔线。二是使用会议纪要专用文头的，其文号编排为"第×号"，并置于纪要标志下方。再下方为横隔线。横隔线左上方标明"×××机关办公室"，右上方标明年月日。

信函式样文号编制同一般文件，但标注在横隔线下右侧方。

6.签发人

签发人是代表发文机关核准并签发该份公文文稿的机关领导人。上行公文一般为请示文，应当在版头部分标注签发人姓名。签发人一般是本机关正职或主持工作的领导，标注签发人的目的是表示发文机关的领导人对上报事项负责，也便于上级单位了解下级单位由谁对发文事项负责，并为直接联系工作、迅速查询问题提供方便。

签发人由"签发人"三字加全角冒号和签发人姓名组成，如"签发人：×××"，居右空一字，编排在发文机关标志下空两行位置，与发文字号同行。此时，发文字号居左空一字。"签发人"三字用 3 号仿宋体字，签发人姓名用 3 号楷体字。

如有多个签发人，签发人姓名按照发文机关的排列顺序从左到右、自上而下依次均匀编排，一般每行排两个姓名，回行时与上一行第一个签发人姓名对齐。

例如，请示文文头式样（横隔线应为粗线）：

```
┌─────────────────────────────────────────┐
│                                         │
│           ××市人民政府文件              │
│                                         │
│   ×政〔2022〕×号         签发人：张为民  │
│ ─────────────────────────────────────── │
│                                         │
│            关于××××××问题的请示        │
│                                         │
└─────────────────────────────────────────┘
```

7.版头中的分隔线

分隔线是指用于分隔公文的版头部分和主体部分的一条红色横隔线。公文版头在发文字号之下 4mm 处居中印一条与版心等宽的红色分隔线，以示与公文主体的分隔。

命令可使用其专用文头格式，机关标志下也可没有横隔线，因有的命令的标志就是公文的标题，不可和公文内容分开；加公文标题的，也可使用横隔线。

"函"件的发文机关标志上边缘距上页边的距离为 30mm，发文机关全称下 4mm 处为一条武文线（上粗下细），距下页边20mm处为一条文武线（上细下粗），两线长均为170mm。

（二）主体部分

1.标题

公文标题是对公文中心内容的高度概括与提炼，是整个公文内容的总括，即公文的题目。公文标题一般由发文机关名称、事由、文种三部分组成，通常称为公文标题的"三要素"。

公文标题，可以起到揭示公文主旨的作用，也能让读者全面、准确地理解和把握公文的实质和内容，有利于公文的办理和处理。如《国务院关于进一步加强证券市场宏观管理的通知》，"国务院"是发文机关，"进一步加强证券市场宏观管理"是事由，"通知"是文种。

公文标题除引用法规名称加书名号外，一般不用标点符号。发布行政法规、规章的公文标题加"发布"或"印发"字样；上级机关批转下级机关公文的标题加"批转"字样；转发上级、同级和不相隶属机关的公文标题加"转发"字样。

从语法结构上看，公文标题是以文种为中心词，以发文机关、事由为限定修饰成分的偏正结构词组。其中，在作者与事由之间，通常用"关于""对"等介词连接，组成一个介词结构。例如，在标题《××市人民政府关于做好2021年高等院校招生工作的通知》中，"做好2021年高等院校招生工作"是动宾词组，"关于"和这个动宾词组共同组成介词结构，并作为文种"通知"的定语。"关于""对"等在标题中的作用是：表示关联；表示事物涉及的范围或取舍的内容。运用介词要防止重叠，如《××县关于对加快农业发展若干问题的决定》，"关于""对"就是介词重叠，应改为《××县关于加快农业发展若干问题的决定》。

对于批转、转发原文有"关于"字样的文件，为避免重复，批转、转发机关的"关于"可以省略。如某市公安局向市人民政府行文，标题是《××市公安局关于做好高层民用建筑消防安全工作的报告》，市政府要批转这个公文，其批转公文的标题可以是《××市人民政府批转市公安局关于做好高层民用建筑消防安全工作的报告》。

两个机关联合行文时，一般两个机关的名称都出现在标题中，如《中共中央办公厅 国务院办公厅关于印发〈党政机关公文处理工作条例〉的通知》；三个以上机关联合行文时，一般应省略发文机关名称，标题中只标明事由和文种，如证监会、公安部、监察部、国资委、预防腐败局联合向国务院报送的意见标题即为《关于依法打击和防控资本市场内幕交易的意见》。

公文标题在书写时一般应"三要素"俱全，但在特定情况下，某些要素可以省略。

对三要素俱全的标题，通常称为"完全式"标题；省略某些要素的标题，通常称为"省略式"标题。省略式标题通常有三种情况：

（1）省略发文机关名称，只写事由和文种。这里又可以细分为三种情况。①一些法规性公文，比如《出版物汉字使用管理规定》《企业财务通则》，标题都没有加发文机关，但这些法规类公文在正式公布时仍要使用完整的公文标题，如《国家新闻出版

署 国家语言文字工作委员会关于发布出版物汉字使用管理规定的通知》。②电报、专题会议纪要的标题也只写事由和文种，不写发文机关名称。以上两种情况在引用时都应该将发文机关加上。③一些文字简短的公文，如简短的请示、事务性通知等，有时也可以省略作者，但重要公文，如决定、决议、指示性通知等不可省略作者。

（2）省略事由，只有发文机关和文种。有些文件内容单一，正文部分文字较少，使人一目了然。在这种情况下，标题中的"事由"部分可以省略，以求庄重简练。如《中华人民共和国财政部令》，其标题如果写成"中华人民共和国财政部关于发布企业财务通则的命令"，与正文字数相比，就显得繁复冗长。应注意：请示文任何时候都不能省略事由。

（3）省略发文机关名称和事由。这种多见于公布和张贴性的公文，如机关的事务性通知、通报、启事、公告和通告等。公文以文种作为标题，是为了张贴时醒目，有利于扩大传播范围。

公文标题的部分省略是有条件限制的，而且在任何情况下，文种都不能省略。如果省略文种，一是不方便现实执行，二是不方便查找和利用。但在机关内部使用的一些便函之类的领导批示、情况说明等，也可形成无标题文书。

公文标题一般用2号小标宋体字编排于红色分隔线下空两行位置，分一行或多行居中排布；回行时，要做到词意完整、排列对称、长短适宜、间距恰当，使用等腰梯形或菱形进行参差排列。因公文首页必须包含正文，当标题所占行数太多，可能出现把正文挤出首页的情况时，可将标题上移，不必在反线之下空两行标识，可以空一行或不空行。

2.主送机关

主送机关是指收受、办理文件的主要机关。 主送机关，又称"送达机关、受文机关、行文对象、抬头、上款"等。送达机关、受文机关、行文对象都是就发文机关要求对公文予以办理或答复的对方机关和单位的实质性内容而言的；抬头（顶格）、上款是就公文形式，也就是相对于文尾的机关署名，即落款而言的。

标明主送机关的作用是概括标明该公文的效力范围，明确对该文办理、答复负有法定责任的机关。除公告、通告、纪要等文种外，其他公文都应当标明主送机关。主送机关一般用全称或规范化简称；同类型机关的可以采用统称，按其性质、级别和有关规定或惯例依次排列，同性质或级别的机关之间用顿号，不同性质或级别的机关之间用逗号，最后一个主送机关名称后标全角冒号。如"各省、自治区、直辖市人民政府，国务院各部委、各直属机构："就是用顿号、逗号将各机关的性质、级别分隔的。《条例》规定，除上级机关负责人直接交办事项外，不得以本机关名义向上级机关负责人报送公文，不得以本机关负责人名义向上级机关报送公文。

主送机关编排于标题下空一行位置，居左顶格，回行时仍顶格，最后一个机关名称后标全角冒号。如主送机关名称过多导致公文首页不能显示正文时，应当将主送机关名称移至版记区域。

3.正文

正文是公文的核心部分，用来表述公文的具体内容，是公文写作的关键。 公文的正文一般可分为开头、主体、结尾三部分。根据内容，这三部分也被称为正文"三要素"，即缘由、事项、要求。

正文的开头一般交代制发该文的原因和理由。如根据国家的方针、政策、法律和法规行文，根据上级或对方来文行文，根据事物的发展变化行文，根据工作现状行文，根据目标任务行文，根据工作现状行文，根据工作目的行文等。具体某篇公文开头的内容，要根据发文意图、行文对象和文种来确定。确定写作内容后，还可借助模式化的语句领出，如"由于……""为了……""根据……"等。

正文的主体事项部分一般围绕"事项"来写作，或叙事说理，或传达精神，或提出具体工作要求，或列举材料、申述观点，或表达愿望和要求，或针对来文作答。内容较为复杂的公文，要注意逻辑顺序和层次安排，须清晰表达。

正文的结尾一般是正文的结论部分，大多为提出要求、发出号召等。有些公文有规范的结尾用语，如："特此报告"；"当否（妥否），请指示"；"以上请示如无不当（不妥），请予批准（批复）"；等等。有些公文还可就处罚或生效日期、报名方式进行说明，如"本通告自发布之日起执行"。具体某篇公文应该如何结尾，可遵循人们在该文种写作中的约定俗成，也可根据主体内容的写作需要而选择恰当的结尾方式。

公文一般用 3 号仿宋体字，编排于主送机关名称下一行，每个自然段左空二字，回行顶格。每面的行数和字数遵循公文的排版格式，一般每页排 22 行，每行排 28 个字，遇特定情况可做适当调整。当公文排版后所剩空白处不能容下印章位置时，应采取调整行距、字距的措施加以解决，务必使印章与正文同处一面，不得采取标识"此页无正文"的方法解决。

正文中结构层次序数依次可以用"一、""（一）""1.""（1）"标注；一般第一层用黑体字，第二层用楷体字，第三层和第四层用仿宋体字标注。标点符号的用法应符合 GB/T15834，计量单位的用法应符合 GB3100、GB3101 和 GB3102.1-13，正文里的数据和年份一般使用阿拉伯数字书写。如需引用公文，应先引标题，后引发文字号。

正文的结构安排要根据公文文种的特点，符合表现中心的需要，做到合情合理；要锻炼思路，使结构清晰、严密，做到段落恰当、层次分明、详略得当、开头简括、结语明确、过渡自然、呼应紧密、排列有序、全文整肃。

◇ 例文

卫生部办公厅关于召开 2013 年全国卫生系统
食品安全与卫生监督工作会议的通知[①]
卫办监督函〔2013〕5 号

各省、自治区、直辖市卫生厅局，新疆生产建设兵团及计划单列市卫生局，中国疾病预防控制中心、卫生部卫生监督中心、国家食品安全风险评估中心：

---

① 资料来源于中华人民共和国卫生部网站。

为深入贯彻党的十八大和2013年全国卫生工作会议精神,进一步落实国务院有关规划和决定,部署卫生系统食品安全与卫生监督重点工作,进一步推进卫生监督体系及其技术支持体系能力建设,经研究,定于2013年1月在北京召开2013年全国卫生系统食品安全与卫生监督工作会议。同时,为精简会议,提高效率,将2013年全国食品安全风险监测会议合并召开。现将有关事宜通知如下:

一、主要内容

(一)学习贯彻党的十八大及2013年全国卫生工作会议精神。

(二)总结2012年食品安全与卫生监督工作,部署2013年食品安全与卫生监督重点工作。

(三)总结2012年国家食品安全风险监测工作,部署2013年国家食品安全风险监测工作。

(四)讨论、交流卫生监督及其相关公共卫生领域改革建设等有关工作。

二、时间和地点

时间:2013年1月29日至30日,1月28日报到,1月29日上午9点开会。

地点:北京湖北大厦(北京市海淀区中关村南大街36号,电话010-62172288)。

三、参加人员

各省、自治区、直辖市及新疆生产建设兵团卫生厅局分管厅(局)长,卫生监督处(局)处(局)长,食品安全相关处处长,卫生监督局(所、总队)、疾病预防控制中心、职防院(所)负责人;计划单列市卫生局分管局长;卫生部有关司局负责人,中国疾病预防控制中心及相关所、卫生部卫生监督中心、国家食品安全风险评估中心主要负责人。同时,邀请国务院有关部委及相关单位派员参加。

四、其他事项

(一)请各省级卫生行政部门监督处(局)负责本省(区、市)参会代表报名工作。参会代表回执请于1月16日前传真至我部食品与监督局。

(二)卫生行政部门和卫生监督机构的参会代表届时着卫生监督服参加会议,请按照着装规定提前做好准备。

(三)会议食宿费由会议承担,差旅费自理。会议不安排接站,请代表自行前往。参会人员自备笔和本。

联系人:卫生部食品与监督局 王冀、伍竞成

附件:

1. 全国卫生系统食品安全与卫生监督工作会议代表名额分配表
2. 全国卫生系统食品安全与卫生监督工作会议代表回执

卫生部办公厅
2013年1月6日

4.附件说明

附件说明,是附于正件的其他文件或材料的名称与件数说明。在内容上,附件对正文的有关问题起补充和参考说明作用;在形式上,附件是公文正文内容的一个组成

部分，不可随意分开。有附件的公文，附件就同正文一起组成一份完整的公文。

附件一般包括图表、目录、名单及其他有关文件材料。

附件说明位于正文的左下方，在公文生效标志即署名之上。附件说明应说明所附文件材料的名称及件数页码。单个附件，在正文下空一行、左空二字编排"附件"二字，后标全角冒号和附件名称。如有多个附件，使用阿拉伯数字标明附件顺序号。单个附件名称后可不加标点符号。附件名称较长而需要回行时，应当与上一行附件名称的首字对齐。附件说明处的标题应与附件本身的标题一致。具体格式为：

附件：×××××××

附件：1. ×××××××，共 2 页；
　　　2. ×××××××，共 5 页；
　　　3. ×××××××，共 8 页。

附件，即具体的附件文件与材料。附件应当另行编排，并在版记之前与公文正文一起装订。附件另行编排时，"附件"二字及附件顺序号用 3 号黑体字顶格编排在版心左上角第一行；附件标题居中编排在版心第三行；附件顺序号和附件标题应当与附件说明的表述一致；附件格式要求同正文。

5. 发文机关署名

发文机关署名，即在正文或附件说明之后适当位置署发文机关名称，它是公文作者的标志。发文机关署名在形式上也称"落款"，一般应使用发文机关全称或者规范化简称，应与成文日期和印章配合协调，美观排列。单一机关行文时，一般在成文日期之上、以成文日期为准、居中编排发文机关名称。联合行文时，一般先编排主办机关名称，然后将各发文机关署名按照发文机关顺序整齐排列在相应位置，一行最多署三个机关的名称。

命令性公文及有关证书等，还须由有关领导人签署签发人姓名，以表示其权威性，如在公文末尾处右下方署名"总理：×××；部长：×××"。

6. 成文日期

成文日期是公文形成或生效的时间标志，是文件生效及日后查考的重要依据之一。确定成文日期有以下几种情况：

（1）在一般情况下，公文的成文日期以领导人签发日期为准；

（2）经会议讨论通过的公文，以通过日期为准；

（3）两个以上机关的联合发文，以最后签发机关的领导人签发的日期为准；

（4）电报，以发出日期为准。

成文日期应当写明"年""月""日"，使用阿拉伯数字，年份应标全称，月、日不编虚位（即 1 不编为 01），标注于正文之下，右空 4 字距离，如：2020 年 8 月 26 日。

决议、决定等不标明主送机关的公文，成文日期加括号标注于标题下方居中位置。"命令（令）"及相关证书的成文日期标注在签发人签名章下一行右空 2 字处；"会议纪要"使用专用文头格式的，其成文日期居右顶格标注在红色反线之上右侧。

7.机关印章

机关印章是公文作者合法性及公文效力的标志，具体指正文末尾加盖的发文机关印章或领导同志签名章，是发文机关对公文表示负责并标志公文生效的凭证。

公文中有发文机关署名的，应当加盖发文机关印章，并与署名机关相符。联合下发的公文，发文机关都应当加盖印章。有特定发文机关标志的普发性公文和会议纪要、电报、翻印件等，可以不加盖印章。公文所盖的印章一定要与发文机关一致，因故需用别的印章代替时，应注明"代"字。

单一机关行文时，印章端正、居中下压发文机关署名和成文日期，使发文机关署名和成文日期居印章中心偏下位置，印章顶端应当上距正文（或附件说明）一行之内。

联合行文时，将印章一一对应、端正、居中下压发文机关署名，最后一个印章端正、居中下压发文机关署名和成文日期。印章之间排列整齐，互不相交或相切。每排印章两端不得超出版心。首排印章顶端应当上距正文（或附件说明）一行之内。

签名章是指模仿签名人书写姓名的笔迹而刻制的领导人印章。加盖签发人或领导人签名章的公文主要是命令（令）以及有关证书之类的公文。正式公文的签名章应用红色。加盖签署人签名章时，应注意署名签发人职务。

加盖机关印章时，还应注意分清是使用"边套"还是"中套"的形式。机关印章一般为圆形，如果冠名上一级机关，如"汉江市人民政府办公室"印章，"汉江市人民政府"则为弧形排列，而"办公室"为横形排列，这样在加盖印章时，就要采取"边套"的形式，即用下端空白处压盖机关署名，避免中间"办公室"文字与机关署名重叠，模糊不清。如果机关印章不冠上级机关名称，如"周至县人民政府"，其文字自然为弧形排列，中间没有横行文字，则采用"中套"的形式，即用中间空白处压盖机关署名。

8.附注

附注是对公文中需要予以解释和说明的有关事项的注释，一般是对公文的发放范围、使用时应注意的事项等情况的说明和相关引用注释等。如"此件发至县团级""此件可登报"等。中央文件的阅读（传达）范围主要有以下几种情况：

（1）发给各省、自治区、直辖市党委，各大军区党委。这种中央文件机密性强、阅读范围小，只供各受文单位的党委常委（党组成员）以上干部阅读。

（2）发至省、军级。省军区党员干部，以及中央组织部批准享受省军区待遇的党员干部，可阅读发至省、军级的中央文件。各正厅局级党委（党组）主要负责同志，可阅读有关省、军级的中央文件。各正厅局党委（党组）主要负责同志，可阅读有关省军级的文件。

（3）发至地、市级。厅局级及以上的党员干部可以阅读。

（4）发至县、团级。县处级或相当级别以上的党员干部可以阅读。

（5）公开发布。经批准可在报刊、电台、电视台刊登、播发的文件，同内部印发的正式文件具有同等效力，应与正式文件一样依照执行。

机关的"请示"应当在附注处注明联系人的姓名和电话。通知等公文有时也需要注明联系人及联系人地址、电话或微信等。

公文如有附注，用3号仿宋体字，居左空二字加圆括号标注在成文日期下一行。

（三）版记部分

版记是公文印制及发送情况的记录与说明。版记应置于公文最后一页（亦称"封底"）。有附件的公文，版记在附件之后。版记一般由分隔线、抄送机关、印发机关、时间、份数等要素组成。

1. 分隔线

分隔线，即版记与公文主体的分隔线，也是版记中的信息事项分隔线。其主要作用是与公文主体相区别，也使公文页面整齐美观。

版记中的分隔线一般由三条线组成，并与版心等宽。首条分隔线和末条分隔线用粗线（推荐高度为0.35mm），中间的分隔线用细线（推荐高度为0.25mm）。首条分隔线位于版记中第一个要素之上，末条分隔线与公文最后一面的版心下边缘重合。

2. 抄送机关

抄送机关是指除主送机关之外需要执行或者知晓公文内容的其他机关。抄送机关应当使用全称、规范化简称或者同类型机关统称。

抄送机关要根据公文内容、发文目的和隶属关系严格控制，行政公文抄送机关排列顺序一般是：一行为上级机关；一行为党的机关、军事机关、人民团体、民主党派；一行为人大、政协、法院、检察院；一行为其他单位。

如有抄送机关，一般用4号仿宋体字，在印发机关和印发日期之上一行、左右各空一字编排。"抄送"二字后加全角冒号和抄送机关名称，回行时与冒号后的首字对齐，最后一个机关名称后标句号。

3. 印发机关和印发日期

印发机关和印发时间是指文件制发（含翻印）情况的说明记载，包括文件制发单位的名称、制发日期和印制份数。

印发机关和印发日期一般用4号仿宋体字，编排在末条分隔线之上，印发机关左空一字，标明"×××机关办公室"；印发日期右空一字，用阿拉伯数字标明年、月、日，后加"印发"二字。版记中如有其他要素，应当将印发机关和印发日期用一条细线分隔。如须标注印制份数，也可编排在末条分隔线之下右侧。

翻印文件说明同印刷文件说明大体相同。但翻印秘密文件须经制发机关批准或者授权，翻印后要向原发文机关备案。上级机关翻印所属下级机关的文件可不受此限。

（四）文件编页

文件制作应编制页码，以方便阅读。文件页码一般用4号半角宋体阿拉伯数字，编排在公文版心下边缘之下，数字左右各放一条一字线；一字线距版心下边缘7mm。单页码居右空一字，双页码居左空一字。公文的附件与正文一起装订时，页码应当连续编排。

三、公文的特定格式

除一般格式以外，在实践中，不同的公文种类通常使用不同的格式。为方便使用，还规定了一些特定的公文格式，归纳起来主要有三种，有些在前面叙述中有涉及，这里做进一步强调。

（一）信函格式

1. 信函格式的使用

"信函格式"是指一种区别于一般"文件格式"的公文格式，即文头机关标志直接采用"×××机关"而不加"文件"二字。

信函格式的使用主要有两种情况：一是用于党政机关印发函件和处理一般公务事项，如事务性通知、批复等具有信函性质的公务文书，即一般性日常事务的下行文、平行文。原因是文头中的"文件"二字一般强调重要的公务文书。二是用于各级行政机关的各有关部门，特别是与行文对象没有垂直管辖领导关系的各有关部门发文，只能使用"信函式样"。因为在行文规则中，部门一般不直接对外行文，重要事项应以机关名义行文，一般事项需要行文的即以"信函格式"行文。

2. 信函格式的要求

《格式》规定信函格式的要求为：发文机关标志使用发文机关全称或者规范化简称，居中排布，上边缘至上页边为30mm，推荐使用红色小标宋体字。联合行文时，使用主办机关标志。

发文机关标志下4mm处印一条红色双线（上粗下细，武文线），距下页边20mm处印一条红色双线（上细下粗，文武线），线长均为170mm，居中排布。如需要标注份号、密级和保密期限、紧急程度，应当顶格居版心左边缘编排在第一条红色双线下，按照份号、密级和保密期限、紧急程度的顺序自上而下分行排列，第一个要素与该线的距离为3号汉字高度的7/8。

发文字号顶格居版心右边缘编排在第一条红色双线下，与该线的距离为3号汉字高度的7/8。标题居中编排，与其上最后一个要素相距两行。第二条红色双线上一行如有文字，与该线的距离为3号汉字高度的7/8。

首页不显示页码。版记不加印发机关和印发日期、分隔线，位于公文最后一面版心内最下方。

3. "信函格式"与"文件式格式"的区别

除适用范围不同，信函格式与一般文件式格式的区别还体现在形式上，主要包括：

（1）发文机关标识由"文件式格式"的"发文机关全称（或规范化简称）+文件"改为只标识发文机关全称。

（2）将"文件式格式"上白边37mm缩小为30mm。

（3）设计了发文机关全称下4mm处的一条红色双线（上粗下细，武文线）和距下页边20mm处的一条红色双线（上细下粗，文武线），此两线与发文机关标识均印成醒目的红色。

（4）发文字号处于发文字号顶格居版心右边缘编排在第一条红色双线下，其他标记如份号、密级、紧急程度均编在横隔线下左侧位置。

（二）命令（令）格式

命令（令）是党政机关最具权威性的公文，除了可以使用一般文件格式外，还可以使用命令（令）的专用格式。

命令（令）格式中命令（令）的机关标志由发文机关全称加"命令"或"令"字组成，如国务院令的发文机关标志是"中华人民共和国国务院令"，使用红色小标宋体字。

字号由发文机关酌定，一般只写"第×号"，居中排布。命令（令）标志上边缘至版心上边缘为20mm，发文机关标志下空二行居中编排令号，令号下空二行编排正文。

命令（令）专用格式不再写命令标题，机关标志就等于文件标题。

命令（令）一般加盖签发人签名章。单一机关制发的公文加盖签发人签名章时，在正文（或附件说明）下空二行、右空四字加盖签发人签名章，签名章左空二字标注签发人职务，以签名章为准上下居中排布。在签发人签名章下空一行、右空四字编排成文日期。

联合行文时，应当先编排主办机关签发人职务、签名章，其余机关签发人职务、签名章依次向下编排，与主办机关签发人职务、签名章上下对齐；每行只编排一个机关的签发人职务、签名章；签发人职务应当标注全称。签名章一般用红色。

（三）纪要格式

纪要是广泛使用的公文文种，而会议纪要是其主要形式。会议纪要除了可以使用一般公文格式以外，也可以使用纪要的专用文件格式。

会议纪要专用格式为：纪要标志由"×××××纪要"组成，居中排布，上边缘至版心上边缘为35mm，用红色小标宋体字，字号由发文机关酌定。纪要的发文字号一般在机关代字后标注"纪"字，如"××纪〔2020〕6号"。下面为文头分隔粗线。

定期召开的会议，编号为"第×号"，置于纪要标志下方，在版头和主体之间的红色间隔线左上方标注印制部门，一般为"×××机关办公厅（室）"。在红色间隔线右上方用阿拉伯数字标注印制日期。

标注出席人员名单，一般用3号黑体字，在正文或附件说明下空一行、左空二字编排"出席"二字，后标全角冒号，冒号后用3号仿宋体字标注出席人单位、姓名，回行时与冒号后的首字对齐。

标注请假和列席人员名单，除依次另起一行并将"出席"二字改为"请假"或"列席"外，编排方法同出席人员名单。

纪要格式还可以根据单位实际情况制定。

思考与练习

(一)单项选择题

1.《党政机关公文格式》开始施行的时间是（　　）。
   A. 2012年1月1日　　　　　　B. 2018年7月1日
   C. 2012年7月1日　　　　　　D. 2012年6月29日

2.公文主送机关标注的位置应该在公文标题下空（　　）。
   A. 1行　　　　B. 2行　　　　C. 3行　　　　D. 无所谓

3.绝密、机密、秘密公文都应当标识（　　）。
   A. 签发人姓名　　B. 处理时限　　C. 份号　　D. 附件名称

4.上报公文都应当标识（　　）。
   A. 密级　　　　B. 签发人姓名　　C. 份号　　D. 附注

5.《××县人民政府关于印发〈×县流动人口管理办法〉的通知》的作者是（　　）。
   A. ××县人民政府　　　　　　B. 起草通知的工作人员
   C. ××县　　　　　　　　　　D. ××县县长

参考答案： 1. C　2. A　3. C　4. B　5. A

（二）多项选择题

1.属于公文"版头"部分基本的格式要素是（　　　）。
A. 份号　　　　B. 签发人　　　　C. 发文字号　　　　D. 密级
E. 发文机关署名

2.属于公文"主体"部分的格式要素是（　　　）。
A. 主送机关　　B. 标题　　　　　C. 成文日期　　　　D. 附注
E. 发文机关署名

3.属于公文"版记"的格式要素是（　　　）。
A. 主送机关　　B. 主题词　　　　C. 印发日期　　　　D. 抄送机关
E. 印发机关

4.完全式公文标题，包括的要素有（　　　）。
A. 发文机关名称　B. 关于　　　　C. 事由　　　　　　D. 文号
E. 文种

5.党政公文的成文日期确定原则是（　　　）。
A. 会议通过日期　B. 起草日期　　C. 收文日期　　　　D. 发文日期
E. 负责人签发日期

参考答案： 1. ABCD　2. ABCDE　3. CDE　4. ACE　5. AE

（三）改错题

1.发文字号：×镇人民政府发（20）第 006 号
2.公文标题：关于向上级请求增拨××学校招生指标的请示报告
3.公文标题：×镇人民政府告知开扶贫工作会议的通告
4.公文标题：××中学请购报告
5.公文标题：××中学 2020 教学工作的汇报

（四）操作题

请代自己所在学校制作一份请求上级机关拨付教育经费的文面格式图。要求：凡能够具体的项目均须具体标注。

第三节　公文的稿本

公文稿本是指同一公文的不同文稿和不同文本。 同一公文在撰写、审核、印制过程中，有多种文稿、文本产生，它们在内容、外观和作用上都有所不同。

公文的文稿常见的有草稿和定稿两种，文本常见的有正本、副本、试行本、暂行本、修订本、存本、不同文字文本七种。

一、公文的文稿

(一) 草稿

草稿，又称"未定稿"，是公文定稿之前所有文稿的统称，是供修改审核、讨论征求意见、审批时使用的原始的非正式文稿，内容和文字表述未正式确定，不具备正式公文效用。草稿一般不对外发出，有时为征求意见外发，但没有实际执行效用。

在公文制作过程中，为了使其内容、文字表述等不断成熟和完善，往往要进行反复修改、补充，形成一次或者多次草稿。其外观特点是没有生效标志（领导签发、单位用印等），常在标题右侧括号里或标题下方标注"初稿""二稿""三稿""修改稿""修订稿""讨论稿""征求意见稿""草案"（办法、章程、条例、规定等法规性公文的草稿称为"草案"），等等。

草稿对正式公文的产生具有基础性意义。同时，它完整忠实地记录了公文的形成过程及思想变化，为日后查考利用提供了珍贵的第一手资料。

(二) 定稿

定稿，是指内容已经确定、已履行法定生效程序（如经过审核签发或会议正式讨论通过）的最后完成稿，具备正式公文的效用，是公文正本的标准稿本，是印制正本的依据。

定稿标志着公文酝酿过程的结束，是公文作者的最终成果。定稿一经确定，未经法定责任人（如签发人、讨论通过该文的会议等）的认可，任何人不得对其进行修改，否则无效。

定稿的作用十分重要，它不仅是印制正式公文的依据，也是日后查考的凭证，因此应妥善保存，要与正式公文的存本一起立卷归档。

二、公文的文本

(一) 正本

正本，是指根据定稿制作的、发送给主要受文者（如主送机关等）使用的、具有法定效用的正式文本。

正本的外观特征是格式正规并有印章或签署等表明真实性、权威性、有效性的标志。党政公文的正本，必须是遵照公文标准格式要求而印制的、加盖发文机关印章的正式公文文本。

正本具有三个特征：第一，是根据定稿制作的，其内容是对定稿的完整呈现；第二，是发送给主要特定的受文机关的；第三，具有实际效用。这三个特征对于正本而言缺一不可。

(二) 副本

副本，亦称"抄本"，是根据公文正本复制或誊抄的文本，其格式、内容与正本内容完全一致，主要供参阅、备查之用，以提高公文处理和运转效率。

副本原来多是在正本产生之后，根据正本另行复制而成的。随着印刷技术的日益发达，现在副本多和正本同时印制。为避免多头主送，副本一般注明"副本"字样。

副本一般有以下三种情况：

一是发文机关为使受文机关便于阅读和处理，给同一机关发送若干份副本（与正本无别，但此类情况应尽量避免，应直接发送正本）。

二是经发文机关批准或经过授权，翻印复制正本文本。重要文件一般在授权后由发文机关专门发布印发通知，从而转化为正本，如《××××机关关于印发国务院××××文件的通知》。

以上两类副本与相对应的正本具有同等的法定效力。

三是受文机关为了快速查阅相应公文而自行决定根据公文正本复制文本。此类副本不具备法定效力。

（三）试行本

试行本，即试行文本，是公文文本的一种特殊形式。试行本主要用于法规性公文，如条例、办法、规定、规则、方案等。

一些法规性文件，在内容尚不成熟之时，先以"试行本"试行，待实践检验、总结经验后再进行修订。试行本在试行期间具有法定效用，须遵照执行。但试行本的试行期不宜过长，在试行期间应积极开展总结、修订，内容成熟以后就应尽早发布成熟的文件。新的文本发布后，试行本即作废。

试行本的形式特征，主要有以下两种：

一是在公文标题后或者标题正下方加括号注明"试行"字样，如《中国共产党组织处理规定（试行）》，节选如下：

◇ 例文

中国共产党组织处理规定（试行）[①]

（2021年2月23日中共中央政治局常委会会议审议批准

2021年3月19日中共中央办公厅发布）

第一条 为了落实全面从严治党要求，规范组织处理工作，根据《中国共产党章程》和有关党内法规，制定本规定。

第二条 组织处理工作坚持以习近平新时代中国特色社会主义思想为指导，贯彻新时代党的建设总要求和新时代党的组织路线，落实从严管理监督要求，严肃处理对党不忠、从政不廉、为官不为、品行不端等问题，督促领导干部不忘初心、牢记使命，始终做到忠诚干净担当。

……

---

① 资料来源于中华人民共和国中央人民政府网站。

第十八条 本规定由中央组织部负责解释。

第十九条 本规定自发布之日起施行。

二是直接在标题中标出，如《自由贸易试验区外商投资国家安全审查试行办法》《金融控股公司监督管理试行办法》等。

（四）暂行本

暂行本，即暂时施行本，也是公文文本的一种特殊形式，是单位因实际工作需要而来不及制定详细周密的规定时，所发布的在一段时间内暂时施行的文本。暂行本主要用于条例、规定、办法等法规性的文件。

暂行本有待于通过一段时期的实践、经正式修订后重新发布，暂行期间具备执行效力，必须遵照执行。暂行本的暂行期不宜过长，更不能一味地依靠暂行本来推动工作，应在暂行期间充分调研、积极修订，尽早制定成熟公文。

"暂行"的标注方式与试行本相同。暂行本与试行本具有同样的性质，二者的区别主要是强调的原因不同。试行本主要强调内容不成熟；暂行本主要强调时机、时间不成熟。

（五）修订本

修订本，也是公文文本的一种特殊形式，指发文机关在对已发布生效、经实践检验的文件加以修正补充后再次发布的文本。从修订本发布生效日起，原文本即失效。

要对修订本进行稿本标记，可在标题结尾处加圆括号标注"修订"，如《重庆市预防和控制四害管理规定（修订）》；也可在标题下方作题注，在圆括号里标注"修订""某年某月某日修订"，如：

◇ 例文

重庆市外国专家"三峡友谊奖"评选办法[①]

（修订）

第一条 为了表彰在重庆经济社会发展中作出杰出贡献的外国专家，充分调动他们的工作积极性，促进中外经济、科技、文化、教育、体育、卫生等方面的交流与合作，根据国家外国专家局《对外国专家奖励办法》的规定，结合本市实际，制定本办法。

第二条 "三峡友谊奖"是重庆市人民政府为表彰和奖励在重庆建设和发展中作出杰出贡献的外国专家而设立的荣誉奖。

……

第十七条 本办法自印发之日起施行。《重庆市人民政府关于印发重庆市外国专家

---

①资料来源于重庆市人民政府网站。

"三峡友谊奖"评选办法的通知》（渝府发〔2000〕93号）同时废止。

（六）存本

存本，是指发文机关从制作的正本中留取的、须与定稿一起存档的标准样本。

存本作为留存的文本，与正本完全形同。其主要用于日后查考利用。一是必要时可作为正本文件使用。二是当公文在执行过程中产生疑问或问题时，对照存本与定稿，分清内部责任；对照存本与对外发出的文件，分清外部责任。

（七）不同文字的文本

不同文字的文本，是指公文由于适用范围涉及不同民族、地区、国家，需要使用两种或两种以上文字而形成的不同文字的文本。

不同文字文本主要是在少数民族地区以及对外工作中使用。在我国，同一公文不同文字的文本效力完全相同。在外事工作中，如果在内容理解上产生纠纷时，还往往明确以何种文字文本为准。

思考与练习

（一）请辨析公文的"定稿"和"正本"。

（二）请简述公文文本的种类。

（三）单项选择题：

1.内容已经确定、已履行法定生效程序（如经过审核签发或会议正式讨论通过）的最后完成稿，具备正式公文的效用，是印制公文正本的依据。这是指公文的（　　）。

　A. 草稿　　　　B. 正本　　　　C. 定稿　　　　D. 审定稿

2.根据定稿制作的发送给主要受文者（如主送机关等）使用的具有法定效用的正式文本，是公文的（　　）。

　A. 正本　　　　B. 副本　　　　C. 定稿　　　　D. 修订本

3.发文机关在对已发布生效、经实践检验的文件加以修正补充后再发布的文本，是公文的（　　）。

　A. 正本　　　　B. 副本　　　　C. 定稿　　　　D. 修订本

4.已经确定，未经法定责任人（如签发人、讨论通过该文的会议等）认可，任何人不得对其进行修改，否则无效。这是指公文的（　　）。

　A. 正本　　　　B. 副本　　　　C. 定稿　　　　D. 修订稿

参考答案：1. C　2. A　3. D　4. C

案例研讨

一个随意使用法定公文格式的误例

关于实施"全面两孩"政策致市直机关事业单位
全体共产党员共青团员的公开信

市直机关、事业单位全体共产党员、共青团员同志们：

党的十八届五中全会提出，"全面实施一对夫妻可生育两个孩子"政策，这是党中央立足国情，遵循规律，正确处理当前与长远、总量与结构、人口与资源环境的关系，促进人口长期均衡发展的重要举措，关系到中华民族世代繁衍和子孙后代健康幸福。

（以下略）

2016年×月×日

上文是××市有关部门和团体以文件格式联合下发的一份"公开信"（以下简称"例文"）。

这是一个随意使用法定文件格式的误例。

中共中央办公厅、国务院办公厅2012年4月6日联合制发、2012年7月1日起施行的《党政机关公文处理工作条例》（以下简称《条例》），规定了十五种法定公文文种。其中，不包括例文这样用于公务的"公开信"。而与《条例》配套施行的、由国家质量监督检验检疫总局和国家标准化管理委员会联合制定发布的《党政机关公文格式》（以下简称《格式》），明确规定了党政机关公文所用的文件格式及三种特定格式，即信函格式、命令格式、纪要格式。这三种特定格式中，除命令格式和纪要格式分别适用于各自所显示的单一文种之外，信函格式可以用于函、提案、通知、平行或下行的意见、批复等平行文和下行文，但不能用于上行文。这里所说的，都是指《条例》规定的公文文种，不包括例文这样的"公开信"。换言之，我们在《格式》中，找不到适合非法定公文文种"公开信"的应用格式，因为它不属于党政机关法定公文的范围，而是属于日常应用文的范围。在联合发文的八个部门机构中，××市卫生和计划生育委员会是主办单位。之所以用制发法定公文文种的文件格式来发这封"公开信"，应该是出于提高发文规格从而引起收文者重视这样的考虑，但却忽视了公文处理工作必须讲规范的根本性要求。其中所体现的随意性，对于基层机关单位及其文秘工作人员来说，有很大的警戒意义。公文的制发，是有严格的规范约束的。这个规范，具体讲，就是《条例》和《格式》的规定。因此，掌握《条例》，落实规范，自然成为对机关文秘工作在公文处理方面的根本性要求。

问题与讨论：

有人认为这封"公开信"，可以考虑使用以下制发方式：

（1）取消文件格式，直接以信件的格式制发。
（2）以"通知"文种发文，"公开信"随文件作为附件下发。
（3）比较而言，前一种形式应该是更为直接恰当的。

你是否同意上述三种说法？你认为应如何发布这封"公开信"？

第三章 公文写作的主体

从一组数据看公文写作者的务实功夫

《中共中央关于全面深化改革若干重大问题的决定》是中共十八届三中全会的重要成果，也是中国共产党在全面建成小康社会和全面深化改革开放重要阶段的重要文献。该文从国家治理体系和治理能力的总体角度，将完善和发展中国特色社会主义制度、推进国家治理体系和治理能力现代化确立为全面深化改革的总目标，把对改革重要作用的认识上升到了新的历史高度，对全面深化改革具有极其深远的意义。值得注意的是，《决定》文稿的形成与公文写作者高度的历史使命感和政治责任感具有重要关系，我们单从一组数据就可以看到写作中的务实功夫：60多位文件起草组成员，6个多月时间，3次中共中央政治局常委会会议、2次中共中央政治局会议、多次文件起草组全体会议、80余次分组会议，征求100多个单位的意见，获得2564条意见和建议，修改539处……

公文写作者属于公文写作主体。主体是一个哲学概念，原意是指人类与自然界其他对象的关系，即相对于自然界，人是主体，其他事物均为客体。这里主要是指公文的作者与其他相关组织如机关、单位之间的关系，即公文的作者是主体，其他对象则为客体。**公文的写作主体是公文写作实践活动的发起者和承担者，是用语言文字处理和解决社会实践活动中的共同事务时所彰显的角色特征。**公文写作主体与公文写作客体、写作受体、写作载体共同构成公文写作的完整体系。

本章主要介绍公文写作主体的构成，以及不同主体对于公文写作活动的制约和影响；介绍作为社会公共组织的公文法定主体的权力授受关系、工作关系所反映的公文行文关系和行文方向，以及行文方式、行文规则、行文处理等；介绍公文写作者应该具备的知识结构、思维品质、能力水平和内在精神。

第一节 公文写作主体的构成

公文写作主体不仅指公文文稿的起草者，公文写作主体属多元构成，既包括显性主体，也包括隐性主体，既包括法定主体，也包括由法定主体授权的责任主体和表达主体。不同的主体在公文写作活动中发挥着各自不同的作用。

一、公文的法定主体

（一）公文法定主体的内涵

公文行文必须交由法定的主体，即法定作者。**法定主体，是指对公文制发行为依法拥有确定的职权，并能行使相关职责权利和义务的组织机构。**公文的法定主体是显性主体，也是其形式主体。它是公文的发文机关，一般通过公文的发文机关标志、署名以及公文标题的作者要素等形式表现出来。

公文的法定主体包括党政机关、社会团体和企事业单位。公文姓"公"，在中国古代一直属于"在官文书"，代表的是朝廷、国家的意志。帝制结束后，公文演变为机关公文，公文的法定主体变成了政府的各个机关和部门。而在今天，公文的法定主体已不仅限于党的机关和行政机关，而是延伸到所有涉及公务活动的社会组织。公文的法定主体有时也以机关领导人的名义出现，如国家领导人和政府的行政命令，但不是以领导人的私人身份，而是以其所在机关法定领导人的行政职权身份出现。这种"法定身份"，往往需要在领导人姓名前加上其特定的行政职务，如"市长""省长""国务院总理"等。

（二）公文法定主体的特征

公文的法定主体在自己特定的权限范围内行使职权，进行各种公务活动，完成机关单位的工作目标与任务，对公文写作的一切活动具有主导性。它具有以下特征：

1. 合法性。党政机关法定的权力、地位以及义务是由《中华人民共和国宪法》《中国共产党章程》《中华人民共和国地方各级人民代表大会和地方各级人民政府组织法》及其他相关的法律、法规规定的，社会团体、企事业单位的发文权力也由《人民团体法》《公司法》《事业单位登记管理暂行条例》等法律法规规定。制发公文就是行使国家宪法和相关法律法规规定的权力、权利与义务。

2. 公共性。尽管公文需要维护特定的组织机构利益，体现组织机构意志，但机关单位主要是为处理公务活动而设置的，所以不管是哪一类或者哪一级发文主体，在制发公文的时候，归根结底维护的是公共利益，维持的是公共秩序，代表的是公共意志。公文的发文主体具有"公共性"或者"类公共性"。

3. 多元性。在现代社会，不仅所有党的机关和行政机关可以发布公文，而且所有社会团体、企事业单位都可以成为公文的法定主体，都可以在其职权范围内制发公文。公文的法定主体一般是公共机关单位，但目前私营部门，即所谓的"第三部门"，大量介入公共事务，或者承揽公共工程，需要较多地通过政府部门审批以及与公共部门进行事务处理和往来，因而也可以视作法定主体。

（三）公文法定主体的类型

公文的法定主体主要由社会公共组织构成。根据公共组织在管理国家公共事务中所处的层次和发挥的作用，并结合各类公文的具体使用情况，可以把公文的法定主体划分为以下几种类型。

1. 中国共产党组织

从实践层面上看,中国共产党是执政党,是执掌国家公共权力的核心力量,领导着各级国家机关,承担着国家和社会公共事务的管理职责,包括制定国家的方针政策、做出重大决策、为国家机关推荐干部等,但不直接干预各级国家机构行使国家权力。根据《中国共产党章程》的相关条款,中国共产党组织包括党的中央组织、党的地方组织、党的基层组织。党的中央组织是党的全国代表大会及常设机关中央委员会。党的地方组织包括省(自治区、直辖市)、设区的市(自治州)、县(不设区的市、市辖区)三个层级,每个层级均有党的代表大会及常设的委员会。党的基层组织,根据工作需要和党员人数,经上级党组织批准,分别设立党的基层委员会、总支部委员会、支部委员会。

2. 人民政协组织

人民政协组织是在中国共产党领导下,以中国人民政治协商会议的形式,就国家重大事务进行自由、民主、平等讨论协商的一种组织形式。政协的重要职能是政治协商,即对国家和地方的大政方针以及政治、经济、文化和社会生活中的重要问题等进行协商。政协的另一重要职能是民主监督,就是对国家宪法、法律和法规的实施,重大方针政策的贯彻执行,国家机关及其工作人员的工作,通过建议和批评进行监督。根据《中国人民政治协商会议章程》相关条款,人民政协组织设全国委员会和地方委员会。全国委员会全称为"中国人民政治协商会议全国委员会";省(自治区、直辖市)设立中国人民政治协商会议的省(自治区、直辖市)委员会;设区的市(自治州)、县(不设区的市和市辖区),均可设立中国人民政治协商会议地方委员会。

3. 国家权力机关

我国的权力机关指全国人民代表大会和地方各级人民代表大会。全国人民代表大会是最高国家权力机关,在国家机构体系中居于首要地位。它的常设机构是全国人民代表大会常务委员会。全国人大及其常务委员会行使国家立法权。地方各级人民代表大会,包括省(自治区、直辖市)、设区的市(自治州)、县(不设区的市、市辖区)的人民代表大会,以及乡(民族乡、镇)的人民代表大会,是地方各级国家权力机关,也是本行政区域内行使国家最高权力的国家机关。其中,县级以上的地方各级人民代表大会设立常务委员会。省级人大及其常委会、省级人民政府所在地的市和经国务院批准的较大市的人大及其常委会,拥有地方立法权,可以制定和颁布地方性法规。

4. 国家行政机关

行政机关即狭义的政府机关,是贯彻执行国家权力机关和执政党的意志、管理国家行政事务的机关,是国家行政权的组织体现。我国的行政机关由中央行政机关和地方各级行政机关共同组成。中央行政机关即国务院,也称"中央人民政府",是管理国务和政务的国家最高行政机关。任何层级、任何领域、任何地方政府在任何问题上,均须服从国务院的领导。地方各级行政机关,即地方各级人民政府,是地方各级权力机关的执行机关。地方政府的层级分为省级、地市级、县级和乡级,分别对本级人民代表大会和上一级的人民政府负责并报告工作。

5. 司法机关

我国的司法机关包括人民法院和人民检察院。人民法院是审判机关，审理民事案件、刑事案件和行政诉讼案件等。人民法院实行四级两审终审制，设有基层、中级、高级、最高人民法院。此外还有各类专门法院。最高人民法院对全国人大及其常务委员会负责，地方各级人民法院对产生它的国家权力机关负责。人民检察院行使法律监督权，提起公诉，对法院的错误判决和裁决提起抗诉。人民检察院分为最高人民检察院，省、自治区、直辖市人民检察院，地、市、自治州人民检察院，县、市、自治县和市辖区人民检察院四级。最高人民检察院对全国人大及其常务委员会负责，地方各级检察院对产生它的国家权力机关和上级检察院负责。

6. 事业单位

事业单位是指国家为了社会公益，由国家机关或者其他组织利用国有资产举办的，从事教育、科技、文化、卫生等活动的社会服务组织。事业单位是一种特殊的公共组织，与国家机构一样，主要依靠和利用公共资源开展活动，但又不具有国家机关的公共权力。它替政府承办一些专业性较强的社会公共事务，这也决定了事业单位与政府是一种承办与委托关系，同时接受政府的管理和指导。目前，我国的事业单位主要包括：农、林、水利、气象事业单位，如农业技术推广站、气象台等；文教卫生事业单位，如电视台、图书馆、学校、医院等；科学研究事业单位，如科学院、社会科学院等；社会福利事业单位，如养老院、社会福利院等；城市公用事业单位，如公园、动物园等。

7. 社会团体

社会团体是指中国公民自愿组成，为实现会员共同意愿，按照其章程开展活动的非营利性社会组织。它是社会的中介组织，主要从事慈善、信息、社区服务、青年和特殊人群的教育、老年人关照、学术研究、文化发展、环境保护等工作。社会团体包括列入中国人民政治协商会议界别的全国总工会、共青团中央、全国妇联、中国科协、全国侨联、全国台联、全国青联、全国工商联8个人民团体及其分支机构，以及经国务院批准免于登记的15个群众团体及其分支机构，它们分别是：中国作协、中国文联、中华全国新闻工作者协会、中国人民对外友好协会、中国人民外交学会、中国贸促会、中国残联、中国宋庆龄基金会、中国法学会、中国红十字总会、中国思想政治工作研究会、欧美同学会、黄埔军校同学会、中华职业教育社、中国计划生育协会。

8. 企业单位

企业就是将众多人按一定结构组织起来，以获取利润为直接目的的社会经济单位。企业虽然是营利性组织，却兼具"私人属性和公共属性"，尤其是企业中的国有企业，其资产为国家所有，是为实现特定的公共目的需要而设立的特殊公共机构，只不过在一定程度上采取了企业的外在形式而已。因此，国有企业也属于公文的使用对象和行文对象。至于私营企业，如果涉及国家管理，也必然成为党和国家机关公文的行文对象；但私营企业相互之间的行文为私务文书，一般不作为公文看待。

（四）法定主体对公文写作的制约

法定主体是公文的发文机关，其作为公文写作行为的发动者和主导者，对公文写作过程具有巨大的影响力,制约着整个公文写作的活动过程。

1. 制约公文的权力界限。公文承载着法定的权力,公文写作是一种履行职权的活动。《党政机关公文处理工作条例》指出:"党政机关公文是党政机关实施领导、履行职能、处理公务的具有特定效力和规范体式的文书。"公文具有的"特定效力"是与公文法定主体的职权范围相应的,意思就是只有在法定主体职权范围内制发的公文才具有"特定效力",否则便是无效的。公文写作中出现的越权主要有两种情况:一是纵向越权,即作为上下级发文机关中的一方行使了属于另一方的权力;二是横向越权,即发文机关行使了超越业务范围或管辖范围的权力。不管哪一种情况,都是对公文法定主体权力的逾越,从而导致了产生的公文不仅无效,而且会对机关单位的工作产生负面影响。

2. 制约公文的发文目的。一篇公文写什么、为什么写,对公文写作而言是至关紧要的问题。但一篇公文写什么和为什么写,不是领导干部和写作者拍拍脑袋就可以决定的事情,而是取决于法定主体或者发文机关工作开展的实际需要。公文是用来处理公务的,它的发文目的取决于公文法定主体目前需要处理什么公务,如何处理这些公务。比如,制发一份工作大检查的通知,需要了解工作布置后执行和推进的情况,工作开展的具体成效,是否还存在相关问题,这些问题都受法定主体公务处理实际需要的制约。公文写作为什么要特别重视研究国家的方针政策,为什么要认真分析本单位的各方面情况,目的就在于要准确把握法定主体真正需要解决的实际问题,以此形成恰当的发文目的和意图。

3. 制约公文的写作要求。法定主体不仅是确立公文发文意图的依据,而且制约着公文写作整个系统的相关要求。不同的发文意图有不同的收文机关,是需要上级批准,还是需要下级执行,或是需要寻求同级和不相隶属机关的合作?不同的收文机关跟发文机关形成不同的工作关系,是纵向的上下级关系,还是横向的职能部门之间的关系?不同的工作关系和不同的发文意图需要选用不同的公文文种,是用下行的通知,还是用平行的函?同是给下级布置工作,这项工作究竟适合用通知来布置,还是适合用决定来布置?等等。这一系列的问题都与公文的法定主体有重大关系。

二、公文的责任主体

(一)公文责任主体的内涵

公文的责任主体,是指能够行使公文法定主体的职权,同时又能够承担其义务的领导者。公文的法定主体既拥有职权,又履行相关义务,但这些职权和义务需要由具体的人员来实施和执行。法定主体是形式主体和显性主体,在形式主体背后还有行为主体,在显性主体背后还有隐性主体。公文的责任主体就是这样的行为主体与隐性主体。称其为"责任主体",是因为法定主体的职权需要领导者来行使,法定主体的义务需要领导者来承担。

当然,并不是说机关单位所有的公务活动都是由领导者来完成的。所谓的领导者,就是能够影响他人并拥有管理职权的人。领导者运用其合法权利及自身影响力,引导、组织、指挥、部署、安排、协调组织内部人员完成工作目标及任务，因而领导者就是责任的主要承担者。公文的责任主体包括机关或单位的主要领导人、副职领导人以及办公室负责人等，它不是指谁说了算，而是需要体现整个机关单位的行文意图、目的和要求，代表组织机构并对其负责。

（二）责任主体对公文写作的影响

公文的责任主体是公文语用活动中非常关键的构成部分，因为发文机关的目标与任务需要由领导者进行把握、领会、运筹、细化，再安排、布置给相关写作人员。整个公文写作活动的质量高低与领导者有很大的关系。明确公文责任主体，有利于提高公文质量和效用。具体来说，对公文写作的影响主要体现在以下几点：

1. 确立公文的发文意图。公文写作的一般模式是领导授意，由专职文秘人员完成，领导者通过领导意图控制整个公文写作活动。这里的"意图"，主要指机关单位的领导人或代表领导群体在公务活动中为实现组织目标、提高工作效率而表现出来的基本观点、想法、意见。公文写作的目的和意图受制于法定主体公务活动的需求，必须由责任主体来确定和下达。公文的发文意图源于领导者对发文机关内外部环境的准确把握，源于领导者对公务活动开展的基本要求和创造性思路，是发文机关工作开展实际需要的具体反映，从而对公文写作活动产生决定性影响。

2. 指导公文写作活动过程。领导者应该直接、间接地参与公文写作全过程，并就领导意图和公文内容，对写作人员进行指导、沟通、协商。其良好的指导、沟通、建议、审核、修改，能促进公文写作活动的开展，提高公文写作的质量。2013年11月12日发布的《中共中央关于全面深化改革若干重大问题的决定》，这份对全面深化改革做出战略部署、在理论上有重大创新、在实践上有重大突破的重要公文，从4月24日文件起草组第一次全体会议，到11月9日十八届三中全会召开，起草工作历经了整整200个日夜。习近平同志对文件起草组上报的每一稿逐条、逐句、逐字认真审阅，提出许多重要修改意见，先后三次主持中共中央政治局常委会会议、两次主持中共中央政治局会议、多次主持文件起草组全体会议，研究部署起草工作，讨论审议《决定》稿。其他领导也十分关心《决定》稿的起草工作。又如2009年12月8日，以国务院研究室为主，邀请有关部门同志和专家参加的《政府工作报告》起草组成立，温家宝同志亲自主持《政府工作报告》起草工作，对报告的指导思想、框架结构、重点内容和表述方法等，都提出了明确要求：坚持实事求是，用事实和数据说话，不讲空话、套话。由此可以看出，领导的重视对公文写作活动的影响重大。

3. 最终决定公文的形成。文秘写作人员按照领导意图完成的公文文本，能否最终成为正式公文，取决于领导对文本是否认可，并通过发文处理程序中的签发环节实现。这也是领导职能权力在公文写作中的具体体现。通过领导人签发的公文文本必须规范、清晰、准确、完整地体现机关的意图和行文要求。

（三）责任主体应该把好公文质量关

作为公文的责任主体，领导者应高度重视并积极参与公文的写作过程，特别是一些重要公务活动的处理，尤其需要切实把好公文质量关。

一是明确机关及领导者的意图，并保证其合法性、恰当性。领导意图是公文写作的直接动因，意图不明确，靠写作人员漫天猜想，难以奏效。在公文写作一开始，领导者就有责任向写作人员明确相关意图内容、要点等，同时保证其意图的合法性、合理性、恰当性等。领导意图要合理、合法、恰当，就应当充分进行民主协商，充分论证，真正做到实事求是。必要时，领导者还要就写作意图问题与相关人员进行磋商，就写作提纲与文秘人员进行沟通，就公文的语体状况与写作人员进行交流等。领导者要善于传达新的理念与要求，切实保证社会公共利益，维护社会的正义、公平。

二是积极参与公文写作过程，适时进行公文写作指导。领导者要充分重视公文的制发工作，并在公文写作活动过程中积极参与，乐于沟通，善于沟通，适时指导，有些重要公文甚至可以亲自动手，或者认真修改，不可一味训斥写作人员，或者漠然置之。这里，毛泽东同志早就为我们树立了良好的榜样。在公文写作的问题上，毛主席除认真修改文稿外，曾亲自动笔撰写部分重要公文。领导者在公文写作活动中要善于调动写作人员的积极性，要多和写作人员协商，以保证公文质量。如在《中共中央关于全面深化改革若干重大问题的决定》的撰写过程中，习近平同志就多次与几十位起草成员进行磋商、交流，其间那些高瞻远瞩的见识通过"唠家常"的方式娓娓道来，让起草人员感觉亲切、和谐，遂能畅所欲言。

三是严格遵守党和国家相关的法律法规，确保制发程序的规范严谨。为了推进机关公文处理工作的科学化、制度化、规范化，中共中央办公厅、国务院办公厅印发了《党政机关公文处理工作条例》（中办发〔2012〕14号），中华人民共和国国家质量监督检验检疫总局、中国国家标准化管理委员会发布了《党政机关公文格式》等权威性文件，它们是公文写作和制发的规范与标准。领导者有责任确保本机关制发的公文符合党的理论、路线、方针、政策及国家的法律法规，严格要求每一个参与公文写作的人员认真执行公文的制发程序，通过审核和签发等多个环节，切实把好公文的质量关。

三、公文的表达主体

（一）公文表达主体的含义

所谓表达主体，是指根据特定组织机构领导者的授意，完成公文写作任务的相关人员。特定的社会组织是公文的法定主体，其公务活动的相关要求是产生公文写作行为的主要缘由；领导者是特定社会组织的指挥者与代言人，也是公文的责任主体，他们根据所在机关单位公务活动的要求，向相关人员布置公文写作任务。公文文稿则一般由机关单位中的文秘人员完成，他们的日常工作就是接受单位或领导的"写作指令"，在精心准备、认真研讨、多方交流、达成共识的基础上完成公文写作。

领导者对表达主体的"授意"有多种情况：或者只交代写作任务与基本要求，或者提出全文写作的主要观点，或者对全文的内容与形式做更加具体细致的要求，甚至也有可能由领导者自己独立完成。公文的责任主体和表达主体同属隐性主体，而且有时可以合二为一。

(二) 公文表达主体的特征

1. 突出的受命性。公文表达主体的写作活动要求听命于机关单位的领导或领导群体，在接受领导意图的基础上完成整个公文文本的写作，所以，表达主体的写作是被动的、应命的、服从的。公文所有的语用活动从写作意图到文种选择、公文主旨的成型、调查研究范围、材料的准备与应用、结构的布局与安排、语言的选择与运用，都受制于机关单位公务活动的任务与目标，受制于领导或领导群体的意志。在写作过程中，公文的表达主体必须准确完整地理解和把握领导者的主要思想，并通过文本给予准确传达，擅作主张或随心所欲都是违背公文写作的行文规则的。

2. 被动性和主动性相融合。文秘人员的写作是"受命"写作，具有被动性。但是，文秘人员是具有独立人格和独立思维能力的个体，并且公文的表达主体必须在被动中寻求主动，所以，文秘人员要发挥自己的主观能动性，从而更好地完成写作任务。写作过程是思想不断成熟、不断完善、不断明确具体的过程，表达主体在公文写作活动中，要适时、适地、适事、适人地发挥一定程度的主动性，如发现领导意图与现实情况不符或不可行时，可以积极与领导进行沟通与协商。事实上，一篇公文不可能没有文秘人员的思想融入，优秀的表达主体在公文写作活动中既要本分地做好自己"被动者"的角色，又要随机应变地扮演"主动者"的角色。

在公文写作中，除了以上三大主体，还有其他一些相关人员也可能对公文写作产生影响，他们可以合称为"公文写作的参与者"，如参与一些重要公文或者法规规章性公文写作的讨论者，对一些暂行公文提出修改意见的人员等。

■ 思考与练习

（一）谈谈公文的法定主体、公文的责任主体、公文的表达主体三者之间的关系。

（二）从法定主体制约公文权力界限的角度谈谈下面一篇公文存在的问题。

通 报

当前正值征地拆迁等各项工作任务繁重，做好机关食堂伙食保障工作，确保干部吃饱、吃好显得尤为重要。但是近期，不少干部反映机关食堂饭菜放肉较少，没有营养，尤其是8月8日中午的杏鲍菇炒肉几乎没有吃到肉。为规范机关食堂管理，不断提高供餐质量和服务水平，加强机关伙食保障工作，经镇党政联席会议研究，决定对食堂管理人员李××同志进行通报批评并处以罚金100元，对食堂厨师处以罚金50元，对食堂帮工各处以罚金30元。希望食堂全体人员要以此为戒，进一步提高食堂服务水平，注重营养搭配，确保机关干部吃饱吃好，办好机关满意的食堂。

中共××区××镇纪律检查委员会
××××年8月25日

（三）说明下列公文标题显示的发文机关类型。

1. 最高人民检察院关于追授曲长春同志"全国模范检察干部"荣誉称号的决定；

2. 共青团重庆市开州委员会关于开展2018-2019年度重庆市开州青年文明号创建（复核）工作的通知；

3. 全国人民代表大会常务委员会关于授予在抗击新冠肺炎疫情斗争中做出杰出贡献的人士国家勋章和国家荣誉称号的决定；

4. 国务院关于重庆机场对外开放问题的批复；

5. 中国共产党中央委员会关于新中国成立以来党的若干历史问题的决议；

6. 关于印发《北京大学学生违纪处分办法》的通知；

7. 中国石油化工集团公司关于离岗人员分流安置办法的指导意见。

参考答案：1. 司法机关　2. 社会组织　3. 国家权力机关　4. 国家行政机关　5. 中国共产党组织　6. 事业单位　7. 企业单位

第二节　公文法定主体的行文

行文，即公文的写作与运行。公文行文的核心问题是明确公文的主体和受体之间的关系，亦即发文机关和收文机关的关系。行文关系从写作一开始就必须非常明确，针对不同的行文关系、不同的受文对象，需要选用不同的文种，需要选择不同的表达内容和语言方式。这直接影响公文写什么和怎么写。在某种意义上，公文行文就是对机关、单位主体与客体之间的权力关系、工作关系、工作内容、工作方式的直接反映。

一、法定主体与公文的行文对象

法定主体是公文的制发者，行文对象则是公文的收阅者。**公文的行文对象就是公文写作的受体，即收文机关，包括公文的主送机关和抄送机关**。公文写作的主体和受体，或者说公文的发文机关和收文机关，两者的区别主要体现在同一项公务活动处理过程中发挥的作用有所不同。如果是向有隶属关系的下级机关行文，发文者一般负责工作的布置和安排，收文者则主要负责工作的落实和完善。同时，这样的角色和作用差异在公务处理过程中会不断改变。下级因一项工作向上级请示，下级是发文机关，负责向上级提出相关请求；上级则是收文机关，负责处理下级的请求事项。而上级就此事的批复，上级是发文机关，负责做出相关批示；下级则是收文机关，负责根据上级的批示办理某项工作。在公务活动中，机关单位借助公文的传递运行，相互沟通往来，主体与受体不断互换角色，共同办理各项公共事务。

公文的行文对象包括与公务活动相关的机关单位和个人。除个别情况之外，公文的行文对象一般为特定的机关单位，不管是主送机关还是抄送机关，均是法定的社会组织。"机关"原是工程学概念，指控制机械起动和制动的关键性组件，后来被行政管理学借用，指行政组织为实现其职能而建立的固定机构，泛指国家管理活动中设立的各级机构和部门。因此，公文主要是机关单位之间的对话和交流，公文写作和使用是一种特定的组织行为。

作为党和国家在公务活动中产生和使用的重要工具，公文运行往来的对象主要是社会的公共组织。在各类公共组织中，首先是各级党政机关，包括中国共产党组织机关、国家行政机关，以及属于广义党政机关范围的人民政协组织、国家权力机关、司法机关。它们是国家管理的核心机关，也是当今公文行文的核心对象。其次是各类企事业单位和社会团体，承担着各自不同的社会共同事务，需要使用公文进行组织管理、沟通协调，传达党和国家的方针政策，是公文行文的重要对象。

二、法定主体的结构与公文的行文关系

（一）法定主体的结构形式

公文法定主体的结构主要体现为社会公共组织的结构形式，即公共组织的构成要素及其组合方式。公共组织的构成要素包括职能目标、职位、职权、职责以及人员划分等。其中，职位是最基本的要素，是公共组织结构的支撑和联结点。职位的组合方式可以区分为纵向组合和横向组合。职位的纵向组合形成了公共组织的纵向结构，横向组合形成了公共组织的横向结构。

为了方便管理，作为公文法定主体的公共组织从上到下设有若干层级，结构呈金字塔形。这种有序的上下层级关系构成方式，就是公共组织的纵向结构。纵向结构有宏观和微观之分。宏观上的纵向结构是指各级公共组织之间的层级关系，我国的公共组织可分为中央公共组织和地方公共组织两大层级。微观上的纵向结构是指公共组织内部的工作层级关系，如我国的国务院内部按职能分工，设有部（委）、司（局）、处等层级，省级政府内设有厅、处、科等层级。

同时，任何一个国家的公共组织都必须在纵向分工的基础上，进行科学合理的横向分工，以适应公共组织职能的需要。这种横向分工构成了公共组织的横向结构，也叫公共组织的部门化。部门化是指同级公共组织之间的平衡分工，实质上是对公共管理职能目标的分解，也是一种分权。比如，某县政府按其承担的行政职能，分别设置了县政府办公室、县财政局、县民政局、县教育局等不同的横向职能部门。

我国的行政体制是一个纵横相结合的层级与职能体系，这就决定了公文的行文关系与行文方向是多样的，要仔细加以区分。

（二）法定主体的结构类型

1. 直线式结构

直线式结构是最为简单且最早出现的集权式组织结构形式，又称"军队式结构"。在这种组织形式中，各级机构和人员沿着一条垂直线分属于不同的层级，每个机构和人员都只有一个直接上司。他们之间的关系是指挥和服从、命令和执行的关系。

这种结构信息传递快、决策迅速、费用省、效率高，但要求管理人员通晓各种业务。因此，它只适用于规模较小、活动单一的组织。

2. 职能式结构

职能式结构亦称"U"形组织，按专业分工设置若干职能部门。上级主管把相应的管理职责和权力交给这些职能部门。各职能部门直接对上级负责，并在其业务范围内

对下级有指挥、协调、监督、控制的权力。在职能式结构下，下级行政负责人除接受上级行政主管的指令外，还需要接受上级职能机构部门的领导和监督。该结构带有分权制管理的特点。

这种将组织管理工作按职能分工的方法，适应了现代组织生产技术比较复杂、管理工作分工较细的特点，提高了管理的专业化水平，但容易形成多头指挥或多重领导，影响业务行政的统一指挥。

3. 直线职能式结构

直线职能式结构是在由上到下设置垂直领导机构的同时，又在每一层次按照不同的职能设置各自不同的部门。与职能式结构不同的是，在直线职能式结构中，职能部门需要对上级负责，但不能直接向垂直机构发布指令，只能对下级对应部门的工作给予指导。直线职能式组织结构具有两套系统，一套是按照命令统一原则组织的指挥系统，另一套是按照专业化原则组织的管理职能系统。垂直机构直接从上级接受命令，完成直线领导交付的使命。这种组织结构形式既实行职能的分类，发挥专业人员的特点，又保证了权力的集中、指导的统一，是社会公共组织通常采用的一种结构模式。

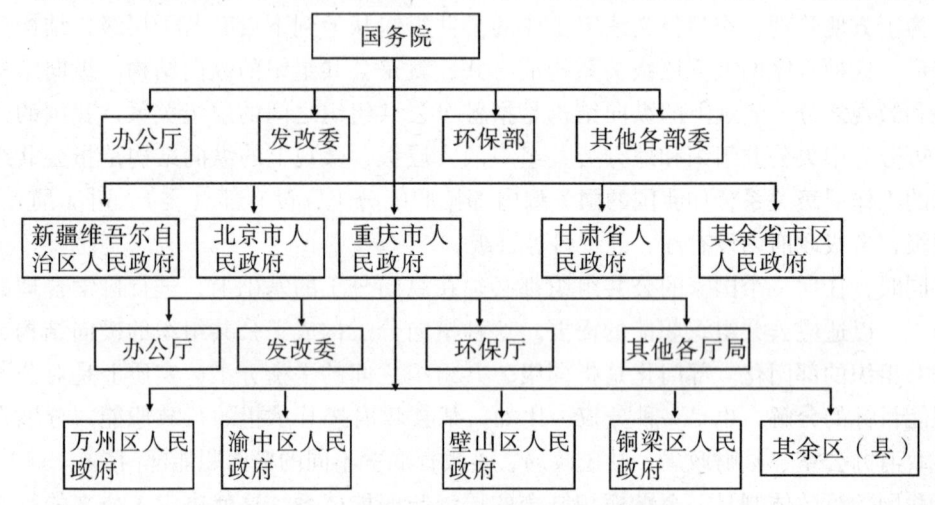

图 3-1　组织机构的直线职能式关系图

在上图中，从国务院到省、自治区、直辖市人民政府，又到区、县人民政府，再到乡、镇人民政府，形成一条纵向的直线。同时，国务院设置了各个部委作为其职能部门，处理各种不同类型的工作。各省、自治区、直辖市也设置了相应的职能部门与其对接，并在业务上接受国务院各部委的指导。但国务院各部委在未获国务院授权之前，不能直接向各省、自治区、直辖市人民政府发布指令。

除此之外，公共组织还有事业部式结构、矩阵式结构、网络式结构、团队式结构等多种类型。

（三）公文的行文关系

行文关系，是行文机关与受文机关之间的公文往来关系，是各级机关单位相互之间的职能结构与组织结构关系在公文运行中的体现。《党政机关公文处理工作条例》规定，公文的行文关系根据隶属关系和职权范围确定，由此可区分为具有隶属关系的领导和被领导关系、上下职能部门间的指导与被指导关系、同一组织体系中的平行关系、非同一组织体系中的不相隶属关系。

1. 领导与被领导关系

领导关系，是指行文机关之间属于同一组织系统，并具有上下级的工作隶属关系。这种隶属关系主要有两类：一是直接隶属关系；二是间接隶属关系。直接隶属关系是上下相邻的机关、单位之间的关系，如市人民政府与所属区人民政府。间接隶属关系是不相邻的单位之间的关系，如省人民政府与区人民政府。

按照直线职能式结构，领导与被领导关系又体现为多种情况：一是垂直结构中的上级机关与下级机关之间形成的领导和被领导关系。如国务院和各省人民政府，省人民政府和所属市人民政府，市人民政府和所属区（县）人民政府等。二是垂直管理系统中上级业务部门和下级业务部门之间的领导和被领导关系。目前在全国范围内实行垂直领导的主要有海关、金融、外汇管理、国安、税务等部门。三是某级机关与本机关内设的业务职能部门之间的领导与被领导关系。如国务院和国务院所属各部门，省人民政府和所属各部门，市人民政府和所属各部门，区（县）人民政府和所属各部门，等等。四是职能部门与所管辖的实体单位之间的领导与被领导关系。如教育部所管辖的学校，一般称为"部属学校"。

2. 指导与被指导关系

指导关系，是指同一组织系统中的上级业务主管部门与下级业务主管部门之间的工作职能关系。在直线职能式结构中，每一级政府机关都有相应的职能部门，上级机关的某一职能部门与下级机关对应的职能部门，因其职权范围而形成业务上的指导与被指导关系。如财政部和各省财政厅、省政府的财政厅和所属市政府的财政局、市政府财政局和所属区（县）政府的财政局，就属于这种关系。

3. 平级关系

平级关系，是指隶属于统一上级机关的下级机关或单位，即同一组织系统中的同级机关或同级职能部门之间形成的工作关系。如A省省政府和B省省政府，属于国家行政系统中的同级机关；A省财政厅和A省公安厅，属于同一机关中的同级职能部门；而A省财政厅和B省财政厅，则是不同机关中的同级职能部门，只是同属国家行政体系，不具有平行关系。与领导与指导关系的不同之处在于，平行关系是公共组织结构横向组合关系的体现。

4. 不相隶属关系

不相隶属关系，则是非同一组织系统中的任何机关、部门或单位之间形成的工作关系。如A省财政厅和B市人民政府，B市财政局和C大学等。有时也将平级关系统称为"不相隶属关系"。

三、公文的行文方向

根据公文的行文关系，即可确定其行文方向。公文的行文方向包括上行、下行和平行，它与公文的行文关系对应情况如图3-2所示：

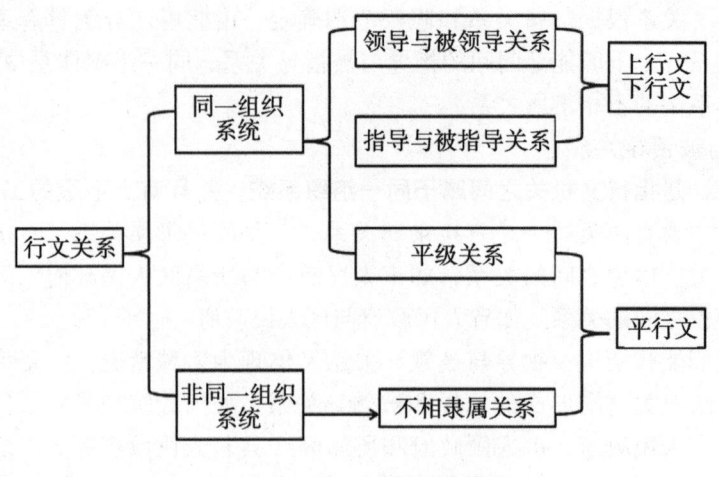

图 3-2　公文行文关系分类图

从图 3-2 可以看出，我国的行文方向主要分为三种：一是下行；二是上行；三是平行。由此又构成三种行文类型：下行文、上行文、平行文。

对公文的行文方向进行明确划分始于晚清文艺批评家刘熙载。他在《艺概》的《文概》卷中指出："辞命体，推之即可为一切应用之文。应用文有上行，有平行，有下行。重其辞乃所以重其实也。"事实上，刘熙载所论之"应用文"，当为"公文"，因为只有公务文书才有行文方向之分。进而言之，并非所有公务文书都需要区别上行、下行或平行，只有法定的公文文种才有明确的行文方向之分。对于《党政机关公文处理工作条例》中规定的 15 种法定公文行文方向，可做以下区分：

下行文，即具有领导和指导关系的上级机关或部门向下级机关或部门行文，包括的文种有决议、决定、命令（令）、意见、通知、通报、批复、纪要。

上行文，即下级向具有领导和指导关系的上级机关或部门行文，包括的文种主要有报告和请示。

平行文，即同一组织系统中的同级机关或部门以及非同一组织系统中不相隶属关系的机关或部门相互行文，主要使用的文种是函。另外，各级人民政府按照法律程序向同级人民代表大会或者人民代表大会常务委员会提请审议事项的议案，也可视为平行文。

在上述分类中，个别文种具有多向行文的特点，如意见，既可下行传达上级的指导意见，也可上行承载下级的建议意见。

上行、下行与平行是基于机关单位之间的内部行文，但还有些文种主要用于面向社会公众公开行文，就不适合再做这样的区分，如公报、公告、通告等。

四、公文的行文方式

行文方式，是指公文传递运行的方式。不同的行文方向具有不同的行文方式，下行文可逐级行文、多级行文和直达基层与群众，上行文可逐级行文、多级行文和越级行文，平行文可采取直接行文的方式。

（一）公文行文的基本方式

逐级行文，是指向具有直接上下级工作关系的机关和单位行文的一种方式，包括逐级上行文和逐级下行文。例如，中共中央、国务院向全国党、政系统分别部署工作或贯彻某一项政策时，考虑到各地的实际情况，即先发至各省、自治区、直辖市的党委和政府，再由各地结合本地情况下发贯彻执行的文件。有些工作只要求直属的下级机关了解或办理，而不再要求向下传达，可以只发给有关下属机关或所属各下级机关。

逐级行文是上行文和下行文中最常用的行文方式。为了保持正常的领导与被领导关系，下级机关应向所属直接上级领导机关请示与报告工作。一般而言，下级机关，是对其直接上级机关负责，它们之间的关系也最密切。上级机关亦应向直属下一级机关行文，以免对正常管理系统结构造成影响。逐级行文能确保组织从高层到基层形成一条持续的职权线，各级管理者成为组织中指挥链的一环，从而使职责分明、衔接紧密，有利于维护正常的工作关系，有利于组织的统一指挥。

（二）公文行文的其他方式

除逐级行文之外，公文行文还有越级行文、多级行文、直接行文等方式。

1. 越级行文，是一种特殊的上行文，**指下级机关越过直接的上级机关向更高一级机关行文的一种方式**。下级机关越级行文必须有越级的必要，主要有以下情况：

（1）遇到突发性的紧急情况，如战争、暴乱、重大事故、重大灾害等，逐级上报会延误时间，造成不必要的损失。

（2）按照有关更高一级机关要求须"径报"即直接上报的文件。

（3）更高一级机关直接交办事项，以及对相关询问做出答复等。

（4）与直接上级机关产生工作纠纷而需要更高一级机关出面裁决的事项；多次请示、久拖不办的事项等。

（5）对直接上级机关及相关人员的控告、检举、揭发等。

2. 多级行文，是一种特殊的下行文，**指同一文件同时发往直接、间接的几个下级机关的行文方式**。如中共中央、国务院的有些文件，为了便于贯彻执行，除下发省委、省政府外，同时发至县、团级以上的各级组织。采用这种行文方式，可以使下属的几级组织都能及时阅读到上级领导机关的文件并贯彻执行，减少逐级转发的中转环节，加速文件运转，有利于提高效率。

多级行文，还可以直贯到底，所谓"一竿子插到底"，直达基层组织与群众。如有关方针政策与法规性文件，必要时，上级机关可以将文件直接发至最基层的组织或传达公布于广大人民群众，使各级组织和群众都能及时地、原原本本地了解文件的全部内容。需要公开发布的文件，可以公开张贴或通过广播、电视、报刊等宣传媒介予以公布，直接与广大群众见面，这种方式也可以称作"公开行文"。

3. **直接行文是指同级机关或不相隶属机关单位之间相互行文的方式**。同一系统的各部门之间，不同系统、级别、地区的党政军机关、团体、企事业单位之间，需要相互联系工作、接洽事宜，都可以采取直接行文的方式。如重庆市财政局与重庆市教育委员会关于行政教育经费事宜即可用函直接行文，不需要由重庆市人民政府作为中转环节。

在当今社会横向联系日益扩大的情况下，商洽性的直接平行文使用越来越广泛。

五、公文的行文规则

（一）发文的必要性原则

《党政机关公文处理条例》指出："行文应当确有必要，讲求实效，注重针对性和可操作性。"这是行文的基本准则。作为处理各种公务活动的一种重要工具，制发公文必须始终服务于公务活动的需要，行文要精简、高效，尽力避免出现文牍主义现象。在发文时，要坚持做到：

1. 能不发文的不发。制发公文要确有行文的必要，可发可不发的文件，坚决不发。多发文件，会徒增文件数量，浪费大量人力、财力、物力和工作时间。如果属于国家法律法规、方针政策明确规定的，或者已在政府公报、报纸、电视、网站等媒体公开发布的，或者能通过电话、传真、政府专网解决问题的，将不再制发公文。如某县人民政府下发的《关于上报2016年度工作总结的通知》，就没有必要发文，因为上报年度工作总结是一项常规性工作，下辖单位已全部了解。

2. 能少发的少发，能短发的短发。这里一是要适当控制公文发送范围，减少发文份数；二是要大力压缩文件篇幅，控制文件字数，精简简报数量、篇幅和种类。2007年12月31日国务院办公厅《关于国务院办公厅精简会议文件改进会风文风的意见》指出：国务院印发的普发类文件一般不超过5000字，国务院办公厅印发的普发类文件一般不超过4000字。起草国务院领导同志在全国性工作会议上的讲话稿，一般不超过8000字；在其他会议上的讲话稿，一般不超过5000字。领导同志讲话原则上不超过5000字，调研报告一般不超过4000字。

3. 根据公务需要发文。凡是能以一个组织的综合办公部门名义发文的，就不以组织名义发文；能以信函式格式印发的，就不以正式文件格式印发；能以白头文件（即无眉首的公文）印发的，就不印发红头文件。起草文件注重针对性、指导性和可操作性，突出主题，不搞"穿靴戴帽"，尽量减少关于重要性或意义的一般性论述。倡导清新简练的文风，做到意尽文止、条理清楚、文字精练。

（二）主送和抄送规则

1. 下行文主送和抄送规则。下行文主送受理机关，主送机关一般有多个，也可以是一个。同时，根据需要抄送相关机关，重要行文应当抄送发文机关的直接上级机关。主送机关及抄送机关的应依据公文内容所涉及的事项而定。如《××县公安局关于做好2017年春节期间农民工安全返乡工作的通知》，将其直属下级机关"各乡、镇、街道派出所"作为主送机关。该文的主要内容是做好农民工安全返乡工作，涉及道路交通、车辆调度、车票发售、困难农民工信息统计、发放返乡补助等事宜，所以将该县交通局、民政局、工会等单位列为抄送机关。这份公文的内容属于影响该县全局发展的重大问题和重要事项，属于重要行文，所以应将直接上级机关即该县人民政府列为抄送机关，以便上级机关了解情况。

如果上级机关向受双重领导的下级机关行文，必要时应抄送该下级机关的另一个上级机关。

2. 上行文主送和抄送规则。上行文一般只标明一个主送机关，即直接的上级机关，不可"多头主送"。向受双重领导的上级机关行文，应主送一个上级机关，必要时抄送另一个上级机关。上行文不能将自己的下级机关列为抄送机关。

（三）职能部门行文规则

1. 职能部门下行文规则。党委、政府的办公厅（室）根据本级党委、政府授权，可以分别向下级党委、政府行文。办公厅（室）作为本级党委、政府的内设综合管理机构，在取得本级党委、政府的授权后，可以分别代表党委、政府向下一级党委、政府行文，重要性、综合性事项行文时须说明"经××党委、政府同意（批准）"等。

党委、政府办公厅（室）以外的其他部门在各自职权范围内，可以分别向下级党委、政府的相关部门行文，但不得向下一级党委、政府发布指令性事项和提出指令性要求。需要政府审批的具体事项，经政府同意后，可以由政府职能部门行文，文中须注明已经政府同意。有些具体事项属于本部门业务内容，但涉及的工作范围较广，如《国家职业资格目录》的研究制定由人力资源和社会保障部负责，该目录不仅对全国所有地区的人才管理发挥着指导作用，而且事关全局。《人力资源和社会保障部关于公布国家职业资格目录的通知》（人社部发〔2017〕68号）一文将主送机关确定为"各省、自治区、直辖市人民政府，国务院各部委、各直属机构"，正文开头更包含有"经国务院同意，现予以公布"的相关说明，便符合公文行文要求。

2. 职能部门上行文规则。党委、政府的职能部门向上级主管部门函请、报告重大事项，应当经本级党委、政府同意或者授权；属于部门职权范围内的事项应当直接报送上级主管部门。如重庆市某区教育委员会是重庆市某区人民政府下辖的一个职能部门，如果向上级主管部门即重庆市教育委员会申请一笔经费制发文件，必须经该区人民政府同意或者授权。但如果是教育主管部门职权内的事项如招生计划的审批等，该区教委可以直接向重庆市教育委员会行文，不必取得所在区人民政府的同意或授权。此条款体现了发文与收文机关之间领导与被领导、指导与被指导关系在行文上的不同。

（四）联合行文规则

同级党政机关、同级职能部门必要时可以联合行文。属于党委、政府各自职权范围内的工作，不得联合行文。联合行文必须是同级机关或部门。在我国的行政体系中，中共中央与国务院是同级机关，省委、省政府是同级机关，省政府下的各个职能部门是同级职能部门。也就是说，中共中央与国务院、省委与省政府可以联合行文，省政府下的各个职能部门可以联合行文。

联合行文要有联合行文的必要，主要是涉及两个以上部门的职权范围，所以通常是同一机关各职能部门联合行文。如国务院各个部委，市人民政府所属的民政局、财政局、税务局等市级部门由于工作关系可以联合行文。上级机关的职能部门由于与下级机关是同一级别，如"省部级"即省人民政府与国家各部委，必要时也可以联合行文，但由于各自职能范围不同，一般不联合行文。

（五）协商一致的规则

涉及多个部门职权范围内的事务，部门之间未协商一致的，不得向下行文；擅自行文的，上级机关应当责令其纠正或者撤销。比如××市气象局、教育局、公安局联合下发一份《关于加强学校防雷安全工作的通知》，作为主办机关的气象局与教育局就通知内容达成了一致，但与公安局在部分内容上还存在分歧。此时，气象局虽然将教育局和公安局作为联合发文机关，将公文制发下去，但××市人民政府应当责令气象局对该份公文进行纠正或者撤销。

思考与练习

（一）某市准备召开全市经济工作会议，参加会议的对象主要是县（市、区）和市直机关领导，拟邀请上级领导出席或派人出席，并邀请中央、省属驻当地机构领导出席。在就此事的行文过程中，对县（市、区）和市直机关使用的是"通知"，请上级领导出席或派人出席使用的是"请示"，而对中央、省属驻当地机构则用的是"函"。请问，针对同一项工作的处理，为什么使用了不同的文种？

（二）单项选择题：

1. 向下级机关行文的规则之一是（　　）。

A. 重要行文应当同时抄送发文机关的直接上级机关

B. 一定要抄送该下级机关的另一个上级机关

C. 不得在报告等非请示性公文中夹带请示事项

D. 不需要同时抄送发文机关的任何上级机关

2. 为了维护政令一致，凡下行公文（　　）。

A. 都要向上级请示

B. 都要和有关机关协商

C. 内容涉及其他机关的职权范围时，行文前应与其协商一致

D. 都与有关部门联合发文

3. 符合向上级机关行文规则的是（　　）。

A. 可酌情抄送下级机关

B. 受双重领导的机关应当主送两个上级机关

C. 必须同时抄送相关同级机关

D. 原则上主送一个上级机关

4. 以下机关部门单位并非都可以联合行文，符合联合行文规则的是（　　）。

A. 上级党政机关与下一级党政部门

B. 南岸区人民政府与江北区人民政府

C. 重庆市文联与沙坪坝区文联

D. 中共重庆市委与九龙坡区人民政府

5. 下列部门内设机构中，可以对外正式行文的是（　　）。

A. 财务处　　　B. 人事处　　　C. 办公室　　　D. 研究室

6. 行文规则是指（　　）。

　A. 公文管理的规则　　　　　　B. 公文写作与运行的规则

　C. 公文撰制处理的规则　　　　D. 公文发文的规则

7. 为了维护正常的领导关系，具有隶属关系或业务指导关系的机关之间应主要采取（　　）。

　A. 逐级行文　　B. 多级行文　　C. 越级行文　　D. 直接行文

8. 撰写《关于审批第三批国家历史文化名城和加强保护管理的请示》一文时，符合撰写要求的说法是（　　）。

　A. 必须标注主送机关与抄送机关

　B. 不宜直接报送领导者个人

　C. 适宜采用概括叙述的表达方式，避免描述事情的细枝末节或罗列数字

　D. 可同时要求对历史文化名城周边的自然风景区加以保护管理

9. 为了提高办事效率，主送机关只能够是（　　）。

　A. 自己的直接上级机关　　　　B. 受双重领导的两个上级机关

　C. 自己的隶属下级机关　　　　D. 公文的主要受理机关

10. 审核公文时，发现内容需要做进一步研究和修改的，恰当做法是（　　）。

　A. 审核者可根据情况直接进行修改　　B. 向领导汇报后由审核者进行修改

　C. 交由起草单位修改　　　　　　　　D. 提出建议请主管领导审阅修改

11. 公文发文办理主要程序排列正确的是（　　）。

　A. 复核→印制→核发→登记　　B. 登记→印制→复核→核发

　C. 印制→复核→登记→核发　　D. 复核→登记→印制→核发

12. 公文被撤销，视作自（　　）不产生效力。

　A. 撤销之日起　　　　　　　　B. 开始

　C. 撤销次日起　　　　　　　　D. 发现问题之日起

13. 下级机关的请示事项，如须以本机关名义向上级机关请示，正确的做法是（　　）。

　A. 将原文直接转报上级机关　　B. 将请示事项上报上级机关

　C. 提出倾向性的意见后上报　　D. 直接答复后报告上级机关

参考答案： 1. A　2. C　3. D　4. B　5. C　6. B　7. A　8. B　9. D　10. C　11. D　12. B　13. C

第三节　公文写作者的素养

本章所称的"公文写作者"包括公文的责任主体和表达主体，即特定组织机构的领导者和根据领导者的授意完成公文写作任务的文秘人员。尽管领导者和文秘人员在公文写作活动中发挥的作用有所不同，但他们对一篇公文的形成都具有重要影响，因

此同样需要具备良好的写作素养。

素养，指人通过学习和训练而获得的身心和社会适应性的发展，包括知识、技能、品德等方面的提升。徐望之在《公牍通论》中指出："公牍本质之可贵，贵在一字一句皆从民生国计中着想"，"盖公牍之中，有品，有学，有识，有文"。[①] 公文写作者只有具备良好的学问、见识、能力、品德等多方面的素养，具备丰富的实践经历和工作经验，才能写出真正有利于"民生国计"的好公文，从而推动一个单位，乃至国家、社会不断发展。

写好公文，除了应具有不同岗位的业务知识和能力外，公文写作者还应具备以下素养。

一、公文写作者的政治素养

公文，是施政的工具，是各种文体中受政治影响、政策影响最大的一种文体。无论是从公文的产生沿革、发展影响，还是从公文与阶级、国家的诞生以及社会历史发展的关系上看，公文从一出现就与政治密不可分。公文必然受一定的政治观点指导，为一定的政治制度服务，从而体现出鲜明的政治倾向性。公务文书这种鲜明的政治性，要求公文写作者必须具备良好的政治修养。

（一）丰富的政治知识

公文写作者应该具备的政治知识包括政治理论知识以及党和国家的方针政策。政治理论知识是社会意识形态的一部分，是人们对政治、政治制度、社会政治活动及其规律的自觉的、系统的反映。在公文写作实践中，公文写作者不仅要认真学习占社会主导地位的政治理论、政治思想等，包括深入领会马克思列宁主义、毛泽东思想、邓小平理论、"三个代表"重要思想、科学发展观、习近平新时代中国特色社会主义思想，还应该尽量了解关于政治制度和政治组织的知识，了解政治组织的构成和运行规则，了解政治组织的运行和公文写作的关系，等等。

公文写作者的政治知识还体现为具备较高的政策理论水平。公文写作者应当及时学习政策、熟悉政策、掌握政策、运用政策，因为这直接关系到写作者是否能及时、准确地把握时代的脉搏和社会发展的方向、趋势，直接关系公文写作的合理性和合法性，直接关系公文的实际意义和价值大小。公文切忌与党和国家的方针政策相抵触，一些发布后受到群众质疑和组织调查、不得不收回并宣布废止的公文就是犯了这方面的大忌，它反映出相关组织机构的公文写作者政策水平和行政管理水平低下，以及法制意识和全局观念淡薄导致的乱作为的工作作风。

（二）健康的政治意识

政治意识是社会意识的一部分，是人们对政治生活最直接的心理反映。它具体表现为一定的政治情绪、政治态度、政治需要等心理倾向。健康的政治意识要求公文写

---

①徐望之. 公牍通论 [M]. 北京：档案出版社，1988：2, 119.

作者对社会主义基本政治制度、共产党的领导、党和国家现阶段的路线方针政策体现出肯定情感和认同，以及对社会政治活动持有积极的态度等。

政治价值观是政治意识的重要组成部分，是指主体在特定利益和需要的基础上对政治活动、政治关系和政治形势等社会政治现象的价值判断、价值追求以及价值信念。健康的政治意识要求公文写作者以马克思主义世界观和价值观为指导，在公文写作活动中正确处理个人和集体的关系、权利和义务的关系，以国家利益、人民利益、集体利益为最高利益，树立正确的权力观和为人民服务的思想。

（三）突出的政治能力

政治能力主要指政治参与能力，是人们运用政治知识和政治经验，参与政治决策、宣传政治主张、从事政治活动并取得政治绩效的能力。政治能力主要包括在政治活动中分析解决问题的能力、政治识别能力、行为控制能力、自我认识能力等。

公文写作者的政治能力着重表现为在公文写作中能够运用马克思主义辩证唯物主义的思想方法认识问题和分析问题：坚持全面客观、实事求是的思想路线，坚持紧密结合实际、紧密联系群众的优良作风；尊重由浅入深、由表及里、由近及远、由此及彼、循序渐进地认识客观事物的基本规律；能够在运动中看待事物的历史、现状与发展，不孤立、静止地看待问题；注重在事物的联系中系统地思考问题，既看到主要矛盾，也看到次要矛盾，并善于抓住主要矛盾来解决社会实践中的问题；等等。

为提高政治参与能力，公文写作者要做到：一要立足公务活动的实际，尊重客观事实，掌握客观标准，反映事物真相，揭示事物本质；二要在写作中进一步解放思想，锐意改革，大胆创新，研究新情况，解决新问题；三要有坚定的政治立场，旗帜鲜明，是非分明，褒贬明确。

二、公文写作者的管理素养

公文是党政机关、企事业单位、社会团体实施领导、履行职能、处理公务的重要工具。换句话说，公文实际是一种主要用于管理的工具。管理是"计划、组织、指挥、协调和控制"的活动，公文写作就是管理者的思想和意图转化为管理行为的表现形式。所以，公文写作者必须具备一定的管理素养，如果处理问题抓不住关键，分不清轻重主次，工作业务半生不熟，就难以写出合格的、完善的公文。公文写作者的管理素养主要包括以下几个方面。

（一）基本管理能力

基本管理能力主要指个体应当具备的基本管理素质，具体体现在管理人员的智能和效能两个方面。

公文写作者的智能，是指将知识运用于生活和工作实际的能力。公文写作者应具备以下几个方面的智能：一是良好的感性认知能力，能够迅速而准确地获取需要的信息；二是良好的思维能力，能够基于事实和数据，快速且恰当地做出判断；三是良好的沟通能力，能够根据要求，条理清晰地发表观点。

公文写作者的效能，是其工作能力和效果的综合表现，主要体现为公文写作者对时间资源的高效利用。公文文稿一般由办公室人员草拟，而办公室工作千头万绪，十分复杂。公文写作是一项时间性要求很高的工作，如遇有紧急任务，为保证时效，往往需要加班加点，甚至通宵达旦。同时，公文的质量标准极高，任何细节都不能马虎，一稿不成，几易其稿。因此，公文写作者首先要树立起时间观念，绝不能无谓地消耗时间；其次，要合理地安排工作进程，提高工作效率，及时完成写作任务；最后，要善于挤时间，充分发挥时间的最大效能。

（二）管理决策能力

管理决策能力即制定各种可供选择方案并决定采取最佳方案的能力。管理决策能力建立在判断、思考和综合分析能力的基础上，是人的各种素质在相互作用中产生的一种合力。管理决策能力是公文写作者水平高低、造诣深浅的明显标志。"才、学、识三长，识为重"，就是指公文写作者要有策见。如果公文写作者没有正确的策见，不会观察问题，不会分析问题，不会出主意，是很难写出高质量公文的。虽然领导者和文秘人员在管理决策中的职能不一样，但即使是草拟公文的文秘人员，也应该具有一定的决策参谋能力，否则便是一名纯粹的记录员了。

形成良好的管理决策能力，需要不断学习和训练。其一，采用把每做出一项决定都置于大局中去观察和思考的方法，训练公文写作者的全局观念；其二，采用对每实施一项决策都重视反馈效果的方法，训练公文写作者的实践观念；其三，采用从不同阶层的角度衡量一项决策利弊的方法，训练公文写作者的群众观念；其四，采用以前瞻性的眼光观察和分析事物的方法，训练公文写作者的发展观念；其五，采用比较的方法思考问题，训练公文写作者的辩证观念。

（三）管理调节能力

管理调节能力是指管理者通过对事物发展和人际关系的调整，使管理工作的各个要素、环节、过程能够密切联系及和谐配合，以便顺利实现既定目标的实践能力。在公文写作者的管理调节能力中，较为重要的是心理调节能力。公文写作本就是一项苦活儿、累活儿，尤其是对于为领导写材料的文秘人员而言，不仅"出力不出名"，还可能因文章一次又一次不过关而受到领导批评，由此深感委屈而导致情绪低落。公文写作者可借助自我评价、自我调整、自我监督三种手段来进行有效的心理调节。自我评价是人自信心的源泉，公文写作者要重视摒弃自己的那些有害于管理目标实现的心理行为。自我调整反映了公文写作者的心理适应能力。自我监督则是公文写作者对自己的心理状态进行的监督检查。公文写作者只有重视对自己心理的管理调节，克制自己的不良情绪，听到批评不急躁、不反感，遇到困难不气馁、不埋怨，工作中出现问题不推诿、勇于负责，才能拥有更强的适应能力，不断提高自己的公文写作水平。

（四）处理事务的能力

简而言之，公文用于处理机关单位内外部的各种事务，包括指导、布置和商洽工作，请示和答复问题，报告、通报和交流情况等。所以，公文写作者一定要注意掌握处理事务的能力。首先，要做到工作有计划，即根据工作目标的要求，在工作开始前，从全局角度做出一定的安排；其次，要做到工作有重点；最后，要做到专心本职工作，即不受其他事情干扰，集中精力完成应该完成的任务。总之，公文写作者只有具备处理事务的能力，才能更有效地完成各项写作任务。

三、公文写作者的道德素养

人们常将道德与文章并称，可见立身与为文难以分开。公文写作者要尽可能加强自身的道德建设。治牍先治心，人与文章融为一体，方是至高境界。

治牍先治心，就是指公文写作者应具备良好的职业道德素养。公文写作者道德素养的优劣在一定程度上决定了公文的文格。公文写作者良好的道德，必定会在其撰写的公文中有所体现，这有利于促进党政机关良好道德风尚的形成，并对社会大众起到良好的导向作用。同时，提高公文写作者的道德精神境界，既可以抵制和消灭那些"虚伪"空文，又可以抵制歪风邪念的侵袭。因此，公文写作者应不断加强自身的道德素养，培养高尚的"文德"。

（一）求实诚信

求实为文德之先。在公文拟制过程中，没有比坚持实事求是的态度更能反映拟文工作者文德的。这是拟定一篇成功的公文需要具备的基本条件。公文担负着部署工作、传递政令的重要职责，公文写作的细小失误，都可能给机关单位乃至党和国家造成很大的损失。公文写作者的求实是什么？最根本的是从实际出发提出问题，实事求是地解决问题，在任何条件下讲实情、说实话、办实事。具体表现为：基于人民群众的切身利益，拟制公文的社会依据真实；深入调查研究，对状况和形势的分析切实；解决问题的方案有针对性，提出的对策务实。

求实是公文写作客体对公文写作者提出的要求，诚信则是公文写作者对于写作受体应当秉持的态度。诚信是写作主体道德人格的重要范畴。公文写作者的诚信指的是在公文写作活动中，公文写作者应当光明磊落、襟怀坦白。唐代魏徵有言："言而不行，言不信也；令而不从，令无诚也。不信之言，无诚之令，为上则败德，为下则危身。"[①]《周易·文言》："修辞立其诚，所以居业也。"意思是说文章修辞立其诚实，才有功业可居。没有诚信精神，公文只能是"巧言令色"，而"巧言令色，鲜矣仁"，即缺乏仁德，缺乏仁德则于事无成。公文写作的诚信要求公文写作者对党和国家的方针政策有深入透彻的把握，一切决策措施从实际出发，从有利于受文单位和人民的利益出发，真正做到言行一致、表里如一。

（二）尚礼知耻

礼是因道德观念和风俗习惯而形成的人与人之间交往应当遵守的行为方式。上行、下行、平行的公文主要在机关单位内部运行，部分文种则直接面向社会大众公开行文。

[①]吴兢. 贞观政要 [M]. 上海：上海古籍出版社，1978.

而不管哪一种情况，发文单位总是在以所发公文向受文单位展示本单位的形象，包括胸怀、涵养、气度、工作作风等。

"尚礼"要求公文写作者在写作活动中做到公文文面标识规范、正确，格式上示人以礼；公文布局条理清晰、层次分明，结构上示人以礼；公文内容客观真实，讲科学、守法律，内容上示人以礼；公文措辞得体，表述准确、严谨、到位，措辞上示人以礼。如果公文写作者在文章中说空话、大话、假话，罔顾事实，无中生有，颠倒黑白，欺上瞒下，报喜藏忧，阳奉阴违，甚至假公济私，谋一己一域之私利，破道德伦理乃至法律之底线，诸如此类，则不仅是无礼之举，也是无耻之举。

知耻者，古人又称为"养耻"，谓人要有或者修养羞恶之心。知耻既是维护道德的防线，又是一种精神动力。龚自珍说："士皆知耻，则国家永无耻矣；士不知耻，为国之大耻。"公文具有无形的教化作用，公文价值的实现必须体现知耻的精神。许同莘在《公牍学史》中指出："礼貌不可以伪为，文字不可以虚饰。"公文的浮华、虚假、空洞，必须使其在很大程度上失去效用。弄虚作假、浮华不实之文，空头口号之文，必然影响社会风气。公文代表了一定的政府主体，代表了相关领导，"上清而无欲，则下正而民朴"，"上重义则义克利，上重利则利克义"。因而，公文"令人知耻为上，令人畏法次之"。而要令人知耻，公文写作者本身就要体现"知耻"精神，心怀真诚，守住心灵，才能真正保证公文价值的实现。

（三）仁民厚生

仁民指的是公文写作中应当倡导仁爱精神。公文写作关乎国计民生，一字一句必须贯穿仁爱之心，绝不可在公文中冷酷无情，出语伤人。正如许同莘《公牍学史·牍髓》所言："仁可以安万民，慎可以治一国，忍可以亡国而杀身。此三者治乱之别，存亡之机，祸福之门。观其文字议论，可以知其心术。文心忍与不忍，治乱存亡之所判也。"此处之"忍"字，其义为"残忍"，即刻薄、残暴、忍心害理之意。"去忍"意为去除刻薄、残暴、害理之心。故为公牍者要"出言有则，语心由衷，意无逆纪，听之彰彰，即之翼翼，夫是谓牍德"。

仁，亲也，指人与人相互亲爱。仁爱，是仁慈和爱心，作为儒家思想的核心范围，就是希望当政者具有同情、爱护和帮助他人的思想感情。中国共产党人反复强调，把老百姓的安危冷暖时刻放在心上，以造福人民为最大政绩，想群众之所想，急群众之所急，让人民生活更加幸福美满。民之所忧，我必念之；民之所盼，我必行之。这实际上是中国传统的"仁爱"精神、"民本"思想的进一步体现。公文写作者具有"仁民厚生"的情怀，在公文写作中就会真正关心社会和国家的政治、经济和生态发展，真正关心人民群众的切身利益。"与良心为友，与仁爱为友"，公文写作才能做到"有实事求是之意，无哗众取宠之心"，才能"政有所令，令有所行"。

（四）秉公守法

秉，是"执、拿着"的意思。秉公，即做事公道，不掺杂私念。《汉书·艺文志》："道家者流，盖出于史官，历记成败存亡祸福古今之道，然后知秉要执本，清虚以自守，卑弱以自持，此君人南面之术也。"这里说明史官秉笔直书、真实地记录历史，抓住了史官职责的根本。公文者，秉公之作，"通德达情而已"。公文写作者必须具有秉公精神，"耿直端方，唯民是重，唯法是从"。治文者必须常修为政之德，常思贪欲之害，常怀律己之心，要权为民所用、情为民所系、利为民所谋，抑制私欲，对人民高度负责。秉公无私，胸襟广大，才能下笔爽朗、气象光明、气息深厚，从而实现公文的价值。

四、公文写作者的逻辑素养

公文写作主要使用的是逻辑思维。逻辑思维是人们在认识过程中正确地形成概念、做出判断、进行推理所依靠的主要工具。所以，概念、判断、推理，直接关系着公文语句和段落的正误。逻辑的基本规律包括同一律、矛盾律、排中律和充足理由律，分别对应着公文写作的确定性、无矛盾性、明确性和论证性的要求。换言之，一篇公文的逻辑性越强，逻辑错误越少，就意味着这篇公文的表述越规范严谨，越能为读者接受和理解。而逻辑性作为当代公文写作的核心特征，反映在公文文本中，就是要做到概念严密、判断准确、推理恰当。

（一）准确使用概念

准确使用概念，是公文写作者具有良好逻辑素养的必要前提。词是构成一篇公文的最小语言单位。从逻辑上看，这些词绝大多数表达的是概念，并由若干概念构成了判断和推理。所以，构成一篇公文的基石实际上是概念。公文写作者如果要准确地使用词和词语，就意味着必须准确地使用公文写作中的每一个概念。概念的逻辑特征包括内涵和外延。其中，内涵反映的是概念的特有属性或者本质属性，外延反映的是具有这一特有属性或者本质属性的所有对象。进而言之，准确地使用概念，公文写作者首先就需要明确使用每一个概念的内涵和外延，根据公文表义的要求，恰当地选择词语。在公文写作中，诸如概念错用、表意模糊、限制不当、划分错误、用词赘余、并列不当等问题，事实上主要是由于未能明确概念的内涵和外延。

（二）正确进行判断

正确进行判断，要做到：是公文写作者良好逻辑素养的基本要求。判断，也叫"命题"，是指人们对思维对象的性质、关系等有所肯定或否定的思维形式，在语言上主要用句子进行表达。其中，单句主要表达简单判断，复句主要表达复合判断。判断作为一种重要的思维形式，既可以揭示内涵和外延而使概念具体展开，又可以由已有判断推出新判断而构成推理。很多机关公文的全文都是由一系列的判断句组成的，所以，判断对于公文写作至关紧要。

正确进行判断，要做到：一是要求构成判断的每一个概念表义明确，不能产生歧义，对可能产生歧义或者读者不容易理解的概念要进行相关界定和适当说明；二是对于简单判断要特别注意选择恰当的量项，表达全称的"所有""一切""全部"和表达特称的"少数""有些""多数""绝大多数"等量项词，不可错用和混用；三是对于复合判断要特别注意选择恰当的联项，尤其是注意正确选用表达相容和不相容选言命题的"或者……或者""不是……就是"，表达充分和必要条件假言命题的"只要……

· 83 ·

就""只有……才",以及表达负命题的"并非"等联项词。

(三) 推理严谨缜密

推理严谨缜密,是公文写作者良好逻辑素养的主要标志。推理是由一个或几个已知判断推出新的判断的思维形式。推理由前提和结论组成,前提和结论之间反映了事物之间的密切联系。在前提真实、推理有效的情况下,推理能使公文具有强烈的让人信服的力量。一种论断、一项政策、一些措施等,要贯彻执行,必须使受文者相信它是真实的、正确的。这些命题的真实性、正确性有时需要发文者用推理进行论证,即讲清道理,使执行者确信不疑,从而自觉地、坚定地贯彻执行。通过推理,公文准确地表述决策过程,论证正确观点,驳斥错误观点,有效增加自身的权威性和说服力。

推理严谨缜密,需要公文写作者严守正确的逻辑规则:推理、论证的前提和论据必须是真实的,前提、论据与结论之间必须有必然联系,符合充足理由律的要求;推理或论证过程中,所使用的概念和判断不能含糊其词,不能有歧义,内容应该都是确定的,而且前后必须保持一致,不得中途变换或转移,符合同一律的要求;在推理或论证过程中,思想要具有一贯性、确定性、不矛盾性,符合矛盾律和排中律的要求。

五、公文写作者的表达素养

表达素养是公文写作者最基本的素养,它主要指公文写作者根据机关单位公务处理的需要产生写作意图,并将写作意图准确、完美地用语言文字传达出来的能力。公文写作者的表达素养是公文写作多种能力的综合体现,并在写作过程中有效地配合和发挥。这些能力包括调查研究能力、采集信息能力、分析概括能力、辩体能力、炼意能力、构思能力、文字表述能力、复述能力等。下面选择公文写作活动中的几种基本能力简要述之。

(一) 确旨立意能力

旨,公文的主旨;意,公文的思想。确旨立意能力,就是指公文写作者在一篇公文中表达深刻且富有创见的思想的能力。一篇好的公文材料,要能真正发挥指导性作用,推进工作的开展,一定要做到"有思想"。公文的思想性主要体现在公文立意是不是高,对问题有没有透彻分析、独到见解;是不是能从事物本身中挖掘出真知灼见,揭示出事物的本质意义。"有思想"的公文,要使别人看了有启发、有触动,就需要阐述或蕴含别人想不到的东西、别人看不到的东西、别人挖掘不到的东西。

提高确旨立意的能力,要做到以下几方面。首先要求公文写作者努力揭示事物的本质,从单一的材料中跳出来,从具体的事实中跳出来,对领导的意图、上级的精神有深刻的理解,站在更高的高度观察和认识问题,突出一个"深"字;其次,要求公文写作者从新角度立意,打破思维定势,从与众不同的角度去思考、挖掘出事物不易显露的一面,尽量发现别人没有注意到的问题,突出一个"新"字;最后,要求公文写作者在立意时做到集中突出,抓住主要问题,抓住需要解决的关键问题,提出有针对性的对策,突出一个"显"字。问题越尖锐,针对性越强,主旨就会越集中突出。

（二）拟纲谋篇能力

纲，指公文的结构提纲。拟纲谋篇的能力就是指公文写作者的立纲与谋篇布局能力。公文要求条理清晰，结构严谨规范，尤其是一些篇幅较长的公文，如果没有清晰的结构线索和明显的结构标志，会直接影响阅读和理解的效果。

公文写作者要提高自己的拟纲谋篇能力，要做到以下几方面。首先需要具备良好的概括能力，善于把分散的、丰富的、具体的写作材料加以归纳整理，形成简练明确的主旨句或者小标题，搭建文章的整体框架；其次，需要确立十分明晰的结构路向，不管是公文的段落还是层次，也不管是按照总分关系、并列关系、因果关系还是承接关系展开文章，都应该一以贯之，并且符合基本的逻辑规则；最后，需要广泛阅读各类公文文种的例文，积累不同文种的结构模式，了解常用公文的各种典型结构，以供写作时恰当选择、灵活运用。

（三）储材用材能力

储材，是积累材料；用材，是将积累的材料运用于公文写作之中。要成为一名优秀的公文写作者，先要在储材上下功夫，也就是要尽可能多地积累公文写作材料。公文写作者可以建立一个个人的公文资料库，积累公文写作中需要的思想、观点、素材、实例、语句等，并积累一些优秀的和有瑕疵的公文案例。

积累的材料需要经过仔细鉴别才能运用到公文写作之中。公文写作者的用材能力包括对材料的归类整理能力、详略安排能力，以及用观点统率材料的能力等。

（四）选词择句能力

选词择句能力就是指公文写作者的语言表达能力。它首先表现为语言运用得体，符合文体特点，符合行文内容的要求；其次是用语端庄，尤其是法定公文更要求语言稳重，淡化感情色彩；最后是用语准确，不能产生歧义。

公文写作者语言表达能力的形成和提高依赖缜密的思维、娴熟的语法和修辞技巧、丰富的词汇以及反复推敲修改。公文写作需要大量阅读和多写多练，以此积累词汇和知识，积累写作经验，也需要对已经写好的文稿从观点和文字上进行反复修改。"一字入公文，九牛拔不出"，公文写作者极其需要这种反复推敲、精益求精的写作习惯和精神。

思考与练习

（一）作为一名学习者，你认为如何才能提高自己的公文写作素养？

（二）下列语段摘自不同的公文，请指出各语段在表述上存在的问题，并提出合适的修改意见。

1. 奖学金的评选条件是刻苦学习，成绩优异。具体条件包括：各科平均分数不低于85分（计算平均分数的课程必须含外语和马克思主义理论课），上学年曾完成至少40小时的志愿者服务或社区服务。

2. 行政处分分为警告、记过、记大过、降级、降职、撤职、开除、留用察看、依法判刑。

3. 依法经营、童叟无欺、诚信服务、履行承诺、承担社会责任是道路运输企业的基本行为准则，也是市场经济的重要基础。

4. 共产党员任何时候都不应将个人利益放在首位，而应处处发挥党员的先进模范带头作用。例如在享受福利待遇等方面，就不应当考虑个人利益。

5. 我厂自转产服装以来，很重视防范事故工作，所以没有发生过重大事故，但最近有些部门忽视安全生产，以致成衣仓库继上次失火之后，昨日再次失火，两次火灾烧毁成衣5000多件，损失20多万元。

参考答案：1. "刻苦学习，成绩优异"的外延不包括"上学年曾完成至少40小时的志愿者服务或社区服务"。可改为"奖学金的评选条件是……此外，上学年曾完成至少40小时的志愿者服务或社区服务"。

2. "依法判刑"不属于"行政处分"，可删去。

3. "童叟无欺"与"诚信服务"同义，可删去前者。

4. "任何时候都不应将个人利益放在首位"与"不应当考虑个人利益"的内涵不同，违背逻辑的同一律。可改为"共产党员任何时候都不应将个人利益放在首位……所以，在享受福利待遇等方面，就不应当将个人利益放在首位"。

5. "没有发生过重大事故"与"两次火灾"表述自相矛盾。可改为"很少发生重大事故"。

案例研讨

点评"任性"公文（节选）
洪威雷　任秀霞

公文既是执政党和政府管理国家，处理党务、政务，交流信息的文字载体，又是执政党和政府及其职能部门推动政治、经济、军事、文化、教育、科技、外交等方面改革的重要工具。公文作为执政党和政府公共政策的决策结果、公共政策的传递工具和公共政策执行的依据，如果出现"任性"，势必影响"全面建成小康社会、全面深化改革、全面依法治国、全面从严治党"的执行与落实。这里梳理一下近几年来具有代表性的"任性公文"，一则让公文撰写者"闻者戒"，从中汲取教训，防止此类事情再次发生；二则为公文研究与教学者提供"案例"，以便从中总结"任性"公文出台的深层次原因，提出防止"任性"公文出台的可行方案、措施、办法。

求情的红头文件

2015年××集团公司基建办4名工作人员，因分别收受承包单位数万元贿赂，被××区检察院立案侦查。在案件的审理期间，××区法院收到了××集团公司的"红头文件"——意见函，请求法院"予以从轻、减轻处理"。结果收受数万元贿赂的4人均被判缓刑，××区法院将该公函归入案卷。

点评：近年来不少地方屡屡出现"求情"公函，归纳其理由大致有四。一是以当事人有特殊贡献为由，二是以当事人初犯或年纪轻为由，三是以影响当地经济发展为由，四是以维护社会稳定为由。如果当事人与在位在职领导没有"过硬"关系，单位怎么会动用严肃而权威的红头文件为其求情呢？收受贿赂，不仅违规、违纪、违法，而且可能影响到建筑质量，犯案人的单位不但不要求法院严判，反而还出台求情公函，无非是为了不让责任追究到自己头上来。法律不是儿戏，犯罪之人能力再强、功劳再大，也不能逃避法律的制裁。

用红头文件进行行政垄断

2009年××县出台"红头文件"，规定各个单位公务招待用烟的品牌和数量，在其中的指导性计划表中规定全县各单位年抽烟任务为本地产品400条，全县一年计划用烟23000余条。按每条烟170元的标准计算，全县一年要抽掉近400万元才能完成任务，未完成用烟计划的单位将被扣减公用经费。该县××乡为了落实县里这份红头文件，制定了《××乡2009年乡直单位公务用烟考核管理办法》，规定乡直单位每月用烟数量和每月检查完成进度。未完成用烟计划的单位，由财政部门直接折价扣减该单位公用经费。如发现抽外地烟，"发现一次扣减该单位公用经费1000元"。

点评：这份文件属于典型的行政垄断。《中华人民共和国反不正当竞争法》第7条规定，政府及其所管部门不得滥用行政权力，限制外地商品进入本地市场。××县出台的红头文件不仅违背了法律，还提高了抽烟量，这与我国及联合国提倡的禁烟是背道而驰的，属于滥用手中权力扩大该地方的局部利益。

红头文件逼干部旅游

2008年9月28日，××县委办和县政府办联合下发《关于认真组织全县干部职工赴××古城遗址参观旅游的通知》，"通知"以"为了积累开发旅游经验"为由，要求全县干部职工在9月29日及11月18日这段时间内，必须到该县境内的××古城旅游，费用每人150元，由各单位用福利待遇等方式发出。

点评：用"红头文件"安排干部"倾巢旅游"，理由是为了积累本地发展经验。近万人去旅游，到底能积累什么经验？什么经验值得以万人共游的形式积累？这笔纳税人的血汗钱是否通过了财政预算？由这种公权滥用引发的对政府廉政的不信任也就势所必然了。

拿红头文件当欠条

2008年春节前夕，200多名农民工在××县政府大门前守候了十天十夜，为了五年前政府搞的开发工程，工地上干活的工钱一分没要到而讨薪。结果是××县国土资源局下发一个红头文件，承诺资金到位后将兑现所欠工资。为了安抚这200名农民工，该红头文件承诺此文件"等同欠条"。

点评：200余名农民工工资被拖欠长达五年之久，经核算，数额达100余万元。这绝对不是一件小事。这不仅关系农民工自身的合法权益及其家庭的福祉，而且关系社会的和谐与稳定。××县国土资源局不是想办法去解决实质性问题，而是拿"红头文件"充当"欠条"。这不仅玷污了"红头文件"的严肃性，而且使当地政府的公信力、诚信度大打折扣，严重损害了人民政府为人民的形象。

(《应用写作》2015年第6期)

问题与讨论：
你认为撰写上述公文的写作者，在公文写作素养方面存在哪些突出问题？

第四章 公文写作的要素

《反对党八股》与公文的文风

1942年2月1日,毛泽东在中央党校的开学典礼上作《整顿党的作风》报告,为全党整风运动做动员。他将改进文风和改造学风提升到整顿党风的高度,并为"党八股"定性,"党八股是藏垢纳污的东西,是主观主义和宗派主义的一种表现形式。它是害人的,不利于革命的,我们必须肃清它"。2月8日,中宣部和中央出版局联合召开800多人出席的干部会议。毛泽东作《反对党八股》报告,吹响了全党反对党八股的号角,系统论述了"反对党八股"思想。

毛泽东在《反对党八股》一文中列举了党八股的八大罪状:空话连篇,言之无物;装腔作势,借以吓人;无的放矢,不看对象;语言无味,像个瘪三;甲乙丙丁,开中药铺;不负责任,到处害人;流毒全党,妨害革命;传播出去,祸国殃民。同时号召全党必须抛弃党八股,采取生动活泼新鲜有力的马克思列宁主义的文风,倡导为中国老百姓所喜闻乐见的中国作风和中国气派。

公文良好文风的形成需要落实到公文写作的各个要素之中。

所谓要素,是指构成客观事物的存在并维持其运动的必要的最小单位,是组成系统的基本单元,又是构成事物的必不可少的成分,通过抽象的方式描述客观世界中具有共同特性和关系的一组现象。公文写作的要素是构成公文写作成品的必要的最小单位,是公文写作组成系统最基本的元素。

依据不同的角度考察公文写作的要素会有不同的组成与组合方式。从心理学角度看,公文写作针对心、身、行、情、实、用六大要素。心,是领导的意图,即公文主题;身,是公文的语言结构;行,是公文语言的含义;情,是公文的思想灵魂;实,是公文客观实在性;用,是实际应用,即公文价值的归宿。从个性色彩角度看,公文写作融合了事、理、情、文四要素。从公文写作系统构成看,公文写作可分为写作主体、写作客体、写作载体、写作受体四大要素。从写作成品角度看,公文写作有格式、主旨、材料、结构、语言和表达方式五大要素,可分别视为公文的包装、灵魂、血肉、骨骼、介质和细胞。

综合以上考察表明,在公文格式的外包装之下,公文写作有其内在的构成要素,概括为主旨、材料、结构、语言和表达方式,以下按此分别予以介绍。

第一节　公文的主旨

公文主旨是展示公文内容的第一要素，材料、结构、语言和表达方式都是为公文主旨服务的。明确了公文主旨，公文写作就有了"灵魂"和"统率"。

一、公文主旨的含义

公文主旨是指一篇公文的主要意义，回答"做什么"的问题，是所处理公务的语言形式。其中，公文主旨作为公文的"主要意义"，体现的是公文与一般文章的共有属性，即公文与一般文章一样，有其"主要意义"，有其"灵魂"和"统率"；回答"做什么"，表明了公文不同于一般文章的独特个性，即公文主旨需要明确"做什么"，解决实际问题；"是所处理公务的语言形式"，则明确了公文主旨的基本属性，是处理公务的语言文字工具。

公文的"主要意义"选用"主旨"来命名，比用"主题"来命名更具有科学性。主题的本义，是指音乐的一个片段或者一个篇章，后引入文章写作理论中，在不同的语境、不同的文体之下，主题的含义有所不同。例如，党的十九大报告所称"大会的主题"是指大会的主要议题，是本次大会需要议决的主要话题。又如，国家机关考试录用公务员申论试题，"请参考给定资料，以弘扬黄河精神为主题，自选角度，自拟题目，写一篇文章"，这里的"主题"是指文章的主要论题，即需要论证、解说的观点、看法。至于文学作品的主题，则表明的是作者思想或情感的倾向性，而这种倾向性往往见仁见智，具有不确定性，甚至具有模糊性。如果公文的"主要意义"用这种具有不确定性，甚至模糊性的词语来界定，就难以体现其科学性了。

二、公文主旨的特点

要科学界定公文的主旨特点，需要辨析公文主旨不同于一般文章"主要意义"的独特性，即需要对"做什么"做出科学的辨析。这种辨析，既包括定性的"质"的分析，也包括定量的"量"的分析，还包括公文使用的整体把握、实践上的考察。

（一）"质"的确定性

公文的主旨是一篇公文最重要的、不可或缺的要素，就如同记叙文的"中心思想"、议论文的"论点"一样。对公文而言，其主旨就是要表明"做什么"，而要表明"做什么"，就需要明确"做"的内容。公文中"做"的内容，属于公务而非私务，是做此事而非做彼事，具有"质"的确定性。例如，《中共中央办公厅 国务院办公厅印发〈关于领导干部带头在公共场所禁烟有关事项的通知〉》，要求各级领导干部带头遵守公共场所禁烟的规定，以实际行动做出表率。再如，《国务院关于新形势下加快知识产权强国建设的若干意见》《中共中央办公厅 国务院办公厅关于实施中华优秀传统文化传承发展工程的意见》等，明确了国家的宏观政策；《中共中央办公厅 国务院办公厅关于做好2017年元旦春节期间有关工作的通知》，明确了一些具体事项的安排和部署。

（二）"量"的专一性

公文主旨表明的是公文的主要意义，即主要"做什么"。既然是"主要"，那么，按照毛泽东《矛盾论》的观点，主要矛盾就只能是一个而不是多个。例如，习近平在党的十九大报告中论述："我国社会的主要矛盾已经转化为人民日益增长的美好生活需要和不平衡不充分的发展之间的矛盾。"这一论述表明，现阶段我国社会的主要矛盾，只能是一个而不是多个。任何一篇公文，无论篇幅长短多少，无论内容复杂与否，都必然有其明确而专一的主旨，即具有"量"的专一性。《党政机关公文处理工作条例》第四章行文规则规定："请示应当一文一事。不得在报告等非请示性公文中夹带请示事项。"明确了请示主旨的专一性。实际上，其他公文的主旨同样遵循专一性的行文规则。如《中共中央关于建国以来党的若干历史问题的决议》长达3万余字，时间跨度长，内容重大，问题众多，但中心却很明确，按照邓小平的说法，最核心的一条是"确立毛泽东同志的历史地位，坚持和发展毛泽东思想"。这份划时代的重要公文，涉及的问题虽然是"若干"，但主旨只有一个，也就是说，主旨明确、专一。

（三）"用"的务实性

作为人类意志的表达，公文主旨的功能主要在于回答"做什么"的问题。换言之，任何公文的拟制发送，都是发文机关主观意志的反映，而这种主观意志，又都与要做某件事情相关，需要明确"做"的动作。例如，"加强林木种苗工作""批准襄阳市城市总体规划"都说明了发文机关要求做某件事情，既明确了"做"的内容，也明确了"做"的动作，具有解决问题的务实特性。

三、公文主旨的类型

公文主旨可以科学界定为"做什么"，那么，根据公文主旨"做什么"的标准，可将公文主旨划分为不同的类型。

（一）根据"做什么"的态度划分

公文主旨"做什么"是发文机关的决策安排和工作部署，对于能做什么、不能做什么都有明确的态度。根据"做什么"的态度，公文主旨可分为肯定性主旨、否定性主旨和肯定加否定性主旨三种类型。

肯定性主旨，是指持肯定态度的主旨，即表明能够"做什么"。例如，《国务院关于做好当前和今后一段时期就业创业工作的意见》《国务院关于同意将湖南省永州市列为国家历史文化名城的批复》，从标题就可以看出，发文机关对发文事项持积极肯定的态度。

否定性主旨，是指持否定态度的主旨，即表明不能"做什么"。例如，《中共中央办公厅 国务院办公厅关于严禁党政机关到风景名胜区开会的通知》《保监会关于废止部分规范性文件的通知》，从标题即可看出，发文机关对"做什么"的态度是否定的。

肯定加否定性主旨，即对于"做什么"既有肯定的态度，又有否定的态度。例如，《新闻出版总署关于禁止传播有害信息　进一步规范出版秩序的通知》中，"关于禁止传播有害信息"是否定性主旨，"进一步规范出版秩序"是肯定性主旨。

（二）根据"做什么"的性质划分

公文主旨"做什么"具有解决问题的能动性。根据"做什么"的性质和功能，公文主旨可分为告知性主旨和祈使性主旨两种类型。

告知性主旨，是指发文机关仅要求受文机关对所发公文有所知晓、有所了解，而并不要求其有所动作或有所遵从。例如，《国务院办公厅关于2018年部分节假日安排的通知》《国务院关于机构设置的通知》《关于香港特别行政区政府曾国卫、陈国基职务任免的通知》等公文发布的主要目的是向社会大众公布诸如节假日放假、人事任免等重要事项，大家知晓即可，为告知性主旨。

祈使性主旨，是指发文机关要求受文机关对所发公文有所动作或有所遵从。根据行文关系的不同，又可分为两种情况，一种是祈请性主旨，即下级机关请求上级机关对其有所帮助、有所批准。例如，撰写《浙江省人民政府关于申报龙泉市为国家历史文化名城的请示》的主要目的是将龙泉市申报为国家历史文化名城，请求国务院批准，为祈请性主旨。另一种是使令性主旨，即上级机关要求下级机关对所发公文有所执行、有所遵循。例如，《财政部　教育部关于印发〈高等学校财务制度〉的通知》："……财政部会同教育部对《高等学校财务制度》进行了修订。现印发给你们，请遵照执行。"财政部和教育部联合下发这则通知的主要目的是要求各省、自治区、直辖市财政厅（局）、教育厅（局）根据通知要求认真执行，贯彻落实高等学校财务制度，为使令性主旨。

（三）根据"做什么"的内容划分

根据公文"做什么"的内容划分，主旨又有总分之说。内容复杂的公文，既有一个统率全篇的主旨，回答"做什么"，可称为总旨；还有若干个具体的观点，回答"怎么做"，可称为分旨。分旨是公文主旨的具体表现形态。

公文的分旨是一篇公文中为实现主旨而制定的具体办法、要求或详述的具体事项。它回答的是一篇公文中"怎么做"的问题。这里，又可分为两种情况：

对于祈使性主旨来说，分旨是实现主旨的具体办法要求。如前所述，所谓祈使性主旨，是指发文机关要求受文机关对所发公文有所动作、有所遵从。这些祈使性主旨往往只是发文者的设想与愿望，要真正落实，还必须通过具体办法和相关要求。

对于告知性主旨来说，分旨则是一些补充和详述主旨的具体事项。告知性主旨是指发文机关要求受文机关对所发公文有所知晓、有所了解，而分旨则是告知内容的具体化或者补充，从而有助于告知目的的实现。

分旨成为公文主旨的具体构成要素，是公文文体与议论文体的显著区别：议论文体的任务旨在"明理"而"务虚"，文章的侧重点在于"分析问题"；公文文体的任务旨在"行政"而"务实"，文章的侧重点在于"解决问题"。因此，以"具体"为特征的分旨便往往以特色要素的地位成为一篇公文的主体部分（文字最多或最为关键）。从公文文体重在"解决问题"的务实特性看，分旨就成为一篇公文中最引人注目的关键内容了。

四、公文主旨的表达

作为公文的灵魂和核心，公文主旨的表达至关重要。公文主旨的表达可以从语言形式和文字标志两个方面来考察。

（一）主旨表达的语言形式

公文主旨要素，由于其重要性，往往在一篇公文的标题、正文或结尾等显著位置出现，并以一定的语言形式予以明确表达。

1. 标题中主旨的表达

公文的标题被誉为公文的"眼睛"和"窗口"，体现了公文的主要内容和主旨。《党政机关公文处理工作条例》明确规定"标题，由发文机关名称、事由和文种组成"。其语言形式是"关于……的"一个偏正结构的词组。再做具体分析，其公文主旨主要体现在通过"关于……的"介词结构，强调事由部分的内容。公文标题的事由表达主旨主要有三种语言形式：动宾式、主谓式和连动式。

（1）动宾式

标题事由中的动宾式是明确回答现在"做什么"的句式，动宾式事由最为常见。例如，《国务院关于加强农村留守儿童关爱保护工作的意见》中，就是动词"加强"与事项"农村留守儿童关爱保护工作"构成动宾短语。动宾式结构中，一是动词不可缺少。例如，《××省公安厅关于2018年全省公安局局长会议的通知》中，"2018年全省公安局局长会议"不是动宾式短语，而是偏正式短语，不能完整地表达"做什么"的事项，缺少了动词"召开"，应改为《××省公安厅关于召开2018年全省公安局局长会议的通知》。二是动宾搭配要恰当。例如，《××县人民政府关于表彰不正之风整治专项工作先进个人的通报》，标题中有动词"表彰"，发文事由构成了动宾结构，但"表彰不正之风"这个动宾搭配有问题，与发文的真正意图相违背，可改为《××县人民政府关于表彰整治不正之风专项工作先进个人的通报》。

（2）主谓式

标题事由中的主谓式是简要回答"谁做什么"的句式。例如，《国务院关于国有企业发展混合所有制经济的意见》《国务院关于机关事业单位工作人员养老保险制度改革的决定》中的"国有企业发展混合所有制经济""机关事业单位工作人员养老保险制度改革"都为主谓结构，体现其发文意图。在主谓式结构中，要保证主旨的完整性。例如，《××县教育局关于××同志见义勇为事迹的通报》，"××同志见义勇为事迹"由于缺少动词主旨表达而不完整，事由也不清楚，可改为主谓式结构的《××县教育局关于××同志奋勇抢救落水学生的表扬通报》，将主旨概括得更加具体、准确。

（3）连动式

标题事由中的连动式是以两组动宾式短语完整回答"做什么"的目的和意图的句式。例如，《中共中央 国务院关于深入推进城市执法体制改革改进城市管理工作的指导意见》的标题是由"深入推进城市执法体制改革""改进城市管理工作"两组动宾结构的短语构成，前一组体现发文意图，即当下着手要实施的事项；后一组体现发文目的，即预期要达到的目标。

公文标题事由中，无论是"动宾式"，还是"主谓式""连动式"，动词都不可缺少。这是由公文主旨具有"做什么"的特性所决定的，也反映了公文主旨界定的科学性。

2. 正文中主旨的表达

公文正文中的主旨一般出现在文中的显著位置，主要有三种表达形式，即主旨句、主旨段、过渡句。

（1）主旨句

主旨句一般出现在公文正文的开头或中间，是表达公文主旨最常见的方式。主旨句的表达有三种形式：第一种是"目的主旨+意图主旨"。如《发展改革委 国家证监委关于印发〈低碳产品认证管理暂行办法〉的通知》，"为落实《国民经济和社会发展第十二个五年规划纲要》要求，提高全社会应对气候变化意识，引导低碳生产和消费，规范和管理低碳产品认证活动，特制定《低碳产品认证管理暂行办法》（以下简称《暂行办法》）……"全文以"为"字起篇，是目的主旨的标准句式，从务"虚"的角度阐明发文目的，紧随其后的"特制定《低碳产品认证管理暂行办法》"则从务"实"的角度表明发文的真正意图。第二种是"目的主旨"。如《人力资源和社会保障部关于执行〈工伤保险条例〉若干问题的意见》，"《国务院关于修改〈工伤保险条例〉的决定》（国务院令第586号）已经于2011年1月1日实施。为贯彻执行新修订的《工伤保险条例》，妥善解决实际工作中的问题，更好地保障职工和用人单位的合法权益，现提出如下意见"，在依据之后，以"为"字引领目的主旨。第三种是"意图主旨"。如《国务院办公厅关于调整国务院扶贫开发领导小组组成人员的通知》，"根据国务院机构设置及人员变动情况和工作需要，国务院对国务院扶贫开发领导小组组成人员作了调整。现将调整后的名单通知如下"，在依据之后，直接阐明发文意图。

（2）主旨段

公文中简要的主旨可以用"句"的形式说清楚，但对于一些复杂的主旨，就需要用"段"的形式来表达。一般而言，主旨段也是按照"目的主旨+意图主旨"的写法，目的在前，意图在后。还有一种情况，就是一段文字涵盖公文依据、主旨、分旨等要素，即旨据合一。这主要在印发类公文中出现。如《国务院办公厅关于印发全国现代农作物种业发展规划（2012—2020年）的通知》，"《全国现代农作物种业发展规划（2012—2020年）》已经国务院同意，现印发给你们，请认真贯彻执行"。

（3）过渡句

为了语义简洁，公文主旨有时候还可以通过承上启下的过渡句形式出现。例如，《国务院关于部委管理的国家局设置的通知》，"根据国务院第一次常务会议审议通过的国务院部委管理的国家局设置方案，现将部委管理的国家局设置通知如下"，主旨"部委管理的国家局设置"位于过渡句之中，既充当了主旨句，又充当了过渡句。

3. 结语中主旨的表达

公文结尾一般都要突出主旨，再次表明发文机关的意向、要求、希望、请求等。因而，公文的结尾常见与文种相适应且相对稳定的简短规范用语，我们称其为"特定结束语"。

结语中主旨的表达应根据写作目的、行文内容、行文关系等明确撰写者的态度、愿望和要求，具体有四种形式，即强调句、使令句、祈请句和期盼句。

（1）强调句

强调句用于对公文正文的主旨进行突出强调说明，进一步增加印象，以引起收文机关的重视，适合各类行文关系。例如，上行文"报告"的"专此报告"；下行文"命令"的"此令"，"通知"的"特此通知"，"批复"的"此复"；平行文"复函"的"特此致函"；通行文"通报"的"特此通报"，"公告"的"特此公告"等。需要特别说明的是，这些结语句中的"此"者，主旨之谓也，因此是不能随便省略的。

（2）使令句

使令句用于上级机关向下级机关提出相关要求，多见于命令、意见、决定、通知等文种。使令句的用语一般要简短而有力度，还要结合文种的内容。如果此事项是上级要求下级无条件贯彻执行的，就采用"无条件的使令句"结尾，如"特此通知，请认真贯彻执行"；如果此事项是能灵活变通或可参照执行的，就采用"有条件的使令句"结尾，如"以上意见，请结合本地实际，认真贯彻执行"或"现印发给你们，请参照执行"。

（3）祈请句

祈请句用于下级机关向上级机关请求批准指示，多见于请示、上行性意见等文种。例如，"请示"的结尾"以上请示，妥否，请批复"或"妥否，请审批"；"意见"的结尾"以上意见如无不当，请批转各地执行"。对于上行文种而言，一是祈请性结束语不可缺少，承担了表达主旨的重任，提请上级机关指示、回复，应成为本类文种不可或缺的基本组成部分；二是祈请性结束语不可错用，如向上级呈报的意见结束语写成"妥否，请批转各地执行"就不行，因为只有在意见没有不妥之处的情况下，上级才会批转各地执行；三是祈请性结束语应该干脆利落，以请示文种为例，"以上请示如无不当，请审查批示"就不合适，因为请示有强制回复的特点，不管请示当与不当，上级都必须批复。

（4）期盼句

期盼句用于平级机关之间商洽事宜，多见于去函，如商洽函、请批函，希望对方答复或同意相关事项。期盼性结束语要注意语气态度，如"请函复为要""请函复为盼""请函复为荷""请函复为谢"四句结语的语气程度就是由强转弱，恭敬程度则是由弱转强，因此要根据事项的紧急或紧要程度选择恰当的结语。

（二）公文主旨的文字标志

公文主旨的文字标志是指公文中的一些习惯用语（主要为一些表达意愿的介词、能愿动词和动词），可以作为帮助我们识别有关要素的文字标志，现将代表性的主旨标志整理归纳为以下 2 类 18 个：

1. 目的主旨的文字标志，代表性的有"为""为了""以"等。

2. 意图主旨的文字标志，代表性的有"决定""必须""应当""要""希望""批准""同意""答复"（下行文用）；"拟""需""报"（上行文用）；"现""请""建议""提出"（通用）等。

意图类文字标志有使用规则，一是要学会区别使用上行、下行等各类公文的文字标志，不可混用。如作为上行文，"请示"中的意图主旨应以祈请性的"拟"为文字标志，而不能使用使令性的"决定"。二是要学会区别使用同类公文的文字标志，不可随意乱用。例如，那些只为下行文专用的文字标志，使用时必须根据具体情况斟酌选择，如《×××关于制止乱砍滥伐森林的紧急通知》的主旨句"望立即采取果断措施，限期制止乱砍滥伐森林事件"，即错误地使用了带有商量语气的文字标志"望"，根据事情性质（重大而紧急），应当改用语气果断、没有商量余地的"必须"。写作公文，要学会找出"最准确的一个文字标志"。

思考与练习

阅读下文，回答问题：本文的主旨是什么？属于哪种类型的主旨？文章是通过哪些方式呈现表达主旨的？

国务院关于同意将辽宁省辽阳市列为国家历史文化名城问题的批复
国函〔2020〕162 号

辽宁省人民政府：

你省关于申报辽阳市为国家历史文化名城的请示收悉。现批复如下：

一、同意将辽阳市列为国家历史文化名城。辽阳市历史悠久，传统格局和历史风貌特色鲜明，文化遗存丰富多样，城市发展脉络清晰，具有重要的历史文化价值。

二、你省及辽阳市人民政府要以习近平新时代中国特色社会主义思想为指导，全面贯彻党的十九大和十九届二中、三中、四中、五中全会精神，按照党中央、国务院决策部署，牢固树立保护历史文化遗产责任重大的观念，落实《中华人民共和国文物保护法》《历史文化名城名镇名村保护条例》要求，强化历史文化保护，深入研究发掘历史文化资源的内涵与价值，明确保护的原则和重点，传承弘扬中华优秀传统文化。编制好历史文化名城保护规划，确定历史文化街区、文物保护单位、历史建筑的保护范围及建设控制地带，制定并严格实施相关保护管理规定。在规划和建设中，要科学统筹文物保护利用与文化遗产保护传承，正确处理城市建设与保护历史文化资源的关系，重视保护城市格局，加强整体性保护、系统性保护。注重城区环境整治和历史建筑修缮，保持传统格局、历史风貌和空间尺度，不得改变与其相互依存的自然景观和环境，不得进行任何与名城环境和风貌不相协调的建设活动，不得损坏或者擅自迁移、拆除历史建筑。

三、你省与住房和城乡建设部、国家文物局要加强对辽阳市国家历史文化名城保护工作的指导、监督和检查。

国务院
2020年11月29日

第二节　公文的材料

公文材料是支撑主旨的内容要素，是为公文的主旨服务的，也是结构、语言、表达方式得以展现的物质基础。

一、公文材料的含义和特点

写作材料，就是为了写作的需要而收集的一系列事实和事理。**公文的材料是指形成公文主旨和表现公文主旨的事实、数据、观点、政策、法规、科学原理等**，是公文写作者根据某种目的，对事物或客观现象做出某种判断的依据，起着充实、支撑主旨的作用。

公文材料对主旨还具有制约作用，有什么样的材料，才能提炼出什么样的主旨。主旨能否做到正确、鲜明、集中，关键取决于材料的优劣。因此，材料是提出问题的依据，是说明主旨和解决问题的基础。

公文材料最突出的特点是真实性。这里的真实含义是客观实在性，它要求公文所使用的材料必须是完全真实的，是既成的事实和论断。这种真实既要达到整体的真实，又要达到细节的真实。与文学创作追求的艺术真实不同，公文追求的是客观的真实，事件不可编造，人物不可歪曲，数字不可掺假。时间、地点、人物、事件、范围等都应该遵循事物的本来面目。

二、公文材料的类型

根据不同的分类标准，公文材料有不同的类型，从时间上可分为历史材料、现实材料；从涉及范围上可分为全局材料、局部材料；从形式上可分为文字材料、数据材料、音像材料等；从性质上可分为正面的有利材料、负面的不利材料；从内容上可分为事实性材料、理论性材料；等等。

公文材料是用以支撑公文主旨的依据。根据其内容形态，可以分为"事实依据"和"理论依据"两大类型。例如，《人力资源和社会保障部 公安部关于授予蒋敏同志全国公安系统一级英雄模范荣誉称号的决定》先叙述事实依据："蒋敏，女，羌族，1980年9月出生，中共党员，2001年10月参加公安工作，四川省彭州市公安局政工监督室民警，三级警司。在这次抗震救灾斗争中，蒋敏同志惊悉母亲、女儿等10名亲人不幸遇难的噩耗后，强忍失去亲人的巨大悲痛，毅然选择坚守工作岗位，日夜奋战在抗震救灾第一线，积极投身抢救受伤群众、安置灾民生活等工作之中，为保卫人民群众生命财产安全，维护灾区社会治安稳定作出了突出贡献"；再发表议论，阐述理论依据:"面对大灾大难,历经大悲大痛,蒋敏同志却英勇顽强,不屈不挠,敬业奉献,义无反顾,充分体现出中华民族不畏艰难险阻、敢于拼搏、敢于胜利的英雄气概;充分体现出人民公安为人民、忠实践行'三个代表'重要思想的政治本色;充分体现出人民警察忠诚可靠、英勇善战、无私奉献的崇高精神",从而为做出表彰决定、表达主旨提供了有力支撑。

(一)事实性材料

根据对主旨作用的不同划分,事实性材料还可以分为实体性事实和程序性事实两种类型。

1. 实体性事实

实体性事实是直接支撑公文主旨的事实材料,根据其时态,又可具体分为过去事实、现实状况两种类型的材料。例如,《关于打击经济领域中严重犯罪活动的决定》中,"当前经济领域中的严重犯罪活动,已经和正在腐蚀我们的干部队伍,损害我们党、政府、军队的肌体和国家的信誉,毒化人们的思想,污染社会风气,破坏经济建设,妨碍对外开放和对内搞活经济政策的正确执行,影响社会安定",用"已经和正在"这样的时态副词,表达了过去和现实状况两种类型的材料。

2. 程序性事实

程序性事实是间接支撑主旨的事实,即形成公文主旨的有关公务活动的材料。程序性事实又可再细分为来文来函、领导研究、会议通过等几种类型。例如,"《浙江省教育厅关于申请在全省范围实施中小学教师资格定期注册制度的请示》(浙教师〔2015〕115号)收悉。经研究"两句则分别表现为"来文来函"和"领导研究"形态;"根据第十二届全国人民代表大会常务委员会第十三次会议"一句则表现为"会议通过"形态。

(二)理论性材料

理论性材料按照来源不同、效力大小不一,又可具体分为以下四种类型。

1. 法规文件。即指国家的大政方针、法律法规或上级机关的规定等一类文字材料。如《××省人民政府关于查禁非法种植罂粟的通告》开头"根据全国人民代表大会常务委员会《关于禁毒的决定》"一句。一般而言,法规文件是撰写公文必引的依据材料,即所谓"引经据典""小法服从大法"。出台的政策措施缺乏权威性,容易形成各行其是的"土政策"。

2. 会议精神。即指国家或上级机关一些重要会议形成的决定、意见等。如党的十九大报告或"根据国务院《人民调解委员会组织条例》和湖南省第三次人民调解工作会议精神"等。会议精神与法规文件一样是撰写公文必引的依据材料,要注意及时更新。例如,党的十九大的新提法不引用,却引用党的十七大报告的旧提法,就不合时宜。

3. 领导指示。即指国家、上级领导的指示、意见等。如"省委书记多次批示,要求做到认真办理,定期检查"。领导是各级单位的法定代表人,其指示、意见自然是撰写公文的重要依据。

4. 主体认识。即撰文者阐明对相关事实和理论的主观看法。上述三种理论材料均来自发文单位以外的单位或领导，可合称为"客观性理论依据"。在撰写公文时，不引用客观性理论依据自然不行，否则，出台的政策措施会缺乏权威性。但是，如果撰写公文时只会引经据典，就成了上级规定的"传声筒"。客观性理论依据往往比较原则化，需要发文单位结合自身实际进行阐释；同时，发文单位哪怕级别再低，也是一级领导或者一级组织，应当根据自身职能，对开展某项工作的理由阐发认识。如上述《人力资源和社会保障部 公安部关于授予蒋敏同志全国公安系统一级英雄模范荣誉称号的决定》，用了一个段落发表主体认识，阐述了做出决定的理论依据。需要指出的是，主体的认识对于说理性文章而言往往是文章的写作目的和意图，但对于公文，则通常是达成目的和意图的方式和手段。

综合上述，从事公文写作要求学会全面使用各类材料：既会使用事实依据，又会使用理论依据；既会使用客观依据，又会使用主体认知，只有这样，才能使所写公文更具说服力。

三、公文材料的要求

（一）真实

公文是关系国计民生的语言文字工具，所以，真实是其灵魂。公文写作者不应当忽视对材料的核实，一切虚构的、未经核实的材料，包括情况、数字、引文等都不能随意用于公文。《党政机关公文处理工作条例》也特别指出：公文处理工作应当坚持实事求是、准确规范、精简高效、安全保密的原则。公文材料中所涉及的人名、地名、数字、引文必须准确无误。

（二）系统

公文的材料除要做到真实以外，还应力求系统化。万事万物都是相互联系的系统，有些事物的发生和发展可能具有更广阔、深刻的社会背景和原因，因此，应该注意收集本地区乃至更为广泛社会范围内的有关材料，它们对于认识和分析事物往往具有重要意义。首先，要立足于本部门、本单位；其次，要着眼于本行业、本系统；最后，要关注社会生活中的有关情况。

（三）典型

典型应是公文材料具有某种代表性的、能够集中反映一般事物的本质和规律的东西，是同类事物的代表，也包括反映出新精神、新思想、新意见、新动向的材料，具有潜在价值的材料，有实用和时效的材料。

（四）切旨

切旨是指公文写作中对于材料的运用，必须紧紧结合主旨表达的需要。公文主旨的提炼、公文主旨的表达都需要以真实、系统、典型的材料为基础。因此，要根据主旨的需要决定材料的数量，根据主旨表达的要求决定材料的详略，根据主旨的要求决定材料的表现形式。

四、公文材料的表达

公文材料的表达也可以从语言形式和文字标志两个方面来考察。

(一) 公文材料表达的语言形式

根据材料数量的多少、复杂程度的不同，公文材料的表达有以下三种语言形式。

1. 依据句

内容比较简单的材料，在公文正文中往往以"句"的形式来表达。例如，在《××省人民政府关于查禁非法种植罂粟的通告》中，"近年来，我省非法种植罂粟（大烟）的违法犯罪活动不断发生"和"根据全国人民代表大会常务委员会《关于禁毒的决定》"等，就是以"句"的形式，分别表述了公文的事实依据和法律依据两方面的材料。

2. 依据段

内容比较复杂的材料，同比较复杂的主旨一样，在公文正文中需要通过"段"的形式来表达。特别是在请示性公文以及奖惩性公文中，由于依据要素成为表达的重点，往往扩展为多个段落。如《人力资源和社会保障部 公安部关于授予蒋敏同志全国公安系统一级英雄模范荣誉称号的决定》用了两个段落，一个段落叙写事实依据、一个段落阐述理论依据。

3. 附件

依据材料如果十分复杂，还可以在公文正文之外编列附件予以表达。如《公安部关于2013年度社会公共产品质量行业监督抽查结果的通报》，就附录了《2013年度社会公共产品质量行业监督抽查结果汇总表》《2013年度社会公共产品质量行业监督抽查结果明细表》《2013年度社会公共产品质量行业监督抽查未抽查到样品情况汇总表》3个表格，成为支持其主旨成立的证明性材料。

(二) 公文材料表达的文字标志

同主旨一样，依据材料的表达也有一些习惯用语可以作为提示性的文字标志。根据前述依据材料的两种基本类型，代表性的文字标志可以分为以下三大类：

1. 提示事实依据类：代表性的有"目前""随着""近来""以来""经""业经""由于""鉴于""收悉"等。这些代表性的标志并不能包括全部，使用时要学会根据具体情况灵活选择、变通，不可拘泥僵死。如"近来"一词可根据具体情况变化为"近年来""最近一段时期以来""2021年以来"等。

2. 提示理论依据类：代表性的有"遵照""按照""认为"等。前两个用来提示客观性依据（领导指示），如"遵照（按照）某某同志指示……"；后一个用来提示主观性依据，如"我们认为……"。

3. 通用类：代表性的是"根据"。"根据"可以用来提示法规文件和会议精神，也可用来提示事实依据，如"根据本地实际情况"。

思考与练习

阅读下文，回答问题：本文的主旨是什么？文章使用了哪些材料？这些材料分别属于哪种类型？这些材料与文章的主旨具有怎样的关系？

人力资源和社会保障部　公安部
关于授予蒋敏同志全国公安系统一级英雄模范荣誉称号的决定

各省、自治区、直辖市人事厅（局）、劳动保障厅（局）、公安厅（局），新疆生产建设兵团人事局、劳动保障局、公安局：

5月12日14时28分，四川省汶川县境内发生里氏8.0级强烈地震，给四川、甘肃、陕西、重庆、云南等地的人民生命财产造成了重大损失。面对这场突如其来的特大自然灾害，灾区各级公安机关和广大公安民警以及各地奉命奔赴灾区一线增援的近2万名公安民警、公安现役官兵，在党中央、国务院和地方各级党委、政府的坚强领导下，坚决按照公安部的部署要求，以灾情为命令，视时间如生命，奋不顾身、夜以继日地奋战在抗震救灾第一线，争分夺秒、千方百计地营救遇险群众，想方设法、竭尽全力地保障灾区周边地区道路畅通和灾区社会治安秩序，为维护灾区社会稳定、保护灾区人民生命财产安全作出了重大贡献，涌现出了一大批英雄模范人物。蒋敏同志就是其中的优秀代表。

蒋敏，女，羌族，1980年9月出生，中共党员，2001年10月参加公安工作，四川省彭州市公安局政工监督室民警，三级警司。在这次抗震救灾斗争中，蒋敏同志在惊悉母亲、女儿等10名亲人不幸遇难的噩耗后，强忍失去亲人的巨大悲痛，毅然选择坚守工作岗位，日夜奋战在抗震救灾第一线，积极投身抢救受伤群众、安置灾民生活等工作之中，为保卫人民群众生命财产安全，维护灾区社会治安稳定作出了突出贡献。因连续奋战劳累过度，蒋敏同志身体极度虚弱，多次昏倒在抢险救援现场。蒋敏同志的先进事迹，充分体现了"人民公安为人民"的政治本色和"忠诚可靠、秉公执法、英勇善战、纪律严明、无私奉献"的新时期人民警察精神。为表彰先进，弘扬正气，人力资源和社会保障部、公安部决定，授予蒋敏同志"全国公安系统一级英雄模范"荣誉称号。

全国广大公安民警要以蒋敏同志为榜样，时刻牢记党和人民的重托，继续发扬特别能吃苦、特别能战斗、特别能奉献的优良作风，以更加强烈的政治责任感和更加旺盛的革命斗志，再接再厉，扎实工作，为夺取抗震救灾斗争全面胜利作出新的更大的贡献。

人力资源和社会保障部　公安部
二〇〇八年五月二十二日

第三节 公文的结构

公文的结构是公文的内在表现形式。公文的结构犹如公文的骨架,安排好公文的结构是公文写作的重要一环。结构好,主旨鲜明突出,内容层次清楚,线索清晰,材料衔接紧密,前后呼应,公文便显得集中、完整、统一、和谐,具有表现力和感染力。

一、公文结构的含义

公文结构是公文的主旨和材料的构成以及展开所体现的篇章形式,在公文写作中,则是指对公文内容的组织与安排。

一篇公文,或阐明一个观点,或谈及某项工作实施的措施,或进行表彰和批评,或说明某一事物。阐明观点,一般是先点明主旨,后摆事实和道理;谈措施,一般要先讲主要方面,后谈次要方面,或者先讲思想认识方面,再谈具体措施办法方面;进行表彰或批评,一般先讲事实,再进行分析,最后指出学习或吸取教训之处等。在公文中,安排这些所阐述、记叙、说明内容的先后顺序、层次关系等,就是公文结构的具体体现。

公文结构是人们对客观事物、客观事理的内容结构、内部规律认识的反映。但是,公文在反映客观事物的内容结构、内部规律时,并不是对客观事物照抄照搬,而是要对其进行加工、取舍、周密组织、合理布局,使之更加符合人们的认识规律,更加清晰地反映事物的本质。例如,一切事物都有发生、发展的过程,但在写作时,为了使人们更清晰地认识这一规律的本质,往往先讲结局或性质,然后再分析理由、原因。

结构在公文写作中起着举足轻重的作用。一是使公文内容条理化。公文起草前,内容往往杂乱无章,主旨不可能明晰表达出来。随着结构设计的深入,在主旨的统帅下,对观点、材料进行定位,显示出了大的层次,公文轮廓逐渐鲜明。继而对小的层次进行设计,使小观点、小层次中包含的材料也确定了位置。这样多次反复、多次斟酌,公文内容便具有了条理性、层次性。二是使公文内容整体化。在结构的作用下,公文各个局部有机地联系在一起,散乱的材料组织起来,各个小观点按照一定的规律来说明总的主旨,全文形成了一个严谨的整体。

二、公文结构的特点

与其他公文相比,公文结构有着自身的特点。

(一)结构清晰化

公文结构要为阐述公务活动服务,简单明了,使每一位读者明白公文的主旨,领会公文的精神。例如,大多数法规性公文都以条目的形式安排结构,它的标题、章节具体条款都排列得清清楚楚。

（二）结构定型化

在长期的写作实践中，我国公文与时俱进和约定俗成的特点形成了其超常的稳定性和规律性，从而形成了公文结构的构思严谨美、层次清晰美、单元连缀美和稳定模型美。结构定型化，便于作者掌握，有助于读者理解公文内容。例如，请示一般由请求缘由、请示事项、结语三部分组成；检查报告一般由情况、原因、责任、处理情况及今后的意见等部分组成。

（三）结构与内容关系密切

文章的结构和文章的内容密切相关，而二者联系最密切的要数公文。例如，经济活动分析报告是以经济理论和经济政策为指导，根据计划指标、会计核算、统计资料，通过有关经济活动方面的调查研究所掌握的活资料，对某一部门、某一单位的经济活动（生产、成本、财务等）状况，进行系统分析、正确评价，从中总结经验，揭露矛盾，找出差距，指明方向，为改善经营管理和进行长远预测提供信息的书面报告。鉴于这样的情况，经济活动分析报告一般都采用以下基本结构：标题，一般要标明分析的主要内容；开头部分，或介绍分析对象的具体情况，或简要说明分析目的，或直接提出分析对象，或提出分析的内容和范围，或概述生产经营形势，或交代分析背景等；正文部分，从分析目的、要求出发，紧扣中心，针对经济活动情况进行深入分析，得出正确结论；结尾部分，针对上述分析结果，提出改进意见、建议和措施。

三、公文结构的外形体式

公文结构的外形体式，也称"文面结构"，指的是公文的层次、段落在文面上的排列组合形式。它是公文结构的表层部分，是公文深层逻辑结构要素的变化在篇章文字层面的反映，具有直观性特点。

段落是构成一篇文章的基本形式，公文自然也不例外。但是，公文在建构篇章时，还经常使用序号和小标题。通过使用序号，使一篇公文的内容条理清晰；通过使用小标题，使一篇公文旨意明确，便于读者抓住要点，领会意图。根据序号和小标题等要素在组织段落、构建篇章中的使用方式，公文的外形体式可划分出以下类型。

（一）段落贯通式

段落贯通式即全由段落构成的公文外形结构模式，它包括篇段合一式、两段式和多段式。其中，篇段合一是段落贯通式最基本也最重要的外形体式。当公文的写作内容非常简单、文字很少、篇幅极短时，就可以采用篇段合一式的写法。它常用于命令、公告、函、批复、转发性通知等内容简短的文种，这是公文特有的一种结构模式。而当公文的写作内容较为复杂，一个段落无法容纳时，便渐次扩充为两个、三个或更多的段落，这样就形成了两段式和多段式。

（二）条文贯通式

条文贯通式即使用连续的序号作为条目，标注于公文的各个段落之前而成。因从头至尾的所有段落都以序号标注，无单独的开头和结尾，公文在外形结构上显得一气贯通，井然有序。条文贯通式适用于约束性较强、由多个较为简短的段落组成的公文。内容比较简单的条例、规定、办法等法规规章类公文多采用此类模式。

（三）撮要分条式

撮要分条式由"撮要"与"分条"构成，也叫"总述分承式"。该体式的公文一般先在文章开头部分，围绕相关背景或者依据，用概括的方式提出全文需要解决的主要问题，点出文章的主旨，此即"撮要"；然后用序目的方式引出文章的各个段落，详细说明相关事项或者解决问题的具体办法，此即"分条"。部署性公文决定、意见、通知以及较为复杂的公布性公文通告、公告等文种常采用此形式。

在具体的使用过程中，撮要分条式的"分条"一般采用序目，也就是用"一、二、三……"的序号标注顺序，有别于条文贯通式通常采用"第一条、第二条、第三条……"的条款式。

（四）分列小标题式

为了使各个层次、段落的内容鲜明突出，公文在分条的同时，还经常使用小标题。小标题是公文主旨的次级要素或者重要提示，有助于阅读时把握文章的总体思路和核心内容。其因层层排布、井然有序，也叫"刀枪剑戟式"。

公文的小标题既可以用词和词组的形式，也可以采用单句或者复句的形式，但总的要求宜简明扼要又彰显要旨，整齐规范又符合内在事理。

（五）全文分块式

全文分块式是对撮要分条式、分列小标题式的进一步展开。它先将全文划分为几大部分，相对独立，各自成章；再对每一部分的内容进一步细分，并分别添加小标题。采用这种形式的公文，主要有工作总结、调查报告、工作研究以及内容复杂的决定、意见、通知等。比如《国务院办公厅关于深化高等学校创新创业教育改革的实施意见》一文，分为"总体要求""主要任务和措施""加强组织领导"三大板块。其中，"总体要求"包括"指导思想""基本原则""总体目标"3个二级小标题，"主要任务和措施"包括"完善人才培养质量标准""创新人才培养机制""健全创新创业教育课程体系"等9个二级小标题，"加强组织领导"包括"健全体制机制""细化实施方案""强化督导落实""加强宣传引导"4个二级小标题。

全文分块式常常使用"一、""（一）""1.""（1）"等不同层级的序号表示一篇公文不同的层次类型。

（六）章断条连式

章断条连式的公文，全篇分为若干章，章下有条，条下设款。每一章的"条"虽被"章题"隔断，但下一章的"条号"仍与上一章的"条号"相连，从而使全文在外形结构上严谨有序，并且引用方便。章断条连式结构适用于内容复杂的条例、规定、办法等规范式公文。内容特别复杂的法律法规，甚至可编列至"篇""章""节""条"

"款""项""目"七级。

公文的外形结构还有主附件式（主文加附件）、印发转发式（以文载文）等多种不同的类型。

四、公文结构的内在规律

一篇公文的核心要素是主旨，任何公文都不能缺少这一要素。作为表达一篇公文的主要意义，回答"做什么"问题的主旨，又可细分为目的和意图。其中，目的是人们做某件事想要得到的结果，表示"做"的指向；意图是希望达到某种目的的打算，表示"做"的行为。

为深入贯彻党中央、国务院关于深化医疗保障制度改革和完善社会救助制度的决策部署，巩固拓展医疗保障脱贫攻坚成果，不断增强人民群众获得感、幸福感、安全感，经国务院同意，现就健全重特大疾病医疗保险和救助制度提出以下意见。（《国务院办公厅关于健全重特大疾病医疗保险和救助制度的意见》）

以上内容主要表达的是文章的主旨。其中，"为深入贯彻……决策部署，巩固……成果，不断增强……安全感"从三方面阐述了发文的目的，"现就健全重特大疾病医疗保险和救助制度提出以下意见"则以"做"的行为方式，表达了该文的具体意图。"目的+意图"（有时"目的"可省略）构成了一篇公文的中心环节。但一篇公文肯定不能只是用来说明"做什么"，还必须回答"怎么做"和"为什么做"。因此，公文的内在结构通常呈现出以下模式：

（一）主旨—分旨

分旨是一篇公文实现主旨的具体办法和详细事项，用来回答"怎么做"的问题，包括计划部署类公文的"应当怎么做"以及总结报告类公文的"是怎样做的"。对于以组织开展公务活动的公文而言，分旨的展开构成了全文的主体部分。比如"健全重特大疾病医疗保险和救助制度"这一主旨，必须有具体的办法和措施加以落实，此即分旨。在《国务院办公厅关于健全重特大疾病医疗保险和救助制度的意见》一文中，写作者从"总体要求""科学确定医疗救助对象范围""强化三重制度综合保障""夯实医疗救助托底保障""建立健全防范和化解因病致贫返贫长效机制""积极引导慈善等社会力量参与救助保障"等八个方面，对该项工作进行了详细布置和具体要求。八个方面即八个分旨，并与首段的主旨构成"主旨—分旨"的总体结构。

一篇公文通常有多个分旨，各个分旨之间的结构方式主要有三种类型。

1. 递进式结构

递进式结构也称"纵式结构"，各个分旨之间或者遵循事物发展的时间顺序，或者遵循事物之间相互联系的事理逻辑顺序。比如《破茧而出——××县改革发展调查》，其主体部分的分旨分别为：为茧所缚—改革破茧—化蛹为蝶—剥茧抽丝，后一分旨的阐述必须以前一分旨的阐述作为基础，从而形成了非常严谨的递进式结构。再如《国务院办公厅关于健全重特大疾病医疗保险和救助制度的意见》围绕"健全重特大疾病医疗保险和救助制度"这一主旨，从总体要求到各项具体措施，从政府的主体责任至社会力量的参与，从政策的制定到政策的落实，各个分旨之间体现了问题解决应该遵循的内在事理逻辑。

2. 并列式结构

并列式结构也称"横式结构"，即运用发散思维，使各个分旨从多个相互并列的层面，围绕主旨进行多维度、多侧面的阐述。虽然并列式结构的各个分旨之间平行并列，相互之间的依存性并不十分突出，但有时仍需要按照一定的逻辑联系安排彼此间的顺序。比如"贯彻新发展理念，建设现代化经济体系""健全人民当家作主制度体系，发展社会主义民主政治""坚定文化自信，推动社会主义文化繁荣兴盛""提高保障和改善民生水平，加强和创新社会治理"，这几个分旨属于并列式结构，但经济、政治、文化、民生这样的排序方式才比较符合人类社会结构的基本特点。

3. 复合式结构

复合式结构是指把两种或者两种以上的逻辑结构结合起来安排分旨顺序的结构方式，它主要针对主体部分有多层分旨的公文。具体包含两种情况：一是主体内容的各个分旨是按照纵向逻辑递进的，但纵中有横，下一层次又以横向并列的类别项目进行表述；二是主体内容的分旨总体上按照横向并列的类别项目排列，但横中有纵，每一类别又按逻辑内容递进的方式安排顺序。内容较多、篇幅较长的意见、决定和工作报告多用此种结构。

（二）主旨—依据—分旨

公文中的依据，指说明、支撑公文主旨与分旨的材料，包括事实依据和理论依据。一篇公文中，作为依据的材料不能单独存在，必须为主旨或者分旨服务。

1. 依据与主旨

依据对主旨的作用是说明。使用事实依据可以说明提出主旨的相关背景，突出主旨的针对性；使用理论依据可以说明提出主旨的相关理由，突出主旨的合理性。当然，并不是所有的主旨都必须写明依据，而是需要根据文章的表达进行合理的选择。

草原是我国重要的生态系统和自然资源，在维护国家生态安全、边疆稳定、民族团结和促进经济社会可持续发展、农牧民增收等方面具有基础性、战略性作用。党的十八大以来，草原保护修复工作取得显著成效，草原生态持续恶化的状况得到初步遏制，部分地区草原生态明显恢复。但当前我国草原生态系统整体仍较脆弱，保护修复力度不够、利用管理水平不高、科技支撑能力不足、草原资源底数不清等问题依然突出，草原生态形势依然严峻。为进一步加强草原保护修复，加快推进生态文明建设，经国务院同意，现提出以下意见。（《国务院办公厅关于加强草原保护修复的若干意见》）

上列段落是该文的首段，一共四句话。最后一句是全文的主旨，其余三句则是提出主旨的依据。其中，第一句是主体的观点，属于理论依据，说明"加强草原保护修复"这一主旨的重要意义；第二句、第三句是实体性事实，属于事实依据，说明"加强草原保护修复"的必要性。"经国务院同意"则是程序性事实。"依据+主旨"这一结构，是公文尤其是下行文开头的典型模式。

2. 依据与分旨

依据对分旨的作用是论证。但并不是所有的分旨都需要论证，分旨首先需要的是阐释，也就是对分旨所涉及相关概念的意义和范围进行恰当的解释，以便受文者准确理解和接受。特别是布置工作的下行文，一般只需要说清楚究竟该怎样做即可。但如果是工作总结、工作报告、调研报告等公文，其分旨的形成建立在相关事实的基础之上，除了要对分旨进行阐释之外，还需要使用相关事实依据进行证明，才能使其分旨的观点具有说服力。"分旨+阐释""分旨+阐释+依据"的结构，则是公文主体部分段落的基本模式。

五、公文结构的安排

公文结构的安排，应当遵循一定的原则，符合一定的要求，形成合理的框架。

（一）公文结构的原则

1. 服从主旨表现的需要

主旨是公文的灵魂，公文的一切构成要素均要为表现主旨服务。这是一条基本原则。因此，怎样安排层次，怎样划分段落，怎样开头，怎样结尾，如何过渡，如何照应等，都要从表现主旨着眼。

2. 考虑文种的特点和要求

公文文种不同，结构安排亦有所不同。例如，计划、规章制度等，一般采用"条款式"结构；总结、调查报告等，一般采用"分块式"结构。计划一般先写目的、要求、任务，然后写完成的措施和具体做法，包括如何进行检查等；报告则要先摆情况，再做分析，最后得出结论。

3. 反映客观事物发展规律和内在联系

公文是人们对客观世界认识的反映，虽然带有作者的主观认识，但是不能违背事物的发展规律和内在联系。结构设计也是如此，或者以时间延续顺序，或者以空间变换顺序，或者以由因到果、由果到因安排顺序，或者以在社会实践中行之有效的解决问题的步骤安排顺序等。总之，一定要符合客观事物的发展规律和内部联系。

（二）公文结构的要求

设计公文的基本格局，把构思的概要写出来，形成"文字提纲"；记忆于脑海之中，叫作"腹稿"，或者称"思维提纲"。无论是设计公文的提纲，还是安排全文的结构，都要遵循以下的要求：

1. 完整

根据公文主旨的需要，合理地安排和展开材料，使一份公文自成一个有机的整体，即有头有尾，前后连贯，首尾圆合，完整一体。

2. 严密

公文结构是公文内容的组织和构造，是根据写作意图和目的，对选用的材料进行组织安排的方式，是作者思路在公文中的具体体现，要求思考严密、组织精心、安排紧凑、结构严谨。

3. 匀称

公文是提出问题和解决问题的实用和时效并重的语言文字形式，所以，其结构要求总体疏密相间，既不能把中心内容压在一头，让人难以卒读；又不能连缀几层疏笔，致使布局松散，要明晰简单，直截了当，不曲不绕，不掩不藏，和谐匀称。

4. 有条理

公文写作的规律性来自结构，而结构是思维逻辑性的体现。提出问题、分析问题、解决问题是公文写作最基本的逻辑结构，可以具体从工作职能逻辑、时间逻辑、空间逻辑、重要性逻辑、整体部分逻辑等方面进行构思。公文的结构要符合逻辑规律，主要事实要突出，轮廓要鲜明，要有条有理，按照由主到次、由虚到实、由总体到局部、由目的到措施的顺序依次安排材料，要有一条清晰的脉络连接。

思考与练习

（一）阅读下文，回答相关问题：本文从外形体式上看，属于哪一种类型？本文的分旨是哪一种结构形式？分旨的排列顺序是否有一定的内在逻辑？

××市人民政府关于主城区限制黄标车行驶的通告

为改善大气环境质量，保障人民群众身体健康，根据《中华人民共和国大气污染防治法》《中华人民共和国道路交通安全法》和国务院批准的《××区域大气污染防治"十二五"规划》《大气污染防治行动计划》以及《××市机动车排气污染防治办法》《××市"蓝天行动"实施方案（2013—2017年）》的规定，市政府决定在主城区对黄标车采取限制通行区域和通行时间的交通管制措施。现通告如下：

一、本通告所指黄标车，是指已取得黄色环保检验合格标志，但达不到国Ⅰ排放标准的装用点燃式发动机汽车和国Ⅲ排放标准的装用压燃式发动机汽车。

二、主城区黄标车限行区域为内环快速路以内（含）所有道路以及渝都大道（人和立交至双凤桥立交路段）。

三、从2013年9月1日起，每天7：00至20：00，禁止黄标车在限行区域行驶。从2014年9月1日起，全天禁止黄标车在限行区域行驶。

四、对违规驶入限行区域的黄标车，由公安交通管理部门依据《中华人民共和国道路交通安全法》《××市道路交通安全条例》和《××市机动车排气污染防治办法》有关规定依法查处。

五、本通告自2013年9月1日起施行。

××市人民政府
2013年7月20日

（二）根据公文外形体式的各种类型，收集整理具有代表性的例文。

第四节 公文的语言

公文语言是公文写作的媒介要素，是展示公文主旨、材料、结构的物质介体，对于公文写作具有重要意义。

一、公文语言的含义

列宁指出："语言是人类最重要的交际工具。"同样，反映公务活动、表述公文主旨、表现公文材料、展示公文结构的重要媒介，是构成一篇公文最基本、最显性的物质外壳。公文就是借助语言沟通公务活动信息、进行行政和社会管理的重要交际工具。如果没有语言，公文任何深刻的主旨、丰富的内容、完美的外观形式都是无法表达的。

公文语言，在实际运用过程中，形成了特殊的公文语体，或称"事务语体"，有其自身的用语特点、用语要求与用语规则。因此，掌握公文用语的规范以及表达技巧，是进行公文写作的必备条件和基础。

二、公文语言的特点

公文的特点就在于一个"公"字。为了突出这个"公"字，公文语言形成了有别于一般文章语言的独特之处。

（一）通用化

文学写作十分强调用语的个性化，"惟陈言之务去"。公文写作以工具性、实用性为目的，必须以社会通用的主流语体有效地传达信息，力求避免造成阅读障碍。因此，公文一般不用个人化的语言，不用某个地区的方言，不用违反常规的句式和生僻词汇。

（二）稳定性

公文的用语，虽然会随着时代的变化而有所发展和变革，但它的变化速度相对较慢，具体表现在公文中仍保留了一些在文学作品中几乎不用的文言词语。为了表达的简洁和庄重，人们在应用文中依然经常使用如兹因、承蒙、谢忱、奉、悉、此复、顷接、兹就、如期等文言词语。这些词汇不仅没有被淘汰，而且在词语的使用、位置的排放上基本固定。此外，公文语体的稳定性还表现在公文较少吸收外来词汇，在外来词汇的使用上显得相对保守和封闭。

（三）模式化

公文有其悠久的历史，再加上它特有的严肃性，因而在长期的实际运用过程中反复实践和"普遍遵从"的影响下，很自然地逐步形成了一套惯用语。这些惯用的语言模式，不仅使写作者能够很快地掌握公文的基本用语，为写作提供便利，也方便读者阅读。

公文的惯用语概括如下：

开端惯用语：根据、为（为了）、按照（依照、遵照）、兹因（兹有、兹定于）、欣值、顷接、现将、鉴于等。

称谓惯用语：第一人称用"本""我"；第二人称用"你""贵"；第三人称用"该""他"等。

领起惯用语：居于公文各段之首，如"全会认为""国务院要求"，多用于公报、决定、决议中。

结尾惯用语：此（复、令、布）、特此（通知、通告、公告、函复、函达）、为（要、盼、感、荷）、希（研究执行、贯彻执行、遵照办理、参照执行）、"以上报告，请审查"、"以上意见当否，请批复"、"敬请函复"、"此致敬礼"等。

归纳惯用语：总之、总而言之、总括、综上所述、据上所述、以上各点、如前所述、由此可知等。

征询惯用语：当否、可否、妥否、是否、能否、是否可行、是否妥当等。

公布惯用语：公布、发布、颁布、颁发、颁行、宣布、布告等。

引叙惯用语：前接（现接、近接）、近悉（欣悉、敬悉、惊悉）等。

经办惯用语：经、兹经、业经、责成、现经、拟定等。

承启惯用语：为此、据此、对此、有鉴于此、答复如下等。

表态惯用语：同意、可行、不可、照办、迅即办理、现予转发等。

期请惯用语：请（恳请、拟请、即请）、希（恳希、务希、尚希）、望、盼（切盼）等。

三、公文语言的写作要求

与公文语言在具体使用上的特点相联系，公文写作对语言的要求也与一般文章有所不同。公文写作语言要求把公文的内容详尽无遗地表达出来，使阅文者能够准确地理解公文的全部内容，不产生任何歧义。具体来说，这种要求包括以下四个方面的内容。

（一）准确

准确是公文语言表达的基本要求，公文语言的其他特点都是以它为前提的。公文语言的准确具体是指：用词准确、造句恰当、句与句之间逻辑联系紧密，能恰如其分地说明情况、阐述做法、表达思想。

根据公文语言表达的准确性，公文写作时有以下要求：其一，词义要明确。要十分注重选用意思明确的词语，忌用一词多义、容易产生歧义和误解的词语，如果非用不可，则须加有必要的解释和说明。其二，多用基本义。汉语在长期的演变和发展中，一个词语的基本意义常常会衍生出若干个引申意义和比喻意义，这些意义用在不同的语言环境中，就会产生出与本意完全不同的意思来。在写作公文选用词语时应注意使用其基本意义而尽量少用它的引申意义或比喻意义。

据调研分析，在公务文书的用词中，"泄密"与"泄秘"，"以致"与"以至"，"不止"与"不只"，"及时"与"即时"，"基于"与"鉴于"，"酒驾"与"醉驾"，"伏法"与"服法"，"民本"与"人本"，"授权"与"受权"，"建设"与"建成"，"必须"与"必需"等错用、混用比例较高，应予纠正。

古人所谓"一字入公文，九牛拔不出"，也从反面说明了公文语言必须认真推敲、务求准确无误的极端重要性。

（二）简练

所谓简练，也就是简洁明快、可读性强、浅显易懂。为了使语言简练，公文写作常使用以下方式：

其一，保留使用文言词。公文作为典雅庄重的书面语言，适当使用文言词语，有助于增强其简明和庄重的特点，如业经、兹有等。

其二，适当使用单音节词。公文中适当使用单音节词，有时也能使公文语言节奏鲜明，体现庄重、严肃的气氛。例如，《中国人民解放军布告》（1949年4月25日）中的一段文字："人民解放军所到之处，深望各界人民予以协助。兹特宣布约法八章，愿与我全体人民共同遵守之。"这段文字中，处、深、望、兹、特、愿、与、我、之等都是单音节词。

其三，恰当使用简称。在公文中，恰当地使用简称可以使文字简明，如"党中央""国务院""党的十九大""市政协""团市委""职代会""教职员工""工农业"等。但需要指出的是，简称在使用方面一定要约定俗成，必要时必须注明具体内容，以便于理解。

其四，尽量使用概括性词语。为了使公文写得简洁、严谨，要经常使用具有高度概括性的词语。例如，"不同地区要根据各自的自然条件，宜农则农，宜林则林，宜牧则牧，或者以一业为主，搞多种经营"，文中"宜×则×"的句式就是概括力强的例子。公文语言讲究简洁精练、一语千金，这是现代公文发展的趋势，是现代公务活动求实、求简、求快的一种反映。

其五，尽量使用陈述句、祈使句。为了更直接地介绍情况、表达观点、说明要求，公文中应尽量使用陈述句和祈使句，而尽可能少用描写句、疑问句和感叹句。

（三）朴实

所谓朴实，是指公文的语言平易、朴素、实在。它要求叙述不花哨、说明要浅显、议论求精当。为此，须注意以下两点：一是慎用形容词、修饰语。公文语言与诗词歌赋的语言迥然不同，与散文、小说、戏剧的语言也差距甚远。它追求的是表述的准确、明白、晓畅、深刻，而不刻意追求生动、形象，更忌浮华艳丽、色彩飞扬。因此，公文在选用形容词、修饰语时，一向十分慎重。公文中有时也要运用一些修辞格，然而这种运用是十分谨慎和有限的，且都是以达意的准确为前提和准绳。公文写作中几乎从来不用夸张、双关、反语等修辞手段。二是实话实说，直截了当。公文不能像文学作品那样铺陈、渲染，运用曲笔绕弯子、兜圈子，通常是开门见山，直叙事实，直陈意见，直提要求。说假话、说大话、说空话为公文写作的大忌。公文通常在开头讲清缘由后，就分条列项，直接分述有关内容。

（四）庄重

所谓庄重，就是说公文的语言要端庄、郑重、严肃、认真，要求不用戏谑语，不追求诙谐与幽默，一般不用口语和方言土语。具体些说：一是客观地叙述、阐释和评价。公文是代表发文机关发言的，在写作中不能带有任何个人的情绪和感情色彩。叙述时要客观、公正，说明时要明快、平易，议论时要中肯、求实，总之一切都应当是客观的和公正无私、实事求是的。二是使用书面语。公文语言需要大众化，既通俗流畅，又浅显易懂。但它又不能像一般记叙文，特别是通俗小说、方言文学那样大量使用口语和方言，而要使用规范化的书面语，这样才能使之既平易，又不失庄重、严肃的色彩。三是使用公文专用语。公文专用语是人们在长期的公文写作实践中形成和使用的相对固定而又十分简洁的语言，它既保留了某些古汉语的特色，又使公文获得言简意赅的效果，因此长期沿用，经久不衰。

四、公文部分特殊语言的使用

公文语言的规则，即公文的用语规则，主要包括词汇规则、句式规则、特殊事物和概念的语言表达规则，以及模糊语言的运用规则。

（一）模糊语言的使用

公文中运用模糊词语的现象比较突出，下面就这一问题单独予以分析。

1. 模糊语言的含义

模糊语言是指外延不确定、内涵无指定特征的弹性语言。 现实生活中，存在着大量的模糊现象。在经济领域，社会生产力水平的高低，某一单位生产条件的好坏、产品的优劣、市场信息的传输与反馈的快慢等，都是模糊的；政治文化领域，道德水平的好坏，政治、文化素质的高低等，也很难精确化；对象之间的关系，比如甲企业比乙企业设备先进、经济效益高，这里的"先进""高"便具有模糊性，因为它们是难以用精确的数字来表明这两个企业之间差异的。从这一点可以说，模糊语言所反映的概念是客观实际的反映。

模糊语言不等于语言的模糊。语言的模糊现象表现为概念不清、模棱两可、含糊其词、产生歧义，让人难以理解。模糊语言是特定语境的产物，它既具有定向的明确性、准确性，又有一定的伸缩性、概括性、抽象性，因此更带有严密性。在语言的表层，它是明确的；而在语言的深层，它又是模糊的。比如"以上措施，要认真贯彻执行"，要贯彻执行，是明确的，在如何贯彻上，"认真"二字又是模糊的；在定性表达上，是明确的，而在定量的表述上，又是模糊的。而且，如何贯彻执行，往往要结合本单位的具体情况。各单位的具体情况往往有所差别，不可能限定具体的贯彻办法。从这一点来说，用"要认真贯彻执行"一语表述，又是严密的。

2. 模糊语言的作用

（1）使行文周密、严谨。有些文件，尤其是带有指令性质的，必须把话说得周密、严谨。这时，模糊语言往往起较大的作用。如"任何单位和个人在发现火警的时候，都应当迅速准确地报警，并积极参加扑救"，"任何"二字外延极大，概括了所有发现火警的单位和个人，十分周密。

（2）留有必要的余地。文件定出的措施、办法，有时不可能也不允许把话说绝，往往留有余地。例如，"尽可能采取切实有效的措施，确保完成各项税收工作任务"这段文字中，没有说应该采取哪些"切实有效"的措施来确保完成各项税收工作任务，各地可以根据自己的具体实际情况来制定相应"切实有效"的措施，如果硬性加以规定，那显然是脱离客观实际的；"尽可能"三字，既没有把话说绝，又可以使贯彻者发挥主观能动性。

（3）委婉、含蓄。公文写作中，一些不便于也无法直叙的事物，有时可以用模糊语言予以表述。如"中央顾问委员会委员必须具有四十年以上党龄，对党有较大贡献，有较丰富的领导经验，在党内外有较高的声望"。作为一定历史阶段的中央顾问委员会委员的条件，很难用少量词语把它一一明确限定，因而用概括不定的"较大""较丰富""较高"等灵活性词语来大致规定。出于礼貌的需要，有时还需把肯定的话说得含混灵活一些，以显得婉转客气和尊敬。

（4）简化文字量。模糊语言作为弹性语言，如果使用得当，可以起到简化文字量的作用。如"各地人民政府应当制订植树造林计划，因地制宜地确定本地区提高森林覆盖率的奋斗目标"。"因地制宜"，就是让各地灵活掌握，酌情而定。如果用精确语言表示，不一定能说清楚；即使说清楚了，也不一定符合当地实际。

（5）显示谦虚谨慎的感情色彩。公文中常常要分析情况、总结经验教训，为了做到准确、科学，往往不能把话说满、说全，总是要谦虚谨慎一些。例如，在经验介绍或总结报告里，常用"在大家的关心和帮助下，我们做了一点应该做的工作，取得了一点成绩"等客套话开头。"一点"这个模糊词语表示了自谦的感情色彩。

3. 模糊语言的种类

模糊语言在公文写作中大量存在，运用极广，如果将其归类，大致有以下几种：

（1）用于表示时空方位。公文中表示时空方位的概念，有精确的，也有模糊的。这两种语言，各有其用。例如，"近几年来，本地人民的生活水平普遍有所提高"。"近几年来"是表示时间的模糊语，"本地"是表示方位的模糊语。类似的还有：近来、最近、当前、过去、原先、不久、将来、临时、长期、偶尔、及时、有时、一贯、一度、许久、良久，以及这里、那里、外地、上边、下边、前边、后边、里边、外边、前方、后方、远方、附近等。

（2）用于表示范围和条件。用模糊语言表述有关事项的范围、条件，能使公文显得有理有据，给人以正规化的印象，并使公文更具有针对性和有效性。例如，"对个别违反本规定者，将给予一定的处分"，属于用模糊语言表示范围、条件。用于表示范围的有：广大、广泛、有关、有些、所有、有的、以内、以外、以上、以下等，用于表示条件的有：经领导批准后、视情节轻重、按有关规定、在可能条件下、在……基础上，以及相关、特殊、适度等。

（3）用于表示方法、方式。用于表示方法、方式的模糊语言，多为形容词作状语，表明某一动作的方式、方法。而这种方式、方法的表述，往往是笼统的、抽象的。实际情况表明，在这里也只能用笼统、抽象的言辞来表述，因而只能用模糊语言。例如，"对国务院所制定的物价政策，必须严格认真地贯彻执行"；"要在坚持自愿互利的基础上鼓励和提倡多种形式的合作与联合，逐步达到合理的经营规模"。"严格认真"表示贯彻执行的方式，"多种形式"表示合作与联合的方式，"逐步"表示达到的方式。公文写作中诸如"合理""斟酌""彻底""切实"等都属于模糊语言表达方法、方式。

（4）用于表示分寸、程度、趋向。用模糊语言表述事物的分寸、程度、趋向，极难精确，弹性颇大，然而却能给人以定向的认识，能使语言更趋向严密化，因而是必要的。例如，"对今年以来出现的物价上涨幅度过大的趋势，必须采取坚决措施进一步加以控制"；"工业主要领域在技术方面大体接近经济发达国家20世纪70年代初水平，农业和其他产业部门的技术部门也有较大提高"。"幅度过大"表示上涨的程度，"进一步"表示控制的程度，"大体"表示接近的程度，"较大"表示提高的程度。公文中表示分寸、程度、趋向的模糊语有：个别、大部分、基本上、显著、更加、十分、万分、丝毫、极端、充分、足够、普遍、大概、显著、一定、特大、重大、巨大、很、极、较、尚、最、稍、略、继续、提高、降低、加大、持续、增加、减少等。

（5）用于表示数量和频率。公文中用模糊语言表示数量和频率能增强公文的表达效果，具有较强的概括性。例如，"中央三令五申要反腐倡廉"，"三令五申"表示对"反腐倡廉"工作的重视。公文中表示频率的常用语有：多数、少数、一些、许多、不少、不乏、一伙、经常、往往、多次、一再、再三、反复、屡次、三番五次等。

（6）用于表示主观评价。主观评价，通过判断的语言形式，往往表达一种主观对客观的认识，而这种认识往往带有很大的模糊性。如"与会代表一致认为，这次会议是适时的、必要的"，就属于一种明晰的主观判断。因为这里所说的会议"适时、必要"，不是会议的属性，而是人作为一种主体对这次会议的认识、评价。公文中表示主观评价的语言多属模糊语言。

4. 模糊语言的运用时机

模糊语言在公文中的运用，大致有三种情况，分别如下：

（1）在表述上不能用精确语言，而只能用模糊语言。如"要做到财政、信贷、外汇和物资的各自平衡和相互间的基本平衡"；"可逐级上报，由地区财政局给予一定时期的减免税照顾"。

（2）在表述上没必要用精确语言而只能用模糊语言。如"以上要求，希认真贯彻执行"；"一些单位，违反财经纪律的现象相当严重"。

（3）在表述上不允许和不便于用精确语言而只能用模糊语言。如"希望上级领导能在最近到我厂参观指导"；"希望贵国总理能在方便的时候来中国访问"。

5. 运用模糊语言应该注意的问题

（1）注意与含糊语言的区别。含糊语言是表述不清的语言，是病句。公文中使用的模糊语言如果使阅文者难以理解，产生歧义，则变成了含糊语言，成了病句。

（2）注意与精确语言的关系。模糊语言只有在不留下可乘之机，不留下漏洞的前提下，为更准确表达作者的意图、阐明文章主旨时，才可以有条件地用于公文写作。

（二）时空概念的使用

1. 时间

除了没有必要或基于特定原因而不能标明准确时间的以外，公文中必须使用有确切含义的词语表示时间。对于年、月、日，甚至几时几分，一般都要作完整的表述，不能给人以模糊的印象。

2. 空间

除了没有必要或基于特定原因而不能明确表达地域的以外，公文中的空间概念一般都需要精确表达，所有的国名、地名都应使用国家正式公布的标准名称，对第一次出现在文中的专有地名，国外的一般要表明所属国家，国内的则表明所属省、自治区、直辖市，一般不允许随便使用简称、别称和历史上的称呼。

（三）职务与姓名的表述

公文中的职务和姓名均须用全称，多人同时出现的则按照先党内后党外的原则，根据职务从高到低依次排列，若干职务名称需要并列的，则按照姓氏笔画多少、姓氏字母顺序、与事情相关程度和归属等标准排列。国外的要尊重对方的习惯和要求，并以新华社公布的标准译名为准；没有标准译名的，则应在公文中统一使用同一译名，最好在中文译名后用括号注明其外文名称。

（四）数量词的正确使用

按照国家有关部门公布的准则规定，公文中涉及数量表达的，除成文时间、部分结构层次序数和词、词组、惯用语、缩略语，以及具有修辞色彩的语句中作为词素的数字必须使用汉字外，其余的应当使用阿拉伯数字。除特殊情况外，公文中的数目概念均使用确数表示，表示增加时用倍数或分数，表示减少时只用分数，度量衡单位必须使用国家公布的名称。同一公文中，数字的使用应前后一致；一个用阿拉伯数字书写的多位数不能移行。

（五）界限、程度用语的使用

当事物需要全面肯定或否定时，应用表示全部的词语，比如"一切""完全""所有""总共""人人"等；反之则用表示部分的词语，比如"部分""有些""大部分""个别""多数""少数""几乎没有""差不多"等。不允许在一句话中同时出现表示全部或部分的词语。在选用表达程度的副词时，应注意与客观情况、实际需要相符合，比如"绝对""极其""太""十分""特别""最""比较""多么"等，要力求使用得恰当得体。

思考与练习

（一）判断题

1. 公文主旨是指一篇公文最主要的意义，包括"做什么"的意图和目的。（　）
2. 按照公文"做什么"的过程，公文主旨可以分为告知性主旨和祈使性主旨。（　）
3. 所谓"祈使性主旨"，是指发文机关要求受文机关对所发公文有所动作或有所遵从。（　）
4. 在公文中，只有意图主旨可以做标题，目的主旨不能做标题。（　）
5. 公文分旨在公文写作中居于从属地位，是为表现主旨服务的。（　）
6. "来文来函"属于理论依据。（　）
7. 公文中适当使用文言词语，有助于增强其庄重和简明的特点，起到了白话文所起不到的作用。（　）
8. 公文中使用单音节词，使得语言节奏鲜明，体现了庄重、严肃的气势。（　）
9. "我省""我局""本公司""贵市""贵单位""该地区"等，属于称谓用语。（　）
10. "全会认为""国务院要求"，多用于决议、决定、公报中，属于承启用语。（　）
11. "为此，特作如下通知""特此命令你们"等，居于公文各段之首，属于领起用语。（　）
12. 公文中的模糊语言就是指语意的模糊。（　）

参考答案： 1. √　2. ×　3. √　4. √　5. √　6. ×　7. √　8. √　9. √　10. ×　11. ×　12. ×

（二）多项选择题

1. 构成文章的要素包括（　　）。
　A. 内容　　　　B. 形式　　　　C. 逻辑性　　　　D. 审美性
2. 按照公文"做什么"的性质，公文主旨可以分为（　　）。
　A. 告知性主旨　B. 祈使性主旨　C. 目的主旨　　D. 意图主旨
3. 公文依据的语言形式是（　　）。
　A. 依据段　　　B. 依据句　　　C. 标题　　　　D. 附件
4. 理论依据的种类有（　　）。
　A. 法规文件　　B. 会议精神　　C. 领导指示　　D. 主观议论
5. 下列属于公文用语特点的是（　　）。
　A. 公文中常用一些文言词　　　B. 公文中多用一些单音节词
　C. 多用专用语　　　　　　　　D. 不用概括性词语
6. 下列属于公文用语要求的是（　　）。

A. 含蓄　　　　B. 简练　　　　C. 朴实　　　　D. 庄重

7. 公文的专用语，包括（　　）。

A. 称谓用语　　B. 领起用语　　C. 承启用语　　D. 结尾用语

参考答案： 1. AB　2. AB　3. ABD　4. ABCD　5. ABC　6. BCD　7. ABCD

（三）病文析改

下面这份公文初稿，在语言表达上有什么问题？请予以指出，并进行修改。

××市××区人民政府关于××路禁止重型卡车和大型客车行驶的请示

××市人民政府：

我区××路位置在××路与××路之间，在我市改扩建初期，就已经封闭了，并在这条路的南北两头，也就是穿越××路与××路交叉处设置禁止标牌，至20××年，禁止机动车辆通行有十七个年头了。由于标牌被人拔去，遂开路禁。

该路路面狭窄，两侧人行道早已被居民占用，行人只能在马路上跑。考虑到目前完全禁止机动车辆通行实在难以做到，请先禁止重型卡车和大型客车通过，这些车辆让其绕道从附近××路行驶就可以了，于交通运输想必不会有多大的影响。

以上请示是否可行，麻烦批复一下。

（下略）

第五章 公文写作的运行过程

向周总理学习审改公文

  1950年3月,全国总工会向政务院报送中国搬运工会第一届代表大会关于设立搬运公司、废除各地搬运事业中封建把持制度的建议;劳动部同时报送关于废除各地搬运事业中封建把持制度暂行办法草案。3月31日,政务院第二十六次政务会议讨论了以上两个文件,并作出决定。政务院在关于这两个文件的决定草案中写道:"批准"中国搬运工会第一届代表大会关于……的建议,并"通过"关于废除各地搬运事业中封建把持制度暂行处理办法,即予公布施行。周恩来在审批文件的时候,作了两处修改:一是把"批准"改为"接受",二是把"通过"改为"批准"。因为,全国总工会是人民团体,不是政务院所属部门,它向政务院提出的建议,政务院不能"批准"或"不批准",只可"接受"或"不接受";劳动部则是政务院所属部门,政务院对它提出的报告、请示,只能是"批准"或"不批准",不该是"通过"。周恩来的修改,不但文字表述准确,而且更符合政务院同全国总工会、同劳动部的关系。[①]

  公文写作的运行过程,就是一篇具有特定效力的公文生成过程。公文写作的动力或者动机,从外显的角度看,起源于领导者的发文意图,但从根本上看,则是机关单位的组织、领导、沟通等各种公务管理行为的具体反映。同时,在公文文本形成的整个过程中,参与写作行为的不仅有执笔者、机关单位的领导集体,甚至还包括发文机关和受文对象的其他相关人员。民主集中制是党政机关和人民团体的组织原则,担负公务管理职能的公文也常常是集体智慧的结晶。

  本章所论之公文写作运行过程,大致相当于公文的拟制过程。《党政机关公文处理工作条例》将公文的拟制分为起草、审核、签发等多个程序,一份公文经机关单位领导人签发便具有了法定效力,只是公文在起草之前还需要经过领会发文意图、获取写作材料等相关环节。本章立足于公文的起草,把公文写作过程区分为起草前的准备、文稿的草拟、起草后的修改与审核等不同阶段并分别予以阐述。

[①] 资料来源:人民网——中国共产党新闻网。

第一节 公文写作的准备

一、领会发文意图

（一）公文发文意图的含义

公文写作是典型的"奉命写作"。刘熙载在《艺概》中论及"辞命体"时谈道："文有辞命一体，命与辞非出于一人也。古行人奉使，受命不受辞。"按刘熙载的观点，"命"即"主意"，也就是我们常称的发文"意图"。"辞"则是"达其意者"，是"命"的表达与实现。一般而言，**发文意图，指制发公文的主要目的和所要解决的主要问题**。它是公文写作的起点，发文意图的产生意味着公文写作活动的发生；它也是公文写作的依据，公文写作的主旨或者主题依此确立。不过，要完整地理解公文发文意图的含义，还必须领会以下观点：

1. 公文发文意图源于法定主体公务管理的需要。公文的发文意图萌生于党政机关、人民团体和企事业单位等法定主体公务管理的过程之中。法定主体的公务管理过程包含了一系列活动，如组织、领导、沟通、决策、执行、指挥、协调、监督、评估等，而其中任何一项正式的管理活动或者管理行为，一般都离不开公文的写作和使用。公文写作是一种职权行为，公文作为机关单位"实施领导、履行职能、处理公务"的重要工具，其发文意图的产生，本质上是法定主体某项管理活动或者管理行为的孕育。

2. 公文发文意图由责任主体确立。简言之，发文意图就是机关单位为什么需要发文，包括需不需要发文、发什么样的公文，应该都由公文的责任主体决定。公文的责任主体，是指能够行使公文法定主体的职权并承担其义务的领导者，发文意图也就是领导者在履行公职活动中的管理意图。领导者的管理思想和意图，诉诸话语，就是会议和讲话；诉诸文字，就形成了公文。对于领导者而言，本该发文而未行文，有可能是不作为；而在公文的发文意图中超越职权、损害公众利益，则一定是乱作为。

3. 公文发文意图由责任主体和表达主体共同呈现。发文意图由领导者确立，但并非所有公文的写作都由领导者完成。从领导者的角度讲，一些重要文件需要他们亲自动手起草。限于时间和精力，领导者不可能也没有必要亲自拟写所有的公文。《党政机关公文处理工作条例》要求各级党政机关"设立文秘部门或者由专人负责公文处理工作"，所以，公文的起草更多是由文秘部门的人员完成的，这些起草公文的文秘人员则成为表达主体。按刘熙载的观点，这便是"命与辞非出于一人也"。责任主体确定发文意图，表达主体按照领导确立的发文意图完成具体文稿的拟制，即通过领导者的交拟与文秘人员的受命，实为公文写作的一般模式。对公文拟制者而言，一项最基础的工作便是准确完整地领会领导者的发文意图。

所以，从某种意义上说，公文写作一般遵循"主题先行"的原则。"主题先行"原是指文艺创作领域一种脱离生活、违背文艺创作规律的创作理念和方法。它是在

"文革"期间，由于"左"的思潮影响，为了配合呼应当时的政治斗争需要，出现的一种图解政治口号。这种观念和创作方法，具体到人物形象塑造上，就是要"在所有人物中突出正面人物，在所有正面人物中突出英雄人物，在所有英雄人物中突出主要英雄人物"，目标是塑造出"高大全"式的正面英雄人物，用这样的方法塑造出来的人物形象多具浓厚的脸谱化特征。

但公文写作中的"主题先行"与文艺领域的"主题先行"有着截然区别。公文写作者切实遵循领导意图进行写作，有着明确的先行主题，这个主题就是依据政策法规、各级党政组织的文件和会议做出的集体决定。当然，这个"意图"或者"主题"必须合法、合理，符合实际，必须是在深入领会学习相关法律法规、深入调研实际问题情况后产生的，而不是某一级组织、某一些负责人头脑发热、任意"发挥创造"的产物。

（二）认真领会公文的发文意图

对于公文责任主体下达的写作意图，表达主体必须认真领会和服从，不得擅自更改和变动。对总体性意图要始终遵循，对具体性意图要灵活执行；对明示性意图要如实贯彻，对暗示性意图要心领神会；对确定性意图要坚决照办，对非确定性意图要完善补充。表达主体要遵循领导者规定的内容、篇幅和时限，切实完成写作任务。如果对上级领导确立的发文意图、相关要求有不同看法，或者有更好的意见，表达主体可及时向领导提出和反映，在获得同意后方可采用。而这一切都建立在准确完整地理解领导者发文意图的基础之上。

准确完整地领会领导者的发文意图并非一件容易的事，作为表达主体的文秘人员对此应该有清醒的认识。

1. 与领导者在思想认识上的差距。领导者是领导活动过程中的指挥者、组织者，是公共组织中主要职能的承担者、公共权力的运行者。一名称职的领导人，应该既是业务上的专才，又是政治上的通才，在政治思想素质、能力素质、知识素质、心理素质及身体素质等方面具有突出的表现。一般而言，负责草拟公文文稿的文秘人员，对于大局的把握、现实的认识、各种问题的处理能力，与领导人相比，还是有差距的。而代法定主体立言、代责任主体立言的公文拟稿者，又必须使自己的思想认识能力尽力达到机关单位领导人的水平，如此才能更好地领会交拟领导者的意图，并将这一意图贯穿于公文写作的始终。这无疑对公文拟稿者提出了很高的要求。

2. 发文意图是领导集体的意图。现代的领导不是一个人的领导，而是由若干人组成的领导集体。公文的发文意图一般根据党政机关、人民团体和企事业单位领导机构的会议讨论或者党政领导的集体意见确定。领会公文的发文意图其实是理解领会领导集体的思想，所以必须集思广益，对各种观点融会贯通，全面反映机关单位领导集体的意见，而这也需要拟稿者有较高的洞察力与判断力。

3. 发文意图尚处于思想的孕育阶段。为了更好地体现公文的发文意图，领导者最好能够对所发公文的目的、要求、主旨以至具体的层次和观点有清晰明确的说明。领导者交代得越具体、越明确，公文撰稿人就越容易领会领导意图，进而越能保证公文的质量。但发文意图毕竟不够成熟与系统，部分细节尚需要斟酌，所以，撰写公文并不是一件容易的事情。如果领导只对发文意图做简单说明，对写作中的具体内容涉及不多，公文撰稿者遇到的问题还会更多。

（三）领会公文发文意图的途径

领会公文的发文意图，要求文秘人员全面掌握领导者确立的发文动机和相关要求，具体包括明确公文的行文对象和阅读对象，即向谁发文；明确公文的核心内容，即希望受文对象做什么、为什么做、如何做；明确公文的文种，即用什么样的文种来发文等。领会发文意图可以从以下几个方面入手：

1. 贴近领导思想

发文意图是领导者的管理意图，只有尽量接近、了解领导者的思想，才有可能准确理解其交代的行文意图。

其一，注意研究领导人的正式讲话。在一些正式的会议、报告中，文秘人员要注意领导人在不同时期、不同场合对同一工作的不同评价，是作为强调，还是一带而过。凡是领导人作了强调的工作和问题，或是重复阐述的工作，一般情况下都是重点所在。

其二，注意研究领导人的零星议论。领导人在一些非正式场合中对有关问题的零星议论和褒贬多是对正式场合中一些原则性意见的补充和具体化。文秘人员如能对这些零星议论加以系统整理，并把它们与正式场合中的讲话相互印证，就可以大致清楚领导人在一段时间内真正关心的问题，就可以知道领导人对本地区发展的看法，进而与领导人思维同步。

其三，注意研究领导人对收文的批注和对预发文稿的改动。领导人在阅读收文时常常做出指示、脚注或者画一些符号；在审核、签发欲发文稿时，也会在内容、文字等方面做不同程度的修改。文秘人员一般要认真阅读领导人批注过或改动过的公文材料，对于领导人所做的批注和改动，要逐字逐句地进行分析、研究、品味，从而达到理解、领会领导人意图的目的。

其四，注意研究领导人的阅读书目。从领导人的阅读书目中，文秘人员可以看出领导人正在研究什么问题，他为什么要研究这个问题，从而有助于领会领导人的工作意图。

2. 掌握上情下情

公文主要用于处理社会组织的公共事务，而一个社会组织一般总是处于更大的社会环境之中，这种对公文写作可能产生影响的社会环境就是"语境"。所谓"上情"，即公文写作的宏观语境，指影响公文写作的社会政治、经济、文化环境，包括党和国家的有关法律法规和方针政策，行业现状和发展态势等。所谓"下情"，则是公文的微观语境，指机关单位自身及所属下级部门的基本状况，包括具备的优势和当前需要解决的主要问题等。公文写作者只有掌握了"上情""下情"，才能真正明确公文的行文依据和目的，也才能更深刻、更准确地理解公文的发文意图。

掌握上情，就是要把握事业发展的大环境，通过找准本地区、本单位、本部门工作在整个国家、行业事业发展大局中的地位和作用，深入领会公文的发文意图。公文起草者不仅要知道有哪些政策性的指导文件，而且必须从实质上把握其精神内涵，保证在起草文件过程中不违背党和国家的方针政策,并保证方针政策在自己所起草的文件中得到全面正确的贯彻执行。

掌握下情,就是要遵循事物自身发展的真逻辑,通过把握本地区、本单位、本部门工作的规律和特点、进展和要求,有针对性地解决具体问题;了解实际情况,掌握群众真正关心的核心问题,想群众之所想,急群众之所急,联系实际解决群众迫切需要解决的现实问题。这不只体现了公文作者的工作作风问题,对于党政机关而言,也是体现执政党"执政为民"的"民心工程",是保证国家长治久安的重大问题。

只有吃透了上情和下情,公文写作者才能胸怀全局、胸有成竹,及时高效、高质量地完成组织和领导交办的公文撰写任务。

3. 找准主要问题

主要问题虽然不是公文的主旨,但却是形成主旨的基础。公文的主旨,核心在于"做什么",而"做什么"则起源于写作过程中的"问题意识"。所以,真正领会领导意图的重点并不在于善于察言观色、揣度心思,而是要树立目标导向、问题意识,始终把工作要实现的效果放在第一位。这才是领会发文意图的关键所在。

拟写任何一份公文都是为了解决实际问题,而解决实际问题的前提是对实际问题有准确的了解,知道事情发展的来龙去脉,知道产生问题的根源与影响,找到解决问题的途径与方向,抓住解决问题的关键环节与因素。

善于找准主要问题,特别是善于抓住主要矛盾和矛盾的主要方面,才能使公文写作具有强烈的现实性和鲜明的目的性。党的十八大以后,习近平总书记发表的一系列重要讲话,之所以引起全党和全社会广泛而又强烈的反响,就在于这些重要讲话都具有鲜明的问题导向,抓住了矛盾的主要方面,提出了鲜明的解决问题的思路和举措。把主要矛盾抓住了,把主要问题找准了,一篇公文的主旨、题目自然就出来了。

4. 提前谋划思考

公文写作中的"受命",是被动接受还是主动接受,取决于写作人员对工作规律的掌握。事实上,机关单位每年的文稿任务是有规律可循的。显然,掌握机关单位的工作规律,提前做好谋划,化被动为主动,对于把握领导的发文意图,顺利完成写作任务,具有重要意义。

按工作性质划分,机关单位的公文写作任务主要有三种类型:周期性公文、随机性公文、周期性与随机性相结合的公文。

周期性公文:产生于每隔固定时段必然开展的重大、中心工作,比如每隔五年召开的党的全国代表大会、春耕秋收、重大节庆和纪念日等。这些"大事"伴生的公文是可以预见的。

随机性公文:是根据工作需要,临时出现的公文。如针对防疫、抗旱或抗洪工作需要而及时发布的公文,根据单位工作需要临时发布的公文等。

周期性与随机性相结合的公文:在必须开展的例行重要工作原则指导下派生出的临时工作产生的公文。如产生于各党政机关、企事业单位定期或不定期召开的党委常委会、行政首脑办公会,职工大会及职工代表大会,各种工作会议等的公文。这一类型的公文的数量和文种繁多。

承担文稿起草任务的部门必须对周期性或具有一定周期性的文稿提前做好谋划，不能被动地等领导指派，具体起草者也不能等着方案下来才考虑，一般可以搞一张"工作任务年表""重点任务月表"等，早思考、早谋划、早部署、早动手。

二、收集写作材料

（一）收集写作材料的方法

领导发文意图的核心是公文的主旨，而公文的主旨只有借助于材料才能有理有据、丰满充实、有说服力。所以，有人也将公文写作称作"写材料"，可见材料对一篇公文写作的重要意义。收集公文的写作材料主要有以下几种方法。

1. 文献资料法

文献资料法是指公文拟稿者从大量的文件、简报、报刊、资料中筛选、分析、归纳出相关写作材料的方法。公文拟稿人应当具有良好的阅读习惯，注重在阅读中获取写作材料，即根据本单位的业务范围和常用文种写作所需材料的范围、方向和性质，在平时的阅读中有意识地储备；同时，在接到写作任务后，根据需要，有目的、有重点地集中阅读，获取材料。

一般而言，同本系统、本部门、本行业有关的所有文字资料都属阅读范围，具体包括上级下发的正式文件、会议文件、法令规章、各种资料，以及领导同志的讲话；下属单位、部门的报告、总结、信息材料、统计资料，以及群众来信来访中所反映的情况问题，所提出的意见、建议；本部门制发的各种公文及其他材料；不相隶属机关的来函来文；报纸杂志上的重要社论，以及与本部门职能密切相关的文章、资料等。公文拟稿人应当有意识地在日常阅读中不断收集、储备相关材料，积少成多。如只针对某一次具体的写作活动，则应根据领导的发文意图和写作需要，选择合适的查阅对象。

2. 调查研究法

这是指通过调查研究获取公文写作材料的方法。公文写作者在接受写作任务后，如果已掌握的材料还不能满足写作需要，除了进行阅读收集外，还应进行深入的调查研究，获取所需的第一手材料。常用的调查方法有：

座谈会调查法：指召集有关知情人、当事人一起进行座谈，通过座谈讨论，达到了解情况、收集信息目的的一种调查法。其特点是信息集中、直接，易于当场辨明是非、真伪，及时筛选、优化信息，从而提高信息的信度和效度。使用此种方法，要注意使参加座谈的人员明了情况，最好提前发放调查提纲以便于准备，适当控制人数以便于讨论发言。

访谈法：指公文拟稿人依据调查提纲或问卷与调查对象直接交谈、收集材料的一种调查方法。其主要特点是，被调查者与调查者采用对话、讨论等方式，面对面地交往与互动，双方相互作用、相互影响。

实地考察法：指深入现场或进入一定的情景，运用感觉器官或借用科学仪器，直接观察调查对象以获得资料的一种调查方法。使用此种方法，要调查研究对象，制订观察计划和提纲,亲自进入观察现场,与被观察者建立友好关系。在实地考察时,要注意现场的真实性,保证考察获得信息的可靠性。

问卷调查法:指根据调查的目的和要求来设计书面调查问卷进行调查的一种方法。问卷调查的一般程序为设计调查问卷、选择调查对象、分发问卷、回收问卷并统计分析。由于网络的普及,目前很多问卷调查都能在电脑或者手机上进行。

3. 观察思考法

公文写作的材料,部分来自作者平时在工作实践中的直接观察、体验和主观感受。如表达事故现场、工作情景、人物情态、产品外观等,所使用的材料就往往来自拟稿人的直接观察。同时,个人的生活阅历、工作经验,以及在人际交往和工作交往中所接收到的各种信息,常常以深层、潜在的形式成为写作材料的一部分,自然地渗透到写作过程中。所以,公文写作者要注意培养自己观察事物的能力,并力求做到"四勤":一是眼勤,留心观察周围的人和事,注意发现新情况、新问题、新经验;二是耳勤,广泛听取各方面的意见和反映;三是脑勤,善于开动脑筋,认真思考,对观察得到的材料进行分析、归纳,透过事物的现象看本质,思考解决问题的措施和办法;四是手勤,把耳闻目睹的各种有价值的情况和分析思考的成果及时记录下来。

(二)收集写作材料的要求

1. 坚持客观态度

尊重材料的客观性,不能主观随意、先入为主地判断事物。也就是说,不能只根据拟稿者本人的意愿、口味感受去决定材料的取舍,不能以偏概全。切忌抱着报喜不报忧、一厢情愿、断章取义的想法,只去收集一些片面性材料。任何事物的发展都有其自身的规定性,这种规定性是不以人们的主观意志为转移的。收集材料时如果不能维护其客观性,就不能保证材料的原始性、真实性、准确性,这势必影响材料作用的发挥。

如新冠肺炎影响了不少小微企业尤其是餐饮店的正常营业,国家出台了允许一些有条件地区群众摆地摊的宏观政策。各地区要根据自己的实际情况,制定具体办法,加以实施。在制定这些具体办法之前,各地区要收集本地区有关地摊经济现状和发展的材料,不能只收集有利一面的材料,还要收集不利一面的材料,如食品卫生与安全、环境卫生、市容市貌、传染病毒预防的影响等方面的情况。这些材料收集得越全面,对决策机构权衡利弊就越有帮助。

2. 注重丰富多样

系统全面地、多角度地调查收集材料,能使公文写作者从广度和深度上反映事物各个方面的情况,为比较、了解、研究事物的全貌提供全方位的参考。具体而言,在收集材料的时候,既要收集最近的材料,也要收集历史材料;既要收集事实性材料,也要收集意见性材料;既要收集典型材料,也要重视一般性材料;既要收集"面"上的材料,也要收集"点"上的材料。只有这样,公文拟稿者才能在写作中左右逢源、游刃有余,写出的公文才会更充实,更有说服力。

3. 坚持平时积累

收集材料离不开平时的积累，机关文稿写作与收集材料也是这种"一分钟"与"十年功"的关系。材料应以平时收集为主，临时收集材料可以作为一种补充。公文拟稿者平时应注意大量阅读材料，认真做好笔记，及时消化吸收，把基础性的准备工作分散到平时去完成，一旦接受写作任务，就可以马上进入思考状态。如果再花费大量的时间和精力去查找材料、阅读材料，势必影响整个写作的进度和完成任务的质量。

公文写作者应有意识地建立起自己的公文写作材料库，从自己的工作实践中总结，要长"五双眼"。第一双眼"盯世界"，把握本领域工作的世界发展大势及其对本地区、本领域工作的影响。第二双眼"盯中央"，及时学习党中央、国务院的最新部署，找出其同本领域工作的关联。第三双眼"盯部委"，弄清楚同自己关系密切的相关部委有什么行动和举措。第四双眼"盯机关"，熟稔本机关、本部门和所属各单位有什么工作举措和进展。第五双眼"盯各地"，看看有什么典型性做法、创新型经验。如此坚持观察，注重积累，把相关材料整理进自己的材料库中，写作时方可得心应手。

（三）公文写作材料的鉴别

公文材料的鉴别，是指公文写作者对收集获取的材料进行分析、审辨。这在材料使用工作中是不可忽略的环节。一般来说，鉴别公文材料有以下几个原则。

1. 去伪存真

剔除虚假，保留真实，是鉴别材料的第一要义。真实，是指材料要符合客观实际，准确无误，反映事物的本质与主流，防止以偏概全。然而，在公文写作中，有的用假材料或者道听途说作为立论的依据；有的造假或者拔高；有的别有用心，暗里炮制。根治这些痼疾，先要正心，去掉私心杂念，加强党性修养，凡事出以公心，心正才能笔正；次要正材，在直接材料与间接材料并存时首选直接材料，在使用间接材料时要查对核实，失实者再生动也弃之不用。

2. 去虚求实

挤去水分，净化材料，也是鉴别公文写作材料的内容。此处之虚，有虚浮之义，即含水分，不切实，良莠不齐。此类材料，是以真实为基础的，只是有虚浮因素，或扩大之，或缩小之。公文中材料有虚，撰写者可能并非有意为之，而是多受客观因素的制约。如听了汇报，不做核实便信手拈来；看了材料，不做深思便随取随用。由于所用材料同实际产生了距离，公文同样受到损害。要使材料去虚求实，一要提高认识，认识到材料准确的极端重要性；二要认真核实，实实在在地挤掉水分，使其与事实完全吻合。

3. 去粗取精

鉴别材料，要剔去粗糙，留存精品。此处之精，是指典型材料，即具有代表性和普遍性，能深刻揭示事物本质，具有说服力和表现力的材料。抓特点，画"眼睛"，都是指材料要典型化。做到这一步，至少要在两方面下功夫：其一，以一当十，求深度。无论是一桩典型事件，还是一句典型话语，都要概括事物的本质属性，向纵深掘进。其二，由小见大，求广度。典型材料是个性与共性的统一，以个别反映一般，其代性、普遍性便在其中了。

思考与练习

阅读下列案例，回答相关问题。

1. 如果需要根据下文传达的领导意图撰写一份请示，公文的主旨是什么？
2. 这份请示会使用到下文中的哪些材料？这些材料是通过哪些途径获得的？

某少数民族自治州政府拟于"十一五"期间将本州若干大专、中专学校合并升格新建一所普通本科高等学校，并将其列为当年全州十大实事之首。这项工作按照程序要先向省教育厅呈报，省教育厅原则同意后呈报省人民政府，省人民政府同意后再呈报教育部。在撰写这份文件之前，工作人员必须研读、了解以下政策和文件：

《普通高等学校设置暂行条例》（国发〔1986〕108号）、《中华人民共和国教育法》、《教育部关于"十一五"期间普通高等学校设置工作的意见》（教发〔2006〕17号），以及本省人民政府、教育厅有关全省高等教育事业发展规划，自治州党委和政府有关教育事业发展规划等。

除此而外，还必须了解本地区教育事业发展和相关大专、中专学校发展与历史沿革情况，对照教育部对新建普通本科高校师资、生源、图书设备、办学地点及用地、经费、教学科研水平的要求，一一进行陈述，重点要放在强调通过合并升格新建该普通本科高校的必要性、紧迫性、现实意义和长远意义上。该自治州少数民族人口占总人口的65%，所以，尤其要充分论证新建这所本科高校对于少数民族地区教育、文化、经济与社会发展的特殊意义与作用。这就需简要陈述该自治州主要少数民族教育事业的历史与现状，特别要陈述少数民族地区教育事业长期以来发展相对落后，尤其是新中国成立后自治州成立50年以来，全州至今尚无一所本科层次高校，导致少数民族考生本科录取率受限、就近上学受限，结合当地特色文化、经济、地理、民族文史资源展开教学与科研受到很大制约，迫切需要新建一所本科层次高校。

在吃透上述国情（教育部政策文件）、省情、州情和校情的同时，为了做到更加有的放矢、胸有成竹，自治州政府抽调拟合并的大专、中专学校有关负责人和专家，组成考察小组，分赴国内已成功升格新建的本科院校，尤其是少数民族地区高校进行考察调研，重点考察、学习它们成功合并、升格的经验与做法，了解它们如何改善和增强办学条件，与它们相比较，进一步找出本自治州拟合并升格、新建普通本科高校的短板和难点，提出解决问题的建议。考察结束时，向自治州党委、政府作专题书面汇报，协助自治州政府部门拟定和完善合并升格、新建普通本科高校的意见与办法。

省人民政府对自治州这项工作的看法和支持程度如何至关重要。所以，在正式撰写请示前，要通过各种正式和非正式渠道、各种方式向省人民政府主要领导，尤其是主管教育的领导和教育厅进行汇报陈述，引起组织和领导的重视，获得原则上的赞同与支持。这时再来正式呈报请示，获得省政府批准该请示并转呈教育部的把握就更加充分了。

第二节　公文文稿的起草

一、编制写作提纲

（一）公文写作提纲概说

公文的写作提纲，是拟稿者在起草之前，针对所拟文件，以纲目的形式列出的框架、要点。"纲"，本指网上的总绳。"若网在纲，有条不紊"（《尚书·盘庚上》），"善张强网者引其纲，若一一摄万目而后得，则是劳而难"（《韩非子·外储说右下》），所指均为"纲"的本义。后来，"纲"引申为事物的总要。提纲，即提网之纲，挈衣之领。公文的写作提纲，实际上是公文的骨架，是用序号和文字组成的逻辑结构蓝图，是撰稿的指南和行文的路线。公文写作主要运用的是逻辑思维，特别强调思维的规范性和条理性，所以，编制提纲对于公文文稿的草拟具有特别重要的意义。

公文的写作提纲，从存在形态上，可划分为文字提纲与思维提纲。文字提纲，也称狭义的写作提纲，是以书面文字的方式形成的提纲，具有视觉化、稳定性特征。思维提纲，则是以思维的方式，活跃于人的头脑中，活跃性、调整性为其特征。思维提纲，也就是腹稿，用于简单文稿。对于篇幅简短、程序性强的文稿，许多拟稿人通常思考一番，形成"腹稿"，一经文字表述，文稿即成。而对于中长篇公文的写作，则一般是思维提纲在先，而后形成文字提纲。

从详略程度上，公文的写作提纲可分为概体提纲与备体提纲。概体提纲，亦称"粗纲"，它只需要设计出文稿的大层次，概括提示其要点，体现出文稿的大意大势即可。较简文稿，谙熟情况者的一般性文稿，可用概体提纲写成。备体提纲，亦称"细纲"，它在概体提纲的基础上，体现出各层次的主要内容，即基本观点和具体材料，包括锤炼主要段落的主旨句。篇幅长、容量大、结构复杂、创新度高的文稿，当用备体提纲。

（二）编制公文写作提纲的作用

编制提纲是在明确公文内容的基础上，理顺思路，安排文章整体布局的过程，在提纲中需要确立公文文种、表达重点和全文结构。写作提纲一般要解决以下问题：进一步确定中心论点和写作思路；确定总体结构、段落层次；选择主要材料和骨干事例；确定文章的开头、结尾和主要表达方式。编制提纲对公文写作有以下作用：

1. 利于全文整体布局

提纲是文章写作的框架和蓝图，编制提纲的基本方法是立足整体，着眼全篇，以系统化思维观照公文写作活动。编制提纲的主要成果是形成不同级别的文章小标题，第一级标题就是全文的总体框架，下行的各级小标题则是对构成文章各部分内容的逐渐细化和具体化。提纲能帮助撰稿人在写作过程中树立全局观念，防止出现顾此失彼、主次不分、前后失调等结构上的问题，也有助于撰写者预先设计好一条系统、周密、明晰的逻辑线路，然后按照既定的思路写作，保证写作的质量和速度。

2. 便于征求领导意见

写作提纲不仅对起草者的写作具有重要意义，也便于用来征求领导人或有关人员对公文写作活动的意见。有些公文的写作提纲写成后，往往需要请领导人审阅，检查写作思路是否准确体现了发文意图。特别是一些重要公文，有时还需要专门安排一个小型会议，由执笔者汇报写作提纲，领导人或者有关人员集体讨论，在此基础上提出具体的修改意见。有了写作提纲，一篇公文的基本结构就显现出来了，据此再作论证，不仅能更好地体现发文意图，还可能会发现一些新的、始料不及的问题，以便拟稿人及时修改，避免出现写作过程中大的失误或者整体性返工。

（三）编制公文写作提纲的方法

公文提纲，由层级序码和内容要点构成。层级序码可表明不同级别的各个部分之间的顺序关系及内容的从属关系。内容要点则可概括为简要的语句，具有观点、材料的提示作用。编撰公文提纲时，可以按以下步骤进行。

1. 围绕全文主旨

主旨，是全文的灵魂，是为公文写作定下的"基调"，因此，提纲必须围绕公文的主旨展开。公文的主旨或者摆目标，或者讲理念，或者提要求，或者列措施，但一般都体现在全文的大标题之中，而列提纲就是编制文章的各级小标题。大标题是对全文内容的总概括，是"总纲"；而各个小标题是从不同角度、不同层面对大标题（主旨）的展开，是"分目"，共同服务于大标题，应当呈现出一种"轮辐向心""众星拱月"的态势。

2. 谋划总体结构

谋划总体结构就是为全文"搭架子"。这一环节需要注意三点：一是选好结构形式。常用结构有并列、递进、总分、混合等，具体选哪种，要根据需要来定。二是符合文体特征。每一类文稿都有自身的结构特点和构思逻辑，在拟写提纲时要基本符合特有的结构范式。比如，总结性文稿一般写工作进展、存在问题和下一步打算；民主生活会材料一般写问题、原因和措施。拟提纲时，总体上要遵循这些逻辑，符合特定文稿样式的特征。三是观照全文主旨。即检查小标题是否呼应大标题，是否围绕大标题展开，是否为主旨服务。

3. 细化文章层次

全文框架确立后，就要从主题开始逐层展开，确立各级标题。写作时要注意以下几点：其一，内涵渐次具体。从主标题开始，到一级标题、二级标题，乃至三级标题，内涵要越来越具体。就像一棵树，主干最粗壮，主枝稍细一些，到分枝就更细了。其二，层级不宜过多。一篇文稿具体写到多少层，没有明确的说法，但一般不超过三层，因为构思阶段很难一步到位。其三，体量保持匀称。相同层级观点的数量、篇幅要大致匀称、协调，不宜相差太多，避免"畸轻畸重"。当然，形式是为内容服务的，不可一概而论。

4. 理顺层次逻辑

编制提纲要讲究逻辑性，要表现文章各部分之间内在的逻辑关系，使这些部分互为依存，协调配合，共同服务于全文主旨。首先，各小标题之间要有合理的逻辑顺序，同一层次和不同层次之间要条理清晰，不可杂乱无章。其次，归类要合理。同级标题的划分标准要一致。比如，按创新对象来分，可细化为理论创新、制度创新、技术创新、管理创新、模式创新等，如果加上一个"原始创新"，就有逻辑问题了，因为原始创新是按渠道划分的，不能与技术创新等相提并论。最后，体系要完整。标题不能相互交叉，也不能有遗漏。同层级标题的边界要清楚，不能"你中有我，我中有你"；概念要尽量完整，不能顾此失彼。如"党的纪律"应包含政治纪律、组织纪律、廉洁纪律、群众纪律、工作纪律、生活纪律六方面，少了任何一个，都不成体系。

5. 推敲语言表达

公文提纲的语言形式主要有两种，一种是词或词组的形式，另一种是句子的形式。词或词组的形式，一般采用小标题所辖语段的内容要素名称构成小标题。而用句子形式构成的小标题，可以表达更为复杂的完整语意。为了达到更好的效果，在使用时要注意反复推敲。一是准确。好标题的要点得准，直瞄靶心，一语中的。二是凝练。标题是从内容里析出的"结晶体"，言简意赅是特征。好标题"立片言而居要，乃一篇之警策"，哪怕就是几个字，也能概括大意、点出主旨。比如，一篇文稿里写道："××的颜值高"，"××的底蕴深"，"××的基因红"，"××的禀赋好"，简洁而凝练，四大特色跃然纸上。三是传神。标题要像人的眼睛，传神而动人。上例中，表述"××的颜值高"，子标题用了"××的山是绿的""××的水是清的""××的空气是甜的"，"绿""清""甜"营造了三种审美意境，充满画面感。四是美观。好标题大都整齐匀称，符合审美规则。比如，"对民营经济怎么看"的小标题为"看过去，民营经济成就卓著""看现在，民营经济机遇难得""看将来，民营经济大有可为"，句式整齐，自然流畅。

（四）编制公文写作提纲的思路

编写提纲旨在厘清思路，规范文章架构，因此，在编写过程中应该有所依凭。

1. 依据实践活动的思想线

公文写作面向社会实践，又主要用于解决人们在社会实践中的各种现实问题，所以，公文写作实际上是人们各种社会实践活动的产物。只不过旨在改造世界的社会实践活动总是建立在相关认识活动的基础上，而认识又必须以一定的价值引领作为先导，公文写作过程由此形成了一条完整的思想线：为什么要认识某个事物、这个事物到底是什么、如何来对待这个事物，即"为什么（知其所来）→是什么（识其所在）→如何做（明其所往）"。

从为什么到是什么，再到怎么做，是公文写作贯穿全文的一条总线，其他则一般是局部的子线或者分线。决定、意见、通知、通报、通告、请示等大部分法定公文，计划、调研报告等多数事务文书，一般都按照人们实践活动的思想线索展开，组织结构。具体体现为：首先，说明发文缘由，内容涉及发文依据、与事项相关的现状、发文目的等；其次，宣告具体事项，包括有关人事的任免、表彰，工作的安排、意见，信息的发布等；最后，对受文对象的工作提出相关的要求或希望。以动员会或推进会上的领导讲话稿为例，第一部分阐述意义，讲清为什么；第二部分部署重点任务，讲清是什么；第三部分交任务教方法，讲清怎么办。

2. 依据部署指挥的行为线

部署指挥是公务文书，尤其是决定、意见、通知等下行法定公文的重要职能。如何给下级部署工作，如何制订工作计划，在公文的主体部分可以遵照确立指导思想→明确工作的目标和任务→制订工作措施和办法→提出工作要求的路线，编制详细的写作提纲。

指导思想说明工作的总体定位与指向，目标和任务指明做什么，工作措施和办法阐明怎么做，工作要求则讲明做的过程中应该注意的问题，因此，部署指挥的"四大项"构成了推动工作开展的完整逻辑线条。一篇公文如果从这"四大项"来结构布局，就可以做到从思想到行动整体推进、浑然一体。

3. 依据客观事实的分析线

对客观事实进行分析研究，是认识客观世界、把握客观规律的主要方式，不少公文也有这一职能。此类公文主要用于向受文者汇报工作、交流经验，通过对本单位的实践经历或者客观事件进行回顾并研究其发生的原因，为社会提供借鉴。总结、工作报告、部分领导讲话稿、调查报告均属此类。这类公文可以按照以下思路编拟提纲：

一是点明分析对象。此类公文一般在开头段点明分析对象、揭示主题。文章中的分析对象往往是自己过去所做的工作、客观情况，往往围绕发生背景、过程展开。二是情况回顾。对过去发生的情况或自己所做的工作进行回顾，具体内容涉及工作或情况发生的经过，侧重于采取的行动和结果。三是原因分析。对过去的工作或发生的事件进行分析，探究其原因，为今后的工作提供借鉴。四是建议和计划。对自己今后的工作做出初步打算或向相关部门提出建议。

4. 依据平行展开的思维线

思维的平行展开即并列式结构，指运用发散思维，从主题需要出发，从多个相互并行的层面，对一个问题进行多维度、多侧面的阐述。与上述层进式结构相比，并列式结构中的内容没有明显的先后顺序和主次之分，只有角度、维度的差异。比如，某篇阐述新时代党员干部道德建设重要性的公文中，"治国理政的基础和保证；社会道德建设的示范和导向；个人成长进步的前提和条件"，分别选择政治价值、社会价值、个人价值三个并列的角度来设置结构。还比如，"要打赢精准脱贫这场'攻坚战'；要牵住现代农业这个'牛鼻子'；要打开环境整治这个'突破口'；要坚持优先发展这个'总方针'"，分别选择几项并列的重点工作来摆布结构。再比如，"批评领导，不阿谀奉承'抬轿子'；批评同事，不转弯抹角'兜圈子'；批评自己，不避重就轻'绕弯子'"，分别选择领导、同事、自己三个并列的对象进行布局。并列式结构的最大优点是兼顾各个层面、各个维度，体现全面性、系统性。

二、草拟公文文稿

（一）公文拟稿概说

拟稿，即草拟文稿、起草公文，是具体将机关和领导意图体现为语言文字的过程。 拟，有打算、起草的意思，所以也叫"草拟、草稿"。公文的草拟是写作活动的第一个具体行动环节，是公文质量的基础。草拟文稿主要由机关单位的文秘人员完成，有些部门文稿由部门相关人员拟制。重要公文必须由机关单位负责人主持、指导起草工作，有不少文稿甚至由领导亲自草拟。

根据公文写作的动因，可以将拟稿划分为主动型拟稿和被动型拟稿。行文原因起于发文机关，含领导者亲自起草或主持起草工作的，属主动型起草。程序性复文或者指导性复文则属于被动型拟稿。

（二）公文拟稿的原则

1. 遵纲写作原则

如果说，经过集体劳动形成的写作提纲是设计蓝图的话，那么，公文初稿便是由建筑师建起的高楼大厦。建筑照图纸，写作遵提纲。写作提纲规定了公文主旨，明确了公务目的，规范了行文关系、公文种类、基本格式及主要写法，等等。这就使草拟者有范围可界定，有路径可依循。执笔人完全可以照此规定路线，一路写来。编写提纲，既是规范，明确规定了文稿写作的范围、标准和要求；又是约束，对写作过程实施调控，使文稿不逾范围，不失标准，不违要求。

遵纲草拟要处理好三个关系：一是部分与全局。文稿总体已由写作提纲设定，如没有极其特殊的情况，当严格遵循。而对于局部，在草拟中对提纲有所调整，当属正常，此即原则性与灵活性的统一。二是个人与集体。对于写作班子采取分工合作的方式，基础在各管一部分的分头写作。在草拟中，如发现提纲中的缺憾，可将自己的调整意见随时记下，待合稿时提出，经集体认可才能改写。三是下级与上级。对于经交拟的领导审定的提纲，若要做较大调整，必须说明充足理由，提出明确建议，经交拟者批准方可施行。

2. 聚集目的原则

公文用于传达贯彻党和国家的方针政策，公布法规和规章，指导、布置和商洽工作，请示和答复问题，报告、通报和交流情况等，在处理公务的过程中产生。所以，公文写作具有十分突出的目的性。整个公文写作过程，无论是立题立意、谋篇布局，还是素材运用、遣词造句，都要聚焦、服从、服务于公文意图、目的和功能的实现。

拟制公文聚集目的，关键要在"实"字上下功夫。如果是报告工作、汇报情况，要严谨真实、客观准确，既有面上的总体情况和重点关注的具体情况，也有鲜活生动的事例和准确翔实的数据支撑。如果是分析形势、阐释道理，要鞭辟入里、深刻到位，围绕目标任务摆事实、讲道理，达到统一思想、统一认识、统一行动的效果。如果是部署工作、提出措施，要奔着问题去，把上级要求和基层关切统一起来，坚持问题导向、目标导向和结果导向,增强政策措施的指导性、针对性和操作性。

3. 把握主体角色原则

角色本指演员在戏剧舞台上所扮演的某个特定人物,演员自觉地将自身隐去,以角色意识支配自己。草拟公文文稿也需要树立良好的角度意识。公文写作有法定主体、责任主体、表达主体,但在草拟公文时,由文秘人员担任的表达主体实际上是法定主体、责任主体的代言人,扮演的是机关单位、机关单位领导者的角色。公文的草拟者应站在单位的立场上审视、解决问题,去反映情况或部署工作。如果是草拟领导讲话稿,就要站在领导的职务、地位、身份、全局起草公文,想领导所想,说领导所说,写领导所写,与领导角色相符。所以,从领导者交议之时起,拟文者就要确立主体意识,进入主体角色,采用"换位思维"的方法,不断校准自己在写作中的身份、立场、观点,以便处理好个人与组织、下级与上级的关系,设计好文件的内容和形式,把握行文的人称、语言风格等。只有这样,才能够使写出来的文件集中体现发文机关和领导者的意志。

(三) 公文拟稿的要求

1. 反映实际情况

草拟公文要客观地立足现实,准确地反映现实。实事求是,既是衡量公文内容的一把尺子,也是测评发文机关思想水平、工作作风的准绳。《党政机关公文处理工作条例》明确指出,起草公文应当"一切从实际出发,分析问题实事求是,所提政策措施和办法切实可行"。正因为"一切从实际出发",反映实际情况,所提政策和措施才能够做到"切实可行"。

2. 符合上级精神

公文有治国安邦的功能,也是法律法规、方针政策的载体,政策性、遵命性便成为公文的鲜明特征。《党政机关公文处理工作条例》规定,起草公文必须"符合党的理论和路线方针政策及国家法律法规"。因此,公文起草者应当具备三个观念:

一是法律观念。任何公务活动都不准逾越国家法律允许的范围,公文同样要依法而制。公文撰拟者要知法、懂法、守法,具有强烈的法律意识,才能笔锋到处不逾矩,遵法行事。

二是政策观念。公文撰拟者要深知"政策和策略是党的生命",树立鲜明的政策观念。贯彻上级文件的文稿,一定要符合其基本精神,并做好自己的文章;提出新政策的文稿,要以实情为依据,以国家的、上级的方针政策为准绳,注意保持政策的连续性。对于调整原政策、废除前文件的,要特别注明。

三是纪律观念。公文撰拟者的纪律性实际上是党性的一部分。公文固有的遵命性,是遵中央之命,遵上级之命,遵领导之命。这种纪律要求,是其他任何写作都不可比拟的。公文写作,既不能政出多门,以致相互抵触、下级莫衷一是;又不能我行我素,不顾要求,想怎样写就怎样写,想写啥就写啥。

3. 体现领导意图

公文,是发文机关管理意图的书面发布方式,是领导者管理意志的物化表现形态。

起草公文，说到底是为领导者代言，体现其意图则是天经地义的。公文写作要体现领导意图，首先必须正确领会领导意图，明确领导交办的公文的制发目的是什么，要阐述的基本观点是什么，要解决的主要问题是什么，受文对象和发送范围是什么，等等；其次，将上述领导交代的办文主旨、观点、现实针对性等，结合、对照现实的工作状况，融会贯通，力求将已知的领导意图，进一步深化、具体化和条理化，进而转化为撰拟者自己的思想，一旦动笔，便能用拟稿者自己的语言去表述。只有把领导者的意图转化为公文撰拟者的思想并落实在公文之中，一份公文才算是真正体现了领导的意图。

4. 完善相关项目

在草拟公文时，除了完成文稿本身，还要确定一些必备项目，这些项目与公文文稿内容都有密切联系。对于法定公文而言，一是要确定发送范围，包括主送机关、抄送机关和印发传达的具体范围；二是要确定草拟的公文属保密还是公开，如果属保密公文，秘密等级和保密期限如何；三是要确定公文是不是需要紧急办理，紧急程度如何；四是要编定发文字号。确定好这些相关项目后，要将之与公文标题、成文时间等一并填写在《发文处理单》之中。

5. 遵循格式规范

具有规范的格式是公文的重要特征，法定公文的格式更是有着法定的规范，对采用的介质、印制要求、数据的表现形式、各要素的摆布都有着极其严格的要求。公文格式不规范，将影响组织形象，影响到公文的严肃性和作用的发挥，进而影响公文特定的权威和效力。所以，即使是草拟计划、总结、讲话稿等非法定文书，也都应该做到版式整洁，文面美观，字体、字号、间距等相关要素尽量参照法定公文的相关指标。

思考与练习

下面是某地农业局的财政支出工作总结写作提纲的原稿和修改稿，仔细比较有何不同，并说说修改的原因。

原稿：

支持农业科技推广　　促进农业生产发展

一、建立农业科研基地，抓好技术成果推广样板

二、支持技术承包制，加速技术推广

三、加强对珍稀野生动物的繁殖和保护工作

四、支持乡镇畜牧兽医站，开展综合治理，改善经济管理

1. 扭亏为盈，成绩显著

2. 推动了畜牧业生产发展

3. 加强了疫病防治和检疫工作

五、支持农业科技服务网点建设，为农业生产服务

六、支持良种繁育推广工作

七、存在的问题和努力的方向

1. 建立科研推广周转基金
2. 适应科技管理体制改革需要，逐步完善农村科技服务体系
3. 搞好普及性技术培训
4. 大力开展农村智力，普遍提高劳动力素质

修改稿：

大力支持农业科学技术的发展

一、支持农业科技管理体制的改革
1. 支持推行技术承包制
2. 协助改善乡镇农业技术站的管理
3. 帮助加速农业科技服务网点建设

二、扶持农业科学技术的研究和推广
1. 扶持建立农业科研基地
2. 扶持良种的繁育和推广

三、重视保护和开放野生资源
1. 支持保护珍稀野生资源
2. 支持研究和利用野生资源

四、今后的打算
1. 进一步支持农村科技管理体制的改革
2. 建立科技推广周转资金
3. 大力开发农村智力

第三节　公文的修改与审核

一、公文的修改

（一）公文修改概说

修改的具体含义包括两个方面：一是改正义，把错误的内容修订正确；二是修饰义，其主要作用是对文稿进行润色加工，使之更加完善。**公文的修改，从广义上讲，指从构思到定稿之前对文稿的修正，贯穿于写作活动的全程；从狭义而言，指对公文初稿的修改与润饰，终止于定稿。**本书主要取狭义。

公文文稿的写作，始于交拟，止于签发。其间历经诸多环节，几乎每一个环节都包含修改。初稿写毕，起草人自行修改；对于业务部门人员起草的文稿，部门负责人的审核，是把关，也是修改；此后，相关部门的会签（根据需要），办公部门的审核，直至领导人员的签发，在履行程序之中，都要修改。一般说来，公文的修改，并非一两道工序、一两位人员可以完成的，而是前后连续的工作环节，依靠集体力量操作。

清代唐彪在《读书作文谱》中写道："文章草创已定,便从头至尾一一检点。"这"一一检点",就是反复修改的意思。鲁迅先生在讨论怎样写文章时也说过："写完后至少看两遍,竭力将可有可无的字、句、段删去,毫不可惜。"毛泽东同志在《反对党八股》一文中也指出："我看重要的文章不妨自己看它十多遍,认真地加以删改,然后发表。"修改确实是文章写作的重要环节,尤其对于公文而言,修改更是必不可少的。因为公文属"奉命写作",是为机关单位管理职能服务的。机关单位是一个庞大的组织系统,公文要充分体现它的特定效力,必须适应诸多方面的要求和规范,必须完美体现发文机关的领导意图,这不是拟稿人一个人或者一次就可轻易完成的。或者起草者在接受交拟、构思、撰拟的过程中,对领导意图的领会一直不够全面深入;或者因客观情况的变化,领导人的思想和认识已经有所调整,这种变化和调整是起草者难以把握的。公文写作中还可能存在其他各种问题:政策缺乏连贯性,选用材料不真实,相关数据不准确,语言表达有疏漏,公文格式不规范,等等。"一字入公文,九牛拔不出",这些问题如果没有得到及时的修改,将使公文的严肃性、权威性大大受损。

(二) 公文修改的方式

修改文稿的方式很多,没有一套现存的人人适用、一成不变的模式,但从修改主体来划分,一般有以下三种方式。

1. 自己修改。一篇文稿写完,根据领导意图、写作要求等,自己进行修改和订正。自己修改文稿,从时间上看,一般有两种情形,一是边写边修改或写完就修改;二是写完之后,先放一段时间,然后再修改。边写边修改和写完就修改,一般针对有具体时限要求的公文,如会议简报、会议纪要、领导同志谈话纪要、情况通报、会议公报等。这些文稿,时限性强,写完后必须立即修改,时间越快,效果越好。有些文稿没有什么明确的时限要求,可以先放一段时间,然后再修改。经过一段时间的酝酿、考虑,对文章的思路、内容、观点会更加成熟可靠,修改后的文章的质量也会更高。但是,无论采用哪种情况,都需要作者切实地下功夫。这是保证文稿质量最直接、最重要的基础环节。

2. 他人修改。一般而言,按照有关领导的意图草拟的文稿,应当请有关领导进行修改。有些文稿虽然不是有关领导授意写的,但文稿的内容与有关领导主管的工作有关,在征得同意后,也可以请他帮助修改。还有些理论性、政策性较强的文稿,除了请有关领导帮助修改外,还可以请理论水平较高、写作能力较强,对文稿所涉问题有一定权威见解的人修改。例如,拟在报刊上发表的理论、宣传文章,或在重要场合的讲话,这类文稿,文中有的提法可能比较新颖,具有一定的理论性和政策性,如果作者难以把握,就必须请有关人员帮助修改。有些文稿中的某些内容与某人有关,如会议简报记录的有关人员在会议上的活动和发言等,这样的文稿应当经本人确认后才能印发。

3. 集体讨论。可以对有关文稿的结构、内容等做彻底、重大的修改,也可以对部分文字、部分内容做必要的调整、增补和删减,也可以议定原则性的修改意见,再指定专人进行修改。这种修改文稿的方式一般只适用于现行党政机关起草有关领导的重要报告、讲话，要在报刊上公开发表的重要文章，一些带有方针政策性和法规性的文件等。写作这些文稿前，一般要成立一个写作班子，由一两个人牵头，指定人员分专题去写。文稿写完后，集体讨论修改。经过多次讨论修改，文章定稿，再报主管部门或文管领导审定。集体讨论修改文稿的好处有三个：一是避免个人偏见，二是集思广益，三是有利于文稿内容的整体性和政策的连贯性。

以上三种修改方式，相互联系，相辅相成。自己修改是基础，他人修改是自己修改的继续和补充，集体修改是在个人草拟、个人修改、他人修改基础上进行的。在实际文稿修改过程中，究竟使用哪种方式，要依据实际文稿的具体内容和写作宗旨而定。

（三）公文修改的要求

1. 重视修改环节

公文与其他文体的性质不一样，它是党和国家机关处理公务的重要工具，具有高度的政策性和法定的权威性。因此，其内容和形式不能有任何疏漏或缺欠；否则，就会削弱其应有的效用。不仅如此，作为党政机关的喉舌，代表党和国家机关"立言"，公文的水平失准，不但会影响党政机关的工作质量，而且会影响党政机关的形象、权威和声誉。因此，要确保党政机关公文的权威性和实用性，确保党政机关的工作效率，就必须高度重视和加强对公文初稿的修改，使公文具有更高的水准。

2. 确立修改标准

修改文稿必须确立相关标准，也就是文稿应该改到什么程度。概括而言，这个标准主要涉及六个方面：一是主题正。不管撰写什么文稿，其主题或者主旨都必须正确、鲜明，紧扣公文的发文意图。二是观点实。即文稿里的论点、提法、结论、断语等都是面对本文需要解决的问题，要做到有的放矢。三是内容真。文稿中的内容，包括背景、人物、数据、时间、地点等，必须是真实和客观的，叙述、说理实实在在、不故弄玄虚。四是结构明。文章脉络清楚，思路通顺，具有逻辑性，经纬组织严密，形式适体。五是语言准。表述事物要恰切，遣词造句合乎语法，既朴实无华，又生动活泼。六是格式备。公文是以格式相对稳定、要求十分严格著称的，公文诸种格式要求均在修改者视线之内，同样丝毫疏忽不得。

3. 合理安排步骤

修改文稿的过程，一般按照"四先四后"的步骤进行。即先大后小，先改主题、观点、取材等大的方面，后改段落、语句、标点、格式等小的方面；先总后分，先改总体布局和结构，后改文章的每个部分；先粗后细，改第一遍时可以粗糙一点，改第二、第三遍时则要细改，改得越精细越深入越好；先易后难，容易的先改，难度大的后改，对于特别难改或一时无从下手的部分，如需要补充材料、更换观点等，则应放在最后，集中突破，使整个文稿达到要求。

4. 注重时效进程

从古至今，公文写作都是讲究时间观念的，尤其是现代社会生活的快节奏催动着各个领域的高效率，所以，党政群团机关、企事业单位制发的公文多为时文，快写、快发、快办，有的文件甚至夜间交拟，次日便发出。这就需要修改者调整观念，从速出手，集中时间，快速完成。

二、公文的审核

（一）公文审核概说

公文的审核与修改是相辅相成、互相融合、环环相扣的。审核是发现问题，修改是解决问题；而修改的效果如何，则取决于公文是否真正经得起反复审核。公文的审核有广义和狭义之分，一般而言，**公文的审核指的是在公文文稿签发前，由发文机关办公厅（室）对草拟完成的文稿进行全面审阅和核查的公文拟制活动。**

但是，从更广泛的意义上看，公文的审核还包括业务人员、秘书人员等撰稿人的自审，业务部门负责人的审查等。广义的公文审核包括如下主要环节：

一是业务部门核稿。除综合办公部门负责的综合性文稿之外，各业务部门草拟的文稿，应先由部门负责人审核。部门核稿合格后，才将文稿转入综合办公部门核查。

二是综合办公部门核稿。由办公厅（室）主要负责人或综合办公部门的专职核稿人等对文稿进行核查。负责核稿的人员应客观、明确地提出自己的意见。如果是重要文稿，如需要有关领导人会商的文稿，应由核稿人确定本次会商的领导人选，依次进行会稿。

三是会商。经综合办公部门核查后的文稿，如果需要相关领导人对稿件进行会商，应由主办单位组织，征求会商人员对文稿的意见。如果是联合行文，应在主办单位提出审核意见后，组织其他协办单位依次审核文稿。目前，文稿的会商多在 OA 系统中进行。

经审核不宜发文的公文文稿，应当退回起草单位并说明理由；符合发文条件但内容需做进一步研究和修改的，由起草单位修改后重新报送。

（二）公文审核的主要项目

1. 行文必要性审核

是否需要发文。行文应当确有必要，讲求实效，注重针对性和可操作性；行文关系应当根据隶属关系和职权范围确定。

文件是否精简。坚持少发文、发管用的文，可发可不发的文坚决不发；能以电话、文件处理专用纸、文件办理通知单等形式进行答复、转办、征求意见的，不必行文。

2. 行文合法性审核

制发规范性文件，文件起草单位要将规范性文件草案文本及其说明、公众意见和专家论证材料、制定依据（包括相关法律法规和规章、国家政策、上级行政机关文件等）一并送交法制机构，进行合法性审查。

审查的内容主要包括：是否超越法定权限，是否违反法律、法规和规章的规定，是否与上级政策或其他规范性文件相矛盾，是否违反制定程序等。

3. 行文政策性审核

一致性审核。公文所反映和体现的基本立场、观点，所提出的意见、措施、办法和要求，以及所得出的结论，是否符合党和国家的有关方针、政策，同现行有关规定有无矛盾。

连续性审核。公文与以往的政策规定是否具有连续性，与以往的政策规定是否出现矛盾，与以往公文的某些政策性提法是否衔接。

关联性审核。公文的内容有无政策界限不清的问题，涉及有关地区或者部门职权范围内的事项是否经过充分协商并达成一致意见，是否存在与有关部门的政策规定不衔接的情况，是否有政出多门、政策打架的情况。

可行性审核。公文所提出的意见、措施、办法和要求是否切合实际，是否具有针对性、可操作性，所下结论是否恰当，理由是否充足等。

4. 公文的内容与形式审核

主题是否鲜明。对主题不鲜明、目的不明确、说理不清楚的文稿，要提出具体的修改意见，退回拟稿单位进行修改。

结构是否严谨。文稿的各组成部分、内在联系以及开头、结尾有无缺项，段落安排是否合理、层次是否清晰、过渡与照应是否恰当、篇幅是否合适等。

材料是否可靠。材料对于所表达的主题是否充分、必要，引用的材料、数字是否准确无误。

表述是否准确。公文标题是否准确简要地概括公文的主要内容，全文是否概念明确、判断恰当、推理正确、措辞得体、褒贬得当。

5. 公文的语言文字审核

字词运用是否恰当。公文中有无错别字、异体字和不规范简化字；词语使用是否恰如其分、搭配准确、通俗易懂，合乎语法规范；是否有不规范化的简称，以及生僻难懂、易引起歧义的词语；是否使用了不恰当的网络语言。

标点符号、计量单位和数字等是否规范。公文中的标点符号的用法应符合《标点符号用法》（GB/T 15834）国家标准的规定，计量单位的用法应符合《国际单位制及其应用》（GB 3100）、《有关量、单位和符号的一般原则》（GB/T 3101-1993）国家标准的规定，数字用法应符合《出版物上数字用法》（GB/T 15835-2011）的规定。

人名、地名、时间、段落顺序、引文等是否准确。人名完整准确、职务正确。机关名称使用全称或规范化的简称。地名一般用全称，根据情况注明所在省、市、县。日期一般用阿拉伯数字写明具体的年、月、日。段落顺序要确保不重复、不遗漏。引用公文应当先引标题，后引发文字号。未标注"公开"的公文，不得公开使用。

6. 公文的体式审核

文种是否正确。公文是否有标题中缺文种、生造文种、文种重叠等情况；是否有请示、报告混用，平行机关之间错用请示、报告的情况。

格式是否规范。发文字号是否准确，密级和保密期限、紧急程度是否恰当，公开属性是否准确，上行文是否正确标注签发人，主送、抄送机关的范围是否合适，机关名称是否按照党、政、军、群、企顺序排列，非涉密公文中是否不当引用涉密公文内容，附件名称与附件说明是否一致，发文机关署名、成文日期是否准确，版记要素是否标注，公文用纸、字体、字号是否规范等。

行文是否符合规则。是否越级行文，是否按程序报送公文，是否直报领导同志个人，是否属多头报件、重复报件，报告中是否夹带请示事项，一个请示中是否提出多个请示事项等。

三、公文的签发

签发，是发文机关领导人对已经审核的文稿签注发出意见的活动。签发工作是机关领导人行使职权、履行职责的重要手段，是对核查无误的文稿赋予法定效用的必要环节。因此，签发人通常是负有法定职责的领导人或被授权的部门负责人，各个层次的领导人应在各自的权限内签发文件，不得越权签发。

签发的基本原则是分层签发，即签发人根据职权范围，签发自身法定权限内的文件。以本机关名义制发的上行文，由机关主要负责人或者主持工作的负责人签发；以本机关名义制发的下行文或者平行文，由机关主要负责人或者主要负责人授权的办公厅（室）秘书长、主任签发。联合行文时，应先由主办单位签发，后由各协办单位签发，并实行"对等"签发，即主办单位由哪一级领导签发，其他协办单位也由相应级别的领导会签。会议讨论通过的决议、纪要等，由会议主持人签发。

领导人的签发意见标注于专用的发文处理单上。签发人签发公文，应当签明意见、姓名和完整日期；圈阅或者签名的，视为同意。

表 5-1 发文处理单样式

签发意见	拟稿人			年 月 日
	审核人			年 月 日
	复核人			年 月 日
文件字号		密级		保密期限		紧急程度		印制份数	
文件标题	
主送机关	
抄送机关	
附件	
印制机关		打印校对		印制时间	

思考与练习

（一）分析下列句子在表达上存在的问题，并进行恰当修改。

1. 犯罪团伙闻风而动，正想伺机逃跑，被官兵们迅速包围，抓捕了全部团伙成员。
2. 总队在最近一次电视电话会议上，副总队长×××通报了半年来全区部队执勤、训练、安全管理工作的情况。
3. 即日起，未经批准的黄色录像片一律不准播放。
4. 产品质量的好坏是企业生存和发展的必要条件。
5. 定于明日上午九时在礼堂举行纪念建厂三十周年大会，届时除离退休职工外，请各单位整队入场。

参考答案：1. "全部团伙成员"语序不当，应修改为"团伙全部成员"。"抓捕了全部团伙成员"，缺主语，可改为"团伙全部成员都被抓获了"。

2. "总队在最近一次电视电话会议上"结构不完整，可改为"在最近一次总队的电视电话会议上"，作为句子的状语。

3. "未经批准的黄色录像片一律不准播放"中的"未经批准"限制不当，既是"黄色录像片"，就不会获准播放。"未经批准"应删去。

4. 主谓搭配不当。可改为"良好的产品质量是……"。

5. "除离退休职工外"表述不完整，可改为"除离退休职工自行入场外"。

（二）在公文写作和新闻报道中，都十分重视准确表述领导干部的姓名、单位、职务名称、职位排序和出场顺序，一旦出现差错，往往造成收回文件、报纸并报废销毁的重大损失，影响很坏，责任人也会受到严肃的组织处理。有人认为，这样做是"官本位"思想作祟，小题大做，过于重视干部职务等级。你认为这种看法合理吗？为什么？

（三）阅读《公文出错事非小》一文，谈谈文中提出的两例公文为什么会"出错"，怎样才能杜绝公文拟制过程中类似的"出错"行为？通过网络或者其他渠道，收集相关案例，并在课堂上进行交流。

公文出错事非小[①]

汪曦永

继南京此前一则文件误将"湖南省张家界市"写成"湖北省张家界市"后，类似错误又发生在了吉林长白山的政务公众号上。7月30日，"长白山发布"微信公众号发布的一条管控公告，包括标题在内，共计出现7处"四川省重庆市江津区"的错误表述。事发后，长白山保护开发区管理委员会发布致歉信，并将错误公文撤回。

著名景区张家界位于湖南省，这本是中国地理基本常识，而文件却把"张家界"写到"湖北"境内；设立重庆直辖市迄今已有20余年，然而长白山的公告却错将重庆

[①] 材料来源于中央纪委国家监委网站。

市重新"划归"四川省。接连出现明显差错的公文,引发网友不满。政务公众号犯这种常识性错误,实属不该。

公文是各级党政机关实施领导、履行职能、处理公务的有效手段和重要工具,其背后是政府公信力,体现着治理能力与水平。公文写作和发布应该是严肃严谨的事。起草公文、把关审核、签发,每一道环节都应该认真仔细,相关人员必须具备应有的素质能力。一个小小的笔误就可能"一失足成千古恨"。这两起事件暴露了相关工作人员不认真、不严谨,作风漂浮,责任心缺失的问题,影响了党政机关的形象,绝非小事。

肩上有责任,笔下有乾坤。如果相关人员履行了规范程序,或者各个环节工作人员负起责任,认真核查,就不难发现公文中的基础性、常识性差错。文件通知、总结材料、调研报告等文稿,错误层出、别字连篇,也是一种形式主义官僚主义,必须坚决纠正。杜绝公文出现类似问题,需要不断加强知识更新,提高文字工作能力,以更严谨、务实的态度开展工作,也需要严格执行公文处理的规章制度,在各个环节中都落实好责任。

文风里面有作风。文风改进之迫切,实则工作作风转变之迫切。认真负责的工作作风是党性原则和事业心责任感的具体体现。党员干部、公职人员要以此为鉴,自觉把严细深实的好作风内化为一种习惯、一种坚持、一种素质,扎扎实实把各项工作做好,让人民群众信任、满意。

案例研讨

浅谈运用逻辑划分规则解决层次标题混乱问题[①]

张文翔

撰写机关材料,尤其是大一些的材料,如总结、报告、经验材料等,一般都要分几个层次并列出标题来写。多数人特别是领导看材料,一般也是先浏览一下层次标题怎么样,再决定是否往下看。所谓"构思"和"吹路子",实际上就是先把材料的层次标题"想"出来、"吹"出来。既然层次标题如此重要,就应该下功夫写好,首先在逻辑上要通,不能乱。但在机关材料中,逻辑混乱、层次不清、标题"串腿打架"等问题比较常见。据笔者多年写材料、改材料、看材料的体会,运用形式逻辑划分规则,能够帮助我们较快地分析和解决这些问题。

一、运用"互不相容"规则,解决"串腿打架"问题

所谓"互不相容",就是同一层次的标题必须互相排斥、各自独立,而不能你中有我、我中有你。如果违背了这一规则,就会造成互相交叉、"串腿打架"。

如某开发区的年度工作总结,第一层次标题是:一、基础设施建设基本完成;二、征收回迁工作有序推进;三、城市管理工作不断提升;四、经济运行态势稳中加快;

[①]材料来源于《应用写作》2014年第12期。

五、项目引进工作成果丰硕；六、各项社会事业平稳发展。乍一看倒也对仗工整，没有什么问题。但运用逻辑学划分规则推敲一下，就不难看出问题：四、五两个标题不是互不相容，而是互相交叉。因为写经济运行，必然要写项目引进、招商引资，而写项目引进成果，也不能不写促进了经济平稳较快发展。如果按照这两个标题往下写，在内容上就很难分得清、掰得开，造成你中有我、我中有你。所以，应该删掉第五个标题，将相关内容放到第四个标题下面来写。

二、运用"母子包含"规则，解决"辈分不清"问题

所谓"母子包含"，就是大层次标题（上一级）为母项，小层次标题（下一级）为子项，母项的外延应该包含子项，子项的外延不能超出母项；否则，就会大小不分、"辈分不清"，内行话叫"整差辈"了。

如某单位的党风廉政建设工作报告，在部署2014年工作时，分为三个部分，层次标题是：一、着眼于在思想上"不愿贪"，认真搞好反腐倡廉教育；二、着眼于在制度上"不能贪"，建立健全反腐长效机制；三、着眼于在后果上"不敢贪"，严厉查处违法违纪案件。其中"着眼于在思想上'不愿贪'，认真搞好反腐倡廉教育"又分为三个小部分，层次标题为：一是弘扬正气，加强正面典型引导；二是以案说法，有针对性地搞好警示教育；三是占领阵地，加强廉政文化建设。

因为廉政文化建设包括内化于心（精神文化）、外化于行（行为文化）、固化于制（制度文化）、美化于景（环境文化），其外延远大于"反腐倡廉教育"，这就违背了"母子包含"规则，犯了"辈分不清"的毛病。我们不妨将第三个层次标题改为"选好载体，使教育入耳、入脑、入心"。这样来看，前两条讲的是教育内容，第三条讲的是教育方法，都是反腐倡廉教育的题中之义，从而避免了"差辈"问题。

三、运用"同一标准"规则，解决"饺子馄饨一锅煮"问题

所谓"同一标准"，就是同一层次的标题，必须围绕一个标准来写。否则，就会造成"眉毛胡子一把抓"，不知道你煮的是饺子还是馄饨。比如，机关经常下发的实施方案、安排意见，一般包括指导思想、工作任务、几点要求等若干部分，而生手最容易出现的问题，就是任务和要求分不清。

以某单位作风纪律整顿实施方案为例，在工作任务部分列出了五个层次标题：（一）治浮求务实；（二）治庸提能力；（三）治散强纪律；（四）治奢促廉洁；（五）督查抓落实。显然，前四条写的是任务，是围绕"整治什么"这个标准来写的，而第五条写的是要求，是围绕"怎么整治"来写的，这就违反了"同一标准"规则，领导看了之后感到费解，你写的是任务还是要求呢？

再如，我局在组织起草上半年工作总结材料时，按照工作分工，由五个部门分写五个部分，拟定的层次标题分别是：一、积极推进工商登记制度改革，进一步激发了市场活力；二、深入开展专项整治，维护市场秩序工作取得新成果；三、行政指导工作在服务区域经济发展中发挥了重要作用；四、围绕社会和谐加强消费维权，人民群众满意度不断提高；五、大力加强思想、业务、作风建设，干部队伍建设出现新局面。由于采用的标准不一，有的是以"取得的效果"为标准来写的，如"行政指导工作在服务区域经济发展中发挥了重要作用"；有的是以"做了什么+取得的效果"为标准来

写的，如"深入开展专项整治，维护市场秩序工作取得新成果"。因为违反了"同一标准"规则，所以显得很乱。

在最后统稿时，我们统一按照"做了什么+取得的效果"为标准，确定了五个层次标题，分别是：一、围绕激发活力，改革工商登记制度，市场主体增量取得新突破；二、围绕监管执法，深入开展专项整治，维护市场秩序取得新成效；三、围绕便企利民，深化行政指导，服务区域经济发展取得新成果；四、围绕群众诉求，认真调解消费纠纷，消费维权取得新成绩；五、围绕提高素质，加强教育培训，干部队伍建设取得新进展。领导一看标题，就感到非常满意。

问题与讨论：

从逻辑学的角度看，公文写作的层次结构应当遵循哪些规则？还有哪些逻辑学的相关知识对公文写作有重要作用？

第六章 指挥指导性公文的写作

毛泽东撰写《组成中国人民志愿军的命令》

1950年10月8日,毛泽东亲笔写的《组成中国人民志愿军的命令》包括6方面重要内容,全文却不到600字,而每句话都极其精练。以此命令的第一部分为例:"为了援助朝鲜人民解放战争,反对美帝国主义及其走狗们的进攻,借以保卫朝鲜人民、中国人民及东方各国人民的利益,着将东北边防军改为中国人民志愿军,迅即向朝鲜境内出动,协同朝鲜同志向侵略者作战并争取光荣的胜利。"仅用90多字,就将出兵缘由、意义、出哪部分兵等,写得清楚明了。[①]

党政领导机关对重大事项做出决策安排,确定重要工作的原则、方法,批准重要事项,要求下级机关贯彻执行,需要使用指挥指导性公文。这类公文包括命令(令)、决定、决议、通知、意见、批复等文种(因批复需要与请示对应行文,故在介绍请示后再予讲解)。

第一节 命令(令)的写作

一、文种概说

(一)文种释义

命,就其词义而言,是"使"的意思,"使人为事"谓之"命";命还含有严肃的意味,上对下使之严肃遵行是为命。"命"作为公文,可以推及轩辕黄帝和尧舜时代,刘勰在《文心雕龙·诏策》中说:"昔轩辕、唐、虞,同称为命。命之为义,制性之本也。"刘勰认为,古代皇帝驾驭天下,是由于诏策的作用,所以,黄帝、尧、舜都把诏策叫作"命"。而"命"的原意,他认为是用来控制人性的。"命"作为公文名称而有文字记载的,最早见于我国商朝和西周时代,《尚书·商书》中有《说命》,《尚书·周书》中有《毕命》《蔡仲之命》《顾命》等篇目。商代和西周时代以王的意志为中心的"王命文书",就是当时的公务文书,具有绝对的权威性。在商朝和西周的"王命文

[①] 材料来源于共产党员网《毛泽东的公文写作艺术》。

书"中,还有与"命"作用相似的"诰"和"誓",用于分封、赏赐、任命、宣告重大事项、训诫臣民。这类文书与"命"合称为"诰命文书"。

关于"令",其词义虽然与"命"相似,都有"使"的意思,但"令"还有"告诫"的意思。"令"最早见于《尚书·周书》。其中说,"发号施令,罔有不臧"。意思是说,王所发布的号令,没有不完善的。这里的"令"虽然与国家管理有联系,但还不是公文的名称。"令"作为正式公文使用,比"命"要晚。刘勰在《文心雕龙·诏策》中说:命"降及七国,并称曰令"。意思是说,到战国时期,诸侯国君发布的告诫性、法规性文书都称为"令"。现存最早的令文,是战国时秦孝公根据商鞅的建议而颁布的《变法令》。

"命"和"令"连在一起称为"命令",而且正式作为公文的名称,出现在中国共产党领导的新民主主义革命时期。中央工农民主政府于1931年颁布的《苏维埃地方政府的暂行组织条例》第六章第六十二条有"执行上级苏维埃政府的命令、指令、训令、法令、决议"等条文。从现有资料来看,这是我国最早把"命令"作为正式公文名称的规定。自此,"命令"这一公文名称沿用至今。

命令(令)的用途,现行《党政机关公文处理工作条例》规定:"**适用于公布行政法规和规章、宣布施行重大强制性措施、批准授予和晋升衔级、嘉奖有关单位和人员。**"

(二)特征解析

作为公文,命令(令)直接体现了国家或某级行政领导机关的意志,集中反映了国家或某级行政机关某个方面的决策部署、重要安排和法律、法规、政策要求,属于典型的领导指挥性公文。《中华人民共和国宪法》第八十九条第一项规定,国务院"根据宪法和法律,规定行政措施,制定行政法规,发布决定和命令";第九十条规定,国务院各部、各委员会"根据法律和国务院的行政法规、决定、命令,在本部门的权限内,发布命令、指示和规章";第一百零七条规定,县级以上地方各级人民政府依照法律规定的权限,"发布决定和命令"。《中华人民共和国地方各级人民代表大会和地方各级人民政府组织法》第七十六条第一款规定,"乡、民族乡、镇的人民政府'执行本级人民代表大会的决议和上级国家行政机关的决定和命令,发布决定和命令'"。

从上述规定可以看出,作为领导指挥性公文,命令(令)的发布主体是国家或某级行政领导机关。命令(令)一旦发布,即要求受令一方无条件执行,做到令出唯行,令行禁止,并具有以下三个特点:

1. 权威性

命令(令)虽然本身不是法律、法规,但可以作为颁布法律、法规的形式。凡规定重大行政措施的"命令(令)"和发布行政法规的"命令(令)",都具有法律效力,并具有法定的约束作用。

2. 强制性

以法律、法令和有关职权为依据,就某些重大事项慎重地发布命令(令),起着对有关工作实行强制干预、决断和约束,强行统一思想和行动的作用。命令(令)一经发布，有关的下级机关或人员都必须无条件地服从和执行，违抗命令（令）或延误执行，都将受到严肃处理甚至严厉的惩罚。

3. 严肃性

命令（令）的文句简洁而准确，语气坚定而严肃，结构严谨而精悍，风格质朴而庄重，具有极为严肃认真的色彩与气势。

（三）类型划分

根据命令（令）的用途，命令（令）可以划分为公布令、行政令、授衔（晋级）令和嘉奖令。

二、写作指要

（一）公布令

公布令主要用于公布国家法律、法规的命令。中华人民共和国主席令，公布全国人民代表大会及其常务委员会会议通过的国家法律，由国家主席签署、发布；国务院令，公布国务院常务会议通过的行政法规和签署公布的行政法规，由国务院总理签署、发布；国务院各部委令，公布部门规章，由国务院各部部长、各委员会主任签署、发布；地方政府令，公布地方性行政法规和规章，由政府首长签署、发布。

1. 例文导读

中华人民共和国主席令

第六十四号

《全国人民代表大会常务委员会关于修改〈中华人民共和国企业所得税法〉的决定》已由中华人民共和国第十二届全国人民代表大会常务委员会第二十六次会议于2017年2月24日通过，现予公布，自公布之日起施行。

中华人民共和国主席　习近平

2017 年 2 月 24 日

阅读与讨论：

（1）命令的格式与公文的一般格式有哪些区别？

（2）本文公布的《中华人民共和国企业所得税法》是不是本文的附件？为什么？

（3）国家的法律、法规为什么要使用"令"来公布？

2. 结构模式

公布令由标题、发令顺序号、正文、署名、成文日期组成。

标题。由发令机关名称或发令机关领导人职务名称与"令"组成。

发令顺序号。在标题之下居中标注。其顺序号从每届政府或领导人任职第 1 号编起，依次按发令顺序编发令顺序号，直至届期结束。领导人连续任职的，可连续编发令顺序号。

正文。发令顺序号之下是正文。正文由公布的对象、公布依据、决定事项组成。公布的对象即被公布的法律、法规，应当用全称，加双书名号，一般置于"令"的文首。公布依据即法律、法规的批准机关或会议，撰写在公布对象之后，用"已经"或"已由××机关批准""××会议通过"衔接。决定事项，即新的法律、法规实施，原来的法律、法规同时废止或停止执行。

署名。由发文机关名称、领导人职务与领导人姓名组成。

成文日期。即签署"令"的日期，以签署的当天日期为准。

公布令一般与被公布的法律、法规同时公布。在"令"之后，排印被公布的法律、法规的全文。

（二）行政令

行政令是指国家主席、国务院、国务院各部委和县级以上地方各级人民政府就某项工作发布的施行强制性行政措施的命令，所管辖范围的单位和人员必须无条件地遵照执行。

1. 例文导读

××省人民政府关于2017年森林防火的命令

各州、市、县、区人民政府，省直各委、办、厅、局：

2017年1月以来，全省气温回升，森林火险等级不断攀升，高火险区域不断扩大。今后3个月是我省森林火险最高、火患最多和防扑火任务最艰巨的攻坚阶段。根据《××省森林防火条例》规定，为有效预防和控制森林火灾的发生，确保人民群众生命财产和国土生态安全，必须加强森林防火工作，特发布命令如下：

一、提高森林防火认识。做好森林防火工作，事关生态文明建设和国土生态安全大局，各级政府和有关部门要充分认清持续高火险天气对森林防火工作带来的严峻挑战，务必把森林防火工作作为当前维护林区和谐稳定的首要任务抓紧抓好，牢固树立"防字当头""无火是功"的责任意识，采取过硬措施做好森林防火工作。

二、严格野外火源管控。森林高火险期内，林区严禁一切野外用火。进入林区人员要接受森林防火宣传检查，禁止携带火种入山，林区农户禁止在林地边、林区内进行烧灰积肥，烧地（田）埂、甘蔗地、牧草地、秸秆、烧荒烧炭、燃放烟花爆竹、焚烧垃圾等生产、生活用火，凡违反规定的，一律从严查处，并依法追究森林火灾肇事者责任。各级政府要充实巡护力量，增设检查站点，对重点防火区域实行封山管理，对涉林旅游景区实行禁火管理。农业部门要加强农事用火监管，民政部门要做好公墓祭祀管理，公检法机关要依法严厉打击纵火犯罪，部队、工矿企业等林区单位要落实防火措施，及时清除周边危险可燃物。

三、强化公众宣传普及。县级以上政府要及时向社会发布森林高火险期公告、禁火令，进行森林防火全民动员。各级教育、住房和城乡建设、民族宗教、交通运输、新闻、环境保护等部门要按照职责分工，积极开展全民森林防火宣传教育。各级电视台、广播电台、通信公司、报刊和网站要及时免费播报和发送森林防火信息，努力营造全社会关心、支持、参与森林防火的浓厚氛围。

四、做好应急处置准备。州市、县两级政府要按照标准落实财政配套经费，组建森林火灾专业扑火队，严格执行24小时值班带班、有火必报、卫星热点零报告和火情信息归口逐级上报等制度，全面做好人员、物资等各项保障。林区毗邻单位要进一步完善应急联动机制，切实落实联防责任。武警森林部队、森林航空消防、地方专业和应急扑火队要保持战备状态，驻军、武警、公安、消防、人武等部门和单位要按照当地政府的统一部署执行扑火任务。

五、科学处置森林火灾。坚持"以人为本、安全第一"和"打早、打小、打了"的扑救方针，一旦发生火情，各级政府要及时依规启动预案，调集武警森林部队、森林航空消防、地方专业和应急扑火队等专业力量重兵快速扑救，领导靠前指挥，科学制定扑救方案，严禁未经安全培训、没有扑火经验的干部群众直接扑打明火，严防人员伤亡事故和死灰复燃，坚决把森林火灾损失降到最低限度。

六、全面落实防火责任。森林防火工作实行各级政府行政首长负责制，政府主要负责同志为第一责任人，分管负责同志为主要责任人。各级政府要将森林防火工作纳入政府督办内容，组成督查组，深入开展督查检查，对因责任制不落实、野外火源管控不到位、整改措施不到位、组织扑火不得力等导致森林火灾频发的，要依法依规追究有关领导和人员的责任。

××省人民政府
2017年3月4日

阅读与讨论：
（1）本文所涉事项为什么要使用"命令"这一文种行文？
（2）本文是逐级行文还是多级行文？请说明理由。
（3）本文的依据、主旨、分旨分别是什么？请用符号勾画出来。

2. 结构模式

行政令一般公开发布，由标题、正文、附注、成文（施行）日期等组成。

标题。由发令机关名称、令文主旨与"命令"组成。

正文。由命令的依据（采取重大强制性措施的事实和理由）、主旨（采取重大强制性措施的目的和意图）、分旨（采取重大强制性措施的具体内容）三部分组成。

附注。公开发布的行政令，可省去附注；内部行文的行政令，则在正文之后加圆括号标注印发传达范围。

发布（施行）日期。发布日期，即签署"令"的日期，以签署的当天日期为准；一般自发布之日起施行；有施行日期的，则按规定的日期施行。

(三) 嘉奖令

嘉奖令主要是用于党和政府对做出突出贡献的集体、单位和个人进行嘉奖的命令。

1. 例文导读

公安部关于给江苏省公安机关成功侦破"7·5"污染环境案的嘉奖令

江苏省公安厅：

2016年7月，根据公安部统一部署，你厅及苏州市公安局高度重视，抽调精干力量组成工作专班，精心组织、周密部署，全力以赴投入"7·5"污染环境案侦破工作。工作中，参战各级公安机关领导深入一线、靠前指挥，缜密分析案情，果断决策指挥；全体参战单位和民警团结协作、密切配合，灵活运用多种侦查手段和措施，循线追踪，深挖细查，经过2个多月的连续奋战，成功侦破此案，一举摧毁了一个先后向太湖倾倒有害生活垃圾2万余吨的跨省犯罪网络，抓获犯罪嫌疑人25名。此案的成功侦破，是近年来公安机关打击非法倾倒生活垃圾污染环境违法犯罪行为的成功案例，为有力震慑污染环境犯罪，保卫生态环境安全做出了突出贡献。为此，特对你省公安机关成功侦破"7·5"污染环境案的全体参战单位和民警予以通令嘉奖。

希望你们认真总结经验，发扬成绩，再接再厉，继续保持打击环境污染违法犯罪的高压态势，努力为保卫生态环境安全，推进绿色中国建设做出新的更大贡献。

部长　郭声琨
2017年3月18日

阅读与讨论：
（1）上文标题中的"给"是否可省略？
（2）本文是从哪些方面阐述嘉奖缘由的？
（3）命令（令）的文句简洁而准确，语气坚定而严肃，请结合此文予以说明。

2. 结构模式

嘉奖令由标题、主送机关、正文、发文机关署名、成文日期组成。除正文外，其他部分的写作方法和格式与行政令相同。

正文由嘉奖缘由、奖励事项、对受奖人员的勉励、对其他人员向受奖人员学习的要求四部分组成。

缘由即嘉奖的对象在什么时间、什么地方、做什么工作、做出什么贡献、凭什么政策法规依据、由什么机关做出决定对嘉奖对象进行嘉奖。

奖励事项，根据嘉奖对象做出的贡献和奖励的政策规定，给予嘉奖，并写明奖励的具体内容，如记功等次、授予荣誉称号。

对受奖人员的勉励，一般用语是，要求他们发扬精神，再接再厉，戒骄戒躁，争取做出新的更大的成绩。必要时，可以把受奖人员的成绩和精神上升到理论高度，概括出几种精神，号召向受奖人员学习。这部分内容应当具有共性，实实在在，方便受令人员学习。

写作向受奖人员学习时，语言要朴实、贴切、生动，有激情，有很强的感召力。

三、写作策略

命令（令）在写作上一般一事一文，内容单一，篇幅短小。有的只有一、二句；有的篇段合一，一以贯之；有的也可分为若干段落，如嘉奖令。无论哪种写法，都包括四个部分，即命令（令）缘由、命令（令）事项、结尾和署名。写作策略如下：

（一）依据要准确、简练

发布命令（令）的依据，其任务在于充分说明发布命令（令）的事实和理由，使受令者确信命令（令）的合理性、必要性和重要性，但又不能过多地展开铺陈，一般只用一两句话或很简短的一段话准确概括出来即可。

（二）命令事项要具体、明确

命令事项是命令（令）的主体，必须清楚写明本命令（令）所要采取的强制性措施，使受令者明确无误地知道应该怎样做。

（三）语言精确，语气肯定，态度严肃

命令（令）的写法风格要求庄重严肃、坦陈直叙、言尽意止、准确具体、斩钉截铁，既要做到篇幅简短、文字精练、言简意赅，又要抓住主要问题，中心突出，详略得当。

思考与练习

（一）判断题

1. "命"作为公文名称而有文字记载的，最早是在我国奴隶社会的商朝和西周时代。（　　）
2. "令"作为正式公文使用，比"命"要早。（　　）
3. 公布令主要用于公布国家法律、法规。（　　）
4. 公布令公布的对象即被公布的法律、法规，应当用简称。（　　）
5. 行政令是公开发布的，不可省去附注。（　　）
6. 命令（令）既用于嘉奖，也用于惩戒。（　　）

参考答案：1. √　2. ×　3. √　4. ×　5. ×　6. ×

（二）选择题

1. （多选题）在商朝和西周的"王命文书"中，与"命"作用相似的有（　　）。
   A. 诰　　　　B. 誓　　　　C. 册　　　　D. 赐
2. 现在所能见到的最早的文字令文是（　　）。
   A. 《文心雕龙·诏策》　　　　B. 《国语·周语》
   C. 《商君变法令》　　　　　　D. 《逸周书·王会解》

3. 从现有的资料来看，最早把"命令"作为正式公文名称的，是（　　）时期。
A. 西汉　　　　　B. 清朝　　　　　C. 国民党　　　　　D. 新民主主义革命

4. 下列不属于命令特点的是（　　）。
A. 灵活性　　　　B. 严肃性　　　　C. 强制性　　　　D. 权威性

5. 根据命令（令）的适用范围，命令（令）可划分为（　　）。
A. 公布令、任免令、行政令、嘉奖令
B. 公布令、行政令、任免令、奖惩令
C. 公布令、行政令、授衔（晋级）令、嘉奖令
D. 公布令、授衔（晋级）令、行政令、奖惩令

6. 不能作为命令（令）的发布主体的是（　　）。
A. 国务院　　　　　　　　　　　B. 国务院各部、各委员会
C. 地方各级人民政府　　　　　　D. 地方各级党组织

参考答案：1. ABC　2. C　3. D　4. A　5. C　6. D

（三）制作题

××××年5月15日，××县××镇星光村××组王××养鸡户鸡舍所养的鸡发生疾病，经省兽医防疫站确认为H5型禽流感，属于一类动物疫病。根据《中华人民共和国动物防疫法》第三章第三十一条规定，确定王××养鸡户鸡舍为疫点，星光村××组为疫区。为防止疫情扩散，迅速扑灭疫情，××县人民政府决定对该疫点、疫区实行封锁，并依法采取扑灭疫情的相关强制性措施。

《中华人民共和国动物防疫法》相关内容：

第三十一条　发生一类动物疫病时，应当采取下列控制和扑灭措施：

（一）当地县级以上地方人民政府兽医主管部门应当立即派人到现场，划定疫点、疫区、受威胁区，调查疫源，及时报请本级人民政府对疫区实行封锁。

（二）县级以上地方人民政府应当立即组织有关部门和单位采取封锁、隔离、扑杀、销毁、消毒、无害化处理、紧急免疫接种等强制性措施，迅速扑灭疫病。

（三）在封锁期间，禁止染疫、疑似染疫和易感染的动物、动物产品流出疫区，禁止非疫区的易感染动物进入疫区，并根据扑灭动物疫病的需要对出入疫区的人员、运输工具及有关物品采取消毒和其他限制性措施。

……

第三十三条　疫点、疫区、受威胁区的撤销和疫区封锁的解除，按照国务院兽医主管部门规定的标准和程序评估后，由原决定机关决定并宣布。

根据以上材料，请以当地××县人民政府的名义，向所属各乡镇、各部门发布行政令（训练稿）。

第二节 决议的写作

一、文种概说

（一）文种释义

决议的"决"，从字面上分析，是判断的意思，最先见于《国语·晋语八》："叔向闻之，见宣子曰：'闻子与和未宁，遍问于大夫，又无决。'"至于决议的"议"，即议论、讨论的意思，也是古已有之。《管子·桓公问》曾有"帝立明台之仪者，上观于贤谋"的记载，"明台"是指黄帝聚集贤才议政的处所。《文心雕龙·议对》说："周爰咨谋，是谓为议。"意思是说，"咨谋"开始于周，这就是"议"。

最早将"决"和"议"连起来用作"决定议论之事"，是《文苑英华》中唐常衮的《授崔圆左仆射制》："谋参经始，节贯严凝。尝决议于庙堂，早书勋于王府。"但在封建专制社会里，这里的"决"与"议"，只是帝王征询意见的一种形式而已，不是公文的名称。

决议作为公文名称，是民主政治发展到一定阶段的产物。中华人民共和国成立以后，最初的国家行政机关公文处理办法没有决议，直到1980年10月国务院办公厅发给各省、市征求意见的《国家行政机关公文处理办法（草案）》及相关法规中，决议才被列为正式的行政公文，但到2000年8月国务院发布的《国家行政机关公文处理办法》中，决议又不再被列为正式的行政公文。

2012年7月1日以前，在党的机关、人大常委会机关，决议作为民主决策的重要形式，仍是主要的公文种类。1996年5月3日发布实施的《中国共产党机关公文处理条例》规定："决议，用于经会议讨论通过的重要决策事项。"1998年2月6日发布试行的《人大机关公文处理办法》规定："决议，适用于经会议审议或讨论通过的重要事项。"

关于决议的适用范围（用途），2012年7月1日起施行的《党政机关公文处理工作条例》规定，决议**"适用于会议讨论通过的重大决策事项"**。按照规定，党政机关就某些重大事项做出决策并经会议讨论通过；人大常委会机关就某些重要事项经会议审议或讨论通过，用决议发布；企事业单位和社会团体，其重大决策事项经会议讨论通过，形成书面意见，也可用决议发布。

（二）特征解析

从决议的含义、用途及沿革可以看出，它是民主决策的重要形式，适用于会议活动，拟制的内容是重大决策事项，遵循的程序是会议讨论通过，是集体领导负责制的决策成果，同样属于领导指挥性公文。例如，《中国共产党第十八次全国代表大会关于〈中国共产党章程（修正案）〉的决议》（2012年11月14日中国共产党第十八次全国代表大会通过），就是"把科学发展观同马克思列宁主义、毛泽东思想、邓小平理论、'三个代表'重要思想一道确立为党的行动指南"重大决策的公文。

决议与命令（令）一样，具有领导指挥性，并具有权威性、强制性和严肃性的特点。不过它们并不像命令（令）那样要求强制执行，所以措辞较为缓和，主要有以下特点：

1. 具有较强的指令性。决议一经形成并下达，其所辖范围的机关、单位和个人，都要坚决贯彻执行。对决议的内容如有不同意见，可以经正常的渠道，向做出决议的机关反映，在做出决议的机关未改变决议的内容之前，必须无条件地贯彻执行。

2. 内容的重要性和单一性。决议的内容，一般是比较重要的事项或涉及全局性、原则性的重大问题，内容单一、集中，处置性和针对性较强。它是针对某一具体的重要事项做出决策和安排，提出解决问题的办法或措施。发布决议的目的是统一认识和行动，推动工作深入开展，确保任务顺利完成。

3. 必须经正式会议表决通过。党的机关和人大常委会机关的决议，必须经规定的或法定的正式会议讨论或审议，形成一致意见，按法定程序表决通过，并形成独特的决议用语，如"会议认为""会议指出""会议号召"等，以领起下文。如果在会议上未形成一致意见，表决通不过，那么就形成不了决议，只能根据与会人员的意见进行修改，待下次会议再议，直至达成共识并表决通过，才能形成决议。

（三）类型划分

在领导工作中，可作决议的事项较多，但从决议的性质、结构、内容和写作方法上划分，可分为通过重要文件的决议和议决重要事项的决议两个类型。

通过重要文件的决议，是指会议通过某一重要文件而做出的决议。其内容重要，篇幅简短。它既是重大决策，又具有知照性质。它是对会议讨论的报告、会议形成或审议的其他文件，以法定多数表决通过并生效的一种公文。党代会与党的中央全会、人代会、团代会讨论通过的各种工作报告的决议等，都属于这一类。

议决重要事项的决议，是指会议通过事关全局的某一具体的重要事项的决议，针对某一具体的重要事项做出决策和安排，提出解决问题的办法或措施，如《第七届全国人民代表大会第五次会议关于兴建长江三峡工程的决议》等。

二、写作指要

（一）例文导读

××省第十三届人民代表大会第三次会议关于政府工作报告的决议
（2020年1月16日××省第十三届人民代表大会第三次会议通过）

××省第十三届人民代表大会第三次会议听取和审查了××省长代表省人民政府所作的政府工作报告。会议充分肯定省人民政府过去一年所做的工作和取得的成效，同意报告提出的2020年全省经济社会发展主要目标、任务和举措，决定批准这个报告。

会议强调，2020年是高水平全面建成小康社会和"十三五"规划的收官之年，做好今年各项工作，意义十分重大。省人民政府要高举习近平新时代中国特色社会主义思想伟大旗帜，全面贯彻党的十九大和十九届二中、三中、四中全会及中央经济工作会议精神，增强"四个意识"、坚定"四个自信"、做到"两个维护"，时刻牢记和践行习近平总书记赋予××省的"干在实处永无止境，走在前列要谋新篇，勇立潮头方显担当"新期望，紧扣高水平全面建成小康社会目标任务，坚持稳中求进工作总基调，坚持新发展理念，坚持以供给侧结构性改革为主线，坚持"八八战略"再深化、改革开放再出发，全面落实长三角一体化发展等国家战略，持续稳企业、增动能、补短板、保平安，推动经济社会平稳发展，确保高水平全面建成小康社会和"十三五"规划圆满收官，得到人民认可、经得起历史检验。

会议号召，全省人民更加紧密地团结在以习近平同志为核心的党中央周围，在中共××省委的坚强领导下，锐意进取、开拓创新、只争朝夕、不负韶华，为决胜高水平全面建成小康社会，开启高水平推进社会主义现代化建设新征程而努力奋斗！

阅读与讨论：
（1）上文通过的是什么重要文件？这个文件的主要内容是什么？
（2）本文是客观记录会议讨论的成果，还是在记录会议讨论成果的基础上有恰当的评价和评论？
（3）决议在表达上常有一些特殊的习惯用语，请在文中勾画出来。

（二）结构模式

决议一般由标题、会议通过的日期、正文三部分组成。

标题。由会议名称、决议的主旨与"决议"组成。会议名称要用全称；决议的主旨包括介词"关于"、会议主旨与会议通过的公文文种，如"关于××报告"。

会议通过的日期。由会议名称、会议日期与"通过"二字组成，加圆括号居中标注在标题之下。

正文。有两种写法：一是对会议讨论通过的报告或其他文件不做评价，只客观地记录会议通过的情况和执行的起始时间，表明态度。二是对会议讨论通过的工作报告中总结过去的工作或会议形成的文件，给予充分肯定，并做出恰当的评价，做到立论正确，观点鲜明；对报告中提出的今后的工作任务或对会上形成的文件表明态度，予以肯定，要求认真贯彻执行；对下级干部或群众发出为实现工作报告或其他文件中确定的工作计划、任务和目标而努力奋斗的号召，以激励广大干部群众沿着工作报告或其他文件确定的目标，努力工作，奋勇前进。

三、写作策略

决议和命令（令）一样，都是领导指挥性公文，要求认真贯彻执行。但决议又不同于命令（令），决议是集体领导负责制（会议）决策的成果，还具有议决性，因而具有不同于命令（令）的写作策略。

(一) 使用要严肃

决议是针对某些重大事项或若干重要问题而作的，并且必须经过有关重要会议讨论通过，然后形成文件下发，要求下级机关和有关人员贯彻执行。因此，某个领导人的讲话，或机关内某些"议而未决"的事项，即使经有关会议通过，若属一般性的问题和事项等，就不宜形成"决议"下发。

(二) 表述要有说理

决议是针对有关事项或问题来写的，要求摆事实、讲道理，在理论与实际的结合上加以论证，以此达到提高认识、统一思想、统一行动的目的。

(三) 结尾要有号召

一般情况下，决议的结尾都要发出号召。特别是"对工作报告"的决议，在结尾部分需要有"会议号召""大会号召"等词语来引出号召内容，便于下级机关和有关人员执行。

(四) 语言要准确

决议的针对性强，并要求下级机关贯彻执行，因而要求准确使用语言文字，尤其是一些带有感情色彩的词语，在使用时要注意恰如其分。

思考与练习

（一）判断题

1. 决议是党政机关使用的法定下行文文种。（   ）
2. 企事业单位和社会团体对重要事项或重大决策经一定的会议讨论通过，形成书面意见，也可用决议发布。（   ）
3. 决议和决定都是经过法定会议讨论通过发布的公文。（   ）
4. 虽经有关会议通过，但属一般性的问题和事项，就不宜形成"决议"下发。（   ）
5. 所有决议的结尾部分都要发出号召。（   ）

参考答案：1. √ 2. √ 3. × 4. √ 5. ×

（二）选择题

1. 下列关于决议和决定效力的说法，正确的是（   ）。
   A. 决议和决定，下级机关必须遵照执行
   B. 决议，下级机关必须遵照执行；决定可以不执行
   C. 决定，下级机关必须遵照执行；决议可以不执行
   D. 决议，下级机关必须遵照执行；宣告性决定可以不执行

2. （多选题）决议的惯用语有（   ）。

A．会议认为　　　B．会议号召　　　C．会议强调　　　D．会议指出

3．（多选题）从其性质、结构、内容和写作方法上划分，决议可分为（　　）。

A．通过重要文件的决议　　　　　　B．议决重要事项的决议

C．职务任免决议　　　　　　　　　D．奖惩决议

4．（多选题）决议的标题由（　　）等要素组成。

A．会议名称　　　B．决议的主旨　　　C．"决议"　　　D．会议通过的日期

参考答案：1．D　2．ABCD　3．AB　4．ABC

第三节　决定的写作

一、文种概说

（一）文种释义

"决"具有判断的意思，最早将"决"和"定"连起来用作"决定"意思的，是《史记·殷本纪》。其中说："帝武丁即位，思复兴殷，而未得其佐。三年不言，政事决定于冢宰，以观国风。"但这里所讲的"决定"不是公文的名称。

在历代政权的公文程式里，没有"决定"这种公文名称。最先把"决定"作为公文名称的，是中国共产党领导的土地革命时期的根据地。在1931年制定的《苏维埃地方政府的暂行组织条例》中，"决定"被列为当时九个文种中的一个，以后则时废时用。在国务院办公厅于1981年颁发的《国家行政机关公文处理暂行办法》中，"决定"被列为正式公文，并沿用至今。

决定的用途，现行《党政机关公文处理工作条例》规定，**"适用于对重要事项作出决策和部署、奖惩有关单位和人员、变更或者撤销下级机关不适当的决定事项"**。

（二）特征解析

1．重要性。本机关中相对重要的事宜，包括事关全局、政策性强、任务艰巨、执行时间较长的事项，才适宜用决定行文。

2．指令性。决定可用于规范人们的行为，具有法定的行政约束力，要求受文机关与人员必须认真遵守和执行。

3．稳定性。决定用于对重要事项做出决策，其规定的原则、措施以及有关事项，须在相当长的时期内发挥效用，不能轻易变更修改。

（三）文种辨析

决定与决议一样，都是下行文，都具有领导指挥性，还具有议决性，但有两点不同之处：

1. 作用不同

决议是经会议讨论通过的公文,下级机关对所要执行的决议事项必须贯彻执行。这里的"会议"主要是指法定性会议,如党的会议、人大会议、职工代表大会等。关于执行问题,如《全国人民代表大会常务委员会关于进一步加强法制宣传教育的决议》(2011年4月22日第十一届全国人民代表大会常务委员会第二十次会议通过),就特别强调,"加强对本决议贯彻实施情况的监督检查","保证本决议得到贯彻落实"。

决定是用于对某些重要问题进行安排或部署重大行动的公文。一般说来,对某些重要问题进行安排的决定是宣告性的,对重大行动做出安排的决定是指挥性的;宣告性的决定不一定要求下级机关执行,指挥性的决定则要求下级机关遵照执行。

2. 产生的过程不同

决议是经有关法定会议对某一议题进行集体讨论并由法定多数表决通过而发布的公文;决定则不一定要经过代表大会集体讨论通过这一程序,可以由领导层直接决定。

(四)类型划分

决定的使用范围比较广泛,从决定的作用和目的划分,可以分为知照性决定和指挥性决定。

二、写作指要

(一)知照性决定

知照性决定是指除当事者(单位或个人)外,一般只要求受文单位和有关人员知晓,不要求受文单位及有关人员承办和贯彻执行的决定;有些决定在末尾虽有号召性语言,但没有执行的具体意见和要求,也属知照性决定。

常用的知照性决定有表彰决定、处分决定、机构设置的决定、人事决定和其他重大事项的决定等。

1. 例文导读

人力资源和社会保障部关于授予职业技能竞赛优秀选手全国技术能手荣誉的决定

各省、自治区、直辖市及新疆生产建设兵团人力资源和社会保障厅(局),国务院有关部门,有关行业组织、有关企业人事劳动保障工作机构:

为深入学习习近平新时代中国特色社会主义思想,全面贯彻党的十九大精神,落实《新时期产业工人队伍建设改革方案》《职业技能提升行动方案(2019—2021年)》要求,进一步发挥职业技能竞赛在技能人才工作中的重要作用,我部会同有关部门、行业企业广泛组织开展职业技能竞赛活动,加强高技能人才队伍建设,引导广大劳动者积极参与职业技能竞赛,提升职业技能水平,走技能成长成才之路,营造"劳动光荣、技能宝贵、创造伟大"的良好社会氛围。

根据我部职业技能竞赛管理有关规定,经研究决定,授予罗凯等560名在第45届世界技能大赛全国选拔赛和在2018年中国技能大赛中取得优异成绩的选手"全国技术能手"荣誉（名单附后），并颁发奖章、奖牌和荣誉证书。

希望受表彰的选手以获得的荣誉为新起点，戒骄戒躁，不断学习新知识、掌握新技能、创造新业绩，充分发挥示范引领作用。希望广大劳动者向受表彰的"全国技术能手"学习，立足工作岗位，刻苦钻研技术，努力提高技能水平。希望各地区、各部门、各行业企业大力弘扬工匠精神，大规模开展职业技能培训，广泛开展职业技能竞赛活动，进一步完善技能人才培养、评价、使用、激励和保障措施，加快建设知识型、技能型、创新型劳动者大军，为实现"两个一百年"奋斗目标和中华民族伟大复兴的中国梦做出新的更大贡献。

附件：
1. 第45届世界技能大赛全国选拔赛获"全国技术能手"荣誉人员名单
2. 2018年度职业技能竞赛获"全国技术能手"荣誉人员名单

人力资源和社会保障部
2019年7月1日

阅读与讨论：

（1）上文属表彰性决定，其事由是"授予职业技能竞赛优秀选手全国技术能手荣誉"，而这类决定经常直接将"表彰"置于题目中。本文的标题还可怎样表达？哪一种表达更好？

（2）本文作为表彰决定，除了写表彰缘由和表彰事项外，为什么还重点写了对受文对象的希望？

（3）请区分三方面希望针对的不同对象，并指出三方面希望所体现的共同着力点。

2. 结构模式

知照性决定在写作方法上要求开门见山，直陈直叙，篇段合一或只写两三个自然段；不分条目，篇幅简短，结构严谨，层次分明，文字精练，语言规范，表述准确。

（1）表彰决定。正文由表彰对象、表彰缘由（一般是贡献大、成绩突出）、做出表彰决定的机关、决定的内容组成。其中，决定的内容包括表彰奖励的等次（给予何种奖励）、希望与号召。应注意表彰决定的政策性、办理程序的规范性，奖励等次应符合有关政策规定，做到手续齐全，奖励等次具体明确，便于办理和执行。

（2）处分决定。正文由何人、何事、何错误（即处分的对象因什么问题犯有什么错误）、处分的政策法律依据、决定内容组成。处分干部（人员），要以事实为依据，以政策法律为准绳，做到定性准确、处分恰当、手续齐全，达到教育和挽救干部（人员）的目的。在写法上，要注意每一个字、词的正确运用，注意语言的规范性，做到无懈可击。

（3）机构设置决定。国家管理的机构设置问题，均由机构编制部门管理。正文由机构设置的缘由、依据、编制数、职责任务等组成。应做到内容完整，文字精练，篇幅简短。由于文种使用的变化，不少地方机构设置的事项，用通知发布或用复函答复。

（二）指挥性决定

指挥性决定是指需要下属单位和有关人员承办和坚决贯彻执行的决定。 常用的指挥性决定有法规性决定、部署重大行动的决定和处理重大问题的决定。

1. 例文导读

××省公安厅关于向吴×俊同志学习的决定

各市、州、县公安局，厅直各单位：

吴×俊，男，1975年2月出生，中共党员，1998年11月参加公安工作，先后在浠水县公安局南城派出所、洗马派出所、警务保障室工作，2011年11月任巴河水陆派出所副教导员，2015年12月被选调到特勤队主持工作。2016年2月10日上午，吴×俊同志在带队处置一起持刀持爆警情时，面对歹徒突然引燃的自制"土炸弹"，为保护周围群众生命安全，毅然扑上去用身体压住爆炸物，被炸得血肉模糊，身负重伤。后经医院全力救治，吴×俊同志脱离生命危险，但全身灼伤30余处，受伤面积达到14%，大部分伤口中度烧伤，手部、面部有部分面积重度烧伤，手指骨轻度炸裂。吴×俊同志在关键时刻挺身而出、以身堵爆的英勇壮举经中央及地方媒体深入报道后，在社会各界引发强烈反响。×××等领导同志先后作出重要批示，高度赞扬吴×俊同志的英雄事迹，要求大力宣传表彰。网友称赞他为最美"扑爆哥"、现代"黄继光"。

吴×俊同志是全省公安队伍中涌现出的又一重大先进典型，是践行"三严三实"的杰出代表，其英雄事迹集中体现了人民警察有灵魂、有血性、有担当的大爱大勇，生动诠释了"人民公安为人民"的价值追求。大力宣传学习吴×俊同志的英雄事迹，对于深入贯彻落实党的十八届五中全会精神，激发广大公安民警昂扬斗志，凝聚公安改革发展强大气场，推动全省公安工作和队伍建设不断前进具有重要意义。为此，省公安厅决定，在全省公安机关和广大公安民警中开展向吴×俊同志学习的活动。

一、学习他坚定信仰、献身使命的崇高品质，永葆忠诚警魂。吴×俊同志以身堵爆的英雄壮举并非偶然，而是其忠诚为民、无私奉献一贯作风的具体展现。从警17年来，他一直坚持战斗在打击违法犯罪第一线和维稳处突最前沿，爱岗敬业、忠于职守，任劳任怨、默默付出，凭着一股"憨傻"的干劲和闯劲，出色地完成了各项工作任务。他主持特勤队工作的短短2个月时间，就带领全队参与处置各类案件100余起，抓捕各类违法犯罪人员60余名。只要遇到急难险重任务，他总是身先士卒，带头冲在最前面，把危险留给自己，把安全让给他人。向吴×俊同志学习，就要像他那样坚定理想信念，牢记神圣使命，永葆忠于党、忠于国家、忠于人民、忠于法律的政治本色，勇于为党和人民的利益牺牲和贡献自己的一切。

二、学习他牢记宗旨、一心为民的公仆意识，恪守为民情怀。吴×俊同志时刻把群众的安危冷暖放在心上，想群众之所想，急群众之所急，执法办案刚正不阿，调处纠纷公道公平，服务便民杯水见情。在派出所工作期间，他坚持每天晚上少睡一个小时，用来熟悉辖区情况，思谋工作要点，并及时提出有针对性的具体应对措施，得到辖区干部群众的一致认可。为方便偏僻地区困难群众办证换证，他不辞辛劳、亲力亲为，主动帮助收集资料、联系办理并送证上门,被人民群众称为"快递警察"。向吴×俊同志学习,就要像他那样牢记为民宗旨,站稳群众立场,坚持"民有所思、我有所想,民有所呼、我有所应,民有所盼、我有所为",把群众当家人,把群众工作当家业,把群众的小事当自己的大事,真心实意为群众做好事、办实事、解难事,以个人之小累积和谐警民关系之大功。

三、学习他临危不惧、不怕牺牲的英雄气概,彰显血性担当。吴×俊同志素来不惧邪恶、敢打敢拼,浑身充满胆识和正气。在这次参与处置持刀持爆警情过程中,他刚开始面对歹徒不断投掷的爆炸物,毫不畏惧,挺身而出,第一个冲上去。后来面对歹徒挥舞的柴刀,仍然毫不退缩,勇往直前,与歹徒搏斗。最后面对即将引爆的"土炸弹",依然毫不犹豫,以身堵爆,用血肉之躯压住爆炸物,保护了他人的生命和财产安全,经受住了血与火、生与死的严峻考验。向吴×俊同志学习,就要像他那样有血性、有担当,在党和人民需要的时刻挺身而出,在困难和危险面前毫不退缩,始终发扬为党和人民利益而战、为法律尊严而战、为警察荣誉而战的战斗精神。

全省各级公安机关要高度重视,切实加强组织领导,深入宣传发动,迅速掀起向吴×俊同志学习的热潮,不断释放正能量,弘扬主旋律。要把学习活动与"两学一做""秉公执法,人民公安为人民"主题教育活动结合起来,教育和引导广大公安民警进一步增强政治意识、大局意识、核心意识、看齐意识,培养造就一支具有铁一般信仰、铁一般信念、铁一般纪律、铁一般担当的公安队伍,为××在中部率先全面建成小康社会作出新的更大的贡献!

××省公安厅
2016 年 3 月 8 日

阅读与讨论:

(1)指挥性决定有不同的类型,本文是哪一类指挥性决定?

(2)本文发文的主要依据是吴×俊同志在关键时刻挺身而出、以身堵爆的英勇壮举,为什么说此文是指挥性决定,而不是表彰性决定?

(3)作为部署重大行动的指挥性决定,本文与告知性的表彰性决定在写法上有何不同?

2. 结构模式

(1)法规性决定

法规性决定一般篇幅较长,结构严谨,内容完整全面,操作性很强。它虽不是法规性文件,但实际效力又接近法规性文件(如法令、规则、条例等)。

法规性决定的正文,由决定缘由和决定内容两大部分组成。

决定缘由,包括行文的缘由、依据、目的和过渡句。行文的缘由要有针对性,对做出决定的事由予以实事求是的概括。行文的依据是上级机关的文件精神、党的方针政策和国家的法律法规,言之有据,气势磅礴,如高屋建瓴。行文的目的要明确,要准确地体现公文的主旨。然后以过渡句承上启下。

决定内容,包括开展某项工作的意义、决定的具体事项和保障措施(执行要求)

三个部分。其中，意义部分，用高度概括性的语言，准确地阐述决定事项的内涵及其地位与作用。决定的事项可分成若干部分，与意义部分平列布局，要求内容完整具体，结构严谨，逻辑严密，涵盖范围广，操作性强；用决断性语言，文字精练，表述准确。保障措施包括如何加强领导、加强队伍建设、加大投入、加强协调配合等。

（2）部署重大行动的决定

部署重大行动的决定，正文主要包括决定的依据、决定的内容两部分。这里重点介绍部署向先进单位和先进人物学习活动决定。这种决定的依据，包括先进单位或先进人物的基本情况、优秀事迹。其中，基本情况是反映先进单位、先进人物基本特征的典型情况、最有代表性的情况和重要情况。比如，是什么样的先进单位或先进人物，曾获得什么样的重大奖励。优秀事迹，要对先进单位或先进人物的整个事迹做出高度概括，把其最优秀、最典型、最感人、最有教育意义的优秀事迹写出来。

在写法上，以叙述为主，夹叙夹议。针对因某一突出的英勇事迹而受表彰并开展学习活动的，用概括性语言，重点写好这一事迹，不要拘泥于具体的情节、过程，同时对其一贯的表现做简要介绍，以衬托其先进性，并对其优秀事迹做肯定性、总结性评价。决定内容，包括决定的目的、授予什么荣誉称号或给予什么奖励、向先进单位或先进人物学习的内容、如何开展学习活动等。学习的内容，既要实事求是，从优秀事迹出发，概括出学习的内容，又要有思想性、针对性、普遍性和指导性。

三、写作策略

决定是介于命令（令）和决议之间的公文，既可以由行政首长做出，也可以由会议做出，具有领导指挥性和议决性，写作上兼顾命令（令）和决议两个文种的写作策略。

（一）要有简明的决定缘由

缘由既是领导指挥性公文的重要组成部分，也是议决性公文的重要组成部分，用以说明制定并发布该公文的原因、目的、根据，以及决定出台的过程，使受文者明确为什么要制发这个决定。这部分要求写得简洁、明了。

（二）主旨集中，重点突出

对重要事项（事件）做出安排的决定，通常用于表彰、惩处、机构设置、人事安排等，撰写时，要求根据充分、事实准确，对事实的分析和结论应当观点明确、分寸适宜；对重大行动做出安排的决定，通常用于领导机关对于重大的政治活动、行政活动、经济活动等做出安排，撰写时，要求首先讲清形势，说明重大部署的必要性、紧迫性，进而阐明展开重大行动的方针政策、原则与措施，使受文者明确目标，掌握政策，了解做法，增强执行或遵守的自觉性与准确性；对规定重要工作原则、办法的决定，撰写时，一般以条项形式安排内容，要求分类、排序准确、严密，对于适用对象、有效范围、工作办法、时限要求、奖惩处理等提出明确目标与周密具体的规定，不留疏漏，为了便于受文者理解执行，还要注意讲清楚有关道理，讲清楚具体标准。

（三）语言郑重、简练、准确，语气坚决肯定

决定的语言，要求庄重严肃、坦陈直叙、言尽意止、简练明快、准确具体、斩钉截铁，既要做到篇幅简短、文字精练、言简意赅，又要抓住主要问题，中心突出，详略得当。忌用词义模糊或模棱两可的语言。

思考与练习

（一）判断题

1. 在辛亥革命以前的历代政权的公文程式里，没有"决定"这种公文名称。（　）
2. 决定与命令（令）一样，都是指挥性的下行公文。（　）
3. 知照性决定是要求下属单位及有关人员承办和贯彻执行的决定。（　）
4. 法规性决定的正文，由决定缘由、决定内容和决定主体三大部分组成。（　）
5. 决定的制发主体一般是机关，也可以是会议。（　）

参考答案：1. √　2. √　3. ×　4. ×　5. ×

（二）选择题

1. "决定"作为公文名称，最早出现在（　）。
   A. 《国家行政机关公文处理暂行办法》　B. 《人大机关公文处理办法（试行）》
   C. 《史记·殷本纪》　D. 《苏维埃地方政府的暂行组织条例》
2. （多选题）常用的知照性决定有（　）和其他重大事项的决定等。
   A. 处分决定　　　　　　　　　　　B. 机构设置的决定
   C. 人事决定　　　　　　　　　　　D. 表彰决定
3. 决定与决议都具有的属性是（　）。
   A. 指挥性　　B. 议决性　　C. 奖惩性　　D. 法规性
4. （多选题）下列属于"决定"语言特点的是（　）。
   A. 郑重　　　B. 简练　　　C. 准确　　　D. 语气坚决肯定

参考答案：1. D　2. ABCD　3. A　4. ABCD

（三）制作题

根据给定的材料，以当地公安机关的名义，拟写一份决定（训练稿）。

石××，男，汉族，1958年5月出生，福州市人，大学本科文化，原任××市公安局××分局副局长、××交警大队大队长。

石××因涉嫌犯受贿罪于2018年8月10日被刑事拘留，同月21日被逮捕。2019年6月3日，××区人民法院判决石××犯受贿罪，判处有期徒刑12年。石××不服，提出上诉。2019年9月2日，××市中级人民法院作出终审判决，认定其犯受贿罪，判处有期徒刑8年零6个月。

当地公安机关根据《中华人民共和国公务员法》和《行政机关公务员处分条例》

的有关规定，经研究，决定给予石××行政开除处分，解除其与国家行政机关的人事关系，时间从2019年9月3日起执行。

第四节　通知的写作

一、文种概说

（一）文种释义

通知，其词义是把事情告诉人。"通知"用作行政公文名称，比通告更晚。自秦汉到清末直至北洋军阀政府统治时期，官府之间有事互相告知，或者上级机关有一般性事项告知下级机关，所使用的公文中，都没有"通知"这一名称。

1942年，在国民党政府公布的《公文程式条例》中，第一次将"通知"用作行政公文名称。

1949年，中国共产党领导的华北人民政府发布《公文处理暂行办法（草案）》，把"通知"列为正式公文名称，并且规定："对于特定事项或特定机关人员，通知以必须知照之事项，用通知。"中华人民共和国成立以后，政务院于1951年颁布了《公文处理暂行办法》，但并没有将"通知"列入。可实际上，各机关、团体、单位都在使用"通知"这一文种，只是在使用上有些混乱。为此，国务院秘书厅于1957年11月所发《关于对公文名称和体式问题的几点意见（稿）》和国务院办公厅于1980年所发《国家行政机关公文处理办法（草案）》，都把"通知"列为正式公文。之后，《中国共产党机关公文处理条例》《人大机关公文处理办法》《国家行政机关公文处理办法》继续将通知列为法定文种。

通知的用途，现行《党政机关公文处理工作条例》规定："**通知，适用于发布、传达要求下级机关执行和有关单位周知或者执行的事项，批转、转发公文。**"

（二）特征解析

通知是党政机关、企业事业单位和社会团体广泛使用的下行文文种，具有知照性和指挥性的双重性质，为所有机关和单位所接受，用以发布自己职权范围内的有关事项。通知具有以下特点：

1. 适用范围广。通知是所有法定文种及所有文种之中适用范围最广的一个文种，所有机关、单位、组织都可以使用这一文种，发布与此文种和自己职权范围相适应的事项。

2. 运转速度快。通知的时效性非常强，通知的事项一般都要求及时办理、执行或知晓，尤其是会议通知等，往往只在特定的一段时间里有效。所以，通知从起草到发出，与其他文种相比要快得多。特别是知照性通知，从起草、审核、签发、印制、分发到传递，速度快、效率高。有些简单的知照性通知发布甚至不用起草，也不用报批，经机关领导同意或授权，就可以直接发文。

3. 使用频率高。由于通知的适用范围广，内容的灵活性比较大，适应性很强，所以，它的使用频率很高。它适用于各个方面的工作，是每一个机关、企事业单位和社会团体所发布的公文中，使用频率最高的文种。

（三）类型划分

通知的使用范围广，由此带来了通知内容、结构形式与写作方法的多样性。从内容上划分，有指挥性通知和知照性通知。其中，指挥性通知又可分为发布性通知、批示性通知、指示性通知等；知照性通知也可分为任免通知、会议通知、事务性通知。从时效上划分，可分为紧急通知和一般通知等。

二、写作指要

（一）发布性通知

发布性通知是指印发或公布规范性公文、领导讲话等文件的通知。 这类通知重在颁布，并提出明确的贯彻执行要求。

1. 例文导读

公安部关于印发《公安信息网安全管理规定（试行）》的通知

各省、自治区、直辖市公安厅、局，新疆生产建设兵团公安局：

为加强公安信息网安全管理，保护公民个人信息安全，保障公安信息网安全稳定运行，公安部制定了《公安信息网安全管理规定（试行）》。现印发给你们，请结合各自实际，抓好贯彻落实。

公安部
2017 年 3 月 17 日

阅读与讨论：

（1）上文标题中印发的文件名称为什么要加上书名号？

（2）上文正文部分包含哪几个方面的内容？

（3）印发的文件是否是本文的附件？作附件处理和不作附件处理在写作上有什么不同？

2. 结构模式

标题：《×××关于印发〈××的办法（或条例、细则）等〉的通知》。如果印发的不是规范性文件，题目中的文件名称则不使用书名号。

正文：《×××的办法》已经×××（指批准的领导机关名称）批准或同意，现印发给你们，请认真贯彻实施（或认真贯彻执行）。

有的在此后增加一两个自然段，对规范性公文或领导讲话的贯彻落实，阐明意义，提出具体的意见和要求等。这部分内容表述要准确、庄重，语言要平实、简练，态度要鲜明，以全面、准确地反映发文机关的意图。

(二) 批示性通知

批示性通知，是指领导机关批转下级机关的公文，转发上级机关、同级机关和不相隶属机关的公文所使用的通知。

1. 例文导读

国务院批转林业局关于全国"十二五"期间年森林采伐限额审核意见的通知

各省、自治区、直辖市人民政府，国务院各部委、各直属机构：

　　国务院同意林业局《关于全国"十二五"期间年森林采伐限额的审核意见》，现转发给你们，请认真贯彻执行。

　　森林资源是国家重要的自然资源和战略资源，是满足经济社会发展对林产品需求的物质基础，是发展现代林业，维护国土生态安全，建设生态文明的重要载体。大力加强森林资源保护管理，依法实行采伐限额制度，严格控制森林资源消耗，提高森林资源的利用效益，推进森林经营方案的编制与实施，对于建设完善的林业生态体系、发达的林业产业体系和繁荣的生态文化体系，应对全球气候变化，促进经济社会可持续发展具有重要而深远的意义。

　　"十二五"期间年森林采伐限额是每年采伐消耗森林、林木蓄积的最大限量，地方各级人民政府和有关部门必须严格执行，不得突破。地方各级林业主管部门要编制省、县两级森林经营规划，引导森林经营者编制森林经营方案；加强对森林采伐限额执行情况的严格监督管理，对乱砍滥伐和超限额采伐的，要依法严肃处理。林业局要对各地执行情况组织定期检查，检查结果上报国务院并通报全国。

国务院
二〇一一年一月二十六日

阅读与讨论：

（1）批示性通知包括转发、批转两种情况，本文为什么属"批转"而不是"转发"？

（2）由国家林业和草原局拟制的《关于全国"十二五"期间年森林采伐限额的审核意见》为什么不是直接下发给林业部门，而要由国务院进行批转？

（3）本文的正文部分除了阐明批转对象和执行要求，还写了哪些内容？

（4）公文的成文日期一般用阿拉伯数字标注，为什么本文用的是小写汉字？

2. 结构模式

　　这类公文，一般有两个或两个以上的文种。"通知"为第一文种，被批转、转发的公文是第二文种。这类通知一般要表明对所批转、转发的公文的意见或评价，并区分不同情况，写明批转、转发的目的。同时，根据情况，写明执行要求："请遵照执行""请参照执行""请研究执行""请认真贯彻执行""请紧密结合本地本单位的实际，认真贯彻执行"等。有的批转、转发性通知，不仅要写明批转、转发的目的和要求，还要写明具体的指示性意见，以提高下级机关对某项工作的认识，达到统一思想，并在实际工作中遵照执行的目的。有的批示性通知的篇幅很短，只有一句话，结构比较简单。批示性通知一般要写得精练、简明,字斟句酌,仔细推敲;在被批转、转发的公文前面,与被批转、转发的公文一起构成一个新的公文。

标题。由发文机关名称、被批转的公文标题与"通知"组成,如《×××(发文机关名称)关于批转(或转发)×××××规定(或意见、报告等)的通知》。行政机关的批示性通知的标题,除批转、转发的公文是法规性公文外,不用书名号。

正文。有两种写法。从结构上看,段落不同,其写作方法亦不同。

(1) 只有一个自然段的。结构比较简单,内容包括被批转或转发的公文标题、批准机关、贯彻执行的要求三个部分。其中,贯彻执行的要求,必须根据公文的具体情况确定。比如,批转需要下级机关认真贯彻执行的公文,没有讨论的余地,采用明确的肯定语言,准确地阐明态度与要求;对于新的探索性的工作,上级机关提出工作的指导方针、总原则与宏观要求,要求下级机关结合本地本单位的实际贯彻执行。例如,《×××××报告》已经×××同意,现转发给你们,请认真贯彻执行。

(2) 有两个或两个以上自然段的。除第一个自然段与上述写法相同外,还要根据实际情况写明具体的指示性意见,包括对某工作的定性、做好某工作的意义和对贯彻执行的要求等,以提高下级机关对某项工作重要性的认识,达到统一思想的目的,并能在实际工作中抓落实。

需要特别注意的是,在印制此类通知时,批转、转发的文件和颁发的文件一样,都不能当作附件,应直接另面编排在该通知的"成文日期"之后,"版记"之前。

(三) 指示性通知

指示性通知是指上级机关要求下级机关办理、执行某项工作,根据公文内容,不宜用命令、决议、决定等文种,而采用的一种通知。这种通知使用起来比较灵活、自由,没有"命令"那么多手续,没有"决议"那么抽象、宏观,没有"决定"那么严肃、庄重,但其法定效力是一样的,都是要求贯彻执行的。

1. 例文导读

××大学关于进一步加强校园安全工作的紧急通知

校属各部门:

2010年12月22日10时32分,××大学××系学生在该校2号楼环境工程实验室进行污水处理实验时,现场发生爆炸,造成参与实验的3名学生不同程度受伤。目前,受伤学生正在积极治疗,伤情稳定,事故原因也正在进一步调查之中。此次事件给学校安全工作敲响了警钟。学校主要领导迅速作出批示,分管校领导迅速召开了会议,要求严密防范和坚决杜绝类似事件再次发生。根据学校领导批示精神,为确保学校师生生命财产安全和校园秩序的稳定,特就进一步加强校园安全工作紧急通知如下:

一、高度重视,提高安全防范意识。各部门领导要高度重视、切实加强本部门安全工作。要以此次事件为活生生、血淋淋的教材,紧密结合部门实际,深刻吸取教训,持续开展宣传教育,不断提高全员安全防范意识。

二、立即行动,全面自查安全隐患。近期,各部门要全面自查一次本部门各类安全隐患，防微杜渐。自查重点：一是各类实验室的实验场所、实验器材设备、化学品使用、实验流程等是否安全；二是办公室的电脑、电器、插座、电线、门窗、电源开关、电取暖设备等是否安全；三是校园内网信息是否安全。部门自查情况要形成书面材料，于2010年12月26日以前通过学校OA系统发送给保卫科×××老师处汇总，再专题报送学校领导。

三、狠抓整改，确保校园安全稳定。各部门对自查发现的安全隐患，能够立即整改的，应该立即整改到位；暂时无法整改的，要区别轻重缓急，分别制订整改方案，提出具体整改建议，报送学校专题研究，按计划分步骤整改落实。

各部门接此通知后，请迅速传达至本部门全体教职员工，并认真组织开展相关工作。

××大学
2010年12月23日

阅读与讨论：

（1）结合此文谈谈指示性通知和指挥性决定在用法上的相同和不同之处。

（2）指出本文的依据、主旨、分旨所涉及的相关内容。

（3）对于如何加强校园安全建设，本文提出了"高度重视""立即行动""狠抓整改"三条措施，这三条措施的顺序是否可以调换？

2. 结构模式

标题。由发文机关名称、公文主旨与"通知"组成。

指示性通知正文。包括"为什么办理、执行"（依据）、"办理、执行什么"（主旨）、"怎样办理、执行"（分旨）三个部分。"为什么办理、执行"，即指示性通知发布的依据，包括发布的原因、根据、理由。"办理、执行什么"，是指示性通知的主旨，包括通知的目的和意图，要明确要求下级机关"办理什么""执行什么"。"为什么办理、执行"（依据）、"办理、执行什么"（主旨），一般构成一个自然段。写完以后，再以一个过渡句承上启下，如"现就×××工作，通知如下"，过渡到分旨部分。分旨"怎样办理、执行"，是实现主旨的具体措施、办法，要让下级机关明确知道"怎么办理""怎么执行"。应当围绕主旨来写，考虑周全，条项清楚，逻辑严密。

指示性通知一般没有结尾段，正文写完，自然结束。

（四）会议通知

会议通知是机关、单位在召开会议前告知参加会议人员有关会议事项的通知。

1. 例文导读

××省公安厅警令部关于召开厅机关队伍管理工作会议的通知

厅属各单位：

为认真贯彻全省公安局局长会议和全省公安反腐倡廉工作会议精神，进一步从严队伍管理，报经××书记同意，定于3月7日召开厅机关队伍管理工作会议，现将有关具体事项通知如下：

一、会议时间、地点

3月7日上午8：50入场，9：00准时开会，会议地点：厅机关一办公楼三楼大电视电话会议室。

二、参会人员

1. 厅属单位主要负责人（含政委）、未设政委的单位分管领导、政治协理员；

2. 边防总队、消防总队、警卫局、警察学院纪委书记、政治部主任。

三、会议议程

会议由省纪委驻省公安厅纪检组组长、厅党委委员周赛保同志主持，两项议程：

1. 厅党委委员、副厅长、政治部主任吴巨培通报有关情况并宣读《关于印发××省公安厅机关民警"十个严禁"的通知》；

2. 厅党委副书记、常务副厅长袁友方同志讲话。

四、会议要求

1. 请厅属各单位于3月6日15时前将参会人员姓名、性别、职务、电话通过办公自动化系统报厅政治部秘书室李嘉。

2. 会议重要，无特殊情况，不得请假。如须请假，须报告袁友方同志批准同意。

3. 参会人员着常服参会。

××省公安厅警令部
2017年3月6日

阅读与讨论：

（1）上文的会议通知在首段和主体部分各介绍了与会议相关的哪些要素？

（2）在会议通知的多个要素中，哪些是必备要素？

（3）会议通知要写得具体明确，以本文为例加以说明。

2. 结构模式

标题。由发文单位名称、会议名称与"通知"组成。重点写好会议名称，不需要加引号。确定会议的名称有两种方法：一是根据会议的内容确定会议名称，如全市经济工作会议；二是根据参加会议人员确定会议名称，如全市宣传部部长会议。

正文。撰写正文时要注意以下三点：

（1）内容要全面。会议通知的正文内容一般应具备以下要素：决定召开会议的机关、会名、会议时间、会议地点、会议任务（会议内容）、参加会议人员、参加人数、入场凭证、报到时间及具体的地点、联系人与联系电话、与会人员需要带的材料、什么时间上报与会人员名单及其他有关要求（如座位号、限带车辆与人员）等。这些内容必须一一写清楚，不能有遗漏；否则，就会有疑点，不便于贯彻执行。会议通知一般以办公厅（室）的名义发文，起首语必须写明"经××同意""××定于"或"××决定"等授权发文的固定用语。这同时说明了决定召开会议的机关。

（2）事项要清楚。会议通知所涉及的每一事项，都应交代清楚，切不可含糊其词，或想当然。如电视电话会议的分会场设置问题，要实事求是，能开到县一级的电视电话会议，不要通知县里的与会人员赶到市里去开会；能开到乡一级的电话会议，不要集中到县里开会。主会场与分会场的设置，一定要写明白，不要让执行者去猜想。因为能开电视电话会议的地方有几个系统，如果不写明具体的主、分会场，与会者不知道到哪里去开会。又如，与会人员，只要求有关单位负责同志各一人参加的会议，不能笼统地写成"有关单位的负责同志"，而应写明"分管某工作的负责同志"或"有关单位的负责人各一人"。

（3）文字要简练。会议事项，包括批准开会的机关、开会的时间与地点、会名等，可以用一句话写清楚的，不要分一、二、三来阐述。由于会议的内容不同，在会议通知的写法上不强求一致，但都要以最简练的文字表述会议通知的所有事项。

三、写作策略

通知作为党政机关、企事业单位和社会团体广泛使用的下行文文种，具有知照性和指挥性的双重性质，并具有适用范围广、运转速度快、使用频率高的特点，写作时应当注意以下策略：

（一）主旨要集中

每份通知要求明确说明一件事情，布置一项工作，不要试图在一件通知中表述许多事情和达到多种目的。

（二）措施要具体

要求办理、执行的通知，应当写明办理、执行的具体措施，使受文者能够正确理解并准确执行。

（三）要讲究时效

通知的拟制、传递要及时、快捷，提高效率，以免贻误时机、影响工作，必要时，在通知的标题中可以加上"紧急"二字，明确办理的时限要求。

（四）要简明有序

通知不宜长篇大论，应力求精简。内容稍复杂的通知均宜于采用分条列项式结构，以求层次的条理化；短篇通知虽可不用条列式写法，也必须层次井然、眉目清楚。

案例研讨

通知里的那些"错、错、错"
张志华

通知，就是把事情告诉人让人知道。告诉别人一件事情，做起来看似简单，但作为公文的一种，写起来并不像大家想象的那么容易。如果不慎重，闹出笑话不说，还会贻误工作，给人造成麻烦。比如下面这些通知里的"错、错、错"。

周老师为什么会被严厉批评？——谁有权发布通知

向阳中学办公室主任周老师，发现工作中遇到的一个困难正是同类学校都会遇到的。为了探讨解决之道，周老师以学校办公室的名义起草通知，准备发给其他学校的办公室主任，请他们来开个会，探讨如何解决难题。校长知道了这件事，不仅没有表扬周老师，反倒狠狠地批评了他，并问他"意欲何为"？

周老师为什么被批评？原来，<u>通知是上级领导机关发给下级机关，或者有管理、监督、协调职能的综合部门发给有关单位，要求执行、办理或者告知有关事项的公文，具有法定的权威性、强制性和行政约束力</u>。周老师工作的学校，与其他同类学校，既没有上下级关系，也没有管理、监督、协调的关系，是不能发通知的。

【应该这样做】

兄弟学校之间相互商洽工作，询问和答复问题，我们可以用"函"这种平行公文，周老师可以用"函"代替"通知"，邀请其他学校的老师来校一起商讨问题，而不能居高临下地发通知。

"向阳中学"的礼堂都挤不下啦！——通知发给谁别弄错

<u>通知发给谁，谁就要负责接受通知，执行、办理通知事项，并且及时反馈</u>。小小通知，责任重大，发给谁一定要表达清楚，否则很难把事情办好。

一天中午，向阳中学的校园广播响起："下面播送一个通知！"播音员用清脆的声音播报："今天下午两点半，请全体教师及学生中的党员到大礼堂听传达中央文件。"通知重复播放了两遍。下午两点半之前，学校的礼堂里已经挤得坐不下了，负责传达通知的张老师急得满头大汗。怎么回事？原来，通知里说，要"全体教师"和"学生中的党员"参加，但实际情况是，这个通知只要求党员老师和党员学生参加。

【应该这样做】

张老师可以这样修改："今天下午两点半，党员教师及学生中的全体党员到礼堂听传达中央文件。"即把词序改动一下，让"全体"挪到"党员"的前面，让"全体"这个表范围的副词修饰"党员"而不是修饰教师。

内勤部门的人都去哪儿了？——紧急通知不能随便发

<u>通知具有要求执行、办理有关事项的功能，特别紧急的事项，要急事急办，还可以发布紧急通知</u>。但是，发布紧急通知一定要慎重。

快乐大学的校园面积大，分为东、西两院，两院之间隔着20多公里。东院是主校区，纪检、监察、人事、财务等职能部门都设在这里；西院是教学区，大部分院系在这里。有一天，校领导来西院检查教学工作，需要负责内勤的老师提供资料，结果几个教学系部的内勤都不在，他们去哪儿了？一问才知道，他们都跑到东院领取"重要资料"去了，一时半会儿赶不回来。

原来，学校人事部门一位负责考勤的老师，上午发了一份紧急通知，要求内勤部门的老师下班前去领取"重要资料"。大家风风火火地赶到，才知道所谓的"重要资料"不过是当月的人事考核情况，完全不用急着领。

【应该这样做】

快乐大学校办公室今后要严格把关，规范通知的处理，严格通知发布的程序，一般情况下，不得滥发"紧急通知"，特殊情况下需要标注"紧急"字样的，要按照程序报批，经过批准之后，才能标注、发布"紧急通知"。

报到地点没人知道？——通知不周密，好事变坏事

<u>会议通知的内容要全面、准确、具体，所涉及的每一事项，都应交代清楚，切不可含糊其词，或者想当然。</u>

某天，几位专家学者去杭州参加一个全国性的学术会议，会议由开心大学承办。开心大学离杭州市区有点远，专家学者们按照会议通知上的"会议时间"提前一天赶到"会议地点"报到。他们风尘仆仆地抵达开心大学，看到会场前挂上了红色的欢迎横幅，却没有人接待，一时间摸不着头脑。打电话问了半天，才知道，举办方考虑到学校离市区远，交通不方便，把报到的地点、专家学者们的住宿都安排在了交通便利的市区宾馆，但因为粗心，没有在会议通知里写清楚报到的时间、地点。

【应该这样做】

通知的细节切不可大意，会议通知中，决定召开会议的机关、会名、会议时间、会议地点、会议任务（会议内容）、参加会议人员及人数、入场凭证、报到时间及具体的地点、联系人与联系电话、与会人员需要携带的材料、什么时间上报与会人员名单及其他有关要求（如限带车辆与人员）等，这些内容都要写清楚，不能有遗漏。

"暗访检查"怎么发到了网上？——有的通知要保密

前天，廉洁中学纪委发布了一则《关于开展纪律作风暗访检查的通知》。通知称，"校属各部门：最近，上级纪委正在开展纪律作风暗访检查，对上班迟到、早退和工作时间上网玩游戏、炒股、购物，以及节假日利用公款、公车进行休闲娱乐等问题进行集中整治，现已派出多个暗访组到各单位和休闲娱乐场所进行暗访检查，希望各部门领导带头遵纪守法，并加强对本部门教职员工的教育管理，严防违法乱纪现象发生。学校纪委也将对全校教职工遵守纪律的情况进行督促检查，检查情况将作为年度考核的重要依据并在全校进行通报"。

通知发到网上不到两小时，"廉洁中学"就接到上级纪委的电话，要求将这条通知迅速撤下来。这是为什么？原来，<u>上级纪委开展工作，是纪律作风的"暗访检查"，既然是"暗访检查"，就是秘密进行的，你怎么能够泄露呢？</u>

【应该这样做】

泄露秘密的通知，严重违反了工作纪律，当然不能随便发到网上。"廉洁中学"立马召开了会议，向老师们强调保密的重要性，知晓利害关系——"对泄密后果严重的，还要追究纪律责任，乃至法律责任"。

明明是号召大家做好事，怎么被人质疑呢？——通知的使用要规范

这是发生在2000年底的一件事。爱心小学的小刘老师的租住屋漏水，引起家电起火，烧坏了家具、电器，损失加起来将近2万元。小刘老师家在农村，经济条件并不好。危难之际，学校发布了一则通知，号召大家捐款，为小刘老师奉献爱心。接到通知，同事们纷纷慷慨解囊。但也有人质疑：献不献爱心，是个人的事情，学校只能倡

导，下达强制性的通知让爱心变了味。

的确，"通知"作为公文，是上级机关发给下级机关及所属人员，具有行政强制的性质。捐款这种行为可不能靠行政强制，只能加以引导、倡议。如果用"通知"这种形式去要求大家捐款，可能会引起大家的质疑甚至反感。

【应该这样做】

号召大家献爱心，最好采用什么写作形式呢？就当时的情况而言，可以采用"倡议书"这种形式，倡议大家捐款、奉献爱心，其效果会更好一些。但在2016年我国《慈善法》颁布实施以后，要依法办慈善，倡议书也不能随便发布，这里就不详细阐述了。

思考与练习

（一）判断题

1. 通知是使用频率最高的文种之一。（ ）
2. 发布性通知不提出明确的贯彻执行要求。（ ）
3. 批示性通知，专指领导机关批转下级机关的公文。（ ）
4. 指示性通知一般不单独结尾，正文写完，自然结束。（ ）
5. 上级机关向有关部门正式传达相应的人事任免事项，应用任免通知发布。（ ）
6. 对于提拔任职的同志，先进行公示。（ ）

参考答案： 1. √ 2. × 3. × 4. × 5. √ 6. √

（二）选择题

1. 第一次将"通知"用作行政公文名称的是（   ）。
A. 国民党政府的《公文程式条例》
B. 华北人民政府发布的《公文处理暂行办法（草案）》
C. 政务院于1951年颁布的《公文处理暂行办法》
D.《国家行政机关公文处理办法》

2. 从内容上划分，通知包括（   ）。
A. 指挥性通知和一般性通知　　B. 知照性通知和紧急性通知
C. 指挥性通知和知照性通知　　D. 批示性通知和知照性通知

3. 干部职务任免用命令发布的机关是（   ）。
A. 军事机关　　B. 党政机关　　C. 人大常委会机关　　D. 社会团体

4. （多选题）确定会议名称的方法有（   ）。
A. 根据会议时间　　　　　　　B. 根据参加会议人员
C. 根据会议地点　　　　　　　D. 根据会议的内容

参考答案： 1. B 2. C 3. A 4. BD

（三）制作题

根据给定的资料，认真分析研究后，以××省教育厅办公室的名义，就考风建设问题，有针对性地拟写一份通知（训练稿）。

1. ××××年7月7日上午9点，全国高考第一门考试——语文考试开始，记者架设在××省××县××一中第一考点对面的摄像机开始工作。9点30分拍摄的镜头：一位考生看过纸条后，不动声色地传给后座。11点30分，铃声响起，考试结束，考场内一片混乱。

按我国高考考试守则规定：考试时间一到，考生应立即停止答卷。在监考人员将试卷收好并确认无误后，考生方可起立离开考场。但是，在铃声响过两分钟之后，考场内竟是这般情景——一位老师在奋笔疾书的考生旁耐心地等待。

到了下午，记者在另一个考场看到，考场秩序更为混乱，考生们对答案、传纸条、打手势、交头接耳，可谓五花八门。这一切，监考老师尽收眼底，但他就是视而不见。情况太混乱的时候，他干脆背过身去，看着走廊。考试结束了，考生们抓紧最后的机会再"交流"一下。尽管身戴大红监考证的教师就在身边，但是铃响两分钟以后，很多考生仍然不肯交卷。

2. 据拍下现场的××经济台有关负责人告诉记者，早在高考前，该电视台便收到一个匿名电话，反映该省××一中常有高考作弊现象。记者在7月6日上午，赶赴距长沙10小时车程的××县做现场调查研究，发现情况属实。第二天，××电视台两名记者乔装打扮，在距离××一中考场20多米处的一幢居民楼上架设了一架摄像机，隐蔽后，开始对考场内进行拍摄。从上午9点语文考试，一直拍到下午的考试结束，记者拍到了足足180分钟的现场录像。

据介绍，电视台领导在看了录像后相当震惊。但为了不影响高考的正常秩序，不影响考生的情绪，最终决定放到高考最后一科结束后才播。

3. 7月11日晚上9点20分，记者与××市教委招生办邓主任取得联系，他正准备赶赴××县，与他同去的还有××省教育厅就此事特别成立的调查组人员。在此之前，10日中午12点，由××省教委和监察厅联合组成的7人调查小组已奔赴××县了解情况。

据邓主任讲，此事是10日中午11点多时，××省教育厅的有关人员打来电话通知他们的，邓主任说发生这种事情是始料不及的。

据邓主任介绍，对今年的高考，××市委领导非常重视，曾多次强调一定要严肃考风考纪，哪个地方出问题就由哪个地方负责。今年特别规定全市高中授课教师不得监考，设有考场的，本校教师不得监考。按要求，监考人员都应是教育主管部门的干部。

7月3日，××市主管副市长曾听取各考点主要负责人汇报高考组织工作，再一次强调严肃考场纪律，下午3点还到几个考场检查准备工作。7月4日，各考场有关负责人签下军令状，保证高考顺利进行。

邓主任认为，××县发生高考舞弊事件，其中一个原因是××县有关领导没有很好地贯彻××市关于严肃考场纪律的要求。邓主任表示，对此舞弊事件，将按照有关规定从严查处，决不姑息。

据了解，××市今年共有11个考区12个考点10270名考生。根据反馈的消息，除××一中考点发生舞弊外，其他考场一切正常。

第五节 意见的写作

一、文种概说

（一）文种释义

"意见"是中共中央办公厅于1996年5月印发的《中国共产党机关公文处理条例》新增加的文种。国务院于2000年8月发布的《国家行政机关公文处理办法》去掉了"指示"文种，增加了"意见"文种。这样规定，适应了在社会主义市场经济条件下宏观调控的需要和加强社会主义民主法治建设的需要。

现行《党政机关公文处理工作条例》规定："**意见，适用于对重要问题提出见解和处理办法。**"意见，作为一个文种使用，理论界和秘书界虽有不同的看法，但中共中央办公厅、全国人大常委会办公厅、国务院颁布的公文处理的法规把它确定下来，并赋予它特定的内涵。这是现实工作的需要，是对实践经验的科学总结，也是对文种使用规律的探索与发展。

意见，不同于一般含义的意见，是对重要问题、新的工作提出见解和处理办法的公文。这些处理办法虽然是探索性的，但却是领导机关的决策成果，是要贯彻执行的。

（二）特征解析

意见，作为公文种类而存在，并广泛使用，是改革开放和时代的产物。它的显著特点是：

1. 探索性

探索性，是指"意见"公文不局限于已有的规定，而是立足于创新，立足于问题的解决。所以，意见，适用于对新的工作特别是上级及中央没有文件规定的工作和重要问题提出见解与处理办法。当然，这些见解与处理办法的提出，必须符合马克思主义的立场、观点和方法，符合"三个代表"重要思想和科学发展观，对实际情况和具体工作做深入细致的调查研究，由表及里，由浅入深，运用概念、判断进行推理、论证，并进行实践检验和深入的探索；必须符合党的路线方针政策、国家的法律法规和WTO规则；必须敢闯、敢试、敢于探索，敢于实事求是和开拓创新。探索性，是"意见"这一文种的显著特点。

2. 宏观性

意见对探索性工作提出解决问题的办法具有宏观性，一般只提出开展某项工作的原则、方法、要求，不提微观的处理意见和具体规定，给下级机关一定的自主权，使之结合实际贯彻执行，创造性地开展工作。

3. 多向性

意见,作为党政机关使用的法定文种,可以用于下行文,也可以用于上行文,还可以用于平行文。

意见用作下行文,侧重于指导性,批令性、规定性的事项不适于使用意见行文。意见如果对贯彻执行提出明确要求,下级机关应当遵照执行;如果没有明确要求,下级机关可参照执行。意见用作上行文,应按请示性公文的程序和要求办理,这既是对下级机关提出的要求,也是对上级机关提出的要求。对下级机关而言,意见要遵守"请示"的行文规则,如不能一文数事、不能多头主送、不能抄送下级机关等;格式上要比照上行文,如标注签发人、联系人等。对上级机关而言,对意见要处理或予以答复。意见用作平行文,所提意见仅供对方参考。

(三) 类型划分

根据适用对象和行文方向,意见可分为下行的指导性意见、上行的建议性意见和平行的参考性意见。

(四) 文种辨析

意见和决定、通知都可以用来向下级单位部署工作,但在具体使用时,存在以下几个方面的差异:

1. 工作的重要性程度不同

决定部署的工作事关重大,只有属于组织的"重要问题""重大行动"或者对组织影响较为深远的事项才使用决定。比如,在全国范围内建立和实行公民身份号码制度,是国家加强社会管理的一项重要举措,对我国社会主义现代化建设的各个层面都产生了极其深远的影响。因此,国务院在宣布这一重大事项时,即选用了"决定"这一文种。意见关涉的也是"重要问题"、影响全局的问题。只有通知使用的频率最高,凡是机关在某一时段内要求下级机关或者有关单位执行或者完成的某项具体工作,均适宜用通知行文。

2. 工作涉及的层面不同

用意见指导的工作一般是机关某方面带有全局性的工作,涉及的层面较高,如中央出台的有效防控疫情的同时积极有序推进复工复产的指导意见,便是从宏观上解决这一问题的重要文件。而用通知来布置的一般是该机关的局部性工作,或者具体性工作,如《××大学关于进一步加强校园安全工作的紧急通知》即属此类。

3. 对执行的要求不同

决定对组织重要事项做出策略性安排,涉及组织的发展方向或者前途命运,具有很强的制约性和权威性,下级机关必须不折不扣地执行。通知对下级的规定性也较强。而意见则是针对下级工作所出现的问题,阐明基本原则,提出解决办法和执行要求,注重原则性和灵活性、规定性和变通性的结合,以便为下级办文留有更多的发挥余地。

二、写作指要

(一) 指导性意见

指导性意见，是上级机关就重要问题向下级机关或有关部门阐明工作开展的见解和处理办法，要求其办理或执行的一种意见。在工作中，这类意见很多，且宏观性、指导性很强。它又分为"原发"意见与贯彻落实的"实施"意见两种。"原发"意见，是本机关对重要问题的探索与处理提出的见解与处理办法；"实施"意见是以上级文件精神为依据，结合本地本单位的实际情况，对重要问题提出的见解和处理办法，但必须与上级文件精神保持一致。"实施"意见与上级的文件比较，其针对性、操作性更强，更切合本单位的实际情况。

1. 例文导读

中央应对新型冠状病毒感染肺炎疫情工作领导小组
关于在有效防控疫情的同时积极有序推进复工复产的指导意见
国发明电〔2020〕13号

各省、自治区、直辖市党委和人民政府，新疆生产建设兵团，中央和国家机关各部门：

按照党中央、国务院决策部署，为贯彻"外防输入、内防反弹"的总体防控策略，现就统筹疫情防控和经济社会发展、在防控常态化条件下加快恢复生产生活秩序、积极有序推进复工复产提出以下意见。

一、做好复工复产相关疫情防控

(一) 压实地方和单位疫情防控主体责任。严格落实《全国不同风险地区企事业单位复工复产疫情防控措施指南》等要求，做好园区、工厂、楼宇、食堂、宿舍等场所空气流通、清洁消毒相关防疫管理，加强健康监测和出入登记管理，及时掌握员工流动情况，落实员工个人防护要求，尽量减少人员聚集和集体活动。各地区要建立口罩等防疫物资供应保障机制，努力满足企事业单位相关需求。

(二) 常态化防控与应急处置相结合。保留发热门诊和预检、分诊等制度，规范疫情应急处置流程，发现员工出现发热、呼吸道症状，立即安排到定点医院就医，一旦发生疫情，立即启动实施应对预案并实行精准管控，做到无症状感染者、疑似和确诊病例早发现、早报告、早隔离、早治疗，防范聚集性疫情。公开透明发布疫情信息，不得瞒报、漏报、迟报。

二、积极有序推进复工复产

(三) 分区分级恢复生产秩序。低风险地区要从应急性超常规防控向常态化防控转变，及时取消与正常生产生活秩序不相适应的防控措施，因时因势调整工作着力点和应对措施，不得采取审批、备案等方式延缓企业复工。××省、北京市及其他存在中、高风险县域的省份，佩戴口罩等要根据本地区疫情防控形势，采取差异化措施，安全有序复工复产。

（四）推动全产业链复工复产。加大要素保障力度，及时帮助解决企业用工、资金、原材料供应和重大项目开复工等问题，支持供应链核心企业带动上下游特别是配套中小企业复工复产，保障在全球产业链中有重要影响的企业和关键产品生产出口。抓好农业生产和重要副食品稳产保供，全面恢复农贸市场经营。

（五）推动服务业复工复市。低风险地区由经营者自主决定复工复市时间，对文化旅游、餐饮及空间密闭且人员集中的场所，通过预约、分流限流等控制人员密度。在防控措施到位的前提下，有序推动各类商场、市场复工复市。全国性文体活动及跨省跨境旅游等暂不恢复。完善物流快递业相关防控措施，允许快递人员进入社区（村）配送。

三、确保人员流动有序畅通

（六）做好客运恢复和返岗服务。低风险地区之间的人员流动（入境人员除外），不得再设置障碍。在有效防控前提下，全面恢复城乡道路、公共交通运输服务；低风险地区人员可不实施上岗前隔离，企事业单位应确保空气流通、清洁消毒等防控工作到位；合理安排公共交通线路、班次，取消出租汽车（含巡游车、网约车）停运政策，确保火车站、机场、公路客运站、水路客运站等枢纽的接驳班线正常运营。

（七）加强交通秩序保障。北京市省际道路客运恢复、人员进返京等按照进京管理有关要求执行。做好离鄂离汉通道管控措施解除后交通秩序保障，密切省际沟通协作配合，规范人员车辆查控，在防控措施到位的前提下，按照有关要求有序恢复进出××省和武汉市的道路、水路、航空、铁路旅客运输，加强交通运输防疫与安全管理。严格入境人员车辆管理，统筹做好外防输入和畅通国际物流通道工作。

各地区各部门要真抓实干，力戒形式主义、官僚主义，坚决纠正防控措施"一刀切"、防控要求"层层加码"，杜绝复工复产下指标、虚报数据等行为，大力整合各类报表，严控督查数量、频次。建立健全激励机制和容错纠错机制，强化主动作为、责任担当，切实帮助基层解决困难、减轻负担。

中央应对新型冠状病毒感染肺炎疫情工作领导小组
2020 年 4 月 7 日

阅读与讨论：

（1）本文是"原发"意见还是"实施"意见？作为意见特征的"探索性"体现在哪些地方？

（2）本文的主体部分的内容是如何体现"在有效防控疫情的同时积极有序推进复工复产"这一主旨的？

（3）本文结构层次序数的使用有何特点？

2. 结构模式

标题。由发文机关名称、公文主旨与文种组成。可在标题中使用"指导"或"实施"标明意见的类型。

正文。由发文的缘由、主体内容、执行要求组成。缘由，主要阐明发文的原因、依据、目的，然后以呈启语"特提出以下意见"领起下文。主体内容，一般由开展某项工作的意义或地位与作用、对工作或问题处理的办法组成。根据公文的内容，处理办法可作一个部分或几个部分撰写，均可与意义部分并列。贯彻执行的要求，包括如何加强领导、加强各部门之间的协调配合、加强队伍建设等。全文重在对某一工作、某一问题的处理提出宏观的指导性意见，一般不做具体的规定；但"实施意见"比上级的文件更具体、更细致。正文写完，自然结束，没有专门的结尾部分。

（二）建议性意见

建议性意见，即上行意见，是下级机关就工作中的重要问题向上级机关提出见解和处理办法，请求上级机关做出处理或者给予答复的意见。建议性意见包括呈报性意见和呈转性意见两类。呈报性意见由下级机关就工作中的重要问题向上级机关提出意见或建议，供上级机关决策时参考。这类意见一般不需要上级机关答复。

呈转性意见大体可分为三类：一是针对本部门没有权力也没有能力解决，需要上级机关表态支持、有关部门落实的问题。二是虽属本部门职能范围的工作，但由于事关全局而需要上级机关发文，以期引起有关部门重视并给予支持。三是对某些涉及多个部门的事项，本可以由相关单位联合发文，但为了明确各相关部门的职责，避免推诿扯皮，特向上级机关行文请求批转，以增强其权威性，促进工作落实。如《国务院办公厅转发教育部等部门关于完善和推进师范生免费教育意见的通知》（国办发〔2012〕2号），国务院办公厅使用通知，转发了教育部、财政部、人力资源和社会保障部、中央编办四个部门联合呈送给国务院的意见。虽然具体工作仍需要这些部门去做，但经国务院办公厅转发，就使部门的意志变成了政府的意志，大大有利于工作的开展。

呈转性意见虽然在形式上是向上级机关提出的，但实际上是从上级机关的角度对相关的机关和部门提出工作要求，因此，在写法上与指导性意见大体一致，只是在文末常用"以上意见如无不妥，请批转执行"作结。

三、写作策略

根据《党政机关公文处理工作条例》规定，意见是党政机关对重要问题提出见解和处理办法的探索性公文，具有不同于一般公文的写作策略。

1. 要有针对性。意见必须针对亟待解决的重大问题或者尚未引起应有注意的问题提出处理的原则、办法，既不能"放空炮"，也不能"捡芝麻"。例如，《中央应对新型冠状病毒感染肺炎疫情工作领导小组关于在有效防控疫情的同时积极有序推进复工复产的指导意见》，就是在新冠疫情全球蔓延的严峻形势下，针对亟待解决的"有效防控新冠疫情"与"积极有序推进复工复产"重大国计民生问题而发布的，针对性极强。

2. 要有实在性。意见写作前，要经调查研究，有实事求是之意，无哗众取宠之心，建议主张要符合实际，既不能说空话，更不能唱高调。例如，前述意见，就是在科学预判国内疫情已经相对稳定，"有效防控新冠疫情"与"积极有序推进复工复产"可以同时进行的情况下，"按照党中央、国务院决策部署"发布的，既具有客观实在性，更具有极高的权威性。

3. 要有可行性。意见的写作要有可靠的依据或可行的论证，解决重大问题的办法要具体可操作。"意见"是要施行的，必须切实可行，不能坐而论道、大而无当。例如，前述意见，围绕"有效防控疫情、积极有序推进复工复产"这个主旨，周密部署，列写了三大条七小款，从落实疫情防控到分区分级分行业复工复产再到人员流动的交通保障，从预判问题、做好对策、真抓实干到杜绝隐患，从动机到措施，从责任到落实，逻辑严密，周全严谨，具体可行。

4. 要有建设性。意见作为公文，不同于一般意义的"意见"，不是提出意见完事，更不是批评了完事，办法不能陈陈相因、老调重弹，要发现新问题、找到新症结、提出新思路、拿出新办法。例如，前述意见，"为贯彻'外防输入、内防反弹'的总体防控策略"，要求"统筹疫情防控和经济社会发展、在防控常态化条件下加快恢复生产生活秩序、积极有序推进复工复产"，包括防控常态化、加快恢复生产生活秩序、推进复工复产。这都是针对最新情况、重大问题而提出的建设性意见，具有极强的宏观指导意义。

思考与练习

（一）判断题

1. 意见，适用于对重要问题提出见解和处理办法。（　　）
2. 作为平行文的意见，提出的意见对方必须执行。（　　）
3. "意见"公文不局限于已有的规定，而是立足于创新，立足于问题的解决。
（　　）
4. 意见一般不做硬性规定，只提出指导性的意见。（　　）
5. 法规性意见与法律、法规一样严谨和面面俱到。（　　）

参考答案： 1. √　2. ×　3. √　4. √　5. ×

（二）制作题

针对以下资料所反映的主要问题，以××职能部门的名义，草拟一份解决问题的意见（训练稿）。

1. 我国自20××年以来，先后10次降低了中央管理药品的价格，降价药品达200多个品种，降价总额累计约100亿元，但老百姓到医院看病还是感觉药品越来越贵。

2. 医药公司的价目表显示所有药品售价为进价的5倍以上，如氟康唑针进价为12元，零售价竟为205元，比进价高了16倍。

3. 肝炎常用药干扰素（安达芬），医院采购时进价是120元，但发票加开了一个不存在的批发价145元。医院就按此批发价再加20%，以170元卖给病人。每支增加利润50元。这仅是供应商到医院再到病人环节的暴利情况。如果从药厂购买酮替芬片，每瓶2.2元，而到医药公司时则达4.3元，通过虚假批发价加成，到病人手中则达到8~10元。

4. 一些廉价而疗效好的基本药物改头换面后身价猛增，如阿司匹林，每片仅0.03

元,对感冒头痛等疗效好,但在不少医院开不到了,取而代之的是高价药"巴米尔",每10片6.3元,其成分也是单一的阿司匹林,而价格一下增了几十倍。

5. 在医疗价格服务方面,有的医院自立项目收取点名麻醉费、超声诊断图文报告费、心电示波记录费、纸张费等。有的医院在做胃镜检查时规定收费标准每人80元,实收150元;核磁共振检查规定标准每人次700元,实收860元。有的医院在做螺旋CT检查时,国家规定头部每人次144元,其他部位每人次264元,而医院将病人胆、胰两个脏器检查分别收费,每人次实收528元。有的医院继续收取国家明令取消的护理咨询费、周末消毒费等。

6. 在调查中,我们了解到,药品收入是医疗机构全年总收入的50%~60%。如:市某医院20××年度总收入4782万元,其中药品收入2581万元,占总收入的54%。市某中医院20××年总收入4236万元,其中药品收入2310.2万元,占总收入的55%。在药品购销中,生产厂家和销售企业争相让利,回扣折扣现象严重,致使药品价格超过规定的差率。如:在某县医院的调查中,走访6所医院,2所存在不同程度超差率销售药品情况。一些药品在药店里买只用8元,而在医院里却高达12元。医院为了增加收入,存在开大方现象,并采取给医务人员提成的激励措施。如:在某县医院的调查中反映,给患者开先锋以上的药品可按药价的3%提成。

7. 以住院费为例,患者虽然出院时有一个结算单,其中内容包括"住院费、取暖费、西药费、中草药费、中成药费、手术费、化验费、检查费、氧气费、诊察费,其他",但患者感到很笼统,平时用的什么药、花了多少钱全凭医院一句话,缺乏透明度,仍不能解决重复收费、乱收费的问题。如据某县医院调查反映,妇产科收取接生费、缝合费后,又收20~30元的处置费。像这样的情况,非专业人员从结算单中是难以看明白的。

8. 由于医疗系统改革滞后,公办医院人员多、费用高,财政补贴又不能到位,加之私立医院竞争激烈,经济效益大不相同。以市某医院为例,20××年度总收入4183.45万元,总支出4500.86万元。其中,发放职工工资789.5万元,离退休人员工资148.3万元,总额937.8万元。卫生局该年度拨差额补助款230万元,仅占工资支出总额的24.5%。公办医院靠收费标准维持正常经营,收不抵支,因此,擅自提高收费标准。如:×市某医院做一个心血流彩超,按规定最高不能超过152元/次,而实际收费190元/次,超出标准38元。某县医院做CT头颅平扫,按标准100元/次(不含胶片),而实际收费150元/次。

第七章 公布告知性公文的写作

红色瞬间：《中华人民共和国中央人民政府公告》

1949年10月1日，中华人民共和国开国大典在首都北京天安门广场隆重举行。15时，首都30万军民齐聚天安门广场。中央人民政府委员会秘书长林伯渠宣布典礼开始，中华人民共和国中央人民政府主席毛泽东向全世界庄严宣告中华人民共和国成立。顿时，广场上爆发出经久不息的欢呼声。在这庄严的时刻，毛泽东亲手按动电钮，第一面五星红旗在天安门广场徐徐升起。与此同时，54门礼炮齐鸣28响。升旗之后，毛泽东宣读《中华人民共和国中央人民政府公告》。

《中华人民共和国中央人民政府公告》郑重宣告："本政府为代表中华人民共和国全国人民的唯一合法政府。凡愿遵守平等、互利及互相尊重领土主权等项原则的任何外国政府，本政府均愿与之建立外交关系。"[①]

党政机关和其他社会管理组织根据职责权限，除了要对下级机关、有关单位和人员安排和布置工作之外，有时还需要告知相关事项。这些事项主要是要求受文者知晓，有的还需要执行。此时就需要使用公布告知性公文，这类公文主要包括公报、公告、通告、通报等文种。

第一节 公报的写作

一、文种概说

（一）文种释义

公报的"公"，指公开、公布；"报"，指报导、报告；公报，即公开报导或公开报告。公报属于公布体公文。中共中央办公厅于1996年5月3日发布的《中国共产党机关公文处理条例》将其列为党的机关主要公文种类之一，并规定其适用于"公开发布重要决定或者重大事件"；但在国务院办公厅历次发布的公文法规以及2000年8月24日国务院发布的《国家行政机关公文处理办法》中，一直没有将"公报"列入。现

---

① 资料来源：中国国家博物馆。

阶段的"公报",一般由党的中央机关使用,党的地方机关一般不予使用;在国家行政机关,统计部门经常以公报形式向国内外公布有关国民经济和社会发展等方面的情况;国与国之间、政党与政党之间会谈的情况,也用公报公布。

公报的用途,现行《党政机关公文处理工作条例》规定:"**公报,用于公开发布重要决定或者重大事件。**"

需要注意的是,公报还有另外一层含义,即国家权力机关、行政机关或司法机关等编印的专门刊载制定、发布的法律、法令、决议、命令、条约、协定或其他官方文件的刊物,如《中华人民共和国国务院公报》《重庆市人民政府公报》《最高人民法院公报》等。这类公报是刊物的名称,而不是公文名称。

（二）特征解析

公报主要用于公布重要情况,一般由党政权威机关以新闻形式公开发表,具有以下特点:

1. 发布的权威性

公报主要由政党、政府以及国家职能机构发布,制发者的级别一般都比较高,其制发内容往往具有很强的政治性、政策性,通常都是国内普遍关注的"重要决定或者重大事项"。由于其内容事关重大,公报的发布单位级别高,发布形式、语言等庄重严肃,权威性不容置疑。

2. 事件的重要性

公报的内容必须是重要事项或国内外人士关注的重大事件。比如,中国共产党中央委员会向国内外公布的党的全国代表大会的会议消息,即在何时何地召开党的全国代表大会,代表大会的议程与任务,通过了哪些决议、决定等国内外人士关注的重大事项。又如,国际谈判的进展、国际协议的签订、军事行动的进展等也可用公报的形式发布。

3. 内容的新闻性

公报的名称、性质、用途、内容与其发布形式,决定了公报必须具有强烈的新闻性,而且是国内外人士关注的重大新闻（头条新闻）。有些公报的标题,直接使用《×××新闻公报》的形式,表明了它的新闻性。所以,公报的内容都是重大新闻,而且是独家新闻,其他媒体可以转载"公报"或公报的内容。

（三）类型划分

根据公报的实际用途,常见的公报有会议公报、统计公报和新闻公报。

会议公报,主要指向国内外公布世人关注的重要会议的概括、议决事项及选举结果的公报。如《中国共产党第十九届中央委员会第四次全体会议公报》。

统计公报,主要指国家行政机关统计部门以公报形式向国内外公布人口普查、国民经济和社会发展等方面的统计数据、运行情况的公报。如《重庆市2010年第六次全国人口普查主要数据公报》。

新闻公报,主要指面向国内外公布重大新闻事件的公报。如《中华人民共和国和美利坚合众国关于建立外交关系的联合公报》。

二、写作指要

(一)例文导读

中华人民共和国和美利坚合众国关于建立外交关系的联合公报
(1979年1月1日)

中华人民共和国和美利坚合众国商定自一九七九年一月一日起互相承认并建立外交关系。

美利坚合众国承认中华人民共和国政府是中国的唯一合法政府。在此范围内,美国人民将同台湾人民保持文化、商务和其他非官方关系。

中华人民共和国和美利坚合众国重申上海公报中双方一致同意的各项原则,并再次强调:

——双方都希望减少国际军事冲突的危险。

——任何一方都不应该在亚洲—太平洋地区以及世界上任何地区谋求霸权,每一方都反对任何国家或国家集团建立这种霸权的努力。

——任何一方都不准备代表任何第三方进行谈判,也不准备同对方达成针对其他国家的协议或谅解。

——美利坚合众国政府承认中国的立场,即只有一个中国,台湾是中国的一部分。

——双方认为,中美关系正常化不仅符合中国人民和美国人民的利益,而且有助于亚洲和世界的和平事业。

中华人民共和国和美利坚合众国将于一九七九年三月一日互派大使并建立大使馆。

阅读与讨论:
(1)结合相关历史背景,谈谈这则公报所涉事件的重大历史意义。
(2)结合本文,体会公报语言的高度准确性和概括性。
(3)结合本文,说明新闻公报和新闻(消息)在写法上有何相同、有何不同。
(4)文中的破折号是什么用法?

(二)结构模式

公报由标题、题注、正文三部分组成。

标题一般由公报机关、相关事由和文种构成。会议公报的标题则由会议名称和公报文种构成。

题注,在标题之下加圆括号居中标注公布日期。

正文,不同类别的公报,其正文的写法有所不同。

会议公报的正文多由会议概况、会议主要内容与议定事项、希望与号召三部分组成。会议概况主要包括会议的名称、时间、地点、参加人员、会议议程等;会议内容与议定事项主要包括会议形式、讨论的问题、提出的任务要求或通过的决议决定、会议取得的成果、会议评价等；然后以有关方面提出希望、号召或要求作为结尾。

统计公报的正文常由公报依据和统计的事项两部分组成，事项是重点，分条列项，逐项写明公布的事项、情况、数据等，一般没有专门的结语。

新闻公报的正文则通常采用新闻的写作手法，用概括性、叙述性语言，用概述的方式概括地记录新闻事件的主要成果。要求做到高度概括，言简意赅，中心和重点突出。正文写完，全文自然结束。

三、写作策略

（一）要严把"内容关"

公报要公之于世，这是从空间上讲的；但它又是一种历史性文件，这是就时间来讲的。正是因为其具有广泛时空影响的特征，所以我们对写入公报的内容必须认真筛选，严格把关。它应是党和国家的高级机关用来公布重大事件、重要会议、重要消息和重要决策的，或是国家统计部门用以公布社会发展和国民经济的重要情况，其他内容一般不宜使用公报。

（二）要重点明确，主旨突出

有些公报，特别是会议公报和统计公报，内容往往比较繁杂，因此，我们在写作时必须抓住重点，突出行文的主旨。要把写作重点放在对关键事件的陈述和观点的阐述上，突出全文的核心内容。切忌芜杂纷繁，使人不得要领。

（三）要注意用语的准确性和概括性

公报作为党和国家高级管理机关使用的公文，其涉及事件意义重大、影响深远，因此十分讲究用语的准确性和概括性。是什么，不是什么；应当怎样，不应当怎样，必须确切无误地传输给读者，而且要最大限度地用较少的文字涵盖丰富的内容，做到言约意丰。

思考与练习

（一）判断题

1. 公报，一般由党的中央机关使用，党的地方机关一般不使用这一文种。（ ）
2. 公报的内容必须是重要事项或国内外人士关注的重大事件。（ ）
3. 公报的内容都是重大新闻，而且是独家新闻，其他媒体不可以转载"公报"或公报的内容。（ ）
4. 新闻类公报的写作方法与新闻的写作方法不同。（ ）

参考答案：1. √ 2. √ 3. × 4. ×

（二）选择题

1.（多选题）根据公报的内容、体裁与写作方法，公报可分为（ ）。

A. 会议公报　　　B. 新闻公报　　　C. 联合公报　　　D. 统计公报

2.（多选题）下列不属于公报特点的是（　　）。

A. 事件的重要性　B. 内容的新闻性　C. 事件的一般性　D. 内容不具有新闻性

3.（多选题）下列关于新闻公报正文写作方法的说法正确的是（　　）。

A. 用新闻的写作手法

B. 用概括性、叙述性语言

C. 用顺叙的方式概括地记录事件的全过程

D. 要求做到高度概括，言简意赅

4.（多选题）公报的语言要做到（　　）。

A. 准确　　　　　B. 简明　　　　　C. 庄重　　　　　D. 严肃

5. 国际谈判的进展情况以（　　）发布。

A. 通告　　　　　B. 公报　　　　　C. 公告　　　　　D. 通知

参考答案：1. ABD　2. CD　3. ABD　4. ABCD　5. B

（三）讨论题

谈谈会议公报和决议在使用上的异同。

第二节　公告的写作

一、文种概说

（一）文种释义

公告，在中华人民共和国成立以前，没有被正式用作公文名称，只是在国民党统治时期，曾在"杂体文"中出现过"公告"这一文体。所谓"杂体文"，是指国民党统治时期未列入《公文程式条例》规定的正式公文程式、但在实际工作中逐渐形成并相沿使用的"文书"，如建议书、折呈、牒文、告书、谕示、条示等。杂体文中的"公告"与"通告"通用，两者的程式和用语也基本相同，只是公告的开头写"为公告事"，结尾写"特此公告"；而通告的开头写"为通告事"，结尾写"特此通告"。

中华人民共和国成立初期，各地人民政府也用"公告"作为公文名称，而其用途与"通告"基本相同，用于向人民群众宣布需要知道和应当遵照办理的事项。实际上，当时对"布告""通告"和"公告"这三者的性质、用途还区分不清，各机关往往自行选择其中一种使用。1951年9月，中央人民政府政务院颁布《公文处理暂行办法》，第一次将"公告"正式用作公文名称，并且规定："重大事件需要宣告国内国外周知时用'公告'。"国务院办公厅于1982年发布的《国家行政机关公文处理暂行办法》、国务院于2000年发布的《国家行政机关公文处理办法》也把"公告"列入，并沿用至今。

关于公告的用途，现行《党政机关公文处理工作条例》规定："公告，适用于向国内外宣布重要事项或者法定事项。"

（二）特征解析

1. 发告内容的庄重性

公告的内容应该是能在国内外产生一定影响的重大事项，或者依法必须向社会公布的法定事项。公告的内容体现着国家行政机关的威严，必须庄重严肃，既要将有关信息和政策公之于众，又必须考虑在国内外可能产生的政治影响。一般性的通知、通报、通告的内容，都不适宜用公告的形式发布。

2. 制发机关的特定性

基于公告宣布的内容均是重大事项和法定事项，与之相对应的制发机关也具有其特定性。公告的制发机关通常包括以下几类：

（1）国家高层领导机关，如全国人大及其常委会、国务院及其所属部门或省级领导机关；

（2）经授权的职能部门和执法机关，如新华社、司法机关、工商税务部门、海关等；

（3）某些组织按照法律、法规的有关规定，公布需要广为周知的法定事项时，如司法执法事项、企业的破产、股份制公司股权变动等。

3. 发布范围的广泛性

公告是向国内外发布重要事项和法定事项的公文，其信息覆盖范围不仅是全国，也包括全世界。如《中华人民共和国中央人民政府成立公告》，这是中华人民共和国成立后对全世界发出的第一份正式公文，告知对象十分广泛，包括国内外，目的就是让更大范围的公众周知中华人民共和国成立这一重大事项。

（三）类型划分

根据用途，公告可分为发布法律法规的公告、公布重要事项的公告、宣布法定事项的公告三大类。

发布法律法规的公告，是全国人大及其常委会用以发布法律、法规，国务院及各部委用以发布行政法规、部门规章，各省、自治区、直辖市人大及其常委会用以发布地方性法规的公告。如《国家税务总局关于发布〈税收减免管理办法〉的公告》。

公布重要事项的公告，是全国人大及其专门机构、级别较高的国家行政机关向国内外公布有关国家政治、经济、军事、科技、教育、人事、外交等方面的重要事项的公告。常见的有国家重要领导职位的变动、领导人的重大外事活动、重要科技成果、重要军事行动的公布等，如《新华社受权公告——我国将进行向太平洋发射运载火箭试验》就属于这一类公告。

宣布法定事项的公告，是法定机关依照法律和法规的规定，向全社会公布有关重要事项的公告。国家有关法律、法令和行政法规对这类公告的使用做出了明确的规定，包括专利公告、商标公告、破产公告、企业法人登记公告、房屋拆迁公告、招考公告，等等。

二、写作指要

公告的写作,由标题、正文、发文机关署名、成文日期构成,不同类型的公告的结构模式有所不同。

(一) 例文导读

中华人民共和国公安部公告

根据《中华人民共和国出境入境管理法》有关规定,经国务院批准,公安部决定在入境检查时留存外国人指纹等人体生物识别信息。现就有关事项公告如下:

2017年,中国边检机关将分期分批在全国对外开放口岸对入境我国的14(含)至70(含)周岁外国人留存指纹。对符合以下情形的入境外国人,可以免留指纹:(一)持外交护照或持中国外交、礼遇签证的人员,但有对等安排的国家人员除外;(二)根据双边协议或互惠安排,互相给予免留指纹安排的人员;(三)按照公安部有关规定,给予集中办理入境手续便利的外国副部级(含)以上官员及其所率领的代表团成员;(四)十指指纹均残缺或十枚指纹均无法留存的人员;(五)特殊情况下,经公安部同意免予留存指纹的人员。

特此公告。

公安部
2017年1月29日

阅读与讨论:
(1) 结合上文,说说"公报"和"公告"在使用上的区别。
(2) 这份公文的主旨是什么?
(3) 本文属于哪类公告?

(二) 结构模式

公告的文本由标题、公告顺序号、正文、发文机关署名和成文日期组成。

标题。一般由发文机关名称、公告的主旨与"公告"组成;有的可省略公告的主旨,由发文机关名称与"公告"组成;有的可省略发文机关名称,由公告的主旨与"公告"组成。

公告顺序号。"第×号"居中标注在标题之下。公告的顺序号,人大常委会机关、政府机关一般从组织机构每一届的第1号编起,另一届重新编号;也可从一个组织机构的第1号编起,一直编下去。其他机关单位的,可分年度编号,也可不编号。

正文。由公告的目的、依据和公告的事项组成。公告的目的,是指为什么要发布公告;公告的依据,是指根据什么文件或法律规定。国家重要事项、重大事件的公告,要阐明公告的目的、依据或意义。比如,国家关于进行海上军事演习的公告,依据我国的主权和国际法的规定,要在规定的时间、区域内进行军事演习,在这一时间和区域内禁止船只、飞机通行。公告的事项,可分段、分层次撰写,要写得清楚明白、通俗易懂。

结尾。有些公告没有结尾。需要结尾的,即在公告事项之后另起一段,以"特此公告"收尾。

三、写作策略

(一) 篇幅简短

公告用来宣布某一重要事项或法定事项,事情性质虽属重大,但内容比较单一、情况并不复杂,故在结构上多采用"篇段合一"的形式,一气呵成,篇幅短小。

(二) 内容集中

公告的内容要求集中。公告应一事一告,不枝不蔓,要求客观地把重大事件的要点公之于众即可,勿详述其细节。

(三) 语言简练

一是开门见山,直入主题;结尾干脆利落,不穿鞋戴帽。二是讲事情、提要求,直陈其事,不绕弯子。三是语句凝练,观点鲜明,不含糊其词。

思考与练习

(一) 选择题

1. 第一次将"公告"正式用作公文名称是在（　　）。
A. 1951 年　　　B. 1961 年　　　C. 1963 年　　　D. 1971 年
2. （多选题）公告使用的主体是（　　）。
A. 国家　　　B. 人大常委会机关　　　C. 行政机关　　　D. 党的机关
3. （多选题）公告的用途主要有（　　）。
A. 发布法律、法令　　　　　　B. 用于向国内外公布重要事项
C. 用于宣布法定事项　　　　　D. 招标、招聘

参考答案: 1. A 2. ABC 3. ABC

(二) 判断题

1. 发布公告和通告的目的是让大家知道或遵守,公告涉及的范围比通告涉及的范围小。（　　）
2. 公告一般由国家各级政权机构发布,涉及地方性法规的,必须有县级以上人民代表大会批准,一般机关团体不能随意发布公告。（　　）
3. 公告公布的一般都是比较重大的事情,通告公布的虽次于公告,但在其适用范围内,也是重要的事情。（　　）
4. 公告要一事一告,即内容限于谈一件事或一个问题,不要把性质不同的事放在

一起。

5. 公告最大的特点是它公布范围的广泛性。（　　）

参考答案： 1. ×。公告涉及的范围比通告涉及的范围大。

2. ×。涉及地方性法规的，必须由省、市级以上人民代表大会批准。

3. ×。公告涉及的事项都是重大事项或者法定事项。

4. √。

5. ×。公告的事项范围广泛且重要。

（三）讨论题

下文涉及的《税收减免管理办法》为什么要使用公告进行发布？除了公告之外，还有哪些文种具有发布功能？它们在使用上有什么区别？

国家税务总局关于发布《税收减免管理办法》的公告

为贯彻落实国务院行政审批制度改革精神，进一步做好减免税管理有关工作，现将国家税务总局修订后的《税收减免管理办法》予以发布，自2015年8月1日起施行。

特此公告。

国家税务总局
2015年6月8日

第三节　通告的写作

一、文种概说

（一）文种释义

通，可以解释为"普遍"，也可以解释为"通达"，即"送达""传达"的意思。通告就其词义来说，是对公众宣告，使之周知。

"通告"用作正式公文名称也很晚。在辛亥革命以前，历代公文中都没有"通告"这一名称，但是在南北朝时，倒有一种称为"关"的公文，供官署之间通告某种事项时用。"关"有"互相通告"的意思。

到辛亥革命以后的北洋军阀统治时期，"通告"这一文书名称才出现，被称为"通行布告之公文书"，但不属于正式公文，属于"杂体文"。1927年8月，国民政府在公布的公文程式中，第一次把"通告"正式列为行政公文，并规定其用途为"宣布事件时用之"。

1925年在中国共产党领导下成立的海陆丰总农会、广东省农会以及1931年江西瑞金中央工农民主政府也使用过"通告"，用来对外公布和宣传党的政策。之后，华北人民政府于 1949 年 2 月发布《公文处理暂行办法（草案）》，又把"通告"与"通报"并在一起，规定：对于各机关（不分上下级）需要周知或公告之事项，用通报（或通告）。

到 1951 年，中央人民政府政务院在总结老解放区和中华人民共和国成立以来文书工作经验的基础上，颁布了《公文处理暂行办法》，把"通告"用途定为"一般事件需要在一定范围内，对人民或机关、团体通告周知时，用'通告'"。之后，国务院办公厅于 1982 年发布《国家行政机关公文处理暂行办法》，在总结经验的基础上，将"通告"的用途明确规定为："在一定范围内，对人民群众或者机关团体公布应当遵守或者需要知道的事项。"至此，"通告"的使用基本定型。

通告的用途，现行《党政机关公文处理工作条例》规定："适用于在一定范围内公布应当遵守或者周知的事项。"

（二）特征解析

通告是公布需要各机关、团体、企事业单位与广大人民群众遵守或周知的事项，具有以下主要特点：

1. 内容的广泛性

通告的内容十分广泛，可涉及国家的法律、法规、政策，也可用来公布社会生活中的具体事务；可对有关方面的工作做出规定，规范有关单位和人员的行为，也可公布应该周知的事项，使人们明白、知晓。总之，它的内容根据行文单位的工作需要确定。

2. 使用的普遍性

通告的使用机关、单位较多，除了党的机关和其他政党组织与人大、政协机关外，行政机关和具有行政管理职能的事业单位，在各自的职权范围内，依照有关规定，都可以使用通告。凡是涉及需要公开发布但不宜用其他文种发布的事项，都可以用通告发布。

3. 发布的公开性

通告是公开发布的公文，属直贯到底的行文，以公开发布的形式，把有关事项、规定等告诉广大人民群众。

4. 效力的约束性

通告多为交代政策和宣布有关规定，要求一定范围内的人员必须遵循，因此具有行政约束力，有时还具有法律效力。

需要指出的是，通告属于正式公文，应注意维护其严肃性，有些可用"启事"等事务文书公布周知的事项，如迁移、挂失、招生、更改电话号码等，应避免使用通告。

（三）类型划分

根据通告的具体内容，可以分为政策法规类通告和具体事务类通告。

（四）文种辨析

1. 公告与通告

公告与通告两种行政公文混用的主要原因可能基于二者相似的外在表现：一是都

具有公布性。公告与通告都需要向一定范围的受众公开发布，达到一定的广而告之的目的。二是都不标注主送机关。公告与通告都不需要标注主送机关，都是普发性的文件。

事实上，二者是有很大区别的：

公告的告知范围大于通告。公告的告知对象十分广泛，包括国内外，目的就是让更大范围的公众周知公告事项。比如《中华人民共和国中央人民政府成立公告》，是中华人民共和国成立后对全世界发出的第一份正式公文。

公告内容的重要程度也大于通告。公告的内容往往是国内外、全社会广泛关注的大事。比如《新华社受权公告——我国将进行向太平洋发射运载火箭试验》，像这样的重大内容必须采用公告发布。

使用机关的级别，公告大于通告。只有三类机关、有关部门有权发布公告：一是国家高层领导机关，如全国人大及其常委会、国务院及其所属部门或省级领导机关；二是经授权的职能部门和执法机关，如新华社、司法机关、工商税务部门、海关；三是某些组织按照法律、法规的有关规定，公布需要广为周知的法定事项时，如司法执法事项、企业的破产、股份制公司股权变动等。

以上对比表明，公告往往是一种更为严肃、使用权限更为严格的行政公文。

2. 通告、公告、公报

使用范围。公告"适用于向国内外宣布重要事项或者法定事项"，通告"适用于公布各有关方面应当遵守或者周知的事项"，公报则"适用于公布重要决定或者重大事项"。

使用时间。通告一般是事前行文，公报、公告一般都是事后行文。

发文机关。通告可面向各级机关单位，公告一般为省、部级以上机关，公报一般为党政机关。

受文对象。通告一般为组织的内外公众，公告、公报为中外所有公众。

发布方式。通告一般可通过张贴、报刊、电台等发布；公告、公报一般通过通讯社、报刊、电台等发布。

表达方式。通告表达具有通俗性，语言朴实简明；公告表达简洁，直述其事，不作议论发挥，语气庄重严肃；公报表达则要求严肃、准确，言必有据，简洁明了。

二、写作指要

（一）政策法规类通告

政策法规类通告，指用于公布有关政策和法规，带有强制性的通告。这类通告多由地方一级人民政府公布，一是应当遵守的——用于公布某些政策，让人们遵照执行，如《××市人民政府关于控制烟花爆竹销售燃放的通告》；二是应当禁止的——用于公布某些法规，以禁止人们的某些行为，如《××市人民政府关于禁止印制和销售淫秽书画等违禁物品的通告》。

1. 例文导读

重庆市××区人民政府
关于禁止在林区野外用火的通告

为有效防止森林火灾,保护森林资源,维护生态环境,根据《中华人民共和国森林法》《中华人民共和国森林防火条例》等有关规定,经区政府研究,决定在森林防火期间禁止在林区野外用火。现将有关事项通告如下:

一、禁火时间

2017年4月1日至2017年10月31日。

二、禁火区域

全区林区(含退耕还林区)。

三、禁火要求

(一)禁火期内,严禁携带火种及易燃易爆物品进山入林;严禁在林区(含退耕还林区)吸烟、野炊、焚烧香烛纸钱、烧荒、烧灰积肥、燃放烟花爆竹、燃放"孔明灯"等一切野外用火行为。

(二)禁火期内,凡在林区进行拉练、野营、登山训练等活动的,要事先告知区林业局,并严格遵守森林防火的有关规定;在林区进行机械作业、电力及勘察施工、实弹演习和爆破等确需用火的,应当依法取得相关部门批准手续并采取有效防范措施后再进行。

(三)禁火期内,各责任单位对居民必需的生产生活用火要有效管理,规范用火。

(四)有关部门和单位要加强在校学生和未成年人的教育管理,不得在林区和林区边缘玩火、野炊;对无行为能力人和限制行为能力人负有监护责任的单位或个人,应当履行监护职责,严格防止被监护人进入林区用火、玩火,严防因监护不力而引发森林火灾。

(五)任何单位和个人发现违章野外用火和森林火情,应及时向所在地镇人民政府(街道办事处)、当地派出所或区林业局报告。

(六)对违反本通告规定者,由相关部门依照《中华人民共和国森林法》《中华人民共和国森林防火条例》以及《中华人民共和国治安管理处罚法》等有关规定予以处理;造成损失的,依法承担赔偿责任;构成犯罪的,移送司法机关依法追究刑事责任。

(七)本通告自2017年4月1日起施行。

特此通告。

重庆市××区人民政府
2017年3月28日

阅读与讨论:

(1)本文为什么选择通告行文?

(2)结合本文,说说通告为什么不必标注主送机关。

（3）本文主体部分的"禁火要求"用分条列项的方式写了7个条项。其中，（六）、（七）条是否属于"禁火要求"的范围？怎样处理更合适？

（4）通告的发布要"依法依规"，说说本文是如何体现这一写作要求的。

2. 结构模式

政策法规类通告由标题、正文、发文机关署名、成文日期和印章组成。

（1）标题。一般由发文机关名称、通告的事由和"通告"组成，如《国务院关于保障民用航空安全的通告》；有的也可以由发文机关名称与"通告"组成；有的只有"通告"二字。具体内容做具体分析，能用完整式标题的，尽量使用完整式标题；内容非常简单的，才可采用后两种形式。

（2）正文。主要由通告的依据、通告的事项、通告线、结语四个部分构成。

通告的依据，主要阐明通告发布的原因（理由）、政策依据或法律法规依据，要求做到内容完整，文字精练，然后用"特此通告如下"或"特作如下通告"领起下文。

通告的事项，即应当遵守（禁止）的具体事项，一般使用分条列项的方法进行写作。

通告线，是指通告执行的有效起止期限。通告线的内容主要有：提出执行的要求；明确提出执行的时间、执行的范围和有效期限；对所有受文对象提出号召和希望；等等。

结语。通告可以有结尾，即在通告事项之后另起一段，以"特此通告"结尾；也可以没有结尾，通告写完，自然结束。

（二）具体事务类通告

具体事务类通告，指告知人们社会生活和日常生活的具体事项，不具有强制性，没有惩罚条款的通告，如《中国人民银行关于发行新版人民币50元券和5角券的通告》；有的具有一定的教育性，如《中纪委关于黑龙江省北安市部分领导干部纵容、包庇子弟犯罪受到党纪国法制裁的通告》等。

1. 例文导读

四川省人民政府关于公布
四川省一级古树和名木名录的通告

古树名木是自然界和前人留下的珍贵遗产，被誉为"活的文物"，具有十分重要的历史、文化、生态、社会和科研价值。加强古树名木保护，是深入贯彻落实习近平生态文明思想的具体行动，是传承历史文化的重要任务，是促进人与自然和谐共生的内在需要。根据《四川省古树名木保护条例》，认定全省一级古树和名木10811株，其中一级古树10720株、名木91株，现予以公布。

各市（州）、县（市、区）人民政府和各古树名木养护责任单位，要全面落实属地责任和养护主体责任，切实采取有效措施，对古树名木进行保护、养护和管理。请广大群众和社会各界积极监督，发现问题及时向养护责任单位反映或向当地古树名木行政主管部门举报。

本通告自公布之日起执行。

附件：四川省一级古树和名木名录

四川省人民政府
2020 年 7 月 14 日

阅读与讨论：
（1）四川省人民政府发布上述通告的目的是什么？
（2）"本通告自公布之日起执行"，"执行"的内容是什么？

2. 结构模式

具体事务类通告由标题、正文、发文机关署名、发文日期组成。
（1）标题，一般由发文机关名称、通告的事由和"通告"组成。
（2）正文主要由三个部分构成。

①通告的依据。即发文的事实依据、理论依据或者政策法律依据，写作时应高度概括。

②通告的事项。即应当周知的具体事项，内容较多时，可以采用条款式，也可以用附件列出；内容较少时，可以采用段落式或不列条分段，以一气呵成的方式写作。

③通告的结语。可以在周知事项的基础上提出希望、要求，如果没有这些内容，则可以用规范结语"此告""特此通告"等收束全文。

三、写作策略

（一）内容要合法

通告的事项如果涉及党的方针政策和国家法律法规，撰写时须注意每一项措施、规定都符合法律法规和现行政策，有的规定性通告开头应写上相关法律法规依据。同时，除了在内容上应符合有关的法规和政策外，还必须注意其发布权限，不能越职越权发布通告。

（二）要求具体明确

通告的内容应具体明确，即将通告的目的、依据与需要遵守知晓的事项交代清楚，使阅文者知道能够做什么，不能做什么，这样才能做到令行禁止，也便于执法部门监督实施。用语宜简明易懂，有些专业性通告虽可使用一定的专业术语，但也应尽量做到方便阅读与理解。

（三）逻辑严密

通告的主体部分一般以分条列项的形式表述，其条款务求全面周详，环环紧扣，条理清楚。要正确划分条款，并正确排序，哪条排前，哪条排后，不能随心所欲，得讲究事理逻辑，方使之具有良好的可操作性。

四、案例分析

一次通告写作训练述评
张志华

今年五月份，笔者为我校某区队的学生讲授了"通告的写作"以后，便布置学生进行通告写作训练，考虑到学生没有参加实际工作，如果以实际部门某一行政管理问题拟写通告，恐学生力不胜任，便采用了下列命题：

近来，我校东院教学区不断有外来机动车辆驶入，学校因工作需要如运送教学设备，也有车辆驶入教学区。驶入教学区的车辆，有的超速行驶，有的鸣喇叭，还有的在露天训练场地停车，打破了教学区的宁静，干扰、妨碍了正常的教学，为解决这一问题，请以学校的名义拟写一份通告，标题自拟。

学生对校园环境及上述情况是熟悉的，对机动车辆驶入教学区干扰、妨碍了教学，也都有切身的感受，按理说拟写这样一份通告应是学生力所能及的事，但结果却出乎意料。以下试分析这次训练中存在的主要问题及其原因。

一、不能正确地提炼、确立主旨

命题中要求学生自拟标题，即要求学生根据所提供的素材及自己所了解到的实际情况，提出解决问题的办法，提炼、确立通告的主旨。习作中，提出了以下解决问题的办法：

①严禁任何机动车辆驶入教学区

②禁止任何机动车辆驶入教学区

③严格控制机动车辆驶入教学区

④对驶入教学区的车辆严格管理，如减速慢行，不鸣喇叭

⑤不经准许机动车辆不得驶入教学区

⑥禁止校外车辆驶入教学区，校内车驶入教学区要减速慢行，不鸣喇叭

采取哪种解决问题的办法，一要考虑到学校的职责权限，二要考虑到学校的实际需要。例①"严禁……驶入"，意思是说任何车辆都不得驶入，并具有强制执行的色彩，显然超出了学校的职责权限。例②"禁止……驶入"，虽不带有强制色彩，但仍然是任何车辆都不得驶入，学校工作用车怎么办？例③"严格控制……驶入"，意思是说车辆还是可以驶入，只是数量上控制，对于怎样控制、控制多少，又如何把握呢？例④"对驶入……车辆严格管理"，意思是说任何车辆都可驶入，驶入后严格管理就行了，但驶入教学区的车辆多了必然挤占教学场地，岂不妨碍教学？例⑤"不经准许……驶入"，意思是说，不经批准不得驶入，经过批准还是可以驶入，准与不准的标准是什么？如何履行批准手续呢？例⑥"禁止校外车……驶入……"，校外车与校内车的划分，是以车的归属作为标准的，不属于学校的车而为学校运送教学设备的车怎么办呢？

看来，以上都不是解决问题的合理办法。解决问题的合理办法究竟是什么呢？应

该是"除了学校工作用车外,禁止其他任何车辆驶入教学区,学校工作用车驶入教学区应减速慢行,不鸣喇叭"。这样规定,无论是受文对象还是执行部门,都能明确理解与把握,便于遵守执行。可惜学生在习作中没有想到这一点。

二、行文目的笼统抽象,没有直接切题,有的甚至偏离正题

通告的行文目的,必须从具体的事情出发,晓示所要完成的特殊任务,不能笼统抽象,大帽子一顶。以下是学生习作中拟写的行文目的:

①为了确保教学计划的实施
②为了确保教学秩序的稳定
③为了提高本校的教学质量,维护好学校的教学和治安秩序
④为了加强学校内部的管理
⑤为了确保教学工作不受外来因素干扰
⑥为了确保学校军事化封闭式管理的实施
⑦为了实现争创全国一流警校的宏伟目标
⑧为了培养合格的预备警官,更好地为社会主义现代化建设保驾护航
⑨为了保障师生生命财产的安全
⑩为了避免教学区交通堵塞

以上种种行文目的,都太空泛,不明确、不具体,看后不知为了什么事。例⑧⑨⑩明显偏离了正题。只有一个学生这样写道:"机动车辆频繁出入教学区,噪声大,又不安全,严重影响了教学秩序,为确保一个安静的学习、训练环境……"陈述了发布通告的原因和目的,应该说切入了正题,内容也明确具体。不过,对这样一份通告而言,原因部分写得有些啰唆。笔者认为,将行文目的表述为"为了保持教学区的宁静,免受机动车辆的干扰",才既确切又简洁。

三、概念模糊,条理不清,逻辑上较为混乱

写作要讲逻辑。通告的事项,一般是分条列项来写,分条列项本身就是一个逻辑问题,要遵守逻辑规则。这次训练中,逻辑方面存在的问题主要有:

概念使用不准确,如学生习作中写道:"来校参观访问的车辆一律停靠在学校办公楼前的环形马路上。""马路"是公路的俗称。校园内的道路不属于公路,应叫作"校道"。

对概念的划分不严密,如学生习作中将机动车辆划分为"机动车辆包括学生家长的车、上级领导的车以及外面来的车辆和学校的各种车辆"。以上对机动车辆的划分,"学生家长的车""上级领导的车"是以车内乘坐人员作为标准的,"外面来的其他车辆"又是以车的来源作为标准的,"学校的各种车辆"则是以车的所有者作为标准的,划分标准不一致,造成语言表达混乱。按此划分,若学生或学校教职工乘坐的不属于学校的车进入学校,便不知作何解释与处理了。

有的甚至全文条理不清、逻辑混乱。例如:

关于严禁机动车辆进入教学区的通告

为了维护学校的教学秩序,学校决定从2001年5月13日起,各种机动车辆一律不准驶入教学区。

（1）机动车辆驶入教学区，严重影响了同学们的学习，扰乱了正常的教学秩序，对于诸如此类行为要坚决制止。

（2）经过允许，可以驶入教学区的机动车辆，不得鸣喇叭与警报器。

（3）不允许进入教学区的机动车辆，如果强行进入，扰乱学校秩序，学校将给予严厉的处罚。

（4）对于学校内部的各种机动车辆，也不能随便进入教学区，进入教学区的也必须遵守以上规定。

通告中若要写明行文的原因、目的，应在开头写清楚，但这份通告的开头只写了行文目的，而把行文原因安排在规定事项的第一条。对于机动车辆，标题是"严禁驶入"，开头是"一律不准驶入"，第一条则是"坚决制止"，第二条又是"经过允许，可以驶入"，第四条变为"学校内部的各种机动车辆"，"不能随便进入"，表述很不一致。第四条要求进入教学区的学校内部车辆"必须遵守以上规定"，更是莫名其妙。这份通告无论是内容的表达，还是层次的安排，都较为混乱。

四、规定事项，可行性差，不便遵守执行

从内容来看，通告属于规定性公文，如果规定的事项不便遵守执行，便失去了实际意义。可在学生习作中，这类问题却较为突出。如：

①检查中发现机动车辆进入教学区，由学校监察室予以罚款。

②有特殊事情的车辆，必须经校方允许方可驶入教学区。

③对不听劝阻，强行驶入教学区的车辆，学校有关部门视情节严重，给予适当的处理。

④对扰乱学校秩序的，学校将给予严厉的处罚。

⑤经学校批准后进入教学区的车辆，不准长时间鸣喇叭。

⑥经特别准许进入教学区的车辆，不得制造任何噪声。

⑦对于因不满此通告而态度恶劣的，交学校保卫科处理。

例①没有规定罚款幅度；例②中的"学校"指代不明；例③中的"有关部门"指代不明，"适当处理"含义不清；例④中的"严厉的处罚"含义不清；例⑤中的"长时间"所指不明；例⑥中的"任何噪声"不切实际；例⑦中的"不满""态度恶劣"没有客观标准。如此规定，执行起来真让人犯难。

五、相关知识缺乏，知识性错误较为突出

公文写作是一门综合性很强的学科，需要运用多方面的知识，就连这一份简短的通告也不例外。此次训练中，不乏知识性错误：

①……经校党委研究，特通告如下。

②为了避免交通堵塞，现通告如下。

③如不交纳罚款，学校将扣留机动车，直到交纳罚款为止。

④未经批准，强行开车冲入教学区的，由学校安全办查封该车。

⑤对拒不听从的，采取强制措施，勒令退出学校。

⑥来校参观访问的外宾车辆，一律停在学校办公楼前的环形马路上。

例①本为行政通告，却由党委决定，党政不分；例②将校园行政管理问题视为道路交通管理问题；例③④⑤权力乱用，学校没有这些权力，也没有理由这么做；例⑥中，关于来校参观访问的外宾车辆停靠问题，只能通过外事法律、外交惯例、外交礼仪来解决。

以上五个方面问题的产生，固然是因为学生写作理论修养较差，写作能力不强，写作经验不够，但笔者认为，更重要的却是非写作因素。学生不能正确地提炼、确立主题，不能贴切地表达行文目的，主要是由于思想认识水平较低，认识不到事物的本质；写作中之所以概念模糊、条理不清、逻辑混乱，主要是逻辑知识缺乏，逻辑思维能力较差；所规定的事项，可行性差，不便遵守执行，既与学生的思维认识水平较低有关，也与学生缺乏实际工作经验有关。至于相关知识缺乏，出现知识性错误，不言而喻，完全是非写作方面的原因。

陆游诗云："汝果欲学诗，工夫在诗外。"看来，制约学生公文写作素质提高的因素，确也在写作之外。这不能不引起公文写作教师的高度重视。

附通告写作参考文稿：

关于加强教学区驶入车辆安全管理的通告

为保持教学区的宁静，免受机动车辆的干扰，现就加强教学区驶入车辆安全管理的有关事项通告如下：

一、除学校工作用车外，其他任何车辆不准驶入教学区。

二、学校工作用车驶入教学区，时速不得超过20公里，不得鸣喇叭，工作完成后及时驶出教学区，不得在教学区停留。

三、违反上述规定者，由学校保卫科予以批评教育，扰乱教学秩序造成严重后果者，交由公安机关处理。

××××××学院
××××年××月××日

思考与练习

（一）判断题

1. 中华人民共和国成立以前，历代公文中都没有通告这一名称。（   ）
2. 南北朝时期的"关"的意思是"互相通告"。（   ）
3. 通告，是行政机关使用的法定文种。（   ）
4. 通告具有知照性与约束力。（   ）
5. 通告一般在最后另起一行，以"特此通告"结尾。（   ）

参考答案：1. ×　2. √　3. ×　4. √　5. √

（二）选择题

1.（多选题）通告的行文主体是（   ）。
A. 行政机关　　　　　　　　B. 具有行政管理职能的事业单位
C. 人大常委会机关　　　　　D. 军事机关

2. 下列不属于通告特点的是（　　）。
   A. 内容的广泛性　　　　　　　　B. 语言的精美性
   C. 使用的普遍性　　　　　　　　D. 发布的公开性
3. （多选题）根据通告的内容，可将通告分为（　　）。
   A. 政策法规类　　　　　　　　　B. 重大事项类
   C. 一般事项类　　　　　　　　　D. 具体事务类
4. （多选题）下列事项中应避免使用通告的是（　　）。
   A. 迁移　　　　　　　　　　　　B. 挂失
   C. 招生　　　　　　　　　　　　D. 更改电话号码

参考答案：1. ABD　2. B　3. AD　4. ABCD

（三）病文析改

××市××区工商行政管理局公告

根据《工商登记管理暂行规定》，对我区姚渡商贸公司进行了清理。经过清理，已于2017年12月11日正式宣布注销，并公告全省各地工商行政管理部门。现发现继续以原公司名义从事非法经营活动。为此，我局再次公告：凡所持原××姚渡商贸公司营业执照（包括营业执照副本）、印章、介绍信、合同纸、名片等一律无效。对发现使用上述无效证件者（包括复印件），请扣留交我局。

特此公告

（四）写作题

根据给定材料，拟写一份交通管制通告。

××市国际马拉松赛定于2021年×月×日在××市举办，届时有2万名参赛者参加比赛。此次马拉松赛事是经过市人民政府批准的，并指示要保证赛事的正常进行和道路的交通安全。要求市公安局交通警察支队尽快制发一份通告。事项中提出赛事期间，××街线路等15处比赛路段×时至×时将实行交通管制。所有驾驶人要遵守交通法规，违反者将依法予以处罚。

第四节　通报的写作

一、文种概说

（一）文种释义

通报，用作正式公文名称比较晚。1923年，海陆丰总农会和广州总农会曾使用过"通令"这种公文，用于表彰和批评下级农会组织及其成员。之后，国民党政府也将

"通令"用于对部属的嘉奖勉励，称其为"通令嘉奖"。但是，国民党政府历次颁布的公文程式条例中都没有将"通令"列为正式公文。

抗日战争时期，陕甘宁边区政府在使用"通知"的同时，曾使用过"通报批评"，但这只是"通知"的别名，它本身并没有作为正式公文使用。1948年11月，华北人民政府发布《华北人民政府办事通则》，把"通报"列为十一种行政公文文种之一。1949年2月，华北人民政府秘书厅发布《华北人民政府公文处理暂行办法（草案）》，规定："通报（或通告）：对于各机关干部（不分上下级）须要周知或公告之事项，用通报。"并把"通知"列为正式公文，规定："对于特定事项或特定机关人员，通知以必须知照之事项，用通知。"自此，"通报"与"通知"正式相互通用，而且对上、对下、对同级都可以使用，对外也可以使用。当时，通报的用处比通知更多，告知对象范围也更广泛。

中华人民共和国成立以后，中央人民政府于1951年颁布《公文处理暂行办法》，把"通报""通知"和"通告"都列为正式公文，并且规定："对于使各机关干部（不分上行、平行、下行）周知的事项用'通报'"；"对于使特定的机关干部和人员知道的事项用'通知'"；"一般事件需要在一定范围内，对人民或机关、团体通行周知时用'通告'"，从此，"通报"作为正式公文而被广泛运用。但是，其用途仍与通知或通告相近，所以，当时有人说它是"扩大的通知，内部的通告"。1957年，国务院秘书厅发布《公文名称和体式问题的几点意见（稿）》，才正式将二者区别开来，规定"通报"用于"通报典型（好、坏）事例、成功的经验和失败的教训，借以教育国家工作人员，改进工作"。1981年，国务院办公厅颁布《国家行政机关公文处理暂行办法》，在此基础上，为"通报"增加了"传达重要情况"的功能，并沿用至今。

关于通报的用途，现行《党政机关公文处理工作条例》规定："**适用于表彰先进、批评错误、传达重要精神和告知重要情况。**"

（二）特征解析

通报和通知都具有传达和告知作用，从这一点上看，它们都属于传达和告知性公文。但是，通报又可以用于表扬和批评。因此，通报又属于教育警示性公文，并具有以下特征。

1. 典型性。予以通报的人、事或情况，都要经过认真核实，做到准确无误，不能掺杂水分，并具有一定的典型性，即代表性或倾向性。只有这样的人、事或情况，才具有通报的意义和价值，发挥通报的教育警示功能。

2. 教育性。发布表彰通报行文的目的是告晓有关单位和人员，有谁因何事受到了表彰，以表扬激励并号召学习先进；发布批评通报的目的则是让人们知道、认识并改正错误，吸取教训，引以为戒；发布传达重要情况通报的目的是让人们了解有关重要情况或事项。它们都通过对社会实践中发生的正反两方面事实的陈述、分析，引导阅文者以先进典型为榜样，以反面典型为警戒，从而起到引导、教育和警示的作用。

3. 时效性。通报主要用于反映新情况、新问题、新经验、新的苗头与趋向，因此，强调及时、快捷。

（三）类型划分

按照通报的内容和作用，可将通报分为表彰性通报、批评性通报、传达性通报三类。

（四）文种辨析

1. 通报、通知

通报和通知都具有传达和告晓作用，因而两者往往容易混用。但是，只要加以分析，就可以看出两者有以下三点区别：

用途不同。通报和通知都可以用于传达情况和告知需要知道的事项，但通报传达的是"重要情况"，告知的是特殊事项；而通知传达的是"上级指示"，告知的是一般事项。通报可以用于表扬好人好事和批评错误，通知没有这种用途。

对象不同。通报的对象不是特定的，也不针对某个机关或某些人，而是使各机关或有关人员"一体周知"。通知（发布和布置性通知除外）的对象则是特定的，针对特定的机关或人员。

目的不同。通报的目的是使阅文者了解正面的或反面的代表人物或典型事例，从中得到启发，受到教育，从而提高认识，学到经验，想出办法，改进工作。通知的目的则是使阅文者了解通知的事情，或者要做的事情，或者怎样去做。同时，通报虽然也告知需要各机关知道的情况，但其目的在于引起特别注意，因此，所告知的是重要的或有特殊意义的事项。

2. 通报、通告

通报和通告，二者曾一度作为同一性质的公文而互相通用。但是，从《党政机关公文处理工作条例》所规定的用途来看，它们之间也有着显著的区别。

性质不同。通报属于传达、告晓性公文，也属于奖勉、告诫性公文。通告虽然也有告晓作用，但因它通常用来宣布应当遵守的事项，故属于规范性公文。

用途不同。通报可以用于表扬和批评，而通告没有这种用途。

对象不同。两者都可用于告知需要知道的事项，但通报的发布范围仅限于本机关或本系统，而通告则延伸至机关外部。

二、写作指要

通报通常由标题、主送机关、正文、发文机关署名、成文日期和印章组成。

通报的标题，一般采用完全式，即发文机关+公文事由+文种名称，如《国务院教育督导委员会办公室关于一些地区个别校外培训机构违规经营查处情况的通报》；也可以省略发文机关，如《关于章某同志违纪问题的批评通报》；处理事故的通报和传达重要情况的通报，其标题可分别加上"处理""情况"二字，如《关于化学实验室漏水事故的处理通报》和《关于××县拖欠教师工资补贴挤占挪用教育经费等问题的督查情况通报》。

主送机关是发文机关的下级机关，一般有多个，应标明主送机关；普发性通报和组织内部知照的通报可以不标明主送机关，但须在正文中加以说明。

正文是通报的主体部分，其写作内容一般包括"事例""评析""决定"和"要求"四个部分，通过对典型性、有代表性的事例或重要情况进行评析，予以表彰、批评、倡导或强调，从而引起受文单位及阅文者的注意或警觉，发挥教育宣传、启发引导、沟通交流的作用。不同类型的通报，正文部分的写作内容会有所不同，下面分别予以介绍。

（一）表彰性通报

表彰性通报是用来表彰先进人物或先进集体，介绍先进事迹、推广典型经验，树立典型，总结成功经验，号召大家予以学习的通报。

1. 例文导读

重庆市新型冠状病毒肺炎疫情防控工作领导小组指挥部
关于表扬新冠肺炎疫情防控工作先进集体的通报

（渝肺炎组指发〔2020〕3号）

各区县（自治县）党委和人民政府，市级各部门，有关单位：

新冠肺炎疫情发生以来，全市上下深入学习贯彻习近平总书记关于疫情防控工作的重要指示精神，全面贯彻落实党中央、国务院决策部署和市委、市政府工作要求，众志成城、齐心协力，推动我市抗疫工作取得了阶段性成效。特别是一线医疗救治和疫情防控团队，面对疫情不畏艰险、逆流而上，坚守在疫情最重的地区、患者最多的病区、风险最高的岗位，为遏制疫情扩散蔓延和救治患者作出了突出贡献。他们不忘初心、牢记使命，积极响应党的号召，义无反顾冲上疫情防控第一线，同时间赛跑，与病魔较量、顽强拼搏、日夜奋战，充分发扬了特别能吃苦、特别能战斗的精神，充分发挥了火线上的中流砥柱作用。

经市新型冠状病毒肺炎疫情防控工作领导小组指挥部研究决定，对重庆市援鄂医疗队、重庆市公共卫生医疗救治中心新冠肺炎救治团队、重庆三峡中心医院新冠肺炎救治团队、重庆医科大学附属永川医院新冠肺炎救治团队、重庆市黔江中心医院新冠肺炎救治团队、重庆市疾病预防控制中心疫情防控工作组、重庆市新冠肺炎市级医疗救治专家组7个先进集体予以通报表扬。

当前，我市疫情防控形势积极向好的态势正在拓展，经济社会发展正加快恢复，但防控任务依然艰巨，容不得丝毫麻痹和懈怠。全市各级党委和政府、市级各部门、有关单位要把思想和行动统一到学习贯彻习近平总书记重要讲话精神和党中央、国务院决策部署上来，以受表扬的先进集体为榜样，再接再厉抓好疫情防控，统筹推进经济社会发展，抓紧、抓实、抓好各项工作，同心同德，团结奋斗，坚决打赢疫情防控的人民战争、总体战、阻击战，奋力夺取疫情防控和经济社会发展双胜利。

重庆市新型冠状病毒肺炎疫情防控工作领导小组指挥部
2020年3月7日

阅读与讨论：

（1）这份通报的标题由哪几个要素构成？表明了什么态度？

（2）这份通报的正文由哪几部分构成？各个部分之间是什么关系？

（3）结合本文的第一自然段，体会公文叙议结合的写法。

2. 结构模式

表彰性通报的正文有四个部分。

（1）介绍先进事迹。这一部分主要介绍先进人物或集体的先进事迹，只需要用概括叙述的方式，将时间、地点、人物、事情的基本过程讲述清楚，不能生动形象地加以描绘。这段文字篇幅不长，但要素须完备，事实须清楚。

（2）指出先进事迹的性质和意义。这部分主要在先进事迹的基础上提炼出其中蕴含的精神品质。通报的宣传教育性极强，但现实中很难做到全员效仿学习先进人物或集体的先进事迹，因此，通报要从先进人物或集体的先进事迹中提炼精神品质，且能上升到一定高度。从某种程度上说，一篇通报水平的高低，很大程度上从这里得到体现。这部分采用议论的写法，评价性的文字要注意措辞的分寸感和准确性，不能过度赞誉或夸饰。

（3）做出表彰决定。这部分主要针对先进事迹进行表彰和奖励，可以从物质和精神两方面进行，在表达上要清楚、简练、恰当。

（4）提出希望、号召。这是表彰通报必须有的结尾部分，既是通报的目的所在，也是全文的思想落脚点。提出希望，发出号召，都要完整、得体、富有逻辑性。

（二）批评性通报

批评性通报是对工作中发生、出现的重大事故、重大失误、错误倾向、不良风气提出批评；是批评、处分错误，通报事故或反面典型，要求被通报者和大家吸取教训的通报。这类通报，通过摆情况，找根源，阐明处理决定，使人从中吸取教训，以免重蹈覆辙。这类通报应用面广，数量大，惩戒性突出。

1. 例文导读

教育部办公厅关于新学期初两起学校食物中毒事件的紧急通报

各省、自治区、直辖市教育厅（教委），新疆生产建设兵团教育局，部属各高等学校：

新学期开学后，四川省崇州市实验小学、辽宁省沈阳市实验中学相继发生食物中毒事件。9月1日，崇州市实验小学学生中午在学校食堂食用凉拌猪肉，9月2日和3日，陆续有学生出现恶心、呕吐、腹泻、腹痛等症状，被当地医院诊断为细菌性食物中毒。9月1日，沈阳实验中学高中部部分学生中午和晚上在学校食堂用餐后出现发热、腹痛、腹泻、水样便等症状，经调查，该学校食堂存在无卫生许可证、从业人员无健康体检证明、食堂后厨工艺流程不合理、环境卫生差等问题，有关部门多次提出整改意见，但该校均未落实。学校食物中毒事件的发生严重影响了学生的身心健康，国务院领导同志对此高度重视，并做出重要批示，要求采取有效措施，加强学校食品卫生工作。

为加强学校卫生防疫与食品卫生安全工作，今年以来，我部已多次下发文件，对该项工作进行部署，并提出具体要求。为使各级教育行政部门和学校从上述事件中吸取教训，有效防止此类事件的发生，现将有关要求重申如下：

一、各级教育行政部门和学校领导要以对学生健康高度负责的精神，牢固树立"健康第一"的指导思想，切实加强对学校食品卫生安全工作的领导，完善并落实学校食品卫生安全工作责任制，确保食品卫生安全工作警钟长鸣，常抓不懈。

二、各级教育行政部门和学校要把学校食品卫生（包括饮水）、肠道传染病防控工作作为开学初的重点工作，认真进行研究和部署。要按照食品卫生有关法规文件要求，层层落实责任目标，强化管理，特别要落实学校食品卫生安全校长责任制、食物中毒责任追究等各项制度。

三、各级教育行政部门要按照《教育部办公厅关于开展学校食品卫生安全检查工作的通知》（教体艺厅函〔2006〕22号）要求，立即组织力量对本行政区域内学校食品（包括饮水）卫生安全工作进行检查，检查工作要扎实、深入，不留死角，关注细节，对检查中发现的问题及时提出整改意见，并要求学校限期予以整改，对未按要求整改的学校要进行通报批评，并追究相关责任人的责任。

四、各级各类学校要以多种形式对广大师生开展一次食品卫生、预防食物中毒和肠道传染病知识的宣传教育，农村中小学要注意教育学生不喝生水、不摘食野果（菜）、不买街头无证小贩的饮（食）品等，增强学生的自我保护意识和能力。

五、各级教育行政部门和学校要强化报告意识。发生学校食物中毒等突发公共卫生事件后，必须按要求立即向当地疾病控制部门报告，并逐级报告上级教育行政部门。对隐瞒实情不上报者，要按照有关规定进行责任追究。

特此通报。

二〇〇六年九月五日

阅读与讨论：
(1) 这份通报的标题为什么标识"紧急"二字？
(2) 这份通报的正文由哪几部分构成？各个部分之间是什么关系？
(3) 结合本文，说说通报的"教育性"是如何体现的。

2. 结构模式

批评性通报的正文也由四个部分构成。

(1) 概述错误事实或现象。如果是对个人的错误进行处理的通报，这部分要写明犯错误人的基本情况，包括姓名、所在单位、职务等，然后是对错误事实的叙述，要写得简明扼要、完整清晰。如果是对部门单位的不良现象进行通报，这部分将要占较大的篇幅。如《国务院关于一份国务院文件周转情况的通报》，对广东省政府用70天时间才将国务院一份文件转发下去，而广州市政府又用了100多天才将这份文件转发到各个区县的情况，进行了比较详细的叙述，占全文篇幅的一半多。如果是针对普遍存在的某一问题进行通报，这部分要从不同地方、不同单位的许多同类事实中，选择出一些有代表性的进行综合叙述。如《中共中央纪律检查委员会通报（立即刹住用公款请客送礼、吃请受礼的歪风）》，综合叙述了上海、长沙若干单位请客送礼、吃请受礼的事实，列举了大量的统计数字。

（2）分析错误性质或危害性。处理单一错误事实的通报，这部分要对错误的性质、危害进行分析，一般都写得比较简短。对综合性的不良现象或问题进行通报，这部分的分析性文字可能要复杂一些。

（3）做出惩罚决定或提出治理措施。对个人单一错误事实进行处理，要写明根据什么规定，经什么会议讨论决定，给予什么处分等。对普遍存在的错误现象或问题进行处理，要写明治理、纠正的方法措施。内容复杂时，这部分可以分条列项。如中央纪委关于请客送礼、吃请受礼的通报，就提出了五项严厉措施来制止这股歪风。这些方法措施，跟指示的写法相似。

（4）提出希望、要求。在结尾部分，发文机关要针对所通报的错误事实、有关情况，有针对性地提出希望、要求，以便受文单位高度重视，认清性质，汲取教训，采取措施。通报的"要求"往往是一些原则性的指导意见和警告，须概括地提出，无须具体详尽地说明，篇幅不宜过长，但也不宜过于笼统。如"希望大家引以为戒"，仅此一句，显得过于笼统空泛。

（三）传达性通报

传达性通报也称"情况通报"，是传达重要精神、告知重要情况、指导当前工作的通报。这类通报具有沟通和知照的双重作用。

1. 例文导读

关于河北省景县违规征税摊派捐款举债搞迎检办大会等问题的督查情况通报

党中央、国务院明确提出今年要统筹推进疫情防控和经济社会发展，做好"六稳"工作，落实"六保"要求。《政府工作报告》明确要求把减税降费政策落到企业，坚决整治涉企违规收费；各级政府必须真正过紧日子，严禁铺张浪费。但是，仍有一些地方我行我素、顶风违规。根据群众在国务院"互联网+督查"平台反映的问题线索，国办督查室近日派员赴河北省衡水市景县就当地违规征税等问题进行了明察暗访。督查发现，景县政府及有关单位未认真贯彻落实党中央、国务院关于"六稳""六保"的决策部署和工作要求，存在不切实际压税收任务、搞税收排名，集中清缴补缴欠税，向企业分解税收任务、征收"过头税"，以扶贫名义摊派捐款，以及不顾财政困难举债搞迎检、办大会等问题，引起企业和群众不满。现将督查情况通报如下：

一、景县政府不切实际下达税收任务，搞税收进度排名。经查，2020年4月，景县政府在未考虑疫情影响、未充分调研的情况下，以对复工复产形势较为乐观为由，盲目向16个乡镇下达上半年税收任务8.48亿元，同比增长15.72%，其中二季度税收任务4.25亿元，同比增长18.8%。为加大征收力度，景县政府违规对乡镇税收完成进度每日进行排名通报。但是，由于当地企业受疫情影响经营普遍较为困难，截至6月15日二季度征期结束时，各乡镇仅完成税收3.02亿元，同比下降15.77%，完成率为70.9%。

二、景县税务局开展集中清缴补缴欠税。由于上半年税收任务完成缺口较大，4月下旬以来，景县税务局先后2次向景县政府提出集中清缴陈年欠税的建议，并在景县政府协调下，会同县自然资源和规划局等部门对圈占工业用地的企业集中清缴城镇土地使用税，对实际占用批而未供耕地的企业或个人集中清缴耕地占用税，对部分企业陈欠多年的增值税和房产税进行清缴。为加大清缴力度，景县政府协调税务、公安部门建立"税警联络机制"，有关税务人员在微信群中明确提出催缴要求，并向企业警告"拒不缴纳的，按照税警联络机制移交公安处理"。截至6月19日，景县税务局已催缴城镇土地使用税及滞纳金144.13万元，催缴耕地占用税及滞纳金1077.06万元。另据统计，5月份景县征收的城镇土地使用税、耕地占用税分别是去年同期的25.88倍、3.27倍。

三、个别基层税务机关向企业分解税收任务，征收"过头税"。因广川镇在二季度各乡镇税收任务完成进度排名中处于末位，与上级提出的税收目标任务差距较大，5月下旬，景县税务局龙华税务分局将广川镇二季度6422万元税收任务违规分解到260个企业。督查组暗访时，有关企业反映税务人员以电话、微信等方式通知税收任务分解情况，给企业造成较大压力。为了冲高二季度当期税收，5月23日，龙华税务分局通过微信群向广川镇企业明确通知"企业申报5月份增值税时不要抵扣进项税"。应龙华税务分局要求，部分企业在已经取得进项抵扣发票的情况下，缴纳5月份增值税时未申报进项税抵扣。经查，龙华税务分局征管范围内的59户企业5月份未抵扣进项税额，可认证抵扣的进项税额为649.5万元，存在部分企业应抵扣未抵扣问题。龙华税务分局的上述行为违反了税务总局、财政部关于"严禁对企业该抵扣进项税额的不让抵扣"等规定，构成征收"过头税"。

四、个别乡镇以扶贫名义向企业摊派捐款。经查，6月9日，景县扶贫办对16个乡镇"百企帮千户"工作进行排名通报，广川镇在企业参与率、贫困户帮扶覆盖率、帮扶折合金额三项排名中分列倒数第一、倒数第三、倒数第五。为尽快提升排名，6月15日，广川镇党政领导班子研究决定，对未开展帮扶的53家企业动员捐款，并提出小企业捐款不低于500元，大企业捐款不低于1000元。6月16日，该镇主管工业的负责同志召集有关企业开会，要求企业现场捐款，只收现金且不提供收据。对现场未捐款的企业，工作人员多次以电话、微信等方式催捐，并明确6月19日为截止期限。截至6月19日，53家到会企业中，共有46家企业捐款，合计金额3.15万元。

五、举债搞迎检、办大会，筹建形象工程。督查发现，景县为迎接省级园林县城复检和创建国家园林县城、创建省级洁净城市、承办第四届衡水市旅游产业发展大会（简称旅发大会），2020年安排了大量建设项目，但是由于财政收支紧张，不得不采取举债方式解决。以举办旅发大会为例，景县安排了景州塔景区提升项目、亚夫公园景区提升项目、大运河景观廊带、董子文化小镇、智慧灯杆、主要街道美化等11个重点项目，计划投资超过2.63亿元，其中6个项目没有预算，拟通过申报专项债券或一般债券解决约1.45亿元。为了迎接旅发大会召开，提升城市形象，在年初没有预算的情况下，2月17日，景县政府常务会议决定对城区主要街道及景区实施亮化工程。该项目于5月6日完成项目招标，计划投资1500万元，主要建设内容是安装景观路灯，资金明确由县财政据实拨付。

从督查情况看，景县政府及有关单位贯彻落实党中央、国务院决策部署态度不坚决、措施不得力，工作方式简单粗放，工作作风漂浮，严重侵害了企业和群众切身利益，损害了党和政府的公信力。出现这些问题的主要原因：一是没有坚持实事求是的原则，工作脱离实际，片面追求显绩。景县政府未充分研究分析疫情对本地区经济形势影响，没有根据实际情况的变化及时下调目标任务，反而为了追求显绩，脱离实际地盲目拔高税收目标任务，并与年度绩效考核挂钩，造成基层单位为了赶进度、赶任务，在政策执行中搞变通、搞强迫。二是依法行政意识淡薄，习惯于随意决策，任性执法。如景县政府在明知没有预算保障的情况下，随意决策花费1500万元财政资金搞旅发大会亮化工程；景县税务局龙华税务分局要求企业不得抵扣进项税系个别负责人擅自决定，未履行任何请示报告程序。三是创建达标评比过多过频，基层无可奈何、不堪重负。从督查看，一些地方和部门搞的创建、达标、评比活动仍然过多、频率过高，没有根据统筹推进疫情防控和经济社会发展的要求及时进行调整，其中不少创建、达标、评比由上级政府主导大力推进，又有刚性指标，基层单位被动参与、互相攀比、负担沉重。

景县出现的违规征税、摊派捐款、举债迎检等问题，具有一定的代表性和典型性，充分说明在当前经济下行压力加大、财政收支矛盾加剧的形势下，一些地方既有违规揽税收费的强烈冲动，也仍然有大手大脚、铺张浪费的不良倾向，严重影响"六稳""六保"政策措施落地生效。各地区、各部门要对督查发现的问题引以为戒、举一反三，坚决贯彻落实党中央、国务院关于做好"六稳"工作、落实"六保"要求的决策部署。要紧扣保就业保民生保市场主体，认真落实减税降费政策，为市场主体减负，坚决制止不合规收费，严禁收"过头税费"、违规揽税收费和以清缴补缴为名增加市场主体不合理负担。要坚持实事求是，一切从实际出发，结合本地区本部门实际，根据形势变化情况，科学调整工作目标任务，改进绩效考核办法，坚决纠正不切实际压任务、搞排名、层层加码等做法，为基层松绑减负。要加大评比达标表彰清理力度，确需开展的评比达标表彰活动，必须充分考虑经济形势和地方承受能力，及时做出必要的调整，防止拖累基层、增加负担。要牢固树立"过紧日子"的思想，强化预算刚性约束，各项支出务必精打细算，严禁铺张浪费，搞形象工程，一定要把每一笔钱都用在刀刃上、紧要处，让市场主体和人民群众有真真切切的感受。

河北省政府、税务总局对督查发现的问题高度重视，已经迅速组织整改，并表示要以整改为契机，举一反三，切实加强和改进有关工作，确保党中央、国务院关于"六稳""六保"的决策部署落地生效。

国务院办公厅督查室
2020年6月28日

阅读与讨论：
（1）这份通报标题的事由是什么？写作方面有什么特点？

(2) 这份通报概述了哪几个方面的情况？写作方面有什么特点？

(3) 这份通报在概述情况的基础上，分析、指出了什么问题？提出了怎样的改进措施？写作方面有什么特点？

2. 结构模式

传达性通报的正文通常由情况介绍或精神传达、情况分析和希望要求三部分组成。

(1) 情况介绍或精神传达。要求清楚明白地介绍传达有关情况或精神。与表彰或批评性通报相比，情况通报要求介绍情况或传达精神时更具体、详细，因为它的主要作用就在于介绍情况或传达精神。

(2) 情况分析。主要对介绍的情况或传达的精神进行分析阐述，从特点、原因、影响等方面分析情况，阐明通报的意义所在。

(3) 希望要求。在情况分析的基础上，有针对性地引导出希望要求，这样才有足够的说服力和切实的可行性。一般而言，面向通报单位提出希望，面向其他单位或群众提出要求。

通报不仅可以针对直接的事实而发，还可以针对下级或外单位送来的情况报告、调查报告、通报、总结等所反映的事实、情况而发，这类通报就是转发式通报。其正文类似于转发性通知，即不直接叙述有关事件或情况，而是放在附件中，只对此加以评价和提出要求。

三、写作策略

通报写作的内容，一般包括事例、评析、决定和要求四个部分，通过对典型性、有代表性的事例或重要情况进行评析，予以表彰、批评、倡导或强调，从而引起受文单位及阅文者的注意或警觉，发挥教育宣传、启发引导、沟通交流的作用。为达此目的，写作通报时应当采取相应的策略。

(一) 事例要具有典型性

通报的"事例"，是指通报所陈述的先进事迹、错误事实或者重要情况，是通报写作的前提和基础；选用典型的事例，是通报写作的基本标准。表彰性、批评性通报，其事例应让人感到确实值得学习或引以为戒；传达性通报，所告知的重要情况，应让人感到确实值得重视或高度关注，从而达到教育、引导或警示的作用。

(二) 评析要具有论断性

通报的"评析"，亦称"分析评价"，是作者对通报事例的理性认识、科学判断，通过分析评价，透过事件的表象，去认识事件的本质特征，从而帮助受文者准确把握通报的精神实质。通报的评析部分，既包括对事件"性质"的分析评价，也包括对事件各个要素的分析评价，要求写得入情入理、把握特征、切中要害，做到论断明确肯定，使受文者能够掌握通报的要领，受到教育与警示。

(三) 决定要具有导向性

通报的"决定"，是作者在陈述事例、分析评价的基础上，所做出的决策安排、工作部署。无论是表彰、批评，还是教育、警示，其决定事项，都要求具有明确的导向性，能够起到指导工作的积极作用。就各种不同类型的通报而言，表彰先进，就是为了激励大家向先进单位和先进人物学习，从中得到鼓励，受到教育和启示，学习和赶超先进，争创优秀的工作业绩；批评错误、通报案件查处结果以及批评和处分的目的，就是让各个受文单位、广大干部群众从犯错误的人员及所涉及的事件、案件中吸取教训，改进工作，更好地执行党的路线、方针、政策和国家的法律、法规；传达重要精神和告知重要情况，前者可起到规范作用，后者可起到参照、提醒、警示和借鉴作用。

（四）要求要具有针对性

通报的"要求"，是在通报决定的基础上，针对先进事迹、从错误中吸取的教训以及重要情况所具有的意义，向受文者提出开展工作的原则性指导意见，目的在于引导、警醒受文者，学习先进、推动工作，或者吸取教训、改进工作，或者高度重视、更好地开展工作等，以实现通报的意旨，发挥通报的功能。

（五）章法要具有严谨性

古人云："文者，顺理而成章之谓也。"通报写作的四个部分——事例、评析、决定和要求，不是松散的排列组合，而是"顺理而成章"、逻辑严谨的"构文程式"。前后各个部分之间，层层铺垫，层层推进，使主旨能够渐趋明朗且步步深化，并扎根在非常牢靠的基础之上，"井井兮其有理也"，而显示出十分严谨的逻辑性。

（六）发布要具有针对性

通报主要是针对当前工作中出现的情况和问题而制发的，通报的时效性体现为及时性。通报作用的发挥，与抓住时机及时发文是分不开的。因为，通报的典型性、教育性都是针对特定的社会背景而言的，随着客观情况的变化，事件的典型意义也可能发生变化。因此，及时发现先进或错误典型，及时针对类似的现象提出希望和要求，才能更好地引导事物的发展方向，从而起到很好的教育作用。

■ 思考与练习

（一）判断题

1. 下列事项中，哪些可以用通报行文？

（1）××总公司拟宣传奋不顾身抢救落水儿童的青年工人的事迹可用通报行文。
（　　）

（2）×厂拟向市工业局汇报本厂遭受火灾的情况可用通报行文。　　（　　）

（3）×市安全办公室拟向各有关单位知照全市安全大检查的情况可用通报行文。
（　　）

（4）×县政府拟公布加强机关廉政建设的几条规定可用通报行文。（　　）

（5）×市水电局将召开水利建设工作会议，需要告知各县、区水电部门事先做好准备可用通报行文。
（　　）

（6）×县纪委拟批评×局×××等干部玩忽职守、造成国家经济损失的错误可用通报行文。（　　）

2. 制发通报的目的是要发挥其教育、警示或指导作用，因此所选典型的具体事例、关键情节、主要情况必须具有一定的借鉴、参考意义。（　　）

3. 对于凡是错误的东西、凡是犯有错误的人，为了挽救他们，教育群众，事无巨细，都应通报批评。（　　）

4. 通报的制发，应尽量把握有效时机，在事情发生后，立即予以通报，否则时过境迁，就无法起到教育推动作用。（　　）

参考答案： 1.（1）√　（2）×　（3）×　（4）×　（5）×　（6）√　2. √　3. ×　4. √

（二）单项选择题

1. 有篇通报的第一部分概括总结和高度评价了全省地税系统近几年来所取得的成绩，指明受表彰的先进单位和劳动模范；第二部分对获奖单位和个人提出希望，发出号召。这篇通报属于（　　）。

A. 表彰性通报　　B. 批评性通报　　C. 传达性通报　　D. 公布性通报

2. 有篇通报的第一部分概述了近期安全检查工作的时间和范围，对在检查过程中表现较好的单位提出表扬；第二部分指出检查过程中发现的问题，最后对今后的工作提出原则性的指导意见与要求。这份通报属于（　　）。

A. 表彰性通报　　B. 批评性通报　　C. 传达性通报　　D. 公布性通报

3. 长运工贸公司写了一份反映不正之风的情况报告送上级主管机关市工业局，该局以《关于制止行业不正之风的通报》为题批评了类似问题，并将长运工贸公司的情况报告作为通报附件一并发下。这份通报属于（　　）。

A. 表彰性通报　　B. 批评性通报　　C. 传达性通报　　D. 公布性通报

参考答案： 1. A　2. C　3. B

（三）改错题

指出下文写作中的问题，并进行修改。

关于给不顾个人安危与盗窃犯顽强搏斗的计××同志记功表彰的通报

局属各单位：

7月4日深夜，我区××中学党支部委员、人事干部计××同志，冒着生命危险，与窃贼搏斗，保护了学校的财产。事情的经过是这样的：

7月4日零时15分，××中学三楼忽然发出"哐"的一声，睡在二楼单人宿舍里的计××同志被响声惊醒。老计侧耳倾听，接着又从三楼传来玻璃被敲碎的声音。老计意识到定是窃贼在作案。他立即起床，但整个教学大楼一片漆黑，原来电源已被窃贼切断。他摸黑儿上了三楼，发现储藏室外间铁门上的一把锁已被锯开，储藏室门口有一人影，正欲爬进储藏室去。老计想到储藏室内放着录音机、照相机、电表等贵重物品，为了保护学校财产,他不顾个人安危,立即奔上前去,把罪犯拦腰抱住。罪犯凶相毕露,用一把大旋凿猛击老计的头部,鲜血直流,并用双手卡住老计的喉咙。老计忍着剧痛,狠狠抱住窃贼不放,从储藏室门口一直翻滚到走廊扶梯处。老计年已五十七岁,扭打将近10分钟,渐感体力不支,就用手使劲掰开罪犯卡喉咙的手,并大声呼喊"捉贼"。罪犯乘老计松手之际,仓皇向楼下逃跑。老计挣扎起来,追到楼下,因头部流血过多,昏迷倒地。老计的呼喊声传到了另一幢楼,住在这幢楼房的陈××同志闻声赶来,罪犯已逃离学校。陈××同志立即向公安部门报告。××区公安分局领导和干警驱车赶到,将受伤的老计送到浦东中心医院治疗。

在同窃贼的搏斗中,老计头部被窃贼用旋凿击破,伤口宽约四厘米,鲜血从储藏室门口一直流到走廊,门牙也被打落两颗,左右腿部也多处受伤出血。××区分局对该案十分重视,正在侦查中。

由于计××同志的高度警惕性,把个人安危置之度外,与罪犯顽强搏斗,保护了学校的财产。根据《××市国家机关人员奖惩试行办法》的规定,经7月5日局党委会讨论决定,给予计××同志记功一次的奖励,并通报全区中小学,号召全区广大党员、干部和教工向计××同志学习。特别是各校已放暑假,要求各校加强值班保卫工作,以计××同志为榜样,保护好学校的财产。

中共××区教育委员会
二〇一九年七月五日

参考答案:1. 标题不够概括、简洁;

2. 主送机关不明确,尤其是与发文机关署名不统一;

3. 正文中,先进事实过于复杂,且多处进行生动描写,应该概括叙述,包括时间、地点、人物、事情的大致经过和结果;

4. 对先进事实的评价比较简略,不够突出;

5. 表彰决定不够恰当,可以从物质上和精神两方面考虑;

6. 希望号召比较笼统;

7. 成文日期书写错误,应该用阿拉伯数字。

(四)制作题

根据下列材料,撰写一份法定公文。

1. 这是以南湖经贸学院名义下发的一份公文,是这个学院今年发出的第38份文件,发文时间是今年10月18日。内容主要宣布了对学院职工吴贵生所犯错误的批评与处理。一方面是给吴贵生应得的处分,促其认识和改正错误,不要再犯;另一方面,也是为了教育其他职工,严肃校纪校风。吴贵生是一名男性职工,今年28岁,是学院后勤处的一名水电工。

2. 文件发给学院下属所有的单位,包括各个处、室以及教学系,是今年10月20日印发的。处罚是由学院行政办公会研究以后做出的。为了让有关部门了解情况,也给市教委办公室、市人社局劳资处和学院所在的庆生街道办事处送了文件。

3. 吴贵生是因为父母年老多病需要人照顾,于2014年2月从外单位调进来的,工作任务是维护学院的水电设备,在学院工作已两年多。

4. 吴贵生一向自由散漫,爱睡懒觉,不遵守工作纪律。刚来那个星期,上班就迟到了一次。从那时起到现在,迟到早退起码有20次了,不久前又迟到了一次。后勤处领导曾经多次批评教育他,他也只当耳边风,丝毫不改。去年6月16日下午,他邀约校外的几个兄弟在校园旁边的西克饭店喝酒,喝得酩酊大醉后发酒疯,同旁边的客人发生争吵,结果双方都动了手,还把饭店的东西打烂了,他因此受到了学院给的一次警告处分。

5. 今年10月12日晚,他在配电室值班中途,擅自外出去看打麻将,结果有个电路开关跳了闸,因无人及时处理,导致一号教学楼和实验楼都停了电,影响了许多学生的学习。更严重的是,几个实验室里正在做的实验中断了,造成了3万元的损失。

6. 学院的教职工和学生对他这些不良行为很不满,都说他这些行为的性质太恶劣了,要求严肃处理。学院决定给他行政记大过一次的处分,扣发一个季度的绩效工资,因为给实验室造成了损失,所以还要他赔偿损失1万元。

第八章 报请审议类公文的写作

习仲勋用实例反映百姓疾苦

  1953年9月，习仲勋担任国务院秘书长，经常处理人民来信，及时了解老百姓的生活疾苦。

  第二年年终，西北地区群众来信反映食用油供应十分紧张，严重影响到了最基本的生活，而一些地方政府的干部却大吃大喝。习仲勋觉得事关重大，就让秘书起草报告，准备向党中央和毛主席汇报。可秘书在整理材料时却发现来信中竟然有这样的顺口溜："食油四两，想起老蒋。"更有甚者，还记叙了一个很是粗俗的例子：有个农民赶着木头轱辘的大车运载货物，因为缺少润滑油，木头轱辘发出刺耳的声音，这个农民气不打一处来，说："我都没有油吃，你还想要有油吃！"于是就对准那木头轱辘撒了一泡尿，算作上油了，以此来表达对当前食而无油生活的强烈不满。秘书想要把这些内容排除在报告之外，习仲勋却说，这两个例子虽然有些偏激和粗俗，却最为真实和生动，也最能真切地反映出基层工作中存在的严重问题，因此最具表现力和说服力，于是决定保留。

  果然，报告送上去后，引起了毛泽东主席的高度重视，所反映的问题很快得到了解决。①

  《中国共产党重大事项请示报告条例》第四条明确指出："坚持客观真实。全面如实请示报告工作、反映情况、分析问题、提出建议，既报喜又报忧、既报功又报过、既报结果又报过程。"

  下级机关向上级机关汇报工作、反映情况，下情上达，或者请求解决困难和问题，或者执行机关向权力机关提请审议有关事项，需要使用报请审议性公文，其文种主要包括报告、请示和议案。同时，上级对下级机关报请审议的事项或审阅，或回复，应当及时处理，而批复则专用于上级答复下级机关的请示事项。

---

① 王崇风. 习仲勋用实例反映百姓疾苦 [J]. 政府法制，2012 (32).

第一节 报告的写作

一、文种概说

（一）文种释义

报告的"报"，《说文解字》释义为"当罪人也"（服罪的人），后来演化成"告知、报告"的意思，《史记·蒙恬传》有"使者还报"句。"告"有"告诉、请求"的意思，《庄子·庚桑楚》："吾固告汝曰。"告，原与"诰"通，都是"告诉"的意思，后来在公文中的用法有了不同：上告下叫"诰"，下告上用"告"。

"报告"的起源，最早可以追溯到春秋战国时期的"上书"（简称"书"）。根据现有的资料，最早最完整的"书"，可推秦朝李斯的《谏逐客书》，这是一份向秦始皇呈送的报告。后秦始皇改"书"为"奏"，即臣子上书于君主的专用文书，沿用至清代。还有，秦以后如两汉的"疏""状"，魏晋的"启"，六朝的"牒"，宋朝的"申状"，明清直至国民党政府的"呈"（"呈状""呈文"）等，都属报告一类的文书。不过，这类报告类文书多数还有请示的内容。1921年初，南京临时政府公布的第一个公文程式条例规定："人民对于大总统及行政各官署之陈请，与官署或官吏对于大总统之陈请报告，均以呈行之。"

"报告"作为正式公文，是在中国共产党领导的人民政权的行文关系中产生、发展起来的，是人民政权的产物。第二次国内革命战争（土地革命）时期，在1931年11月中央工农民主政府颁布的《苏维埃地方政府的暂行组织条例》中，有一种称为"报告书"的公文。当时的"报告书"，包含了"报告"和"请示"两个文种。到抗日战争初期，在晋察冀边区行政委员会编写的《改革公文程式的理论与实际》中，把"报告"正式规定为上行文书的名称，并且规定"报告——工作报告、工作经验、工作反映检讨……均包含在内"。同时，将"报告""请示"分列开来，但后来又时分时合。1948年，为了适应当时革命形势发展的需要，保证全党全军所执行各种政策的完全统一及军事计划的完满实施，克服党内、军内存在的某些严重的无纪律状态或无政府状态，毛泽东同志为中共中央起草了"关于建立报告制度"的指示，阐明了建立及时的、完备的报告制度的重要意义，并对报告的写作原则做出明确规定，不仅需要写综合情况的报告，还要写专题报告，要求报告的内容具体、丰富。到1957年，国务院秘书厅发布《关于公文名称和体式问题的几点意见（稿）》，又把"报告"和"请示"分开，并规定其不同的用法。从此，"请示"也就列为正式公文的一个文种，沿用至今。

报告的用途，现行《党政机关公文处理工作条例》规定："**报告，适用于向上级机关汇报工作、反映情况，答复上级机关的询问。**"

（二）特征解析

报告是党政机关、企事业单位和其他社会组织普遍使用的法定上行文种，是有领导与被领导关系、指导与被指导关系的下级机关向上级机关汇报工作、反映情况、答复询问时所用的陈述性文书，主要特征如下。

1. 汇报性

所有报告，都是下级机关向上级机关或上级相应的业务主管部门汇报工作。无论内容、形式如何，报告都属上行文，其汇报性非常突出。报告与请示不一样，请示需要上级机关指示、批准，报告是向上级机关汇报，一般不需要上级机关就报告的内容、事项做出指示、批准。

2. 陈述性

除批转性报告的结尾外，报告用陈述性语言，没有祈使性、决断性语言，更没有定向性语言。报告的内容是为了让上级机关了解情况，在写法上突出"陈述"二字，用叙述的手法，实事求是地向上级机关报告工作情况。

3. 概括性

向上级机关汇报工作，一般用高度概括性的语言，篇幅简短，从个别概括出一般，揭示事物的本质，而不是事无巨细、面面俱到。报告一般不宜超过4000字，但要把各种材料加以整理归类，有观点，有材料，有理论深度，表明自己的观点，以最小的篇幅，记录更多的信息。

（三）类型划分

按《党政机关公文处理工作条例》规定的报告适用范围划分，报告包括工作报告、情况报告、答复报告三类。

1. **工作报告**，是汇报本单位、本部门开展工作有关信息的报告，内容包括工作的进展情况、取得的成绩或经验、存在的问题或教训以及今后的打算等。工作报告又可以分为综合工作报告和专题工作报告。

（1）综合工作报告是汇报全面工作的报告，报告的内容具有综合性。如《××公司关于2019年工作的报告》，内容涉及该公司的收入情况、产品生产情况、销售情况、员工情况等各方面内容。通过此报告，可以综合了解该公司2019年各方面的情况，对该公司做出全面评价。

（2）专题工作报告是汇报某一方面工作或某一专项工作的报告，报告内容具有单一性。如《××公司关于2020年第三季度销售工作报告》，内容仅限于该公司2020年第三季度的销售工作，不涉及公司其他方面的工作内容。

2. **情况报告**，是反映工作对象有关信息的报告，包括工作中遇到的新问题、特殊事件、突发情况等。情况报告行文的目的是便于上级机关及时制定或调整政策，或对出现问题的处理给予指示。如《铁道部关于193次旅客快车发生重大颠覆事故的报告》，就是向国务院反映重大事故的情况报告。

3. **答复报告**，又称为"回复报告"，是针对上级机关的询问，向上级机关汇报有关工作或情况的报告。答复报告不是主动行文的报告，而是被动行文的报告。

二、写作指要

报告是上行公文，主要由标题、主送机关、正文、落款构成。

报告的标题,最好用完全式标题,即发文机关、事由、文种三要素齐全。

报告的主送机关是自己的上级机关。主送机关应用全称、规范化的简称予以表达。

报告的正文内容一般由报告导语、报告事项和结语组成。不同类型的报告,结构模式有所不同。

报告的落款应标明发文机关名称、成文日期和印章三要素。

(一) 工作报告

1. 例文导读

××省公安厅关于2016年法治政府建设工作情况的报告

省人民政府:

2016年,省公安厅在省委、省政府和公安部的正确领导下,认真贯彻落实《法治政府建设实施纲要(2015—2020年)》和中央"两办"《关于深化公安执法规范化建设的意见》,按照《××省贯彻落实〈法治政府建设实施纲要(2015—2020年)实施方案〉的通知》(×发〔2016〕19号)的要求,坚持以"三个一流"为引领,以深化执法规范化建设为主线,强力推进"两加强两提升""一优化三服务"警务战略,开拓进取,改革创新,全力打造法治公安,取得了良好成效。30项便民利民服务举措获评××最具影响力法治事件。省公安厅连续两年被省政府评为"全省依法行政先进单位"。《人民公安报》两次在头版专题推介我省执法规范化建设、执法资格考试工作经验;《法制日报》对我省公安机关阳光警务执法公开工作进行专访。公安部第6期工作简报介绍我省公安机关推进执法规范化建设经验。厅法制总队获评2014—2015年度××省青年文明号,被省政府评为法制工作先进单位。

一、不断完善依法行政制度体系建设

(一)加强地方公安立法工作。根据省政府的要求,积极主动做好省厅2016年度立法项目《××省农村消防安全管理规定》和《××省信息安全等级保护工作条例》的调研论证工作,经论证,两项立法论证项目,不具备出台条件,拟暂停立法论证工作,并将相关情况报送省政府法制办。配合省人大常委会、省政府做好地方性法规规章的起草、修改、调研、征求意见等工作,完成2017年公安地方立法计划的编制工作,按照规定程序申报《××省非机动车管理办法》为2017年公安地方立法计划建议论证项目。2016年,省厅对《××省通信保障条例》《××省城市综合管理条例》《××省水上交通安全条例》等7件法律、法规和规章的征求意见稿提出修改意见,并及时反馈立法机关。

(二)落实规范性文件备案审查制度。严格规范性文件管理,认真落实规范性文件"三统一"制度,全年共报省政府办理"三统一"的文件13件,分别是《××省公安厅行政许可裁量权基准(试行)》(HNPR-2016-07001)、《××省公安厅关于对〈××省公安厅行政处罚裁量权基准〉部分违反公安行政管理行为的名称及法律适用进行修改的通知》(HNPR-2016-07002)……

(三)建立规范性文件清理长效机制。严格执行规范性文件有效期制度。落实《××省规范性文件管理办法》有关规范性文件的有效期制度,在规范性文件有效期届满前6

个月内进行评估，需要继续执行的，应当重新公布或提请重新公布。如对2016年12月26日到期的《××省旅馆业旅客住宿实名登记管理规定》予以重新公布，并按规范性文件"三统一"流程向省政府报送备案。

二、强力推进行政决策科学化、民主化、法治化

（一）严格落实《××省行政程序规定》。按照《××省行政程序规定》的要求，坚持把公众参与、专家论证、风险评估、合法性审查和集体讨论作为重大行政决策法定程序，依托省政府网站、湘警网、××公安在线微信公众号建立健全行政决策公众参与平台，切实增强公众参与实效。完善重大行政决策听取意见制度，注重专家咨询论证，先后就省厅制定的《××省家庭暴力告诫制度实施办法》《××省公安厅重大行政决策合法性审查工作规定》等五项政策文件，征求法律顾问意见。推行重大行政决策听证制度，落实并完善重大行政决策社会稳定风险评估，坚持重大行政决策集体决定制度，落实重大行政决策实施情况后评价制度和行政决策责任追究制度。

（二）制定出台《××省公安厅重大行政决策合法性审查工作规定》。进一步规范××省公安厅重大行政决策行为，促进依法、科学、民主决策，推进公安依法行政和法治公安建设，制定出台《××省公安厅重大行政决策合法性审查工作规定》，对省厅重大行政决策的合法性审查工作作出具体规范，将合法性审查作为公安重大行政决策的必经程序，重大行政决策方案草案未经合法性审查或者经审查不合法的，不得提请厅务会或者厅长办公会议审议，不得签署、发布。

（三）充分发挥政府法律顾问的职能作用。认真贯彻落实《××省政府法律顾问工作规定》和公安部关于积极推行政府法律顾问制度的部署要求，省厅聘请了7名省内知名专家、律师为省厅法律顾问。按照《××省公安厅法律顾问工作规定》的要求，省厅通过召开年度座谈会、发征求意见函、邀请共同参与等形式，充分发挥省厅法律顾问在为公安改革发展提供支撑、为公安科学决策建言献策、为依法行政增添力量、为公安机关学法用法释疑解惑等方面的积极作用。

三、坚持严格规范公正文明执法

（一）严格落实重大公安行政决定法制审核和集体审议制度。

（二）全面落实行政执法责任制。

（三）持续深化执法资格等级考试。

（四）开展公安行政执法案件专项评查。

（五）推动公安执法标准化、规范化。

四、强化对行政权力的制约和监督

（一）加强执法权力内部监督。

（二）认真及时办理省人大、省政协提案。

（三）自觉接受司法监督。

（四）加强财政监督。

（五）全面推进警务公开。

五、依法有效化解社会矛盾纠纷

（一）加强社会综合治理，进一步优化发展环境。
（二）狠抓行政复议、诉讼和国家赔偿工作。
（三）改革公安信访工作制度。
六、全面提高公安民警法治思维和依法行政能力
（一）完善并落实学法制度。
（二）健全公安民警岗位培训制度。
（三）落实"谁执法谁普法"的普法责任制。

2017年，我厅将继续认真落实《法治政府建设实施纲要（2015—2020年）》和《××省贯彻落实〈法治政府建设实施纲要（2015—2020年）实施方案〉的通知》的各项工作要求，积极推进××省公安厅法治政府建设，为法治××、平安××、和谐××建设作出新的更大的贡献。

阅读与讨论：
（1）本文是专项工作报告还是综合工作报告？
（2）本文的导语部分和主体部分具有什么样的关系？
（3）文章主体六个方面在结构上具有什么样的逻辑关系？
（4）结尾写了哪些内容？为什么要这样写？

2. 结构模式

工作报告是向上级机关汇报工作、帮助领导者了解下级机关工作情况的报告，写作时应当方便领导者阅读。

（1）标题。标题要准确、简明地概括事由。常用的形式有两种，一是完整式标题，由发文机关+事由+文种组成，如《××市公安局关于2020年度公安工作的报告》；二是省略式标题，可以省略发文机关，但不能省略事由和文种，如《关于2020年下半年公安交通管理工作的报告》。

（2）正文。工作报告的正文部分通常按基本情况、主要体会及今后的打算等问题进行表述。

基本情况可以概述工作情况、采取的主要方法或措施、取得的主要成绩等，为后面内容的表达打好基础。

主要体会包括取得的成绩、总结的经验，或发现的问题、归纳的教训。这是对前一段工作的总结，反映出对事物本质的认识，并归纳出对今后工作具有指导意义的规律性理论。根据工作实际，可以总结成绩经验为主，或以总结问题教训为主，或只有成绩经验没有问题教训也可以。大部分的工作报告都以总结成绩经验为主。

报告经验的方法通常有三种。首先，可以从做法上总结做了什么，怎么做的，得出经验。这种方法通常用于带有创造性的并取得了突出成绩的做法。其次，可以从认识上总结，得出能反映事物本质或发展规律的认识。再次，可以从效果上总结经验，把工作中取得的突出成效摆出来，证明决策的正确，方法、措施的得当等。这部分的表达应既有观点，又有材料，相互印证才能有更好的说服力。

今后的打算要照应前面的经验或教训，提出对今后工作的设想及改进意见。如发

扬成绩,采取新的措施和方法,克服困难,达到目标等。

结语。一般用"特此报告"或"以上报告,请审阅"结束全文。

(二)情况报告

1. 例文导读

××大学关于及时核查处置新型冠状病毒无症状感染者××的情况报告

××教委:

至4月29日24时,本校共有638名学生从外地返校,入住校内A宾馆、B宾馆、培训中心,开展集中健康管理。

4月29日19时,×市×区疾控中心在检测××大学医院采集送检的外地返校学生鼻咽拭子过程中,发现一件样品新冠病毒核酸检测结果为阳性,立即通知定点医院×市第×人民医院用负压救护车将该生接至隔离病房处置。4月30日凌晨,经市疾控中心复核为新冠病毒核酸阳性,×区级专家组会诊,诊断为新型冠状病毒无症状感染者。现将相关情况报告如下:

一、基本情况

××,女,24岁,汉族,户籍地址:×省×市×区×街道×路×队,××大学××学院2018级学生。返校前14天均在×地,返校时持有健康证明,2月起及时完善健康码信息,在当地未做核酸检测。××家人共3人,截至4月28日,一家人均未出现任何不适症状。

二、区级专家会诊意见

经×市第×人民医院检查,××体温正常,无呼吸道症状,血常规正常,胸部CT检查无异常。根据《新型冠状病毒肺炎防控方案(第六版)》《新型冠状病毒肺炎诊疗方案(第七版)》,经区级医疗救治专家组现场会诊,诊断为新冠肺炎无症状感染者。目前初步判定重庆同车、同行人员等18人(其中,××大学学生11人)为密切接触者。××大学11名密切接触者将于4月30日凌晨统一转运至×区集中隔离点医学观察。

相关部门将继续深入开展流行病学调查,后续情况第一时间上报。

××大学
2020年4月30日

阅读与讨论:

(1)本文报告的是哪一类情况?

(2)本文的主体部分主要报告了这一事件的哪些情况?

(3)本文结尾处提到,"后续情况第一时间上报",从本事件来看,还有哪些情况需要继续上报?

2. 结构模式

情况报告适用于向上级机关反映情况,帮助领导了解工作环境、工作对象的相关信息。

(1)标题。要求准确、简明地概括事由,醒目,有吸引力。

(2) 正文。通常由情况概述、情况分析以及提出处理意见三部分构成。反映事故、灾情的情况报告，应参照国务院颁发的《特别重大事故调查程序暂行规定》进行规范化写作。其具体内容为：简要叙述事故发生的时间、地点、单位，事故的大致经过、伤亡人数、直接经济损失的初步估计，采取的措施及事故控制情况，事故发生原因的初步判断，对事故的看法和态度。

情况概述一般要概括说明情况发生的时间、地点、人物、原因、结果等要素。

情况分析可以指出情况产生的性质、造成的影响等，也可以分析造成事故的主客观原因及责任。

提出处理意见应表明对当事人及有关责任人员的处理意见，及下一步的打算和拟采取的措施。

三、写作策略

（一）中心明确，重点突出

为了不使报告空泛平淡，要避免面面俱到。在写作时要抓住重点，使报告的中心明确、突出。工作报告的重点应是机关在一定时期的中心工作，情况报告的重点应是最近发生的重大事件（事故）。对于重点工作、重要问题要写深写透；对于次要工作、一般情况可做简要叙述，使全文重点突出，主次分明，详略得当。

（二）分析要精当，论断要明确

报告对情况、问题进行分析，必须用科学的方法，"去粗取精、去伪存真、由此及彼、由表及里"，抓住事物发展规律或事物本质特征，简明扼要地说明自己对问题或情况的认识，提出明确的论断，供领导参考。

（三）报告的内容应有新意

应反映新形势下的新事物、新问题、新典型、新经验；回答与解决人们在新形势下提出的各种疑点、难点，使报告的内容具有信息价值。即使是汇报常规性的工作，也应力求探索与提炼出与以往不同的特点与经验，力求反映出具有实质性、规律性的信息，切不可把写报告作为例行公事，写得空泛无物。

（四）要注意点面结合

撰写报告，需要对工作的全局、概貌做简要概括叙述，并引证有关的数据，用以说明工作的规模、广度，使阅文者对工作情况获得全面的认识；同时，必须列举具有代表性的典型事例、典型单位或典型经验，用以说明工作的深度。只有点面结合，才能使报告写得既全面又深刻，并且有说服力。

思考与练习

(一) 判断题

1. 报告既是上行文，也可以是下行文。（　　）
2. 报告与请示是相同的公文。（　　）
3. 报告所使用的语言都是陈述性语言。（　　）
4. 综合性报告应突出重点，各方面的情况不能平均用力或平铺直叙。（　　）
5. 呈转性报告中的工作安排和问题的处理，必须超越业务主管机关或部门的职权范围。（　　）

参考答案：1. × 2. × 3. × 4. √ 5. ×

(二) 单项选择题

1. 除呈转性报告的结尾外，报告使用的语言是（　　）。
 A. 陈述性语言　　B. 祈使性语言　　C. 决断性语言　　D. 定向性语言
2. 按照作用来划分，可以将报告划分为（　　）。
 A. 呈报性报告和综合性报告　　B. 呈报性报告和呈转性报告
 C. 呈转性报告和专题性报告　　D. 综合性报告和专题性报告
3. "政府工作报告"属于（　　）。
 A. 专题性报告　　B. 呈转性报告　　C. 综合性报告　　D. 呈报性报告
4. 报告的特点不包括（　　）。
 A. 汇报性　　B. 概括性　　C. 陈述性　　D. 请示性

参考答案：1. A 2. B 3. C 4. D

(三) 制作题

请根据给定资料，为上海市交通管理部门写一份《关于我市交通拥堵情况的报告》。要求：简要介绍情况，恰当分析原因，提出全面、明确、可行的对策；条理清楚，语言通畅，字数1500字左右。

1. 今日大上海，又见行路难。上海某报记者："上海一大怪，汽车没有行人快"——20世纪90年代初之上海"怪现状"如今似有卷土重来之势。扎堆的车流如蜗牛爬行。市中心区高架道路上蜗行的车辆密密匝匝，远远望去，就像个大停车场。一日，记者乘上703路公交车，走走停停，从莲花路到上海体育馆，不足10公里，竟用了一个半小时。

2. 上海某报记者：20世纪90年代以来，上海的道路长度和道路面积分别增长了108%和142%，修建了地铁、高架路、跨江大桥、越江隧道等许多道路基础设施。中心城区初步形成现代交通网络，但同期的机动车总量却增长了470%以上。市民的感觉是道路越修越多，车越来越堵。最近几年，上海投资500亿元，增设高架路内环匝道，拓宽地面交通要道，新建越江隧道和中环线，从根本上缓解了中心城区的道路拥堵状况。与此同时,将大力发展智能交通系统。但人们担心,明天会不会还是继续拥堵。10多年前的"出行难"是上海进入三个"三年大变样"的前期发生的,是城市大发展前的一段"阵痛期"。而今,上海再次进入了一个"阵痛期"。

3. 某报刊载某司机意见:市政建设就像等待大手术的病人,谁知道明天哪条路又要开膛破肚?听说全市目前有14项在建重大工程,道路施工工地遍布中心城区和周围主要地区,对车辆通行影响很大。有时车开到交叉路口,主干道的交通全被施工工地阻断,一堵就能堵上好几个钟头。

4. 一位接受采访的民警说:如果说道路工程是以一时堵车换来便捷交通的"短痛",那么种种与交通文明不相协调的陋习则是更让人难以忍受的"长痛"。顺畅的交通环境是人车和谐,各行其道。大城市交通网络本来就密集狭窄,私车投放量增大以后,道路发展又跟不上车辆增长,再加上市民乱穿马路、骑车抢道等不文明行为比比皆是,就严重妨碍了排堵保畅的效率。

5. 相关参考数据:在五种日常交通方式中,单就运行效率而言,小汽车最低,甚至不如步行效率。譬如在3.7米宽的车道上,小汽车每小时最多能运载3600人通行;公共汽车在半饱和状态下,每小时可运载6万人,是小汽车的近17倍;而半饱和的火车每小时可运载4.2万人,是小汽车的12倍。一条公路快车道可以轻松地容纳两条自行车道,每小时可通行1.06万辆自行车,是小汽车的2.9倍。不仅如此,小汽车运送每位乘客所需的交通面积是自行车的4倍,是有轨电车的20倍,是地铁的6倍至12倍,是步行的40倍。

据有关资料显示,我国目前的公交出行分担率不足10%,特大城市也仅有20%左右。而在欧洲、南美的一些国家,公交出行分担率高达40%~60%。如奥地利近年来力推公共交通系统,以首都维也纳为例,公交分担率高达70%以上,市民大多选择公交,轿车只是供人们到偏远地区办事或外出旅游之用。

6. 有的专家认为,就功能定位而言,城市道路应分6个层次,即城际高速路、沟通城郊与城市主干道的快速路、城市主干道、次干道、支路以及生活区道路,可行车速从每小时120公里到10公里不等。但上海、北京、广州等大城市,道路的功能定位都不甚明了。道路功能不清导致行车移位的病根不除,增加再多的交警去排堵也无济于事。有的专家认为,导致城市出行难还有技术方面的原因。动、静态交通相互争夺空间,道路资源利用率低下。目前,几乎国内所有的大城市都有停车难的问题,因市区停车不便产生的临时停车占道现象十分普遍,致使在行车辆遇阻或减速。在上海,由于主干道的交叉口开得太多,车辆运行时速经常会由40公里锐减至20公里左右。加之行人、自行车违章穿道、绿化景观挤兑道路因素,最终使得这个大型城市的道路使用效率只相当于世界平均水平的1/3到1/2。

第二节　请示的写作

一、文种概说

（一）文种释义

请示，起源于宋元之间的上行文书"呈状"。明代凡应天府及太常寺等各部，都用呈状。可见那时的呈状是一些高级机关向皇帝奏请时用的上行文书。民国时期，仍沿用称"呈"。国民党政府 1928 年的《公文程式》规定："呈——五院对于国民政府，或各院所组织之机关对于各该院，及其他下级机关对于直辖上级机关，或人民对于公署有所陈请时用之。"这种"呈"，实际上包括了报告和请示两个文种。抗日战争时期，我党领导的晋察冀边区政府在 1931 年颁发《改革公文程式的理论与实际》，第一次使用了"请示"的名称，规定"请求上级答复问题时用之"，但常同报告混用。1949 年，华北人民政府颁发的《公文处理暂行办法（草案）》中，仍把报告和请示归入"呈"一类里，规定："下级对上级有所请示或报告事项时，用呈。"这样规定，致使现在还有些拟文者常把请示和报告混用。从这里，我们也许可以找到请示同报告混用的历史原因。直至 1957 年，国务院秘书厅颁布的《关于公文名称和体式问题的几点意见（稿）》中，才将"报告"和"请示"分开。

请示的用途，《党政机关公文处理工作条例》规定：**请示，适用于向上级机关请求指示、批准。**

在工作中，不是事事都要向上级请示。通常是工作中对有关政策理解不清，或遇到新问题无章可循，或因人力、财力、物力不足需要上级机关予以解决的事项，或有规定必须上级批准才能做的事项，才可以向上级机关行文请示。可以概括为：凡是遇到必须办理而又无权决定或无力解决的事项，才可以向上级机关行文请示。

（二）特征解析

请示是有隶属关系的下级机关向上级机关请求指示、批准的陈请性上行文书。没有隶属关系的下级机关向上级机关请求指示、批准，只能用函，不能用请示。根据请示的内容、作用和行文方向，其主要特征如下：

1. 请求性

请示的最大特点是请求性，针对本单位、本部门计划办理而无权决定，或无力去做，或不知如何去做的事项。因此，在撰写请示时，要写明请示办什么事、为什么要办、打算如何去办、有什么困难和问题需要上级解决、有什么事项需要上级批准等，写得清清楚楚，请求上级指示或批准。

2. 单一性

一份请示公文，只陈述一件事情，即一事一文，这样有利于提高请示公文办理的质量、效率和促进问题的解决。

3. 政策性

凡是要请示的问题，在请示之前，必须认真查对有关方针、政策、法律、法规和文件，属于本单位职权范围又有能力解决的事项，不需要向上级领导机关请示；不属于本单位职权范围又无能力解决的事项，才能向上级机关请求指示、批准或予以支持。请示公文，强调按规定办事，用政策规定判别该不该向上级机关请示。不属于请示的事项，不得上交矛盾，只能由本单位解决。

4. 客观性

向上级机关请求指示、批准的事项，一定要实事求是，用政策和事实说话，不得隐瞒事实真相，不得弄虚作假、混淆视听、欺骗上级机关。请示公文的写作、办理是一项非常严肃的工作，一定要弄清情况，学懂政策和掌握政策，坚持原则，敢于负责；请示的事项必须符合上级的要求和有关政策规定。

5. 期复性

请示是要求领导机关予以回复的公文，具有强制回复的性质。接受请示的机关应对请示事项表明是否批准的态度或予以明确的指示。

（三）类型划分

请示可以分为请求指示的请示和请求批准的请示。

1. 请求指示的请示，是指**在工作中遇到新情况、新问题，自己无章可循，难以解决，或按相关规定不能擅自处置，请求上级机关给予明确指示的请示**，即向上级要政策、要办法的请示，如《××区计委关于清理基本建设项目资金拖欠问题的请示》。

2. 请求批准的请示，是指**在工作中遇到人力、财力、物力不足，超越本级组织权限解决的事项，需要上级机关予以解决的事项的请示**，即向上级要求增加机构、人员定编、人员安排、资产购置、财款动用等问题的请示，如《××乡人民政府关于增拨救灾经费的请示》。

（四）文种辨析

请示与报告都属于《党政机关公文处理工作条例》规定的法定公文的上行文，在公文办理中都要遵循《条例》的行文规则中对上行文的规定要求。请示与报告在使用和写作上有以下区别：

适用范围不同。请示"适用于向上级机关请求指示、批准"。报告"适用于向上级机关汇报工作、反映情况，回复上级机关的询问"。

行文的目的不同。报告用于汇报工作、反映情况，目的是让上级了解下情，掌握工作动态，为决策和指导下级工作提供依据。请示用于请求上级机关指示、批准，目的是请领导解释政策，批准事项，帮助解决困难。两者的行文目的有明显的不同。

行文时间不同。报告的行文时间多在事后，或在事情进行中。报告中反映的事情是已经做过或正在进行中的。请示只能在事前行文，必须等上级机关明确同意后才能进行处理，若上级机关还未指示、批准就处理了事项，则为"先斩后奏"，是违反管理规定和组织纪律的。

上级机关处理的方式不同。上级机关对于下级机关报送来的请示要进行研究，用批复作指示、批准。报告则以"阅存"方式处理，无须研究回复。

写作格式略有区别。请示和报告的结语不同。请示要求上级机关表明态度，结语中使用"请指示""请批复"等要求。报告的结语一般用"专此报告""请审阅"等，没有对上级提出要求的表达。

二、写作指要

请示一般由标题、主送机关、签发人、正文、落款构成，必要时添加抄送机关、附件、附注等格式要素。不同类型的请示，其结构模型基本相同。

（一）例文导读

××市公安局关于设置公路治安执法大队的请示

市人民政府：

　　××市作为全省距省会城市最近的砂石资源大市，多数县区的砂石资源都较丰富，加之铁砂以及铁矿石资源的开采量加大，以砂石资源为主的运输已经成为全市道路运输营运车辆最多、吨位最多、从业人员最多的物流业。2001年以来，由于受市场因素、价格因素、供求因素、管理因素的诸多影响，我市砂石运输超限超载现象日趋严重。2002年至今，虽经六年治理，超限超载现象仍屡禁不止。严重的超限超载运输给我市通往省会的主干道造成毁灭性破坏，而且砂石运输使我市大部分国省道千疮百孔，令乡村道路面目全非，给人民的生命财产造成巨大损失。六年多的治超实践使我们认识到，治理超限超载工作由于牵涉面大，管理难度大，必须建立长效机制，依法按章长期治理。就我市砂石资源运输的特点和重点而言，不仅需要交通公路部门投入更多的人力、物力和财力，不断加强公路的治超固定执法站和流动执法队建设，更加需要对公路路政执法提供切实保障的专事公路治安交通管理的专门机构建设，依法管理道路交通，治理超限超载。

　　根据我市治限治超任务十分繁重的实际，特恳请市人民政府批准在我局设置"××市公安局公路治安执法大队"，具体建议如下：

　　一、建议"××市公安局公路治安执法大队"为正科级行政机构，定公安政法专项编制12名，所需人员从公安内部调剂解决。人员编制和干部任免由市公安局负责，工作由市公路局负责。定科级领导职数3名，即大队长1名、副大队长2名，干部任免事先征求市公路局意见。

　　二、建议"××市公安局公路治安执法大队"的人员经费和办公经费，由市公路局协调相关收费公路部门或企业从通行费收入中给予解决，不足部分由市公路局负责解决。

　　以上建议，已与市公路局协商一致。

　　特此请示，当否，请予批复。

××市公安局（章）
20××年7月2日

阅读与讨论：
（1）本文请求解决的问题是什么？是怎样阐述理由的？
（2）这份请求为解决的问题提出了怎样的建议？为什么要这样写？
（3）为什么要写明"以上建议，已与市公路局协商一致"？

（二）结构模型

请示的写作，标题、正文的内容结构要完整，主送机关、抄送机关、签发人、落款、附件、附注等格式要素要规范。

1. 请示的标题。由请示单位名称、请示的事由与"请示"组成。阐述请示的事由，要做到准确、简明、精练，突出请示的主旨，明确请求解决的问题。

2. 正文。这是请示的主体部分，一定要认真对待，精心组织材料，恰当布局，文题一致，内容及结构完整。请示的正文由请示缘由、请示事项、结语构成。

（1）请示缘由。请示缘由是请示正文写作的重点，应表达出向上级机关提出某项请示所依据客观事实的重要性、必要性和可行性。这也是请示事项是否成立的前提条件。理由写得充分合理，就会得到上级的理解和支持，所请示的问题也容易得到解决；否则，难以达到请示的行文目的。

（2）请示事项。请示事项又称为"拟议事项"。这是要求上级机关予以批准或解决的具体事项。请示事项表达一定要具体确切，不能只摆出问题，而没有解决请示事项的设想。若上级不清楚请示的具体事项，便难以实现请示行文的目的。若请示事项较为复杂，应按逻辑关系分条列项表达。若请示事项单一，可以紧承请示缘由具体确切写明，正文为独段式结构。也可以将请示事项独立成段，表达为"为了……特请求……"。

（3）结语。常用的请示结语为"以上请示妥否，请指示""以上请示当否，请批复""以上请示如无不妥，望批准"。

3. 发文字号与签发人。向上级机关请示问题，都要标注发文字号和签发人及签发人姓名；联合行文的，要一一标注各联署单位的签发人姓名，每个单位只标注一名职务最高的领导人的姓名。

4. 主送机关与抄送机关。请示事项涉及的直接的主管机关为主送机关，其他需要知道请示内容的机关为抄送机关。一份请示，只有一个主送机关，不得多头报送。一般只能送直接的上级机关的秘书部门，由秘书部门按规定办理，不得直接送领导者个人。

5. 附件说明和附件。如有必要，在正文之后，添加附件说明和附件，用以补充、说明具体事项，例如，《关于增拨房屋维修经费的请示》可以添加"维修项目和经费预算明细表"作为附件。

6. 落款。请示的落款应标明发文机关名称、印章、成文日期三要素。联合行文时，要办好会签手续。

7. 附注。为便于上级机关及时、清楚地掌握请示事项，应安排专门联系人对接此事。附注项目可以标明联系人的信息。在成文日期下一行，左空二字用圆括号括上联系人的姓名和电话。

三、写作策略

请示是下级机关向上级机关请求指示、批准的一种上行公文，写作时应当遵循以下策略。

（一）必须事前请示，严守行文规则

请示必须在拟办事项进行之前行文，绝不可"先斩后奏"。请示的报送必须严格遵守行文规则：应逐级行文，非特殊情况不可越级请示；向上请示的同时，不可抄送下级和不相隶属机关；受双重领导的单位报送请示，只能主送一个上级机关，将另一个上级机关列为抄送机关。凡属本机关职权范围内，已有明确的方针、政策和规定供自行处理的，不必向上级机关请示。

（二）请示的内容，要求主旨集中，"一文一事"

一般说来，一份请示只能提出一件请示批准的事项，或提出一个请求解决的问题。这样便于上级机关对来文进行处理，以免拖延批复时间。

（三）观点明确，请示的理由与事项清楚具体

请示的开头，应写明提出请示的理由，即为什么要请示。在说明必要性的同时，陈述解决请示事项所具备的有利条件及实现的可能性，为领导机关的批复提供有说服力的事实根据。在阐述请示事项时，要根据本地本单位提出的情况，提出执行和办理的具体意见，供领导机关批复时参考。在结尾处应明确提出行文的具体要求。全文应层次清楚，条理分明。

（四）文字表述简明、得体

请示要开门见山，直接切入主旨，抓住与事项有关的问题，用精练概括的语言和与请示事项密切相关的材料，不用与请示无关的或关系不太密切的材料。一份请示，一般只有几百字，确实需要详细说明情况的，可用附件说明。将请示的事项陈述清楚即可，不得在请示中夹带报告事项。请示属上行文，在叙述情况、陈述政策规定时，应当用陈述性语言；在请示的结尾请求指示、批准时，则用祈求性语言。

■ 案例研讨

平安县人民政府关于设置县监察局的请示报告

×市委、市人民政府：

我县拟成立县监察局，由王东同志任局长，李林同志任副局长。

这两位同志的情况请见随文附上的考察材料，这是根据中央关于建立各级监察机

关的决定作出的具体安排。目的是严肃政纪，加强对国家机关工作人员的监督。这对社会主义建设和改革开放的顺利进行是一个重要保证。因此，请市里务必批准。此外，新成立的机构须购置必要设备，但我县财力十分紧张，难以解决，为此请市里拨给购置费5万元。附王东、李林考察材料各一份。

以上请示妥否，请批准。

办公室

14 年 4 月 28 日

这篇公文存在很多问题，主要表现在如下几个方面。

1. 标题中用了两个上行文文种。不是文种用得多就好，应根据行文的目的准确选择文种。根据内容可以看出，其行文的目的是向上级要求增设机构，因此应选"请示"行文。

2. 这是平安县政府向上级的行文。《党政机关公文处理工作条例》规定："行文关系根据隶属关系和职权范围确定。"上行文"原则上主送一个上级机关"，主送机关不能有"×市委"。

3. 正文内容违反了《党政机关公文处理工作条例》"请示应当一文一事"的规定，应该去掉为新机构拨给"购置费5万元"的要求。

4. 请示正文内容表达应先重点写明缘由，要设置新机构应首先说明设置该机构的依据、目的等。上级有文件的，应将文件名称、发文字号表达出来，不能说上级都知道这事，然后就不写了。再写"我县拟成立县监察局，由王东同志任局长，李林同志任副局长"。两位拟任局长的考察材料应在附件说明位置，用序号分别表达清楚其名称，不能在文尾说一句了事。

5. 语言表达不得体。向上级请示应使用征询的语气，"请市里务必批准"变成了不容置辩的命令语气。

6. 结语表达错误。应将"请批准"改为"请批复"。落款错误。署名应和标题中的发文机关表达一致。成文日期表达不全。

7. 附件使用不恰当。应在正文后下一行标注附件的名称。

当然，文件中可能还有其他问题，阅读者可以继续探讨。

思考与练习

（一）判断题

1. 请示，起源于宋元之间的上行文书"呈状"。　　　　　　　　　　（　　）
2. 请示适用于有隶属关系的下级机关向上级机关请求指示、批准。　（　　）
3. 一件请示公文，只陈述一件事情，即一事一文。　　　　　　　　（　　）
4. 请示不具有强制回复的性质。　　　　　　　　　　　　　　　　（　　）
5. 一件请示，只有一个主送机关，不得多头报送。　　　　　　　　（　　）

参考答案：1. √　2. √　3. √　4. ×　5. √

（二）选择题

1. 首次将报告和请示分开的是（　　）。
   A. 国民党政府 1928 年的《公文程式》
   B. 我党领导的晋察冀边区政府在 1931 年颁发的《改革公文程式的理论与实际》
   C. 华北人民政府于 1949 年颁发的《公文处理暂行办法（草案）》
   D. 国务院秘书厅于 1957 年颁布的《关于公文名称和体式问题的几点意见（稿）》

2. （多选题）请示的特点有（　　）。
   A. 请求性　　　B. 单一性　　　C. 客观性　　　D. 期复性

3. 下列关于报告与请示关系的说法中正确的是（　　）。
   A. 行文内容相同　　　　　　　B. 都是上行文
   C. 行文时间不同　　　　　　　D. 行文目的相同

参考答案：1. D　2. ABCD　3. C

（三）根据下列材料撰写公文

1. 西平文财学院是 2010 年兴办起来的一所市属高等学校，由两所高等专科学校合并而成，现任院长是王远宏。虽然才办了六年，但在经济社会和教育事业发展的大形势下，办学规模不断扩大。

2. 学院开办那一年招生人数只有 600 人，以后每年都有所增加，到今年为止，在校生人数已经有 5000 人。

3. 学校发展后，面临的一个突出问题是图书馆藏书数量与上级的要求相差太多，总共才 40 万册。而国家教育部要求全日制本科院校应该做到生均图书 100 册。算起来学校应该有图书 50 万册，差了 10 万册。

4. 不久前学院接到市教委转发的通知，说是明年春季教育部就要派专人来检查新建学校图书配备情况，西平文财学院也在其中，这关系西平文财学院办学条件合不合格的问题。学校领导十分着急。但买书不是一两天就能办好的，须从现在抓起。

5. 可是学院现在的经费很紧张，原因是今年新购了一批必要的实验设备。他们算了一下，按平均每册 15 元算，要买回这 10 万册书最少也要 150 万元。学校想方设法也只能筹集 60 万元，需要请市教委增加下拨 90 万元教育经费。只有这样，才能达到上级的要求。

6. 今年 9 月 20 日，经学院院长审定同意，西平文财学院行文向江源区教委提出了上面的请求。该文件是学院今年发出的第 52 号文，是 9 月 22 日那天印发的，并给市政府办公厅和市财政局各送了一份。

第三节 批复的写作

一、文种概说

(一) 文种释义

批复是由古代的文书"批"演化而来的。"批,示也。谓判决是非以示之也","批为裁答人民呈请之文"(徐望之《公牍通论》)。"批"用作公文名称,始于唐朝。起初,唐朝皇帝对臣子奏疏表示可否称"批",也叫"批答"。到唐玄宗李隆基时,设置翰林待诏,掌管四方"批答"。从此以后,"批答"二字专门用于帝王之言。宋朝和明朝,都因袭这种用法。清朝时,把地方行政长官对下属请示的回答称为"批"。北洋军阀时亦如此,并规定"上级官署或职官对于下级官署或职官,及官署对于人民陈请之准驳,以批行之"。国民党政府时规定"批"的用法为:"各机关对人民陈请事项,分别准驳时用之。"北洋军阀和国民党政府时期的"批"都是专门对"人民陈请事项"表示可否时用的。

陕甘宁边区政府于1942年1月颁布的《陕甘宁边区新公文程式》,也用过"批答"。华北人民政府于1949年2月颁布《华北人民政府公文处理暂行办法》,开始把"批复"正式作为公文的名称,并规定"对于本府内各部门之呈报呈请事项,而必须以文字答复时用之此项批复,即为简便的录批条复方式。如集体办公时,则无须以文字批复,一般可采取阅批签知方式"。1951年政务院颁布的《公文处理暂行办法》关于"批复"的规定是:"答复下级的请示或报告事项时用'批复'。"自此,彻底废除了"批"(或"批答")这一带有封建官僚色彩的文种,批复演变为专用于答复下级机关请示事项的一种答复性公文,并一直作为正式公文使用。

批复的用途,现行《党政机关公文处理工作条例》规定:"**批复,适用于答复下级机关的请示事项。**"

(二) 特征解析

批复,是党政机关、企事业单位和社会团体答复下级机关请示事项时使用的领导性、指导性公文,具有以下特点:

1. 针对性

针对性,是指批复必须针对下级机关的请示事项做出明确的答复。没有请示,就没有批复。因此,在批复中,必须针对请示事项表明态度,提出处理意见、办法。

2. 指导性

在批复中,上级机关针对下级机关的请示事项,依据有关政策规定,站在宏观的、全局的高度,提出处理问题的意见和办法。批复代表了上级机关的权威,表达了上级机关的意图,是上级机关科学决策的产物,具有很强的指导性和约束力,与指示的性质相同，均要求下级机关遵守与执行。它是下级机关解决请示的问题、指导有关工作的行动指南和行为准则。

3. 被动性

批复是根据下级机关报送的请示被动制发的下行公文。没有请示，也就没有批复。

4. 简要性

批复，对下级机关请示的事项，只做原则性、结论性的决定和批示，不做具体分析和深刻阐述；对有关事项、问题的答复简明扼要，用语简洁，篇幅简短。

（三）类型划分

批复是专门针对请示的回复。与请示的类型相对应，批复可分为两大类，即批示性批复和批准性批复。

1. **批示性批复，又称"政策性批复"，即答复请求指示事项的批复**，重在对于下级机关提出的难以理解的政策法规和没有明文规定的疑难问题做出明确的解释和答复，表明意见和态度。例如，《中共中央国务院关于对河北雄安新区规划纲要的批复》《国务院关于长三角生态绿色一体化发展示范区总体方案的批复》《国务院关于重庆市土地利用总体规划的批复》等。

2. **批准性批复，即答复请求批准事项的批复**，重在对下级机关请示批准的事项进行认可和审批，具有表态性和手续性。例如，《国务院关于同意设立"中国人民警察节"的批复》《国务院关于同意重庆高新技术产业开发区建设国家自主创新示范区的批复》等。

（四）文种辨析

1. 批复与复函。二者都可用于审批有关事项，但又有区别。

一是行文方向不同。批复是下行文，复函是平行文。收到下级机关的请示，应该回之以批复；收到不相隶属机关的请批函以及领导机关转来的下级机关请示，只能回之以复函。各级党政机关及其办公部门都必须针对来自不同方向、使用不同文种的请批件，正确选用不同的回复文种，切勿混淆。

二是结语明显有别。不同的公文文种具有不同的结尾用语，写给下级机关的批复结语要使用严肃的要求式结语"特此批复"；写给不相隶属机关的复函，只能使用适合行文关系和文种的尾语，如"特此函复"。

三是语气有别。不同行文方向和行文关系的公文文种，使用的行文语气也是截然不同的。批复是下行文，语气可坚定严肃；复函属平行文，态度要鲜明，但语气应相对委婉。

综上所述，下级机关向上级机关呈送请示，若上级机关以本机关名义亲自回复，须用"批复"；若上级机关拿出态度责成下面某部门以部门名义回复，应该用"复函"。如国务院收到并批准了四川省人民政府、教育部联合呈报的《关于四川大学、华西医科大学合并问题的请示》后，责成国务院办公厅给予答复，国务院办公厅作为国务院的办公部门，对呈报请示的两个机关无法使用"批复"，所以制发了《国务院办公厅关于四川大学和华西医科大学合并组建新的四川大学的复函》。

2. 批复与批转性通知。二者都是下行文，都是对下级机关来文进行处理的公文，但又有本质不同。

一是针对对象不同。批复是针对请示的，批转性通知一般是针对下级机关的意见、规定等需要批转的公文。

二是主送机关不同。一般情况下，批复只有一个主送机关，并且批复的主送机关只能是请示的发文机关。批转性通知的主送机关一般比较多，如国务院用通知批转某单位的意见，其主送机关一般是"各省、自治区、直辖市人民政府、国务院各部委、各直属机构"。

三是行文结构不同。批复对下级请示事项回复发文时，一般不再附"请示"原文，只需要标明来文的发文字号和标题，而批转性通知则要将来文一起转发下去。

二、写作指要

（一）例文导读

◇ 例文1

中共中央　国务院关于对《河北雄安新区规划纲要》的批复

中共河北省委、河北省人民政府，国家发展改革委：

你们《关于报请审批〈河北雄安新区规划纲要〉的请示》收悉。现批复如下：

一、同意《河北雄安新区规划纲要》（以下简称《雄安规划纲要》）。《雄安规划纲要》深入贯彻习近平新时代中国特色社会主义思想，深入贯彻党的十九大和十九届二中、三中全会精神，坚决落实党中央、国务院决策部署，牢固树立和贯彻落实新发展理念，紧扣新时代我国社会主要矛盾变化，按照高质量发展要求，紧紧围绕统筹推进"五位一体"总体布局和协调推进"四个全面"战略布局，着眼建设北京非首都功能疏解集中承载地，创造"雄安质量"和成为推动高质量发展的全国样板，建设现代化经济体系的新引擎，坚持世界眼光、国际标准、中国特色、高点定位，坚持生态优先、绿色发展，坚持以人民为中心、注重保障和改善民生，坚持保护弘扬中华优秀传统文化、延续历史文脉，符合党中央、国务院对雄安新区的战略定位和发展要求，对于高起点规划、高标准建设雄安新区具有重要意义。

二、设立河北雄安新区，是以习近平同志为核心的党中央深入推进京津冀协同发展作出的一项重大决策部署，是继深圳经济特区和上海浦东新区之后又一具有全国意义的新区，是千年大计、国家大事。雄安新区作为北京非首都功能疏解集中承载地，与北京城市副中心形成北京新的两翼，有利于有效缓解北京"大城市病"，探索人口经济密集地区优化开发新模式；以2022年北京冬奥会和冬残奥会为契机推进张北地区建设形成河北两翼，有利于加快补齐区域发展短板，提升区域经济社会发展质量和水平。要以《雄安规划纲要》为指导，推动雄安新区实现更高水平、更有效率、更加公平、更可持续发展，建设成为绿色生态宜居新城区、创新驱动发展引领区、协调发展示范区、开放发展先行区，努力打造贯彻落实新发展理念的创新发展示范区。

三、科学构建城市空间布局。雄安新区实行组团式发展，选择容城、安新两县交界区域作为起步区先行开发并划出一定范围规划建设启动区，条件成熟后再稳步有序推进中期发展区建设，划定远期控制区为未来发展预留空间。要坚持城乡统筹、均衡发展、宜居宜业，形成"一主、五辅、多节点"的城乡空间布局。起步区随形就势，形成"北城、中苑、南淀"的空间布局。要统筹生产、生活、生态三大空间，构建蓝绿交织、疏密有度、水城共融的空间格局。

四、合理确定城市规模。坚持以资源环境承载能力为刚性约束条件，科学确定雄安新区开发边界、人口规模、用地规模、开发强度。要坚持生态优先、绿色发展理念，雄安新区蓝绿空间占比稳定在70%，远景开发强度控制在30%。要合理控制用地规模，启动区面积20~30平方公里，起步区面积约100平方公里，中期发展区面积约200平方公里。要严守生态保护红线，严控城镇开发边界，严格保护永久基本农田，确保各类规划空间控制线的充分衔接，形成规模适度、空间有序、用地节约集约的城乡发展新格局。

五、有序承接北京非首都功能疏解。雄安新区作为北京非首都功能疏解集中承载地，要重点承接北京非首都功能和人口转移。积极稳妥有序承接符合雄安新区定位和发展需要的高校、医疗机构、企业总部、金融机构、事业单位等，严格产业准入标准，限制承接和布局一般性制造业、中低端第三产业。要与北京市在公共服务方面开展全方位深度合作，引入优质教育、医疗、文化等资源，提升公共服务水平，完善配套条件。要创新政策环境，制定实施一揽子政策举措，确保疏解对象来得了、留得住、发展好。

六、实现城市智慧化管理。坚持数字城市与现实城市同步规划、同步建设，适度超前布局智能基础设施，打造全球领先的数字城市。建立城市智能治理体系，完善智能城市运营体制机制，打造全覆盖的数字化标识体系，构建汇聚城市数据和统筹管理运营的智能城市信息管理中枢，推进城市智能治理和公共资源智能化配置。要根据城市发展需要，建设多级网络衔接的市政综合管廊系统，推进地下空间管理信息化建设，保障地下空间合理开发利用。

七、营造优质绿色生态环境。要践行绿水青山就是金山银山的理念，大规模开展植树造林和国土绿化，将生态湿地融入城市空间，实现雄安新区森林覆盖率达到40%，起步区绿化覆盖率达到50%。要坚持绿色发展理念，采用先进技术布局建设污水和垃圾处理系统，提高绿色交通和公共交通出行比例，推广超低能耗建筑，优化能源消费结构。强化大气、水、土壤污染防治，加强白洋淀生态环境治理和保护，同步加大上游地区环境综合整治力度，逐步恢复白洋淀"华北之肾"功能。

八、实施创新驱动发展……

九、建设宜居宜业城市……

十、打造改革开放新高地……

十一、塑造新时代城市特色风貌……

十二、保障城市安全运行……
十三、统筹区域协调发展……
十四、加强规划组织实施……
《雄安规划纲要》执行中遇有重大事项,要及时向党中央、国务院请示报告。

中共中央　国务院
2018 年 4 月 14 日

阅读与讨论：

（1）批复是对请示的对应性行文，以此文为例，说明这种对应性体现在哪里。

（2）批复针对的来文是《关于报请审批〈河北雄安新区规划纲要〉的请示》，来文标题中的"报请"可否省略？此批复的标题是否规范？谈谈公文标题中标点符号的用法。

（3）批复的正文先要引述来文，引述语表达的基本结构是什么？此文引述来文的方式是否规范？

（4）本文的批复意见除了明确表态之外，还写了哪些内容？为什么要写这些内容？

（5）本文的批复类型是什么？其写作特点是什么？

◇ **例文 2**

北海市交通运输局关于同意××同志辞职的批复

北交发〔2017〕110 号

北海市公路管理处：

你单位报来《关于××同志辞职的请示》（北路管〔2017〕57 号）已收悉。

××同志，女，××××年××月出生，籍贯××××，大专学历，2017 年 5 月通过 2016 年北海市随军家属安置招考考入你单位工作。现因个人原因，其本人自愿辞职。根据事业单位工作人员辞职的相关规定，经研究，同意××同志辞职请求，请你单位按程序办理该同志辞职手续。

此复。

北海市交通运输局（公章）
2017 年 6 月 30 日

阅读与讨论：

（1）本文属于哪一类批复？

（2）这份批复写作的依据是什么？

（3）这份批复在写法上和前一篇批复有什么不同？

（二）结构模式

1. 标题。批复的标题可以由"发文机关+发文事由+文种"组成，如《国务院关于长三角生态绿色一体化发展示范区总体方案的批复》《国务院关于支持汕头经济特区建

· 233 ·

设华侨经济文化合作试验区有关政策的批复》《重庆市人民政府关于九龙坡区部分镇街行政区划调整的批复》。

2. 正文。批复的正文主要由批复引语、批复事项、批复结语三部分组成。

批复引语。即引述下级机关来文的标题和发文字号，必要时简要引述来文的主要内容以作为批复的依据，如："你会《关于调整适用境外上市公司召开股东大会通知期限等规定的请示》（证监发〔2019〕71号）收悉。"引叙后，可用"根据×××关于××的规定，现做如下答复""经研究答复如下""现做如下答复"等引起下文。如："你市《关于报请审批重庆市土地利用总体规划（2006—2020年）的请示》（渝府文〔2009〕19号）收悉。现批复如下。"便引用了重庆市人民政府的请示标题和发文字号，并简洁地使用"现批复如下"过渡到批复的具体内容。

批复事项。这是批复的核心，也是行文的目的所在。应针对所请示的事项，给予具体的批示或明确的答复，表明态度。标明是"同意"或"不同意"，如果是"部分同意"，还要写明同意哪些部分，不同意哪些部分，并说明原因。一般情况下，批复的内容简短，文字精练，直接表明态度，然后进一步给出具体的要求，做出指示，使下级机关能够根据上级机关的意图执行具体的工作。

批复结语。常用固定结语为"特此批复""此复"等，有的批复省略结语。如内容虽然没有"此复""特此批复"等固定结语，但却指出了意义、提出了希望。这有助于下级机关更加主动地完成工作。

3. 发文机关署名和成文日期。发文机关署名标注在正文结尾后的右下方，成文日期使用阿拉伯数字标注在发文机关署名下方。

三、写作策略

撰写批复，必须以党的路线、方针、政策和国家的法律、法规为准绳，根据机关领导的意见，针对来文单位所请示的问题，实事求是地给予明确的答复。必须做到观点鲜明，表述准确，概念清楚，文字精练，用语贴切，格式规范。

1. 一事一批复。批复的内容必须是"一文一事"。一份批复针对一份请示，不能一份批复对应多份请示。有时是一个下级机关有数份请示，有时是数个下级机关分别上报同一件事项，经研究后，应该分别行文批复，而不应一文对数文。

2. 有请必复。对下级机关的请示，上级机关不管是否同意，都必须正式行文给予答复。用电话通知答复下级机关请示的做法或不了了之的做法都是不规范的，既不符合行文规则，也不便于文书档案的整理归档。

3. 态度鲜明，明确指示。对于所请示的事项是否同意，下级机关如何处理，批复应当明确表态，不能模棱两可。批复中所做指示，可以是宏观的、原则性的，但仍须旨意明确，表达准确，避免下级机关产生歧义。

4. 讲求时效性。下级机关的请示一般都是针对重大事项或紧急情况而发的，上级机关同意与否都必须及时批复，以免贻误工作。上海、四川、重庆等省市党委和政府曾规定，上级机关收到下级机关的请示后，应在15天以内予以答复，提出了行文答复的时限要求。这对提高办事效率有着重要意义。

5. 批复的制发主体一般是请示的主送机关。特殊情况下，也有经上级机关批准、职能部门代上级机关行文批复的。这种特殊情况应该使用"复函"行文。

思考与练习

（一）单项选择题

1. 公文中的批复必须在正文的开头引述来文的（　　）。
   A. 标题　　　　　　　　　　　　B. 发文字号
   C. 标题和发文字号　　　　　　　D. 发文日期

2. 以下关于批复的说法，错误的是（　　）。
   A. 批复一般是被动行文，有时也可主动行文
   B. 批复应依据下级机关的请示内容行文，具有针对性
   C. 批复对下级机关具有极强的约束力和指示性，是下级机关工作的依据
   D. 批复的主送机关就是请示的发文机关

3. 以下关于批复的说法，不正确的是（　　）。
   A. 批复是下级机关开展工作和执行批复事项的依据，具有依据性
   B. 批复是下行文，和下行通知的功能相同，批复可以代替通知行文
   C. 批复的观点和态度必须明确，不能态度含混、模棱两可
   D. 批复对下级机关具有约束力

4. 有时数个下级机关分别上报请示同一件事项，上级机关答复的方法是（　　）。
   A. 分别打电话答复　　　　　　　B. 用通知集体答复
   C. 应该分别行文批复　　　　　　D. 一件批复答复数文

5. 某总公司经过开会研究，同意下属分公司增加一辆车的决定，应使用哪种公文行文？（　　）。
   A. 复函　　　　B. 批复　　　　C. 决定　　　　D. 通知

参考答案：1. C　2. A　3. B　4. C　5. B

（二）多项选择题

1. 批复的正文由（　　）组成。
   A. 批复对象　　B. 批复引语　　C. 批复事项　　D. 批复结语

2. 下列批复的标题中，不符合规范的是（　　）。
   A. ×××关于××市城市总体规划的批复
   B. 同意××乡人民政府驻地迁移的批复
   C. ××县人民政府的批复
   D. ××关于同意××局完善城镇社会保障体系试点实施方案

3. 以下关于批复的说法，正确的是（　　）。
   A. 批复内容单一，必须是"一文一事"
   B. 上级机关应做到"有请必复"

C. 一份批复针对一份请示，不能一份批复对应多份请示
D. 批复应态度鲜明、表达准确，不能模棱两可
4. 以下有关批复的说法，正确的是（　　）。
A. 批复是一种专用性很强的下行公文
B. 批复是主动制发的
C. 批复的内容对受文者有较强的约束力和强制性
D. 批复的内容一般针对请示的内容进行回复，具有针对性
5. 批复具有（　　）的特点。
A. 行文的被动性　　　　　　　B. 批复对象的针对性
C. 效用的权威性　　　　　　　D. 办理的及时性

参考答案：1. BCD　2. ABC　3. BCD　4. ABCD　5. ACD

（三）改错题

试指出下文中存在的问题，并加以修改。

批　复

××乡政府：

对你乡的多次请示，作如下答复。

一、原则批准你乡建立联合贸易公司，负责本乡的内、外贸易工作。你乡应尽快使联合贸易公司开始营业。

二、你乡提出试行"关于违反计划生育规定的处罚办法"最好不执行，因为这个办法违反上级有关文件精神。

三、今年你乡要盖礼堂一座，并准备开辟为对外营业的影剧院，有利于活跃农民文化生活，增加宣传阵地。批准你们的请示。

四、同意你乡"关于开展学习拥军模范赵香同志活动"的请示。赵香同志支持丈夫、儿子上前线。在丈夫牺牲后又鼓励女儿报考军队护校，她还给前线战士寄书、写信鼓励他们保卫祖国，事迹是感人的，应大力宣传。

×县人民政府
××××年××月××日

（四）制作题

1. 某省人民政府于20××年×月×日向中华人民共和国民政部提出了《关于将××市更名为××市的请示》（×政发〔20××〕××号），民政部认为该市名称以不变更为宜。请你以中华人民共和国民政部的名义，为该省人民政府起草一份否决他们请示的批复。

2. 苏州的寂鉴寺石殿是建于元代的三座石屋，距今已有六百多年的历史，是一组江苏省仅存的石构仿木建筑，不仅在江苏地区是独一无二的，在全国也很少见，是研究元代建筑与雕刻艺术的重要资料，具有极高的历史和艺术价值。然而，在经历了几百年风霜雨雪后，这个"国宝"遭遇着前所未有的威胁，紧靠石殿上方的韦驮殿年久

失修，濒临倒塌。韦驮殿一旦塌陷，必将对石殿外部的石雕造成毁灭性破坏，整个寂鉴寺石殿将不再完整。江苏省文物局就此写了一份《关于苏州寂鉴寺石殿保护规划编制立项的请示》。假如你是国家文物局的工作人员，请就此起草一篇批复。

第四节 议案的写作

一、文种概说

（一）文种释义

议案亦称"议事方案"或"议事原案"，主要是指国家行政机关以及相关提案人向同级人民代表大会或人民代表大会常务委员会提请审议事项时使用的法定文种。

提案人，是指人大常委会组成人员（省级为5人以上，县级为3人以上）、人大代表（乡级人大代表5人以上，县级以上地方各级人大代表10人以上，全国人大代表30人以上）、人民代表大会主席团、人大常委会主任会议、人大专门委员会、人民政府、人民法院和人民检察院。代表和委员联名提出议案时，排在第一名的为领衔人。

议案的内容必须属于人民代表大会的职权范围，包括政治、经济、文化及社会生活等各个方面，须经人民代表大会或人大常委会审议。议案的提出、审议、办理是依法进行的。根据《中华人民共和国地方各级人民代表大会和地方各级人民政府组织法》的规定，议案的提出，应一事一案，在规定的时间内提出（一般在人民代表大会期间提出），超过规定的时间，不作议案而作建议处理。凡是工作确实需要且符合人大及其常委会职权范围的事项，均可依照法律程序提出"议案"，如《××省人民政府关于提请审议〈××省实施《中华人民共和国××法》办法（草案）〉的议案》。

作为公文的主要文种，一直到1993年11月21日颁布的《国家行政机关公文处理办法》（修订稿）才将其列为正式公文，成为我国政府机关与人民代表大会及其常委会之间联系工作的例行公文之一。

议案的用途，现行《党政机关公文处理工作条例》规定：**"议案，适用于各级人民政府按照法律程序向同级人民代表大会或人民代表大会常务委员会提请审议事项。"**

（二）特征解析

议案是指国家行政机关以及相关提案人按照法律程序向同级人民代表大会或人民代表大会常务委员会制发的议事性公文，具有以下特点：

1. 法定性

法定性，是指议案的提出和办理，都有明确的规定，都是依法进行的。提案人必须依照法律规定和法定的程序，向同级人大及其常委会报送议案。对于不符合法定程序和法定内容的议案，不属于提案人范围的向人大及其常委会提出议案，人大及其常委会不予受理。

2. 程序性

程序性，是指提案人应按规定的时间和范围向人大及其常委会提出议案，人大及其常委会按照法定程序办理和审议议案，都要按照规定的程序有条不紊地办理，既不得超越规定的程序，也不得简化规定的程序。议案是依照我国宪法和其他有关法规制发的，议案从提出、汇总、立案，到审议、议决、通过，再到制定相应的决定或决议的每个环节，都必须依法进行。议案成立的过程就是议案审议程序逐步完成的过程，也是议案由其相应的决定或决议替代的过程。这正是议案与所有国家行政机关文书文种的区别。

3. 重大性

提请审议议案的事项不是一般的行政事务，而是与全局工作密切相关，且需要及时解决的一些重大问题，如经济计划和社会发展计划的某些建议、重大开发项目的设想和开展、重要法规的制定、促进社会治安形势根本好转的决策性意见等。议案的事项必须是政治、经济、文化、社会诸方面的重大问题，必须涉及国家的发展、社会的繁荣和人民的幸福。这体现的就是议案的重大性。

4. 创新性

议案的内容应具有开创、立新、拓宽、发展的特性。议案提出的应该是新建议、新设想、新办法和新规定。议案的提出，对于推动某项工作的开展，具有预见性；议案通过后具有法定约束力，对于推动某项工作的开展具有重大意义。如关于提请审议《中华人民共和国国家安全法（草案）》的议案，关于提请审议《兴建长江三峡工程》的议案，就具有创新性和开拓性。只有这样的议案，才能不断深化和强化我国社会主义建设的力度和广度，促进经济的持续发展和人民生活水平的不断提高。

（三）类型划分

议案根据内容，可大体分为四类：

1. 提请审议立法的议案。各级人民政府制定本辖区的重要法规，须用议案向同级人大或其常务委员会提请审议案。如《国务院关于提请审议〈中华人民共和国劳动法（草案）〉的议案》，须用议案向全国人大或全国人大常务委员会提请审议。

2. 提请审议设立机构的议案。各级人民政府增设、撤销或合并重要机构，须用议案向同级人大或其常务委员会提请审议案。如《国务院关于提请设立中华人民共和国监察部的议案》《国务院关于提请审议修改后的国务院机构改革方案的议案》。

3. 提请审议重大事项的议案。提请审议重大事项包括两类情况。一类是关于行政区划分、确立节日等重大事项，须用议案向同级人大或其常务委员会提请审议案，如《国务院关于提请审议建立教师节的议案》《国务院关于提请审议设立重庆直辖市的议案》。另一类是涉及面广、有关全局的重大事项，须用议案向同级人大或其常务委员会提请审议案，如《国务院关于提请审议兴建长江三峡工程的议案》。

4. 提请审议批准对外条约的议案。即国务院提请全国人民代表大会常务委员会批准草签的国际条约，或提请批准加入某公约（条约）的议案，如《国务院关于提请审议批准〈中华人民共和国和吉尔吉斯斯坦共和国领事条约〉的议案》《国务院提请审议批准〈中华人民共和国和哈萨克斯坦共和国关于民事和刑事司法协助条例〉的议案》。

（四）文种辨析

议案与提案的区别主要表现在制作主体不同、表达内容不同、处理程序不同、效力不同四个方面。

1. 制作主体不同。这里讨论的议案仅为《党政机关公文处理工作条例》规定的"适用于各级人民政府按照法律程序向同级人民代表大会或者人民代表大会常务委员会提请审议事项"的议案，即政府议案，不包含人大代表等提出的议案。议案的制作主体是具有法定权限的各级人民政府。提案由政协委员、企事业单位的职工，或股份制企业的股东个人发起。即使是有多人附议的提案，也不能更名为议案。

2. 表达内容不同。议案的内容必须是属于人大机关职权范围内的事项，即具有所辖范围内行政职权的特定事项或重大事项，是须依法经人大机关审议的事项。提案所提事项通常为政协委员和企事业单位职工，股份制企业的股东所提事项内容是自己对社会、单位存在问题的意见和建议。

3. 处理程序不同。议案是向同级权力机关——人民代表大会或人民代表大会常务委员会提请审议，是政府向立法机关行文。提案则是向有关权力机关、单位、企业行文。

4. 效力不同。议案必须列入大会的议程予以审议通过，一经通过，就具有法律效力，必须执行。提案的作用是供有关部门决策时参考，有可能被采纳，也有可能不被采纳。

二、写作指要

议案应当由案由、案据和方案组成，在人民代表大会开会期间提出，并按会议秘书处提出的要求撰写。

（一）例文导读

国务院关于提请审议《国务院机构改革方案》的议案

全国人民代表大会：

中国共产党第十九次全国代表大会明确要求深化机构和行政体制改革。党的十九届三中全会审议通过了《深化党和国家机构改革方案》，同意将其中涉及国务院机构改革的内容提交第十三届全国人民代表大会第一次会议审议。现根据《深化党和国家机构改革方案》形成的《国务院机构改革方案》提请第十三届全国人民代表大会第一次会议审议。

国务院总理　李克强
2018年3月9日

阅读与讨论：

（1）这份议案，提案人是谁？属于什么类型的议案？

（2）这份议案提出的依据是什么？

（3）这份议案提请审议的事项是什么？

（二）结构模型

议案的结构模型由标题、主送机关、正文、落款、附件构成。

1. 标题。议案最好用完全式标题，即由发文机关、事由、文种三要素构成，如《国务院关于提请审议修改后的国务院机构改革方案的议案》。

2. 主送机关。议案的主送机关是同级人民代表大会或人民代表大会常务委员会，只能写其中一个。

3. 正文。由提请审议的案由、提请审议的事项、结语构成。

（1）提请审议的案由又称为"案据"。

（2）提请审议的事项又称为"方案"。不同类型的议案，正文写作有所不同，介绍如下：

提请审议立法议案：正文比较简短，通常采用篇段合一的结构。首先提出议案的理由、目的及依据，说明修订过程。其次写明立法讨论通过该事项。

提请审议设立机构类议案：正文的事由应充分阐述提出议案的原因、目的及意义，然后提出具体事项。

提请审议重大事项的议案：其一，正文内容单一的事项，通常采用篇段合一的结构。先提出议案的理由、依据，再提出议案的具体事项。其二，正文内容复杂的事项，议案案由部分要有充分的理由，全面具体阐述请求审议的重大事项的基本情况，如目前存在的主要问题及解决问题的迫切性、可能性和重要意义；为解决问题制定了何种方针、政策；具备了哪些必要条件；等等。议案事项部分，则写出对议案所提出问题的态度，提出具体建议。

提请批准对外条约议案：正文应写明我国代表与该国代表于何时何地签订了何条约，对条约内容的审核，签订条约的意义等。最后作结。

（3）结语。通常为"现提请审议""请审议决定""请审议""现提请审议并请做出批准的决定"等。

4. 落款

议案的落款通常包括签署和成文日期。国务院提交人大的议案由总理签署。各省、市、自治区政府提交给同级人民代表大会的议案，由省长、市长、自治区主席签署。其他政府的议案依次类推。签署时应署上领导人的职务、姓名。成文日期在签署下行用阿拉伯数字标全成文日期。

5. 附件

议案的文本因写作要求所限，不可能长篇大论，只用三言两语将案由、方案表述清楚就可以了。但在议案审议通过（即形成的决定或决议）和有关部门贯彻落实之时，需要充分理解案由提出的事实和法律依据，进行科学的论证，以深刻理解议案的必要性、迫切性和重要性。这就需要在议案（草案）之外增加这样或那样的附件，以有助于议案的通过和顺利贯彻落实。附件主要有以下类别：

材料附件：主要指物的事实材料和人的事迹材料。如"兴建长江三峡工程的议案"就需要附三峡自然条件和兴建计划的多方面资料；对"授予荣誉称号的英雄人物议案"则应该附其英雄事迹材料。

法律、法规附件：主要指与议案（草案）有关的法律、法规及其必要的说明。法律、法规名称应引用其全称，并写明某条、某款、某项，必要时可完整地引用（不可断章取义）法律条文。若提请审议的是法律、法规，即立法议案，则应对此案的起草理由和过程予以说明。

书表附件：指与议案有关的书、表之类，如任免案的推荐书、拟任呈报表和拟免呈报表等。

工作报告附件：有些重要的议案在审议前，要先听取提请审议的政府的工作报告，作为审议的依据，以请人民代表们充分理解此议案提出的必要性和事实、科学根据，这"报告"也就成了议案（原案草案）的附属材料。

说明性附件：就一般的情况论，在审议议案（草案）时，提请审议的政府负责人或有关所属部门的负责人须到会说明议案的原委；政府在拟好议案的同时，还需要写好议案的说明材料。说明材料可详述议案提出的理由、议案的具体内容和其他需要说明的问题。这样的文字材料也是议案的一种附件，一般以"以上说明是否妥当，请予审议"结束全文。另外，负责说明的人还有审议议案时口头回答代表咨询的任务。

三、写作策略

议案的写作，要遵循议事规则，方便大会审议，有利于议事方案的通过。

（一）主旨突出，一事一案

突出主旨，应当一事一案，使人明确议案要解决什么问题，解决问题的方案是什么。切忌一文数案，或一事数案，这样不利于议案的审议。

（二）内容充实，理由充分，建议可行

正文必须内容充实，为何要解决此问题，引用的事例和数据必须经过核实，并以法律和政策为依据，理由论证充分，把要议之事写完整、写清楚。议案中提出拟解决的问题要表达明确，提出的建议要充分考虑其可行性。

（三）语言庄重、简明、规范

议案的法律效力性，决定了它的严肃性。因此，议案的语言必须体现出庄重、简明、规范。庄重，就是要严格使用书面语，不得有言外之意，更不能夸张和虚构，避免口头语和文艺色彩语言。简明，就是要进行语言提炼，不能长篇大论，使每句话、每个字在正文中都要有实际意义，使人看了一目了然。规范，就是要避免用一些可能产生歧义或未经统一规范的语言。

（四）要重视附件的写作

议案一经审议通过，即产生法律效力，具有较强的约束力，需要有关部门认真贯

彻落实。所以，提出议事原案时，必须有充分的事实和政策、法律作为依据，并要进行必要的科学论证。但受议案正文写作要求所限，不可能把各方面的依据都写进正文。为使国家权力机关在审议议案时充分地了解和理解案由，必须做好议案附件的写作。

　　首先，内容要真实可靠、实事求是。附件材料的形成，要建立在深入调查研究的基础上，不能主观推测，更不能凭空臆造。分析、归纳或提出的意见、建议等要实事求是。

　　其次，要突出主旨，与议案正文相互照应。对于调查来的材料要认真筛选，去粗取精，剔除与议案无关的内容。

　　最后，表达要简洁明了、层次清楚、说服力强。这就要开门见山、直截了当地把话说清楚，要简明扼要，避免烦冗杂乱，给审议议案带来麻烦。

思考与练习

（一）多项选择题

1. 议案中的提案人是指（　　）。
   A. 人大常委会组成人员、人大代表
   B. 人民代表大会主席团、人大常委会主任会议
   C. 人大专门委员会、人民政府
   D. 人民法院和人民检察院

2. 议案的特点包括（　　）。
   A. 法定性　　B. 程序性　　C. 重大性　　D. 创新性

3. 议案的类型大体可分为（　　）。
   A. 立法案　　　　　　　　　B. 重大事项决议决定案
   C. 任免案、撤职案　　　　　D. 授予荣誉称号案

参考答案： 1. ABCD　2. ABCD　3. AB

（二）判断题

1. 议案是提案人使用的法定文种。（　　）
2. 议案的内容必须属于人民代表大会的职权范围，须经人民代表大会或人大常委会审议。议案的提出、审议、办理是依法进行的。（　　）
3. 议案的提出，应一事一案，在规定的时间内提出，超过规定的时间，不作议案而作建议处理。（　　）
4. 人大常委会审议通过议案，属法规性公文的，用通告公开发布。发布之日与施行之日至少要有30天的间隔期。（　　）

参考答案：1. ×。议案是国家行政机关和相关提案人向同级人大或人大常委会提请审议事项时使用的法定文种。

2. √。
3. √。
4. ×。议案一经审议通过，就具有了法律效力，无须用通告公开发布。

第九章 函商与纪要类公文的写作

习近平的入党复函

在中国共产党历史展览馆的展厅内有一件特殊的展品——1974年1月10日，陕西省延川县文安驿公社革委会正式批准习近平加入中国共产党的函。

函件写道："经公社党委1974年元月10日会议研究决定，接收你队石玉新、石凤兰、习近平三位同志为中共党员。党龄即日起计算，特此函告。"

习近平同志的入党之路其实并不顺利。

因为"习近平本人表现好，踏踏实实干，有想法，能团结群众、团结队干部"，时任梁家河大队党支部书记梁玉明便问习近平："想不想入党？"想到之前的入团经历，习近平说："很难。"梁玉明用了激将法："你不要求进步，怎么能发展你入党？"

于是，梁玉明成了习近平的入党介绍人。在收到习近平的入党申请书后，梁玉明组织了一场党员会，会上大家都同意习近平入党。之后，他又召开支部会，同意接收习近平入党。但当梁玉明拿着材料到公社时，却挨了一顿训斥："你这个梁玉明这么胆大，敢把'黑帮子弟'介绍入党！"

曾和习近平同一个生产队的村民王宪平回忆说，像习近平这样从城里来的知识青年，被当"黑帮子弟"禁止入党。"无论他工作多么上进，对党多么忠诚，因为家庭原因，入党的希望都非常渺茫。"

虽然申请屡遭拒绝，但习近平没有放弃向党组织靠拢的努力。在辛勤工作、团结群众、刻苦读书的同时，他又陆续写了好几份入党申请书。可由于种种原因，他的申请始终没有得到批准。

后来，在习近平坚持不懈的努力下，公社党委终于开始重视习近平的入党问题。经过研究讨论，公社党委认为习近平已具备入党条件，同时考虑到习近平的良好表现，决定批准他的入党申请。

就这样，在写了10份入党申请书后，习近平终于成为中国共产党的一员。[①]

公文往来、应答是维系机关单位公务活动的重要桥梁和纽带，上下级机关和不相隶属机关都需要通过公务文书相互沟通联络。"函商"指的是不相隶属机关之间用"函"相互商洽工作、询问和答复问题；所谓"纪要"，则是记述要点的文字，通常记述会议的精神或者主要内容，并由此把组织机构中一些重要会议的信息、情况传达给

[①] 资料来源："学习小组"微信公众号，《习近平的七年知青岁月》，作者：钟祺。

有关单位和人员,以便统一认识、布置工作和沟通信息。

第一节 函的写作

一、文种概说

(一)文种释义

函,原意是"包含""容纳",后来引申而把"匣"称为"函",如把剑匣、印匣称为"剑函""印函"。三国时期,把封套称为"函",把书信一封称为一"函",进而又把书信称为"函书""封书",但是,这种"函书"只是用封套装封的私人信件或个人具名的书信,不是公文的名称。在古代,官府之间商洽事情、询问和答复问题所用的公文有以下六种:

一为"移"。移在春秋时期就已用作国与国之间的往来文书。到秦汉则用作平行机关互相告知事项。移一直沿用到清末,辛亥革命后才被废除;但清朝上级官署对不相隶属的下级官署也用移,以表示客气。

二为"关"。关自南北朝起即用于平行机关互相通气,到清代发展而兼用于对下行文。

三为"刺"。在汉代用于对上的公文,三国以后才改为平行公文;唐代则只用于尚书省内部各司自相质问。

四为"解"。解在魏晋时用作平行机关往来公文。例如,《三国志·魏书·孙礼传》有"今二郡争界八年,一朝决之者,缘有解书、图画,可得寻案摘校也"的记载。又如,刘勰《文心雕龙·书记篇》也说:"百官询事,则有关、解、牒。"自隋唐以后,未再用"解"。

五是"牒"。先秦时就已用牒作为文书名称,但那是对书写于短简上面的书札的通称。到汉代,牒被用作上行公文。南北朝时,牒才被改用作"百官询事"的平行公文。宋朝把六部之间往来的公文称为"公牒"。明朝又改"公牒"为可兼而对下行文。

六是"咨"。咨是询问的意思。在宋朝,学士院给中书省、尚书省、门下省的"移"文称为"咨"。这是把"咨"用作公文名称的开始。之后一直到清末,凡是地位较高的平行机关,因公务相商或相询而往来的公文都称为"咨"。辛亥革命以后,南京临时政府、北洋军阀政府和国民党政府也都把"咨"作为正式公文,规定"同级官署往复时用咨";直到1942年,国民党政府在其公布的最后一个公文程式条例中,才正式取消"咨"。

函,用作正式公文名称,是辛亥革命以后的事。北洋军阀政府于1912年公布了第一个公文程式条例,将"公函"列为大总统政事堂五种公文程式之一,其用途规定为:"国务卿对于各部院各地方最高级官署,遇有商议事件时,以公函行之。"1916年,军阀政府公布第三个公文程式条例,也将"公函"列为正式公文,规定"不相隶属之间各官署公文往复时用之"。国民党政府自1927年到1928年先后公布了三个公文程式条例，都相沿以"公函"为公文名称；并且在1927年公布的公文程式条例中，规定其用途为"同级机关或不相隶属之机关往复时用之，但官署对于人民或团体有所通知时，亦准用之"。至于公函的程式，其开头为"敬启者"，结尾为"此致某机关"。

至于单用"函"作为公文名称，则是1923年海陆丰总农会和广东省农会成立以后的事。当时把"函"和"布告"、"通告"等同样作为公文名称。抗日战争时期，晋察冀边区行政委员会于1938年发布《改革公文程式的理论与实际》，其中宣布的新公文程式也有"函"。之后，华北人民政府于1949年颁发《公文处理暂行办法（草案）》，又把"函"和"公函"列为一类。新中国成立后，政务院于1951年颁布《公文处理暂行办法》，除了"函"以外，还列入"便函"。但在1982年国务院办公厅颁布的《国家行政机关公文暂行处理办法》中，只保留"函"，而不再列入"便函"，并且相沿至今。

函的用途，现行《党政机关公文处理工作条例》规定："**函，适用于不相隶属机关之间商洽工作、询问和答复问题、请求批准和答复审批事项。**"

（二）特征解析

函，是不相隶属的机关、单位、团体之间使用的法定文种和专用文种。换句话说，是平行文使用的文种，具有以下特征：

1. 平等性

不相隶属的机关之间用函行文，不分级别大小，都是平等的。行文时，应当用平等的语气，以尊重对方；商洽工作、询问和答复问题、请求批准和答复审批事项，都用陈述性语言，没有命令性、决断性语言。在"函"中，充分体现了不相隶属的机关单位之间的平等性。

2. 灵活性

函的格式、内容与写作方法都比较灵活。在格式上，"函"没有其他文种那么严格，从版头到版记，可根据实际情况，确定其需要哪些格式要素，也可省略某些要素。在内容上，根据行文需要，可多可少，可用标题，也可以不使用标题；可以分段写，也可以不分段。在写作方法上，根据函的内容确定写作方法，可以灵活多样，不落俗套。

3. 使用频率高

由于函灵活简便，可以广泛应用于公务联系的各个领域与各个级别层次的机关，所以，在公文中，函的使用频率高且类别繁多。

4. 效用的法定性

函作为正式公文的一种，有别于社会生活中的一般书信。不论是用于商洽公务、询问与答复问题，还是向有关主管部门请求批准，函均代表着法定作者的意志，传达了发文机关的决策与意图。

（三）类型划分

依据不同的分类方法，函的类型各异。

1. 按性质可以分为公函和便函。公函是指正式的或者官方的书信,是党政机关、人民团体、企事业单位间商洽和联系工作时使用的一种文体。便函则用于日常事务性工作的处理。便函不属于正式的公文,没有公文写作的格式要求,甚至可以不用标题和发文字号,只需在文尾注明发文机关名称和成文日期加盖公章即可。

2. 按内容和用途可以分为商洽函、询问函、请批函、答复函、告知函等。

一是**商洽函**,指发文机关为商洽和解决问题而使用的函,如《关于开展浦口校地合作的函》。

二是**询问函**,指发文机关向主送机关询问有关情况的函,如《××市工商行政管理局关于贯彻〈××办法〉有关问题的函》。

三是**请批函**,指发文机关向没有上下级关系的有关主管部门请求批准的函,如《×××省国家安全厅关于请求批准录用公务员的函》。

四是**答复函**,指被动行文的机关用以回答询问或者请求批准的复函,如《人力资源和社会保障部关于同意共建中国威海留学人员创业园、中国重庆两江新区留学人员创业园和中国贵阳留学人员创业园的函》。

五是**告知函**,指不相隶属机关之间告知事项时使用的函,如《重庆市重大项目工作领导小组办公室关于将中国科学院大学西部医学中心纳入2020年市级重大项目名单管理的函》。

3. 按行文关系可以分为发函和复函。发函是主动制发的函,复函是回答来函、来文所提出的问题或需要解决的事情,即被动发出的函。

(四)文种辨析

1. 函和平行意见。函不同于平行意见,意见有时也应用于不相隶属的机关之间,但与函有所区别。对涉及的某主要问题所提出的见解和处理办法,如只供对方参考而不需要回复时,应用"意见";如需对方回复时,则要用"函"。

2. 函与请示。由于函具有向有关主管部门请求批准的功能,在行文目的和内容上与请示具有一定的相似性,故常容易被人们错用或混用。实际上,它们在行文的隶属关系上有着严格的界限,请示适用于具有隶属关系的上下级机关之间,而请批函则适用于平级机关或不相隶属的机关之间。

3. 函与信函式公文。在公文处理实践中,函和信函式公文是很容易被人们混淆的两个概念。函是正式公文文种之一,而信函式公文是以信函格式印制的公文。在实际工作中,一些非普发性公文,诸如批复、函、通知、通报等,常使用信函格式印发,即所谓信函式公文。因此,二者属于不同的范畴,不能相提并论。

二、写作指要

函一般应有标题、主送机关、正文、发文机关署名、发函日期等内容。发函和复函的结构模式有所不同。

(一)发函

发函,即去函,用于向没有隶属关系的有关单位商洽工作、询问事情、请求批准等。

1. 例文导读

湖州市人民政府关于商请支持
设立浙江湖州人力资源服务产业园的函

浙江省人力资源和社会保障厅：

在贵厅的大力支持和指导下，湖州人力资源服务产业园自开园以来，始终注重产业集聚、政策扶持和环境营造，以拓展人力资源服务供给、完善产业服务链为重点，积极助推和服务地方企业转型升级，形成了"立足区位合理定位、政府主导市场运营、线上线下扶持众创"等契合湖州人力资源服务业发展的特色品牌。目前，湖州人力资源服务产业园核心园区已集聚企业43家，总注册资本超过1亿元，2017年产值突破4亿元，累计服务用人企业2.7万余次，输送员工12.8万余名，培训企业人力资源经理3690余人次和大学生2850余人次，孵化大学生人力资源创业项目13个，成功申报相关高层次人才项目11个，产业园已成为中国人力资源服务产业园联盟观察员单位，成功入选《中国人力资源服务业发展报告（2018）》典型案例。

为进一步加快我市人力资源服务业集聚发展，有效提升湖州人力资源服务产业园区建设水平，打造具有浙北区域影响力、省内乃至国内一流的地方性人力资源服务平台，特商请贵厅支持设立浙江湖州人力资源服务产业园。下一步，我市将在贵厅的指导下，切实加强组织领导，加大扶持力度，不断探索创新，努力将浙江湖州人力资源服务产业园建成适应产业发展、具有湖州特色的地方性产业园区，为我省人力资源服务业发展作出积极贡献。

特此致函，请予支持。

湖州市人民政府（加盖公章）
2018年12月26日

阅读与讨论：

（1）上文是商洽函还是请示批准函？

（2）文章第一段详细说明了湖州人力资源服务园自开园以来的良好影响和突出成绩，其目的是什么？

（3）函的写作应当"用语谦和""委婉得体"，请以本文说明之。

2. 结构模式

标题。由单位名称、"关于××问题"与"函"组成。

主送机关。即收函的机关。所有的"函"，都有主送机关。

正文。一般由开头、主体、结尾、结语几部分构成。

（1）开头。说明发函缘由、目的、根据等内容，然后用"现将有关问题说明如下"等过渡语转入下文。

（2）主体。这是函的核心内容，主要说明致函事项，应当用简洁得体的语言叙述内容。

（3）结尾。一般用礼貌性语言向对方提出希望，或请对方协助解决某问题，或请对方及时复函，或请对方提出意见，或请主管部门批准等。

（4）结语。根据函的不同类型，有不同选择，如"特此函询（商）"等。有的函也可以不用结语。

发文单位名称和成文日期。发文单位名称写在正文后右下方，成文日期使用阿拉伯数字标注在发文单位名称下方。

（二）复函

复函，即答复来函的公文，也叫"回函"。不相隶属的单位来函商洽工作、询问事情、请求办理有关事项和请求批准等，收函单位在经过研究并确定明确的意见后，应给来函单位以明确的答复。

1. 例文导读

教育部关于同意设立西湖大学的函

浙江省人民政府：

《浙江省人民政府关于商请设立西湖大学的函》（浙政函〔2017〕95号）和《浙江省人民政府关于报送西湖大学考察意见建议研究情况的函》（浙政函〔2018〕16号）收悉。

根据《高等教育法》《民办教育促进法》《民办教育促进法实施条例》《普通高等学校设置暂行条例》《普通本科学校设置暂行规定》有关规定和全国高等学校设置评议委员会考察评议结果，经研究，同意设立西湖大学，学校标识码为4133014626。现将有关事项通知如下：

一、西湖大学系社会力量举办、国家重点支持的新型高等学校，为非营利法人，由你省统筹管理和指导。

二、学校要切实加强党的领导，全面贯彻党的教育方针，坚持社会主义办学方向，落实立德树人根本任务，突出公益办学导向。

三、学校定位于研究型高等学校，主要开展基础性、前沿科学技术研究，着重培养拔尖创新人才。

四、学校从举办研究生教育起步，适时开展本科生教育，全日制在校生规模不超过5000人。

五、学校要坚持发展有限学科，学科专业设置和学位授予单位申报，按国家有关规定办理。

六、我部将对学校办学情况进行评估检查，并根据评估检查结果研究其开展本科生教育问题。

望你省切实落实责任，加大对西湖大学的指导和支持力度，督促其进一步完善治理体系，健全办学经费保障机制，全面加强学校党的建设，按照高起点、小而精、研究型的办学定位，集聚一流师资，打造一流学科，培育一流人才，产出一流成果，为我国高等教育体制机制改革创新、建设高水平研究型大学作出积极贡献。

附件：

1. 西湖大学办学许可证信息
2. 西湖大学章程

教育部（加盖印章）
2018 年 2 月 14 日

阅读与讨论：

（1）根据函的分类，结合本文，分析此函属于哪一类型。

（2）此函中引文标题《浙江省人民政府关于商请设立西湖大学的函》中使用了"商请"，可否改为请求批准？对下级机关来文有时用"批复"，有时用"函"，这是为什么？

（3）此文开头说明了发函的哪些内容？其逻辑关系是什么？

（4）此函大部分内容都是在提出要求及做出希望，其是否必要？为什么？

（5）将此函内容分别以公文通用格式、信函格式制作成两篇公文，并谈谈两者的区别。

2. 结构模式

复函除正文之外，其写法和格式与发函相同。

标题。由单位名称、"关于××问题"与"复函"组成。

正文。复函开头的写法与批复的写法大致相同，即先引述来文或来文标题，有发文字号的还要加括号引述发文字号。复函是平行机关之间、不相隶属机关之间的行文，语气要平和、谦恭、礼貌，以尊重对方。比如，"×月×日贵单位关于××来函已收悉，经研究同意（或经研究），现回复如下"。次段，要针对发函所商洽、询问的事情或请求批准的事项，做出明确具体的答复。内容比较多的，可以分条一一列出，做到开门见山、结构严密、条理清楚、文字精练。语气要真挚诚恳，用词要准确、恰当、朴实，易读易懂。

结尾，视复函的内容确定。有的在次段写完，正文即结束，没有结尾；有的可用"特此函复"或"此复"作结尾语。

三、写作策略

（一）行文要郑重，要正确区分公函与便函

"函"是党和国家行政机关使用的一个主要文种，行文时要采用正式文件的标印格式。它的红色版头是由发文机关全称或规范化简称加"文件"二字组成的。因此，不能把机关日常使用的普通"信函""便函"与"函"混为一谈，信函不是正式公文。

（二）一函一事

无论发函、复函，均应做到一函一事，不要在一份函中叙述性质不相关的几件事。

一份函所涉的问题多而又互无关系，就难以集中确切地陈述或答复问题，更不便及时处理问题。

（三）语言要得体有分寸

写函要做到行文郑重、结构完整，讲礼节但应力避客套，文字简洁，用语谦和，不使用指示命令式的语言，要用平等磋商的语调，恰如其分地体现出行文机关的"地位"和姿态。这样才能充分发挥函的作用。

（四）要准确理解"函代批复"

对于下级机关的"请示"，由上级机关进行批复时，要使用"批复"。但当这种批复是由上级机关的办公厅（室）代行时，由于它们之间形成了一种平行关系，故用"函"代行"批复"来行文。这就是人们通常所说的"函代批复"。因为从公文外形上看，它是一份"函"；而实质上，它是一份千真万确的"批复"。"函代批复"里的"代"字，万万不可当作"代替"来理解，而要强调它的实质，做到形式与内在的完整与统一。

思考与练习

（一）判断题

1. 不相隶属机关之间请求批准应用请示行文。　　　　　　　　（　　）
2. 函的格式没有明确的规范要求。　　　　　　　　　　　　　（　　）
3. 复函标题的文种前可写上"复"字。　　　　　　　　　　　　（　　）
4. 复函的缘由应先引来函的文号再引标题。　　　　　　　　　（　　）
5. 函可以不加盖印章。　　　　　　　　　　　　　　　　　　（　　）
6. 请批函与请示的共同点是"请求批准"。　　　　　　　　　　（　　）
7. 县教育局向县财政局要求拨建校款项用请示行文。　　　　　（　　）
8. 函追求短小精悍，因而复函不必引用对方来函的标题及发文字号。（　　）

参考答案：1. × 2. × 3. √ 4. × 5. × 6. √ 7. × 8. ×

（二）单项选择题

1. 环保局向劳动局请求解决某项工作，劳动局对此进行答复，分别适用什么文种？（　　）。
   A. 函、批复　　B. 函、函　　C. 请示、批复　　D. 报告、意见
2. 商洽性文件的主要文种是（　　）。
   A. 请示　　B. 通知　　C. 函　　D. 通报
3. 《××大学关于申请学生实验商场营业执照的（　　）》。
   A. 申请书　　B. 报告　　C. 请示　　D. 函
4. ××上市公司因业绩优秀，纯利润连续三年超过6%，向证监会提出配股要求，应使用的文种是（　　）。

A. 商洽函　　　　B. 请求批准函　　C. 询问函　　　　D. 请示

5. ××开发区向××市税务局了解区内合资企业享受免税待遇的有关情况，应使用的文种是（　　）。

A. 商洽函　　　　B. 请求批准函　　C. 询问函　　　　D. 申请书

6. ××市卫生局向市财政局请求增拨预防"××"疫情的经费，应使用的文种是（　　）。

A. 请示　　　　　B. 函　　　　　　C. 报告　　　　　D. 申请书

7. 南华学院答复庆林公司同意租借运动场，行文应选（　　）。

A. 函　　　　　　B. 批复　　　　　C. 通知　　　　　D. 通报

参考答案： 1. B　2. C　3. D　4. B　5. C　6. B　7. A

（三）多项选择题

1. 函的适用范围主要有（　　）。

A. 不相隶属机关之间商洽工作　　　B. 传达会议精神和议定事项
C. 询问和答复问题　　　　　　　　D. 请求批准和答复审批事项
E. 对重要问题提出见解和处理办法

2. 下列机关之间可以使用平行文的有（　　）。

A. 国务院所属各部、委、办　　　　B. 县政府与县发改委
C. 省人民政府各厅（局）　　　　　D. 省教委与县民政局
E. 县人民政府与邻近县的乡政府

3. 复函的开头一般应包括（　　）。

A. 来函的发文缘由　　　　　　　　B. 来函的标题
C. 来函的发文字号　　　　　　　　D. 来函的问题
E. 来函的意图

4. 发函时常用的结束语是（　　）。

A. 专此函达，请予函复　　　　　　B. 可否，请予函复
C. 妥否，谨请函复　　　　　　　　D. 特此报告，请予批复
E. 此致，敬礼

参考答案： 1. ACD　2. ACDE　3. BC　4. ABC

（四）改错题

指出下文中存在的问题，并加以改正。

关于推荐张三等九位同志参加××考察活动的请示报告

×规发〔19〕06号

省外办：

根据你办《关于组织××省第十届对外交流考察活动的通知》精神，经我局研究决定，拟推荐张三等九位同志参加××考察活动，名单附后：

××院××高级工程师　　吴华
　　××处××处长　　　　张三
　　报告当否？请批示。

××市规划局
2019 年 3 月 9 日

（五）材料写作题

1. 请根据下述材料，合理增删，提炼文字，分别代江南科学技术大学与纳德腾泽投资有限公司拟写一份公文函。（提示：①恰当选择函的种类，并在文本中有明显体现；②只写出标题至成文日期部分；③标题用完全式，即三元素标题；④成文日期自定，但不能用"×年×月×日"代替）

（1）江南科学技术大学经过认真研究，决定向纳德腾泽投资有限公司发送一份公文函，主要是提出自己的设想，同他们商量：两家联手进行新能源技术和计算机软件开发，同时在许多方面进行合作。总的来说，是希望与纳德腾泽公司开展校企合作。如果对方同意，就选一个日期签订协议，以此明确大家的权利和义务。

（2）学校表示，每年可以为公司培训一定数量的员工，同时希望公司能成为学校学生的实习基地。学校认为，以上举措都是响应上级发出的"整合优势资源，产学研结合，创业创新"号召的具体行动，有望开创一个互补共赢的新局面。

（3）学校的意思是：研发经费的投入总额建议暂定为 500 万元，由两家各出一半。公司每年接纳 80 名学生到公司实习实训两个月。学校每年为公司搞两期技术与外语培训，每期 15 天，人数一共 100 人次，实习费与培训费两家都不出，而是相互抵销。

（4）学校同时提出，研发的成果专利权，两家都有权享受。若是转让给别人或者投产后有了收益，要"五五"分成，学校要得到一半——当然这是指抵脱成本后的纯收益。

（5）学校希望公司回函，对上面所说的这些问题给予答复。

（6）纳德腾泽投资有限公司收到了该大学的来函，发文字号是"江科大函〔2017〕18 号"，收文时间是今年 8 月 2 日，登记号是"2017 年 56 号"。

（7）公司召开了经理办公会，专门研究这件事。与会人员都觉得这是一个资源互补、协作共赢的好法子，建立上述合作关系是可以的，签协议书是有必要的。

（8）但是，公司认为，研发所需的各种设备都是公司提供的，因此，成果专利的纯收益应该"四六"开，公司要拿多的一头。其他的就完全同意学校意见。如果学校方面同意，可以在 15 天内把协议书签下来。

（9）公司决定，就依上述内容，给江南科学技术大学做具体答复。

2. T 市政府行商请 H 省旅游局共同承办该届自然旅游大会。请根据以下材料，拟写一份公文，材料中未尽要素可合理假设。要求：文种正确、表达准确、事项明确、格式规范，500 字以内。

材料 1：T 市旅游资源丰富。

T 市位于 H 省西北部，属中亚热带地区，是 H 省唯一一个以名山命名的新兴旅游城市。T市历史悠久。据考古资料表明，境内近4000年前已有先民聚居。1999年12月，××山被联合国教科文组织批准列入《世界遗产名录》，成为中国第4处、世界第23处世界文化与自然"双遗产"地之一。2013年12月，T市入选2013年全国旅游竞争力百强市名单。

T市山水自古便享有"碧水丹山"之誉，奇绝神秀。区内千峰嶙峋，一水盈盈，溪水澄碧清澈，千折萦回，山挟水转，水绕山行，形成了"曲曲山回转、峰峰水抱流"的奇观。

T市"奇秀甲于东南"，为八闽第一胜迹，被列入首批国家重点风景名胜区名录。其中，××山自然保护区是综合性科研基地，是世界闻名的生物标本产地。

材料2：第二届世界自然旅游大会，拟由国家旅游局主办，由H省旅游局、H省T市人民政府共同承办。

第二节 纪要的写作

一、文种概说

（一）文种释义

纪要，即记述要点的文字，如顾祖禹《读史方舆纪要》；多用于会议、会谈文件的名称，如周恩来同志《一年来的谈判及前途》："毛泽东同志去重庆，在去年十月十日发表了《双十会谈纪要》。在此纪要中，解决了许多问题……"

作为正式公文，纪要出现的时间比较晚。1987年2月，国务院办公厅发布《国家行政机关公文处理办法》，将会议纪要列为正式公文名称，用于记载会议的主要情况、主要精神和议定事项。2001年1月《人大机关公文处理办法》规定："会议纪要，适用于记载、传达会议情况和议定事项。"2012年6月《党政机关公文处理工作条例》将"会议纪要"改名为"纪要"。

关于纪要的用途，现行《党政机关公文处理工作条例》规定，**纪要适用于记载会议主要情况和议定事项**。

纪要是在会议记录和有关资料的基础上概括提炼，择要反映会议情况和精神的一种公文。其基本作用是记载、传达会议主要情况和议定事项，用以统一认识、布置工作和沟通信息。纪要可作为汇报材料呈送上级组织，供上级掌握基层情况，为上级决策提供参考；或向不相隶属单位发送，用以通报会议情况，以便得到支持配合；或向下级组织发送，是下级开展工作的指导方针与执行依据。但纪要的发送范围比较小，一般只发与纪要事宜密切相关的单位。

（二）类型划分

根据不同的划分标准，纪要可以有多种不同的分类。

1. 按照会议类型可分为两类，一是日常例会纪要，即日常党政办公会议的纪要，如《省政府常务会议纪要》《省长办公会议纪要》《局长办公会议纪要》等；二是专题性会议纪要，即专门为研究某项工作或解决某个问题而召开的会议纪要，如《国务院关于研究今年农产品收购资金问题的会议纪要》《靖边县人民政府关于研究部署西新区开发建设相关问题的会议纪要》。

2. 按照会议的任务可分为四大类：一是指示性会议纪要，又称"传达性会议纪要"，主要是传达会议精神，通报有关情况，指示有关单位或人员贯彻执行有关事项；二是决策性会议纪要，主要是记载会议形成的决策以及所议定的有关事项，要求有关单位或人员贯彻执行；三是研讨性会议纪要，主要是通报会议研究、交流、讨论的大致情况，梳理出不同的意见和见解；四是协调性会议纪要，主要用于记载双边或者多边会议达成的协议情况，以便作为会后各执行公务和履行职责的依据，对各方工作具有约束力。

（三）文种辨析

1. 纪要和决议

两者都是重要的会议文件，都是反映会议结果的公文文种，都用于传达会议精神和会议议定事项，但在使用上有所区别。

首先，在内容的重要程度上，纪要的内容可大可小、可轻可重，既可以是党和国家的大事，也可以是具体的日常工作；而决议的内容通常是党和国家的重大问题或重大事件。

其次，纪要是对会议议定事项和主要精神的概括和反映，起草后经过主管领导签发，即可作为正式文件发布；而决议必须经过与会人员的法定多数表决程序才可发布，并具有很强的权威性和约束力。

最后，纪要所涉及的内容事项往往较多，而决议则相对集中单一。

2. 纪要和简报

两者虽然都是对会议情况的整理概括，但一次会议只能有一个纪要，且成文于会后，反映的是会议的基本情况和议定事项。纪要必须客观忠实地叙述会议情况，不可加以评论。纪要不仅具有知照性，还具有指挥相关工作的权威性。

而简报在会议期间可根据实际情况和需要发一期或若干期，每期只反映会议某个阶段或者某一方面的情况，也可包括所反映情况的议论和看法，供与会代表或相关人员参考，只有参考性而无约束力。

3. 纪要和会议记录

一是性质不同。纪要属于法定公文文种，可以直接对外正式行文；会议记录不属于正式公文文种，不是红头文件，属于内部资料，一般不对外行文。

二是功用不同。纪要有记载会议情况、传达会议精神和议定事项的功能，具有一定的指导性、约束性；而会议记录只是记录会议情况，具有资料性、凭证性。

三是侧重内容不同。纪要侧重对会议精神、议定事项的归纳和概括；而会议记录侧重对会议内容与经过进行比较全面、详细的记载。

四是表达方式不同。纪要采用记叙为主、说明为辅的形式,运用严谨、准确、简明的公文语言,记载和反映会议的主要精神和议定事项;会议记录是对发言者"所发之言"的再现,尽可能保持原汁原味。

五是写作格式不同,纪要有专门的纪要格式;而会议记录一般没有固定的写作格式,由写作单位自定。

二、写作指要

纪要一般由版头、发文字号、标题、成文日期、正文、参加会议人员、发送(收文)单位等部分组成。纪要的种类虽然较多,但写法大同小异,都要做到开门见山、实事求是,对问题的处理恰当,表述准确,观点鲜明,语言生动,文字简练,格式规范。

(一)例文导读

××××大学会议纪要

(第×期)

××××办公室　　　　　　　　　　　　　　　　2020年4月18日

××××大学2020年第五次校长办公会议纪要

2020年4月16日,学校在明德楼408会议室召开了2020年第五次校长办公会议。会议传达学习了上级会议文件精神,研究了疫情防控、本科教学、研究生复试、毕业生就业、"十四五"发展规划编制、财务年度预算、校属企业改革等相关工作。

会议传达学习了重庆市2020年春季学期开学工作视频会议和新冠肺炎疫情防控相关文件精神。会议指出,新学期开学在即,师生将陆续返校工作、学习,校园疫情防控任务艰巨、挑战巨大。会议强调,要深入学习贯彻习近平总书记关于统筹推进疫情防控和经济社会发展工作的系列重要讲话精神,坚持把维护师生生命安全和身体健康放在第一位,从严、从实、从细做好开学复课工作。会议要求,各单位提高政治站位、强化责任担当,结合新冠肺炎疫情发展形势,动态调整优化应急预案和防控措施,细化开学实施方案,强化应急管理等教育培训,加强应急演练,落实师生健康信息监测,备足备齐防控物资,确保开学复课安全顺利、万无一失。

会议传达学习了全国研究生复试工作视频会议精神,研究了学校硕士研究生复试工作。会议强调,研究生复试是研究生招生重要环节,是科学选才、保障质量的关键。会议要求,深入贯彻落实习近平总书记关于统筹推进新冠肺炎疫情防控和经济社会发展工作的重要讲话和重要指示批示精神,严格落实疫情防控要求,精准严密组织管理,严格复试考核标准,确保2020年学校硕士研究生复试安全顺利、公平科学。

会议传达学习了市教委《2020年高校科技工作要点》精神。会议强调,要深入学习贯彻习近平总书记关于教育和科技的重要论述，紧紧围绕习近平总书记对重庆提出的"两点"定位、"两地""两高"目标、发挥"三个作用"和营造良好政治生态的重要指示要求，面向国家重大战略需求和地方经济社会发展需要，深化科技体制机制改革，聚集优势科技创新资源，加强基础研究，加快科技成果转化，为构建西部科技创新高地，打造有影响力的科技创新中心，推进成渝地区双城经济圈建设贡献智慧和力量。

会议研究了本科教学工作。会议听取了教师课堂教学评价有关情况，充分肯定了疫情防控期间线上教学工作成效。会议强调，要深入贯彻落实新时代全国高等学校本科教育工作会议精神，淘汰"水课"、打造"金课"，合理提升学业挑战度、增加课程难度、拓展课程深度，切实提高课程教学质量。会议要求，结合疫情防控要求和线上教学特点，做好教学服务与培训、评价与督导等工作；针对线上教学问题，及时提出改进措施，保证疫情防控期间的教学进度和教学质量。

会议研究了2020届毕业生就业工作。目前学校毕业生签约率位居重庆市高校前列，会议充分肯定了就业工作取得的成效。会议强调，就业是最大的民生，受新冠肺炎疫情等诸多因素影响，高校毕业生就业形势严峻，必须把就业摆在更加突出的位置。会议要求，充分整合校内资源，建立部门协同联动工作机制，充分发挥校友资源与产学研合作单位作用，千方百计调动校内外各方力量，全面推动2020届毕业生充分就业、高质量就业。

会议研究了学校"十四五"事业发展规划编制工作。会议强调，"十四五"是学校全面加强内涵建设、扎实推动高质量发展的关键时期，事关建成有特色、高水平大学。会议要求，坚持战略引领与实际需求相衔接，坚持全面规划和突出重点相衔接，坚持目标导向与问题导向相统一，坚持学校主导与广泛参与相结合，充分研判内外形势走向，全面把握上下发展动态，科学编制"十四五"事业发展规划，推动学校事业高质量发展。

会议研究通过了《××××大学校属企业改革工作总体方案》，审议并原则通过了《××××大学校属单位2020年度综合目标考核实施办法》和学校第二批"青年拔尖人才支持计划"人选建议名单。

出席：×××、×××、×××、×××、×××、×××、×××、×××、×××、×××、×××、×××、×××、×××。

请假：×××、×××。

列席：×××、×××、×××、×××。

分送：××××××，××××××，××××××××，××××××，××××××××××××。

××××办公室   2020年4月19日印发

阅读与讨论：

（1）请分析此纪要采用的是哪种写作方法，为什么？

（2）结合上面例文，谈谈纪要正文主体部分写作的惯用语有哪些。

（3）结合材料，谈谈纪要和简报的联系和区别。

（二）结构模型

纪要有特定的格式规范。日常例会、专题性会议、决策性会议、研讨性会议等一般都采用特定的纪要格式。

1. 特定的标志。根据《党政机关公文处理工作条例》《党政机关公文格式》要求，纪要的发文机关标志由"××××纪要"组成，并使用专用版头。

2. 特定的文号。使用专用版头的纪要，一般按年度召开会议的顺序编发顺序号。如"第×期"或"第几号"，写在纪要标志的正下方，并用圆括号括入。

3. 纪要的主体。此部分由标题和正文两部分组成。

（1）标题。纪要的标题主要有三种形式。一是公文式标题，即"发文机关+事由+文种"，如"国务院关于研究今年农产品收购资金问题的会议纪要""靖边县人民政府关于研究部署西新区开发建设相关问题的会议纪要"。二是会名式标题，即"会议名称+文种"，如"2018年全国教育大会会议纪要""全国政府系统公文处理工作座谈会会议纪要"。这种标题形式较为常用。三是主副标题式，又称为"复式标题、新闻式标题"。正标题突出会议主旨，副标题交代会议名称和文种。如《齐抓共管综合治理——××市青少年教育研究会纪要》《一切围绕经济转 一切围绕效益干——安徽沿江四市负责同志座谈会纪要》。

（2）正文。纪要的正文主要由会议概况、会议议定事项、结尾等组成。

会议概况。采用概括式或分项式写出会议的时间、地点、主持人、列席人员、请假人员、记录人员等基本情况。也可将出席、列席、请假人员罗列于正文会议议定事项之后。必要时，在请假缺席人员名字后面简要注明请假理由，以明确责任。

会议议定事项。这是纪要的主要部分，写明议定的事项、研究的工作、做出的决定、布置的任务、将采取的措施等，概括性地记录会议的议定事项。若会议涉及的内容较多，可以采用决议式的写法，分条列项，简明扼要，严谨有序地写明会议决议事项。

结尾。纪要的结尾一般提出贯彻会议精神、做好相关工作的说明、要求、希望或号召，有时结语也可省略。

4. 特定的尾部。纪要正文结束后，依次写明出席、列席、请假、记录人员姓名。

5. 特殊的主送机关。纪要的主送机关在版记部分的"分送"处，列出受文机关名称，受文机关之间使用逗号隔开。

6. 特殊的落款。纪要以会议名义而不是机关名义制发，一般无落款、无印章。其单位名称和成文日期分别位于版头部分中红色分割线的左边和右边，左右各空一个字符。

三、写作策略

根据会议性质、规模、议题等，纪要可以采用以下三种写法。

一是集中概述法。指将会议的基本情况、讨论研究的主要问题和与会人员议定的有关事项，包括解决问题的措施、办法和要求等，用概括叙述的方法进行整体的阐述和说明。多用于小型会议，且讨论的问题比较集中单一，意见比较统一，容易贯彻操作。这种纪要的篇幅相对短小。

二是分项叙述法。指将会议的主要内容分成几个大的问题，然后添加上标题或小标题，分项拟制。这种写法侧重于横向分析阐述，内容相对全面，问题也说得比较细，常常包括对目的、意义、现状的分析，以及对目标、任务、政策措施等的阐述，一般用于需要下级单位全面领会、深入贯彻的会议。写作时，常使用"会议听取""会议强调""会议指出""会议要求""会议决定"等惯用语引领段落，以体现内容的层次感。一般大中型、重要工作会议或议题较多的会议的纪要多采用这种写法。

三是发言提要法。指将会议上具有典型性、代表性的发言加以整理，提炼出内容要点和精神实质，然后按照发言顺序或内容的不同，分别加以阐述说明。这种写法能比较如实地反映与会人员的意见。某些根据上级机关布置，需要了解与会人员不同意见的会议纪要，可采用这种写法。

思考与练习

（一）单项选择题

1. 记载会议主要情况和议定事项，应该用（　　）。
   A. 决议　　　　B. 纪要　　　　C. 会议记录　　　　D. 简报
2. 以下关于纪要的说法，错误的是（　　）。
   A. 纪要必须真实反映会议的内容和议定事项
   B. 纪要的结尾一般是对会议内容进行评论，并发出号召
   C. 纪要是对会议主要情况和议定事项的记载和概括
   D. 纪要具有凭证作用和资料文献价值
3. 以下关于纪要的说法，不正确的是（　　）。
   A. 纪要应当把会议的所有内容都原样记录下来，以保证内容的真实性
   B. 纪要一般对有关与会单位或下属单位具有约束力
   C. 纪要的行文方向灵活，可上行、可下行、可平行
   D. 上行的纪要可以报告的形式呈送
4. 下列公文文种中，不需要加盖印章即可生效的是（　　）。
   A. 纪要　　　　B. 公报　　　　C. 议案　　　　D. 函
5. 以下关于会议记录的说法，错误的是（　　）。
   A. 会议记录一般在会后整理形成，因此具有事后性特点

B. 会议记录是对会议内容的实录，内容具有纪实性特点
C. 会议记录是撰写纪要、会议简报的重要材料，具有素材作用
D. 会议记录可以作为贯彻会议精神和日后备查的依据，具有依据和史料作用

6. 关于"纪要"这一文种，说法错误的一项是（　　）。
A. 纪要是会议的产物，没有会议，就没有纪要
B. 纪要标题（或标志）之下、正文之上无主送机关
C. 纪要应当对会议情况和议定事项做全面、详尽的记载
D. "纪要格式"是公文特定格式之一

7. 下列不是公文特定格式的是（　　）。
A. 信函格式　　　　　　　　B. 命令（令）格式
C. 纪要格式　　　　　　　　D. 意见格式

参考答案： 1. B　2. B　3. A　4. A　5. A　6. C　7. D

（二）判断题

1. 一般性的会议如事务性的会议、下级机关的人员参加的工作会议、座谈会、讨论会等，也必须写纪要。　　　　　　　　　　　　　　　　（　　）
2. 有些纪要可以编成新闻报道，在报刊上发表。　　　　　　　（　　）
3. 所有纪要都有备查这一功能。　　　　　　　　　　　　　　（　　）
4. 用会议纪要专用版头印发的纪要，不可以省略纪要类别。　　（　　）
5. 一般情况下，用专用版头印发的纪要，没有标题，在横隔线之下空两行直接撰写正文。　　　　　　　　　　　　　　　　　　　　　　　　（　　）
6. 纪要有标题的，须标注成文日期，居中标注在标题之下；无标题的，不标注成文日期。　　　　　　　　　　　　　　　　　　　　　　　　（　　）
7. 任何纪要，都不能将除了一致性意见以外的其他分歧意见写进会议纪要。
　　　　　　　　　　　　　　　　　　　　　　　　　　　　（　　）
8. 纪要的内容代表着主持单位和与会单位的共同意志与法定权威性。（　　）

参考答案： 1. ×　2. √　3. √　4. ×　5. √　6. √　7. √　8. √

（三）病文分析

下面是××市旅游局发出的一份公文，其中存在多种病误，请按公文写作要求，指出其存在的问题（用序号逐一列出）。

长河市旅游局周例会会议纪要

（第三期）

时间：2019年9月4日上午8:30
地点：局长办公室（330房间）
参加人：各科室负责人张强中、李福华、宋玲、周昌红
主持人：罗书红局长。罗局长在会议开始之前，对李大明来我局工作表示欢迎，

并提出了希望。

一、各科室负责人汇报上周工作。

1. 行业管理与教育培训科：组织龙凤温泉的导游人员参加景区资格考试；制定了全市景区（点）星级饭店安全大检查活动方案。

2. 办公室：申请领取收款收据和罚没收据，并让有关人员掌握各种票据的使用方法和报账手续；督办长河市旅游交通图绘制和全市旅游规划制定的进度，这两项工作都有实质性的进展；谋划出全局工作的重点，并将任务、职责分配到各科室；做好信息上报工作；本周出信息简报一份，报送省、市旅游局。

3. 规划发展与市场开发科：谋划出近期工作的重点，准备和周边县市加强交流和学习。

二、罗局长认为各科室本周工作完成得不错，机关工作作风也有明显的改善。

三、罗书红局长对工作进行部署并提出几点要求：

1. 各科室要按9月份工作重点和分工，深入实际，制定具体切实措施以完成所承担的工作。如果效果不明显或者没有按时完成的，要形成书面报告，说明原因。

2. 在工作中，各科室之间要注意协调配合，与其他部门的协调也要积极主动。

3. 做好本职工作是每个员工的本分。其中，创造性地工作是很重要的，每个人都要发挥创造性，把工作做得更好。

4. 树立良好的旅游形象。每个工作人员都有集体感，要老老实实做人、踏踏实实办事，时时刻刻严格要求自己。

5. 要认真学习长河市旅游总体规划，要联系我市的规划实际，人人看、人人想，注意研究规划的指导性和操作性。

二〇一九年九月八日

第十章 计划类公文的写作

我国第一个五年计划的编制

1951年2月正值抗美援朝战争期间,中共中央已开始谋划大规模经济建设问题。2月14日,毛泽东在中央政治局扩大会议上提出了"三年准备,十年计划经济建设"的思想,首次明确提出编制国民经济发展计划的设想。会议决定,自1953年起实行发展国民经济的第一个五年计划,并要求立即开始编制五年计划的准备工作。会议决定,由周恩来、陈云、薄一波、李富春、聂荣臻、宋邵文6人组成领导小组,负责这项工作。

1955年3月,党的全国代表会议对"一五"计划草案进行了审议,决定原则通过这一草案。7月30日,全国人大一届二次会议审议并正式通过"一五"计划。至此,"一五"计划历时四年之久、五易其稿,终于编制完成。

根据"一五"计划,我国迅速建立起前所未有的新兴工业部门,为实现我国社会主义工业化和现代化奠定了坚实基础。

"凡事预则立,不预则废"(《礼记·中庸》),说的是不论做什么事,事先有准备,就能得到成功,不然就会失败。这揭示出计划的重要性。有了事先的计划,工作、学习、生活才能顺利展开。尤其是机关单位,只有通过制订工作计划,才能够协调行动,提高效率,完成既定的目标任务。

计划不是单一的文种,它是一类文体,叫作"计划类文体",规划、安排、方案都属于计划类文体。写好这些计划类文书,对工作、学习有着十分重要的意义。

第一节 计划的写作

一、文种概说

(一)文种释义

计划是一种对未来做出活动安排的公务文书,是管理活动的重要环节。何谓管理?难有统一的定论,一个比较通行的定义是"管理是通过计划、组织、控制、激励、领导及沟通等工作来协调人力、物力、财力和信息等资源,以更好地实现组织目标的过程"。根据以上定义，我们对于计划至少有了三点认识：一是计划不仅是一种管理活动，而且是管理活动的首要环节；二是计划实际上是对社会组织人力、物力、财力等资源的配置和使用；三是计划配置和使用已有的资源意图在于组织既定目标的达成。基于此，管理学中的计划被认为是确立组织目标、确定战略路径、分配和使用组织资源来实现组织既定目标的活动。

所以，制订计划前首先需要根据机关单位的发展方向确立相应的目标任务。目标是所期望的结果或对象，它影响管理决策，并且构成衡量标准以测量工作结果。目标是计划中最核心的要素。现代管理学家彼得·德鲁克指出："目标并非命运，而是方向。目标并非命令，而是承诺。目标并不决定未来，而是动员自己的资源与能源以便塑造未来的那种手段。"

制订计划时，还需要为目标如何达成制定有针对性的战略决策，包括相应的策略、路径、措施、方法、程序或步骤，以及对人力、物力、财力的支配和使用等，以保证预设的目标能够成为现实。

由是观之，公务写作中的计划实际是管理活动中计划的文字表述。**计划是指各级各类机关对未来一定时间内要做的工作从目标、任务到措施、程序预先做出设计安排的事务性文书。**"谋先事则昌，事先谋则亡。"（《说苑·谈丛》）通过制订计划，增加工作的主动性、指导性、条理性和科学性。

（二）特征解析

一是预见性。计划是针对未来一段时间内的目标任务而设计的行动方案，因此，只有高瞻远瞩，对未来将要发生的事和将要做的事情有准确、充分的预测，才能将计划制订得切实可行。

二是可操作性。计划必须写得具体明确，符合实际。目标定得过高，无法实现和完成；定得过低，计划又无法起指导、激励作用。计划的步骤、措施、要求、时限不但要写得具体、细致，还要便于检查督促、对照落实。

三是约束性。制订计划，是为了克服工作中的盲目性。机关单位制订计划，目的在于控制方向、规模、速度，使任务能保质、保量，按时完成。计划一旦成文，就应该按照计划认真执行，切不可随便废弃。

（三）类型划分

根据不同的标准，可对计划进行不同的分类：

根据不同的性质与内容，可分为生产计划、工作计划、经济业务计划、学习计划、分配计划、财务计划、科研计划等；

根据不同的时间跨度，可分为长期计划、中期计划和短期计划，具体还可以分为十年计划、五年计划、年度计划、季度计划、月份计划等；

根据适用范围的大小，可分为国家计划、地区计划、单位计划、班组计划等；

根据涉及面大小，可分为综合性计划、专题性计划；

根据不同的形式，可分为条文式计划、表格式计划和条文表格结合式计划。

（四）文种辨析

计划不是单一的文种，"规划""安排""方案""要点""纲要""设想"等文都叫作"计划类文体"。这些计划类文体都是对未来的工作提出一些想法，写法上也大致相同。但是，它们在范围、时间、粗细、远近等方面存在一些差别。

规划一般适用于时间较长、范围较广、内容比较概括的计划，如《××省2015—2020年工业发展规划》。

安排一般适用于时间较短、范围较小、内容少而具体的计划，如《2018—2019学年第一学期第八周工作安排》。

方案一般适用于为做好某项工作而事先设计的工作方法与步骤，主要应用于专门性的某一重要工作或重要事项，如《信息工程学院学生实习方案》。

要点一般适用于粗线条的概括性工作计划，多用于工作重点提示，实际就是计划的摘要，即经过整理，把主要内容摘出来的计划，如《沙坪坝区人民政府2019年精神文明建设工作要点》。

纲要一般多用于较长时间，具有远景发展设想，又具有较强的政策性、思想性、指导性的提纲挈领式的计划性文种，如《××县第七个五年计划农业发展纲要》。

设想一般适用于长远的、初步的、非正式的计划，如《××职业学院学风建设的一些设想》。

二、写作指要

（一）例文导读

2019年招生就业工作计划

根据学校整体工作计划和要求，结合本处室工作特点，为了更好地完成本年度招生就业工作目标，特制订本年度工作计划：

一、指导思想

在学校党政班子的领导下，以市场需求为导向，突出"升学"和"就业"两条工作主线，努力拓宽学校招生和就业渠道。

二、工作目标

（一）招生工作

2019年计划完成招生××××人。

（二）就业工作

去年就业率为98%，今年就业率达到100%。

三、措施步骤

（一）招生工作

1. 2018年12月，拟订招生计划。2019年1月，印制好招生宣传资料，通过各种渠道、各种机会，全面启动招生宣传工作。

2. 利用当地报纸、广播电视、网络等媒体的影响，进行招生宣传。

3. 全校齐动，树立全员招生意识。在 2018 年 12 月—2019 年 3 月，组织深入基层学校，开展招生宣传和咨询工作，发送招生宣传资料，扩大学校的知名度和影响力。

4. 进一步加强和完善学校网页中的招生就业目录建设，充分利用学校网站，开展招生宣传工作。

5. 进一步做好学生及家长的咨询等工作，利用学校招生热线，提供全方位服务。

6. 拓宽办学路子，寻求更多发展机会。争取与就业条件好、信誉高、待遇好的企业达成合作协议，拓展培养模式，联合办学，为今后毕业生能迅速、对口就业创造条件。

（二）就业工作

1. 2019 年 4—5 月，在毕业生中进行就业意向调查，并加强与班主任的沟通和交流，及时了解毕业生的心理动态，采取整体和个别相结合的方式，有的放矢地给予指导和帮助。

2. 2019 年 6 月，制订毕业生就业指导计划，组织就业指导讲座，邀请有关专家到校做专题讲座。

3. 2019 年 9 月，组织好毕业生的就业咨询现场会。

4. 加强毕业生的就业情况反馈和登记工作，建立就业学生的信息库。

××学校招生就业处

2019 年 12 月 1 日

阅读与讨论：

（1）计划目标的写作要求具体明确，以此文为例，说明计划目标的写作如何做到明确具体。

（2）计划的措施应该有针对性，这里的针对性指的是什么？以此文为例，说说措施的写作是否体现了针对性？

（3）本文措施与步骤的写作属于哪一种写法？为什么要这样写？

暑期英语学习计划

为了提高自己的英语听、说、读、写能力，更好地备战六级考试，拟订 2019 年度暑期英语学习计划如下：

一、目标任务

掌握 CET—6 考试大纲要求掌握的 6400 个单词，能听懂英语对话及短文，得分率在 90% 以上，通过英语六级考试。

二、措施步骤

（一）报名参加×××暑期英语学习班，不迟到、不早退，上课认真听讲，按时完成课内外作业，练好听、说、读、写的基本功。

（二）每天上午 8：00—9：00 坚持早读，朗诵课文，听录音带；同时，养成随身携带英语单词表的习惯，随时随地有空就背单词，增加词汇量。

（三）坚持读英文报刊《21世纪报》，扩充英语词汇量，提升英语阅读能力。

（四）每两个星期检查一次计划的执行情况，并视学习效果调整学习方法。

×××

2019年6月30日

阅读与讨论：

（1）"目的"和"目标"是有区别的，请以此文的相关内容为例，予以说明。

（2）本文的"措施步骤"是否既写了"措施"又写了"步骤"？为什么这样安排？

（3）如果给本文补上结尾，可以怎样写？

（二）结构模型

计划一般分为标题、前言、主体、结尾、落款五个部分。

1. 标题。标题有公文式标题和双标题。

公文式标题有完全式标题、省略式标题。完全式标题，由单位+时限+计划内容+文种组成，如《××大学2020年人才招聘计划》《××大学2018—2019年度第二学期工作计划》。

省略式标题，一是省略单位名称，由时限+计划内容+文种组成，如《2020年学习计划》《2020年招生工作计划》；二是省略时限，由单位名称+计划内容+文种组成，如《××学校财经学院教研活动计划》《××学校安全工作计划》；三是省略单位名称和时限，由计划内容+文种组成，如《大学语文学习计划》《保健品销售工作计划》。

双标题，由正题+副题组成。正题概括计划的主要内容，副题则为公文式标题，如《以质量求生存，在生存中求发展——艺峰文化传媒有限公司2017-2020年发展规划》《真抓实干精益求精　开创学校教育新局面——2017-2018学年度第一学期教育教学工作计划》。

在进行计划的标题写作时，根据实际情况的需要，视计划文本的成熟程度，可在标题尾部加括号注明草案、初稿、征求意见稿、送审稿等，如《××学校2019年招生计划（初稿）》。

2. 前言。前言是计划的开头部分，首先要概括出基本情况，简明扼要地说明制订该计划的背景、依据、目的、意义、指导思想等，说明为什么做、依据什么做、能不能做的问题。它是计划的总纲，用来统率全文，文字表述应高度概括。根据需要，有时会将"指导思想"单列。

3. 主体。是计划中最重要、所占篇幅最大的一部分，包括三个内容，即目标、措施和步骤，它们是计划的三要素。

目标是一份计划的核心和灵魂，用来回答"做什么"的问题。可以是总体目标，也可以是具体指标；可以是单一目标，也可以是一个体系。但总的来说，都应该尽量写得明确具体。尤其是经济指标，无论是总指标还是分指标，一般都要做定性定量的表述。

措施作为行动策略的重要组成部分，是完成计划的根本保证，用来回答"怎么做"的问题。在这一部分里，应写明采取何种方法、利用哪些条件、由什么单位和部门负责、如何协调配合等内容。措施和方法要有科学性，便于操作；要有针对性，追求实效。

步骤是计划执行的程序和时间安排，用来回答"什么时候完成"的问题。可以写明计划的主要步骤和完成期限、完成计划应注意的问题，使计划能够分阶段完成。一些阶段目标和任务难以明确切分和表述的计划，此项内容也可以不写。

计划主体部分的三项内容，可以按目标、措施、步骤的顺序进行组织。这类计划一般是目标任务比较单一、具体的专项计划。如果是由多个目标构成目标体系的综合性计划，则适宜以目标任务为纲，依据不同的内容板块分别进行表述。此外，将步骤要求与措施方法穿插起来写的情况也较多。

4. 结尾。计划的结尾可以用来发出号召、提出希望、展望前景、明确执行要求等。也可以在写完条款之后自然结尾，不专门写结尾部分。

5. 落款。在正文右下方写明单位名称和制订计划的具体时间。

三、写作策略

在写作计划时，一些单位对计划的制订比较随意，以致出现与实际不符、目标模糊、操作性不强等问题，所以，想要制订一个科学、严谨、可行性高的计划，需要注意以下四点。

（一）写作之前要注重调研

制订计划前必须进行深入的调研，在深入了解组织内外情况的基础上做出的决策才具有合理性和可行性。无论目标的确立还是措施的选择，都应具有现实的依据。一要依据党和国家在一定时期内的方针政策、法律法规，以及上级机关及有关领导部门的工作安排和指示精神，这是宏观依据，必须遵循；否则，制订的计划就可能偏移正确的方向。二要收集整理有关资料，深入调查研究分析本单位、本部门的具体情况。只有这样，才能使制订的计划更有针对性、更切实可行。

（二）目的与目标要区分清楚

在制订计划时，一些单位或个人易混淆目的与目标。如一部分学生在写本学期学习计划时，认为目标是"为了使本学期的学习成绩上一个台阶"或者是"提高英语写作水平"。实际上，这不是此份计划的目标，而是目的。目的是方向，是想要得到的总的结果，可放在前言部分作为引导；目标则是想要达到的可测量的标准，是一份计划所要完成的具体任务，因而措施是对准目标设置的。如学习成绩上一个台阶，是通过期末考试成绩标准的达到来实现的。

（三）主体内容要有逻辑性

在写作计划时，计划的内容各不相同，但无论写什么内容，计划的主体部分都必须体现清楚"做什么""怎样做""何时做什么"，即目标、措施、步骤三要素，步骤、措施必须与目标任务相对应。在写作计划的措施与步骤时，应确保这些措施和步骤能够达到之前所设的目标，从而提高整个计划的可行性。

（四）语言表达要明确具体

计划目标任务的数量、质量、时间要力求准确，措施、步骤要尽量明确具体，以便于执行和检查。如果大量使用模糊语言，计划必将成为空话、套话，对工作的推进也将失去应有的价值。

案例研讨

病文：

××公司销售处第二季度计划

借"两会"胜利召开的东风，经全体员工齐心协力，团结奋斗，我公司第一季度的销售来了个开门红，取得了骄人的成绩，公司上下无不欢欣鼓舞，士气正旺。当然也存在着许多问题。为了使第二季度的销售工作跃上一个新台阶，特制订以下计划。

一、按照公司董事会制定的公司五年发展规划行事，加大市场营销的力度，开创公司销售工作新局面，力争本季度的销售量有大幅度的上升，为完成全年的销售总目标奠定坚实的基础。

二、市场调查和市场预测是做好市场营销工作的前提条件，因此，要重视市场调查和预测，深入细致地做好市场调查和预测工作，尽可能掌握丰富的市场信息，摸清行情，掌握销售工作的主动权。

三、采取得力措施，加大推销力度。推销人员要加强责任心，多为公司着想，深入市场第一线，不怕苦、不怕累，向用户热心宣传本公司的新产品，为客户排忧解难，使客户对本公司的新产品更了解、更有好感，家喻户晓。

四、广告是让客户了解新产品的重要营销手段，必须运用好这种手段来加大新产品的宣传力度。这就必须加大对广告的投入，做到在思想上重视，在行动上坚决，在经费上保证。

五、电子商务是现代社会新兴的营销工具，积极开展电子商务是新形势下市场营销发展的必由之路，我们必须给予足够的重视。要想尽千方百计，不惜一切代价，在本季度内使电子商务在我公司开展起来。

××公司销售处
××××年×月×日

问题分析：

其一，目标不清，笼统模糊。病文第一条的计划目标为："开创公司销售工作新局面"，"力争本季度的销售量有大幅度的上升"。但到底怎样才算开创新局面？怎样才算大幅度上升？显然缺少了量化指标的度量，使硬约束变成了软约束，是否完成也就难以检查落实。

其二，措施不明，无法实施。病文中第二条措施提到，"深入细致地做好市场调查和预测工作"，怎样做才算"深入细致"？第三条提出，"采取得力措施，加大推销力度"，但下文并没有具体阐述采取什么样的得力措施，只是强调推销员的责任心，显得非常空泛。第四条的排比句看起来很漂亮，实际上却空洞无物。第五条像在表决心，但对采取什么得力措施却只字不提。

其三，大发议论，华而不实。前言多是套话、空话，无实质性内容，倒不如用些数据来说明"骄人的成绩"，反而显得更实在。计划措施的二、四、五条不写具体的措施做法，却空泛说理，看似冠冕堂皇，实则空洞无物。第二条论述做好市场调查和预测工作的重要性，第四条论述加大广告宣传对营销的重要性，第五条更是大谈开展电子商务的重要性，但对怎样做好这几项工作却语焉不详。

其四，为写而写，不重谋划。这是上述诸多问题的根本所在。其实，计划决不只是写作的问题，还是制订的问题、谋划的问题、思维的问题。高质量的计划必须遵循客观规律，从工作实际出发，超前思维，精心谋划，具有预见性、创造性和可操作性。因此，谋划与思维是计划写作的灵魂，也是计划写作的难点所在，而这恰恰是初学者最薄弱的环节。

修改稿：

××公司销售处第二季度计划

今年第一季度，在全体销售人员的共同努力下，公司销售工作创下佳绩，完成销售额××亿元，销售利润××亿元，创历史最高纪录。尽管如此，对照同行先进企业，仍有诸多不足，仍有潜力可挖掘。为使第二季度的销售工作再上新台阶，根据董事会制定的五年发展规划，特制订以下计划。

一、目标任务

在第一季度已有基础上，实现销售额××亿元，销售利润××亿元，分别提高20%和15%，为完成全年销售总目标奠定坚实的基础。

二、主要措施

（一）做好市场调查和预测工作。由一名副处长，分管市场调查和预测工作；增设两名市场调研员，充实市场调研力量。调研人员要深入市场进行实地调查，每周向主管领导汇报一次市场情况，每月递交一份市场调研报告。约请专家参与市场调查预测工作。

（二）切实加大推销力度。划定责任区，明确分工，责任到人。推销人员要深入自己负责的地段，向客户耐心地进行新产品宣传。建立推销激励机制，凡完成当月推销指标的人员，给予销售利润5%的提成奖励；对未完成当月推销指标的人员，扣除当月奖金。

（三）着力推进新产品的宣传。增加广告投入经费××万元，用于新产品宣传。参与××电视台广告黄金版位的竞标,力争拿下这一广告版位。此外,增加××报、××报的广告投入,增加广告登出的频度。

(四)积极开展电子商务。加大对电子商务硬件建设的投入,增加经费××万元,用于建立公司销售网站。设立电子商务筹建组,招聘具有电子商务业务经验的人员,要求本季度最后一个月网站开通投入运营。

××公司销售处
××××年×月×日

思考与练习

(一)判断题

1. 计划的结尾根据情况可写可不写。　　　　　　　　　　　　　(　　)
2. 要点一般适用于粗线条的概括性工作计划。　　　　　　　　　(　　)
3. 对短期工作进行具体布置的计划是方案。　　　　　　　　　　(　　)
4. 计划是衡量工作效果、总结工作经验的重要标准。　　　　　　(　　)
5. 计划是事前就完成某项任务所做的安排。　　　　　　　　　　(　　)

参考答案:1. √　2. √　3. ×　4. √　5. √

(二)改错题

请阅读此份计划,从格式和内容方面分析此份计划中存在的问题。

新学期语文学习计划

新学期的帷幕为我们拉开了崭新的学习舞台,但是,荣誉的桂冠往往要由荆棘编就,成功的道路往往由汗水铺通,征途绝非一帆风顺。上个学期的欢笑与泪水、成功与失败等都已成为过去式,我们应该放眼未来,洗去心灵的尘埃,拿上我们的武器,整装待发,大步迈向新学期!本学期为了提高我的学习成绩,我给自己制订了一份语文学习计划:

1. 课前要提前做好准备。
2. 上课要认真听讲,不东张西望,不和周围的人说悄悄话。
3. 每天坚持看半个小时课外书。
4. 资源和练习册的错题要及时改正,不能一天拖一天。
5. 老师布置的作业要按时完成。
6. 把作文或杂文中的错别字通通消灭掉。
7. 提前预习新课。

如果我按照这些学习计划去做,这学期我就会更棒!

(三)写作题

根据下面的提示,结合自己的专业,写一份本学期个人学习计划。

1. 标题：公文式标题；
2. 导语：制订计划的背景、原因、依据或目的；
3. 学习目标；
4. 具体措施；
5. 落款。

第二节　实施方案的写作

一、文种概说

（一）文种释义

　　方案是一种应用广泛的计划性文体。无论个人还是机关团体单位，一般的常规性工作其实不需要制定方案。只有确保历时较长、责任重大、涉及面宽、工作量大、纷繁复杂的重要工作或重大活动正常开展，并尽力避免或减少人财物力的浪费时，人们才制定方案。对相关活动或工作于事前做出全面的策划、周详的部署和具体的安排，使之更为有序、有效地进行。可见，**所谓方案，就是机关单位的组织领导者从现实出发，对某一重要工作或重大活动做出系统谋划、全面构想、周密部署和具体安排的一种计划性文书**。编制一个目标明确、重点突出、内容翔实、科学合理的方案，不仅有助于有序地完成工作，还能提高工作效率，确保工作质量。

　　实施方案是方案的一类，**它指的是机关单位为贯彻执行上级机关的相关文件精神，从自身实际出发，对某一重要工作或重大活动做出周密部署、具体安排的一种行动性方案**。实施方案一般都是应需而作、被动而为的，需要服从于上级对某一工作或活动的统一部署安排，依据上级的决定、意见、通知、计划、安排或有关会议、文件等的精神，结合本单位实际而制定。

（二）特征解析

　　实施既具有方案的属性，又具有特殊性。其主要特征体现在以下几个方面：

　　一是具体性。实施方案要对某项工作中的每一个环节都做出安排，要求实施目标具体明确、重点突出，实施步骤安排详尽、切合实际。要具体落实到工作什么时间开展、分几个阶段进行、由谁来负责、如何确保质量等方面。并且，重要的项目或工作均要制定明确的数量化指标，在要解决的关键问题上进行详细的说明。

　　二是规定性。实施方案的制定有很强的规定性，不仅应该根据上级的有关精神、文件等来制定，还应该根据实施工作的要求、目的及单位的实际情况来制定，而不能随意制定。这样的实施方案才具有针对性、切合实际、突出重点。

　　三是可实施性。目标明确、内容全面、便于操作的实施方案是开展某项工作或活动的前提和基础，是指导实施人员现场工作的依据。因此，实施方案有非常强的可操作性，其相关的部门、单位必须认真组织实施。

（三）文种辨析

实施方案与计划都属于计划类文体，二者之间虽然存在相同之处，但也有区别。二者的区别主要是：

一是写作对象不同。计划主要针对以后一定时期、一定范围内的全面工作；实施方案则是针对一定时期内某一项、某一方面的重要工作、重大活动。

二是写作目的不同。凡是对未来一定时期内要做的工作进行设计安排，都可以使用计划；而实施方案则主要是为了贯彻执行上级对某项工作和活动的安排与布置。

三是内容的侧重点不同。计划的内容要全面原则一些；实施方案的内容则更单一具体。相比较而言，实施方案偏重微观层面，较计划更具可操作性。

二、写作指要

实施方案的操作性强，是最具体、细化的一种计划类文体。在写作实施方案时，应目标明确、内容全面，这样才能对工作起到指导和推动作用，实现其写作目的。

（一）例文导读

城关小学"校园文化建设年"活动实施方案

为了进一步加强校园文化建设、打造校园精品文化、提升学校办学品位，为学生健康成长、教师素质提高和学校持续发展创设优美的人文环境与和谐健康的良好氛围，更好地发挥"环境育人"的功能，形成特色鲜明的校园文化，根据全县教育工作会议精神和《静宁县"校园文化建设年"实施方案》的要求，结合我校实际，特制定本实施方案。

一、指导思想

坚持以科学发展观为指导，以社会主义荣辱观为导向，以全面推进素质教育为目标，以提高办学水平为核心，以全体师生为主体，以建设优良的"三风"为重点，以优化、美化校园文化环境为基础，以积极向上的校园文化活动为载体，将校园文化建设与贯彻落实教育方针政策，促进学生全面发展，提升教师队伍素质，提高教育教学质量有机结合，努力构建"以人为本、和谐育人"的校园人文氛围和"崇尚文明、活泼健康"的校园风尚，形成"学风浓、教风严、校风正"的校园文化体系，使学校成为师生娱悦身心、陶冶情感的乐园，促进我校教育教学工作和谐、健康发展。

二、目标任务

我校校园文化建设的总体目标是：按照县教育局"科学规划，全面推进，因地制宜，分项实施，逐步完善"的统一部署要求，着眼于校容校貌建设，认真做好校园绿化、硬化、亮化、净化、文化，促进校园物质文化不断发展，形成整洁、高雅、优美的校园环境；着眼于制度建设，建立健全各种规章制度，依法治校，依法执教，深化教育教学管理，形成严谨有序、规范运作的校园制度文化；着眼于活动建设，积极开展各种文化活动,丰富学生知识,开阔学生视野,促进学生全面发展,形成生动活泼、积极向上的校园活动文化;着眼于师德师风建设,扎实开展师德教育,提升师德水平,提高教师队伍整体素质,形成敬业奉献、关心集体、关爱学生的校园育人文化;着眼于文化底蕴建设,传承百年老校的历史文化,弘扬时代精神,树立文明新风,形成在继承中发展、在发展中创新的城小精神文化特色。

三、具体内容与措施

(一)以"五化"建设为载体,促进校园物质文化发展

以绿化、硬化、亮化、净化、文化"五化"建设作为校园文化建设的基础保障,创建整洁、优雅的校园环境,着力打造环境优雅、底蕴深厚、风气良好的生态人文校园。

1. 开展"春季校园绿化、亮化行动",优化校园外部环境。(略)
2. 开展为期一周的"文明卫生大扫除"净化活动。(略)
3. 文化学校,让学校的每一面墙壁都会说话。(略)

(二)以"三风"建设为载体,形成学校精神文化

将校风、教风、学风"三风"建设作为学校文化建设的核心,着力构建"学风浓、教风严、校风正"的校园文化体系。

1. 以促进学生全面发展为宗旨,构建良好校风。(略)
2. 以抓好师德师风建设为动力,建设优良教风。(略)
3. 以抓好养成教育为核心,培养优良学风。(略)
4. 以挖掘和提炼学校优良传统和文化底蕴为突破口,打造具有校本特色的校园精神。(略)

(三)以各项活动为载体,丰富校园文化生活

将活动载体建设作为学校文化建设的重要途径,着力形成形式多样、内容丰富、生动活泼的校园文化活动。

1. 深入开展"三讲两实践"(讲传统、讲诚信、讲守则,进行道德实践、创新实践)活动,充分发挥学校德育的主渠道作用。坚持读报、看新闻,组织做好课间操、眼保健操,保证学生每天一小时的体育活动。坚持开展好学校春秋季运动会,使学生既锻炼身体、增强体质,又增进对同学、对集体的情感。坚持落实每周班(队)会、晨会和升国旗活动,大力开展系列德育主题教育活动。

2. 加强学校兴趣小组建设。继续办好校器乐队、舞蹈队、合唱队、春苗文学社等组织,并组建武术队、书画社等各类兴趣小组和学生社团,注重教育教学活动与团队活动有机结合,培养学生感受美、表现美、鉴赏美和创造美的能力。

3. 要大力开展经典诵读活动。让师生读中华传统经典国学精华、励志格言、教育著作等,养成好读书、读好书的习惯。继续使用好校本教材,在1-6年级继续分段进行经典诵读活动,学校将在4月、6月分别进行不同年级的经典诵读展示活动。同时,将在本学期第14周举行一期作文竞赛,选拔优秀作文在校报校刊上发表,推动读书活动的开展,达到开阔学生视野、丰富学生精神世界的目的。

4. 继续办好校园艺术节。大力开展读书、读报、演讲、征文等活动,积极推广、

演唱优秀歌曲。建立素质教育成果展室,将教师、学生的读书心得、手抄报、书画、摄影、科普及小发明、小制作作品进行集中展示,形成爱科学、用科学的良好氛围。发挥学生课外活动组织在学生教育中的骨干示范与引领作用,开展社会实践活动,推动校园文化建设向纵深发展。

5. 充分利用节日、纪念日开展系列主题教育活动。如"六一"儿童节、"七一"建党纪念日、"十一"国庆节及教师节等重大节庆日,清明节、端午节、中秋节、重阳节等传统节日期间,设计、开展丰富多彩的活动。利用少先队员纳新仪式等机会,开展主题教育活动,使学生开阔视野、丰富知识、陶冶情操、增强能力、提高素质,提升校园文化品位。

6. 努力构建数字校园。在开展教学、科研和管理及对外通信过程中,要运用宽带、局域网,将校园内的各种信息数字化,以增进交流,改变教师的授课方式与学生的学习方式,提高学校的管理水平。充分发挥校园网的作用,精心设计网页,经常更新网站内容,丰富信息流量,为学校、教师、学生、家长、社会搭建一个交流平台。

(四)以制度建设为载体,形成学校制度文化

制度文化建设是学校教育教学有章、有序、有效的根本保障,具有制度强化、文化内化的功效。按照"全方位"(涉及学校管理的各个方面)、"精细化"(细化内容,便于操作落实)、"严要求"(严格执行,赏罚分明)的总体要求,建立健全各项规章制度,抓过程管理,促内化自律,从而形成自我激励、自我约束、自我管理的制度文化,营造浓厚、和谐的校园氛围。

结合当前开始实施的绩效工资改革,对原有制度进行修订、细化,对涉及学校章程、教职工管理、学生管理、教学管理、财经管理、后勤保障、安全卫生、仪器设备、校产、图书阅览、德育、体育活动、校内外活动等方面的管理制度、实施方案及细则做进一步的修订完善。继续完善《城关小学优秀教师评选办法》《城关小学教职工绩效考核方案》《城关小学学生一日常规》《城关小学学生课外兴趣小组管理办法》《城关小学"新模式"课堂改革方案》等,使制度既与时俱进、体现时代特征,又切合学校实际和教师实际。在广泛征求师生意见的基础上,在学校、处室、班级不同层面上构建制度体系,并装订成《静宁县城关小学制度集》。

四、方法步骤

结合县局安排,我校"校园文化建设年"活动主要分为三个阶段。

第一阶段(1—3月):准备启动阶段

研究制定"校园文化建设年"活动实施方案,成立专门工作机构,召开动员大会,全面进行安排部署。并制作宣传标语,营造舆论氛围,使校园文化建设活动深入每一名师生心中,在思想上与学校统一,在行动上与学校同步。

第二阶段(4—10月):组织实施阶段

根据实施方案,按照由表及里、逐步深入、打造精品、彰显特色的工作思路,扎实有效地开展校园文化建设活动。

4月,开展"春季校园绿化行动",从净化、绿化、美化入手,彻底整治校容校貌。学校在校园适当地方设置人文景观,制作悬挂各种标语、格言警句、名人名言挂

图，展示师生书画作品，建设学校"文化长廊"等宣传橱窗，使学校的每个墙壁、每个角落都会"说话"，使学生随时随地都受到感染和熏陶，体现校园"处处皆教育"的深刻内涵。初步完成校园物质文化建设项目。开展"文明礼仪教育月"系列活动，动员全体师生讲文明、树新风，对各教室、教研室、办公室等场所进行科学布置，全面检查。每周开展一次卫生大扫除，保持校园面貌整洁。征集校徽、校歌作品。

5月，继续完善学校文化建设硬件设施，定期检查通报校园文化建设中存在的问题，对各兴趣小组运行情况进行检查分析，改进不足，办出特色、办出成效。（略）

6—7月，组织开展好六一国际儿童节，遴选优秀节目进行表彰。同时，举办师生书画、摄影、手工制作等各类展览，成立素质教育成果展室。（略）

8月，利用暑期，完善学校硬件建设。举办暑期"教师论坛"，进行集中培训，在全体教师中深入开展职业道德教育。

9月，举办开学典礼，表彰优秀学生、文明标兵、优秀班干部。（略）

10月，举办优秀教案、作业展览。基本完成校史陈列室、少先队室、家长学校活动室、荣誉室、图书室等各室的布展。（略）

第三阶段（11—12月）：总结验收阶段

11月，组织人员赴其他兄弟学校参观学习，开阔视野，借鉴先进经验，提高校园文化建设水平。总结校园文化建设工作，对"校园文化建设年"活动中涌现出来的先进教师、先进班级、优秀学生进行表彰奖励。

12月，对校园文化建设进行一次全面的"回头看"，查漏补缺，进行自我验收，完成并上报工作总结。力争获得全县"校园文化建设示范学校"称号。

五、保障措施

（一）加强领导，统一思想（略）

（二）靠实责任，有序推进（略）

（三）加强宣传，形成合力（略）

（四）加大投入，创造条件（略）

（五）完善机制，提高效能（略）

城关小学
××××年×月×日

阅读与讨论：

（1）实施方案主要用于"贯彻执行上级机关的相关文件精神"，上文的相关内容是否有所体现？

（2）以此文为例，说说实施方案主体部分的主要构成，以及相互之间的逻辑关系。

（3）本文是城关小学"校园文化建设年"的总体实施方案，是否还有必要制定相应的细化方案？为什么？

（二）结构模型

实施方案通常由标题、前言、主体、结尾、落款五个部分构成。

1. 标题。实施方案的标题一般有以下几种写法：一是由制文机关+制文时间+实施内容+文种构成，如《得耳布尔小学 2016 年校园文化建设实施方案》；二是由制文机关+实施内容+文种构成，如《五队实验学校安全工作实施方案》；三是由制文时间+实施内容+文种构成，如《2011 年软件项目实施方案》；四是由实施内容+文种构成，如《教研活动展示实施方案》。

2. 前言。前言要写明制发实施方案的目的和依据，要求写得简明扼要。一般先写制发的目的，常用"为""为了"开头；然后说明制发的依据，常用"根据……结合本（我）单位的实际，制定本实施方案"结束，以简明扼要的一段话，把制定实施方案的目的和根据写清楚。

3. 主体。主体部分是实施方案的主要内容，一般包括以下几部分的内容：一是简要阐述实施某项工作的重要性和必要性；二是阐明实施某项工作的指导思想、目标要求及指导原则；三是介绍实施某项工作的步骤、方式方法等；四是陈述关于对工作的组织领导及资金保证等。

这部分的内容要求具体明确，如实施某项工作分为哪几个步骤、每个步骤安排在什么时间、时间安排多长以及每个步骤由哪些部门、哪些人员负责落实等，都要做好具体明确的安排和分工。同时，上述四部分内容，可以根据不同的部门单位、不同的工作内容而有所删减。有的实施方案就不写第一部分的内容，而直接写后三部分的内容。

4. 结尾。结尾部分或对贯彻实施方案提出明确的要求，要求受文机关认真贯彻执行；或说明有关问题，如"本实施方案由××部负责解释"。多数实施方案不写结尾。

5. 落款。在正文右下角写上发文机关的名称和发文日期。如果标题中已写明发文机关，落款可以不写发文机关，直接写发文日期。

三、写作策略

（一）思想要统一

需要制定方案来指导实施的工作大多涉及面宽、工作量大，也就是说，有很多单位、部门及相关人员参与这项工作。因此，制定实施方案必须首先要求所有参与这项工作的人员达成共识。实施方案一般用"指导思想"来达成这一要求。"指导思想"通过说明工作的基本思想、目的宗旨、原则方针等，使相关人员获得对实施该项工作的总体认识。

（二）目标要明确

一项系统的工作或者重要的活动中，需要实施的项目涉及多个方面。因此，制定实施方案必须围绕相关主题，厘清所有需要完成的工作，并明确每一项工作的相关要求，也就是明确工作的范畴及相关内容。比如，"校园文化建设"涉及物质文化、校园制度文化、校园生活文化、校园育人文化、校园精神文化的建设，而每一种文化的建设又包含一系列的工作。尤其是一些重要的活动，如果在内容和环节上出现疏漏，必定给活动的顺利开展带来很大影响。

（三）任务要落实

实施方案重在"实"，也就是每一项工作都务必落实。一项工作由哪一个部门负责或者谁去做、什么时候完成、如何检查验收等，都要尽量在方案中考虑清楚。如果一项工作没有责任人，没有时间要求，无法体现人力、物力、财力的配置和使用，其"实施"性必然大打折扣。

（四）组织有保障

为了保证工作的顺利开展，针对一些专项性的工作，还需要设置专门的领导机构，用于工作的安排布置和内外协调。所以，有的实施方案包含"组织机构"或者"组织领导"的项目，有的实施方案将"组织领导"列入"保障措施"，作为其中的一个条目。

思考与练习

在Z市农村，一般管厕所叫"栏"或"圈"，数尺见方，放块木板或者水泥板就成了方便之处。农民家里养猪，厕所还与猪圈相连，污物直接排入猪圈，也就是连茅圈。夏天如厕，周围全是蝇蚊，咬得人浑身是包；冬天如厕，寒风刺骨，让人瑟瑟发抖。"上个厕所浑身味儿，晚上还得带手电。"北坪村党支部石书记抱怨。

石书记在这个位子上已经干了10年。这些年，村里为民好事一件一件地干，石书记却年年都有一样的愁：这个位于仙台镇的小山村，有125户人家，村民们大部分以务农为生。"庄稼一枝花，全靠肥当家。这大粪可是庄稼人的宝。"不过，石书记也说，村里多是连茅圈，攒土肥，不仅味儿大，还占地方。"连茅圈都是以前村民自己盖的，根本没有防渗措施，还有可能污染地下水哩。"

石书记愁了10年，仙台镇西单村的孙大娘却愁了两个10年。20多年前，孙大娘的儿子娶了城里的漂亮媳妇，村里人都羡慕她。一开始，孙大娘挺乐呵。可往后每次过年，她心里就堵。原来，儿媳妇不习惯连茅圈，每年回来过年，儿子一家吃完午饭就往城里赶。小孙女童言无忌，直言奶奶家不如城里的外婆家楼房干净。孙大娘无奈感慨，卫生环境不好，留不住年轻人。

"农村土茅房、旱厕和连茅圈，污染空气、地下水，还成为蚊蝇滋生地、病菌传播源。据统计，80%以上的传染病是由厕所污染和饮水不卫生引起的。"Z市农工办调研科汪科长说。

从2014年10月开始，Z市启动农村厕所改造工程，将其列为建设美丽乡村的重要内容。这可解了石书记和孙大娘多年的愁。

可是，厕所虽小，改造却是大工程，虽然只有几平方米，却牵扯到方方面面。

钱从哪里来，每家每户出多少？这是农民群众非常关心的问题。Z市专门出台农村改厕专项资金管理办法，村民改建一个旱厕可享受省、市、县三级补贴。各镇、村根据财力状况也制定了相应的扶持奖励政策。"改造一间水冲厕所，基本不用农民群众自己花钱。"汪科长说。

"趁着政府包改厕，俺也给厕所来了个升级换代。"村民小钱翻新房子时买了瓷砖，贴了地面和内墙，还在厕所装配了淋浴设施，放上了洗衣机，加装了暖气片。"既干净又整洁，跟城里的一个样。"

化粪池总有满的时候，大约多久淘一次呢？"配置1.5立方米大小的三格化粪池，差不多一年到一年半淘一次。"西江镇负责改厕的任副镇长说。三格化粪池，三格由连通管相连，第一格起到截留粪渣、沉淀虫卵和使粪液分层的作用，第二格继续发酵，经第三格储存发酵后，病菌和寄生虫卵基本被杀灭。

在任副镇长看来，农村改厕向洁净乡村建设迈出一大步，但更重要的是像淘粪这一系列的后续管护该怎样运营。

为了建立农村无害化卫生厕所后续管护长效机制，Z市以"十有"为标准，全面建立"有场所、有牌子、有车辆、有人员、有电话、有制度、有经费、有配件专柜、有活动记录、有粪液利用"的改厕管护服务组织，并坚持市场化、社会化运作，因地制宜选择管护模式，对改造后的厕所进行统一管理，定期统一收集、统一运输、统一无害化处理和资源化利用。

在后续管理资金保障方面，Z市按照政府补助引导、集体和社会资助、群众自筹相结合的原则，探索多方筹集机制。对长效管护运作较好的地方，安排专项资金给予适当奖补。对改厕后续管护组织购置设备，各级财政给予适当补助。市场财政还出资在49个乡镇建立农厕管护服务组织。各区县都建立了适合当地发展实际的管护组织。

为防止粪液粪渣随意倾倒造成二次环境污染，更好地开展资源化利用，Z市鼓励依托合作社或家庭农场注册成立清运公司进行改厕管护清运服务。"我们村子也成立了清运公司。"石书记说，"村里正在发展好几百亩的有机农业生态园，这粪液粪渣正好当有机肥使。""改厕后，整个村子不见粪水，蚊蝇少了，各家各户也干净了不少。"汪科长说。不过，这多年来形成的如厕习惯也不是一时半会儿能改掉的。一些旱厕虽改成水冲式厕所，但还有农民群众如厕后没有冲水习惯，有的如厕后厕纸随手扔，有的不能定期洗刷等。为此，Z市利用广播、电视、报刊、标语等多种形式，促进用上干净厕所的农民养成讲卫生的好习惯。

截至2017年10月底，Z市2500个应改村的37万户农户，全部完成改厕任务并顺利通过省级验收，比上级的要求提前一年半实现农村无害化卫生厕所全覆盖。

以上材料叙述了Z市农村改厕的情况。相邻的F市也将启动农村改厕工程，请借鉴Z市做法，写一份F市农村改厕工程的实施方案。

第十一章　总结类公文的写作

"枫桥经验"是怎样提出来的?

　　1963年5月,浙江省委组成工作队,在诸暨枫桥区开展社会主义教育运动的试点工作。在运动进入对敌斗争阶段时,浙江省委工作队针对公社干部主张对"四类分子"(即没有改造好的地主、富农、反革命分子和坏分子),进行"逮捕一批,批斗一遍,矛盾上交"的意见,提出组织他们学习中央关于对坏人坏事"必须以教育为主,以惩办为辅"的意见,引导他们敞开思想,展开辩论。在此基础上,工作队引导社、队干部统一了对敌斗争的方针政策的认识。公社以生产队为单位,由全体社员对"四类分子"进行"全面评审、重点斗争",根据他们的实际表现区别对待。最后,枫桥区没有逮捕一个人,就制服了有违法行为的"四类分子"。

　　时值公安部领导到浙江指导工作,发现枫桥区在社会主义教育运动中没有捕人,依靠群众用说理斗争制服"敌人"的经验,就向正在杭州的毛泽东作了汇报。毛泽东听了汇报后充分肯定,说:"这叫矛盾不上交,就地解决。"并指示各地要仿效推广。由此,一场轰轰烈烈的学习推广"枫桥经验"的热潮在全国展开。

　　之后,"枫桥经验"在推广应用中不断创新发展,积极探索和实践预防、化解社会矛盾,维护社会和谐稳定的新途径、新方法,不断赋予"枫桥经验"新的时代内涵和旺盛的生命力。"枫桥经验"成为全国政法战线的一面旗帜。[①]

　　人类社会发展到今天,事前有计划、事后有总结,这是社会活动的带规律性的要求。计划和总结这两类互相联系和彼此对应的文书,就是这一规律性活动作用的产物。通过总结,人们可以从平常肤浅的、零散的感悟性认识中归纳出规律性的结论,获得系统的、深刻的理性认识,从而在今后的工作中发扬优点,克服缺点,吸取经验教训,少走弯路,多出成果。所以,总结类文书的写作过程,既是对自身社会实践活动的回顾过程,又是人们思想认识提高的过程。它还可以作为先进经验,被上级推广开来,为其他单位所汲取、借鉴。

[①] 资料来源:学习强国浙江学习平台。

第一节 总结的写作

一、文种概说

（一）文种释义

总结的写作客体有公务与私务之分，前者属公务文书，后者属私务文书。这里主要探讨的是公务文书的总结。作为公务文书，**总结指的是各级各类机关对过去一段时间内的实践活动做出系统的回顾、归纳、分析、评价，从中总结经验教训并得出理性认识，用以指导今后工作的事务性文书。**

总结的本质就是将公务管理活动中的实践经验上升到理性认识。经验是人们在实践过程中直接接触客观外界而获得的对事物现象的初步认识，尽管它是一切知识的源头，但它毕竟只属于认识的感性阶段，还有待深化以上升到理性认识，表现为思想观点、理论、原理、原则等，从而深刻地揭示事物的本质和规律。总结就是将公务管理活动中的实践经验即感性认识上升到理性认识的工具或桥梁，帮助人们用获得的理性认识去指导未来的实践活动。由于经过科学总结得来的认识符合客观规律，因而它无疑能够指导实践活动，达到改造世界的目的。

（二）特征解析

实践性。总结是人们对工作实践的本质反映。总结的材料，来自工作实践本身，是从实践活动中提取出来的认识。总结中的观点和结论要实事求是，不要人为或任意拔高，更不能不切实际，讲大话、套话。

评价性。总结的中心内容写作主要放在对前期工作进行评价，找出前期工作中值得肯定的正确做法，并思考工作中出现问题、失误和偏差的重要原因和影响因素。只有通过这样的反思和评价，才能从过去的工作和学习中积累更多的经验，更好地开展以后的工作。

理论性。总结是人们对客观规律认识的反映，它不仅要陈述工作情况，更要上升到理性认识，揭示认识事物发展的规律。能否进行理性分析，指出事物发展的客观规律，是衡量一篇总结写得好坏的重要标准。

（三）类型划分

总结也有各种别称，如自查性质的评估、汇报、回顾、小结等都具有总结的性质。

根据内容、时间跨度、形式等，可划分出不同类型的总结，其类别跟计划的类别基本一致。

根据内容的不同，可以把总结分为工作总结、生产总结、学习总结、教学总结、会议总结等。

根据时间的不同，可以把总结分为月度总结、季度总结、年度总结、阶段性总结等。

按形式分，有综合总结、专题总结等。综合总结又称"全面总结"，它是对某一时期各项工作的全面回顾和检查，进而总结经验与教训。专题总结是对某项工作或某方面问题进行专项的总结，尤以总结推广成功经验为多见。

在实际的写作中，各类总结之间往往是可以交叉和同时使用的。因此，在写作中，尤其是涉及综合性、全面性的总结写作过程中，一定要明确重心、把握界限。

例如，《××大学1999年度工作总结》，按内容看，属于工作总结；按时间看，属于年度总结；按形式看，属于全面总结。在进行这类总结写作时，就需要兼顾所涉及类型总结各自的特点，灵活构思与写作。

（四）文种辨析

总结和计划是同一工作的两个方面。计划是在工作开始以前，预想未来，对将要开展的工作进行安排。总结是在工作结束以后，回顾过去，以计划为依据，对前期工作计划完成情况进行检验鉴定。总结是制订下一步工作计划的重要参考，目的是做好下一阶段的工作。计划是总结的依据，总结是计划执行的结果。没有计划的总结是空洞的，没有总结的计划是盲目的。总结和计划的关系十分密切，二者相互制约、相互促进。

二、写作指要

（一）例文导读

2006年上半年经济工作总结

2006年是××区的"社区建设年"，在区委、区政府的正确领导下，我办按照市、区经济发展的新思路，树立"大服务""大城管""大发展"观念，以经济建设为中心，大力推进城市社区建设，通过整合社区资源，发挥"三个主体"作用，促进属地经济与社会的协调发展。半年来，经过全办干部职工的共同努力，狮山经济工作取得了一定的成绩。

一、今年上半年的主要经济指标完成情况及分析

今年1—6月，实现国内生产总值4018万元，同比增长25.83%，完成年度预期目标任务的52.7%；实现工业总产值11889万元，同比增长81.6%；实现第三产业收入14592万元，同比增长87.5%；实现出口创汇234万美元，完成年度预期目标任务的26.35%；直接利用外资355.9万美元，完成年度预期目标任务的79.08%。

从上述各项经济指标的完成情况看，我办上半年的经济运行继续保持较快增长的态势，工业企业的经济整体效益上升，第三产业出现蓬勃发展生机，带动狮山经济的持续增长，实现了时间过半经济指标也完成过半的良好局面，为今后的经济发展奠定了良好的基础。

二、主要做法

取得以上的成绩，我们的主要做法如下：

（一）领导重视，认识到位。

在今年3月底××区招商引资工作会议和第一季度经济分析会议上，区领导都不同程度强调了经济工作的重要性，提出要千方百计把我区的经济工作搞上去。面对严峻的经济形势，我办党政班子清楚认识到只有紧跟区委、区政府的工作部署，调整抓经济工作的思路，改变方式方法，切实采取措施，才能尽快扭转经济工作的被动局面，才能确保全区经济的快速持续稳定发展。因此，我们及时摆正经济工作的位置，以主要精力抓经济，充分调动全办上下的积极性，形成了以经济建设为中心，广泛开展各项社区建设活动的良好氛围。

（二）狠抓招商引资。

我办站在谋全局的高度，积极响应"园镇互动"和"做实区、做强镇"的战略，将招商引资工作纳入重要议事日程，及时调整招商工作机构，充实招商引资工作人员，返聘已退休的原分管招商引资、具有丰富工作经验的张悦忠副主任，专抓招商引资工作，从而在组织、人员上确保了招商引资工作的正常开展。街道党政"一把手"主动拜会外商，大力宣传全市的发展规划、投资环境、引资政策、资源产业等情况，务必使外商投资项目在我区落户。在领导的带动下，我街招商办人员发扬顽强拼搏精神，积极参与粤台经贸会和粤港经贸会等省、市、区招商引资活动，采用"走出去"、"请进来"的方法，广泛与港、澳、台、内地客商接洽，千方百计争取外商投资，对项目全力跟踪落实，全程服务办理，充分做好"留商培商"工作。1—6月，成功引进了三家外资企业，投资总额为355.9万美元。

（三）以小区物业市场化运作为契机，发展城市经济。

狮山辖区地处老城区，属地多为行政事业单位，经济资源相当匮乏，尤其是没有大型工业企业。但是，狮山作为政治、文化中心所在地，也有它的优势，如环境、科教、文化等方面，第三产业的发展空间还很大。近期，狮山街道南香社区物业管理通过招投标，已成功推向了市场。

三、存在问题

从1—6月的各项指标构成，以及对具体企业的调查分析看，我办对经济形势不能盲目乐观。存在的问题主要如下：

（一）上规模的企业发展不理想。三家企业中，有两家分别是制衣、纸制品生产的传统工业，科技含量不高，上半年的产值均呈不同程度的下降趋势。上规模的企业太少，已使我办的主要经济指标产生出容易波动的特性。

（二）新引进的项目没有达到预期的产出目标，新的经济增长点不足。

（三）由于各种原因，企业多数工人不愿参保，并牵涉到劳资纠纷，使我办完成其他相关任务指标的难度增加。

四、当前要突出抓好的几项工作

（一）目标指标有人落实，工作绩效与考核挂钩。当前，我区在经济方面出台了一系列行之有效的政策和措施，建立了相应的奖惩考核机制，引导各镇、街道用新的方式方法发展经济。我们一定要乘这股东风，在搞好城市管理的同时，突出经济工作"重中之重"的地位，调整充实抓经济工作的人员，保证做到指标有人跟踪落实，服务工作有人抓办。并根据我办实际,制定必要的、可操作性强的奖惩措施,把经济发展预期目标的完成情况与党政领导、各部门的年度考核挂钩,建立经济增长目标责任制,实行经济工作的动态管理,确保将今年下半年的经济增长任务落到实处。

(二)发挥资源优势,拓宽第三产业的发展。我办辖区地处城市中心地带,优势资源在于城市商业功能的发挥。因此,我们要抓住各种有利时机,利用城市资源发展各类第三产业。如结合城中旧村改造,引导其向商业街区发展,壮大属地经济。

(三)扶持重点企业,促其加快发展。要组织力量深入企业,及时了解和掌握企业完成生产经营的情况,利用各种条件扶持重点企业的发展。特别对××电子有限公司这种产值、创汇、纳税大户,希望通过市、区、街联动协调,解决其在生产经营过程中出现的调配费、社会保险费的缴纳等问题,并提供更多的贴身服务。

(四)利用市、区功能区的条件,以今年下半年航展为契机,加大招商引资的力度,尤其注重对区外资金的引进跟踪。

(五)当前,区正在酝酿对街道的财税分配管理办法,我办要在配合辖区税源调查研究的基础上,提出我们的合理要求,力争做到经济资源的合理配置,充分发挥街道发展经济的积极性,推动辖区经济快速发展。

××区狮山办
二〇〇六年八月十一日

阅读与讨论:
(1) 文章的开头部分主要写了什么内容?
(2) 文章主体由哪几部分组成?重点阐释的是哪几部分?是否合理?
(3) "今年上半年的主要经济指标完成情况及分析"这个小标题恰当吗?
(4) 存在的问题和以后要抓好的工作是否需要对应?
(5) 撰写总结需要以计划作为依据,在本文中是否有所体现?

实行"三化"提高工作质量

办公室工作的被动性、从属性、事务性和服务性特点,常常导致办公室在忙、乱、杂中运转。如何从被动中求得主动,提高办事效率、办公质量?现将我们××石化总厂储运公司的一些做法介绍出来,以期抛砖引玉。

我们采取"抓住重点,带动一般"的办法,在重点项目上建立健全工作程序、标准和制度,实现工作程序化、标准化和制度化,从被动中求主动。具体来说就是:抓住文件、会议、小车管理和接待协调三大项目,带动其他日常工作,对各项工作都要求绘出程序图,制定出制度和标准,在规定目标的同时,也规定达到目标的方法。

首先,确立规范。我们根据三个重点项目各自的特点,绘制了《经理办公程序》《行政会议组织程序》《公文审稿工作程序》《客人接待工作程序》《小车安排工作程序》等24个工作程序图,制定和完善了《草拟公文工作标准》《秘书日常工作标准》《文稿修改工作标准》《复印文件工作标准》等12个工作标准和《关于复印文件暂行规定》《关于保密工作的暂行规定》《关于印信使用的暂行规定》等 8 项工作制度，使各项工作有程序、标准和制度可依。

其次，严格执行。例如，我们要求在办文中严把"四关"，即：一把拟办单位关，要求拟办单位草拟文件时不草率；二把文字关，即看是否要行文和以什么形式行文，是否符合党和国家的政策法规，文字表述是否准确、简练、通顺，涉及几个部门时是否协商一致，和本单位前后文件是否有矛盾，体例格式是否规范；三把打字、校对、印刷、装订、分发关；四把文件发出后的催办关。通过严把"四关"，使文件的草拟、审核、审批、打印、校对、印刷、装订、分发与催办形成一条龙，从而保证了文件整体质量的提高。

最后，确保质量。在提高会议质量时，我们根据所规定的工作程序、标准和制度，主要抓了会前的准备工作、会中的记录和提醒、会后的记录整理以及有关事项的催办和反馈四个环节。会前填写会议议题单，会后下发会议决定通知单或会议纪要，严格控制会议，认真整顿会风，提高了会议质量。

经过几年的实践，我们体会到，实行工作程序化、标准化和制度化，可以使复杂的工作条理化、规范化和责任化，使每个人都明确自己的责任和权限，达到了用时少、效率高的目的。

阅读与讨论：

（1）为什么说本文属于总结？
（2）本文总结的是什么工作？在工作中提炼出怎样的经验？
（3）本文是如何具体说明工作经验的？
（4）本文的写法和上文相比有什么不同，为什么这样写？

（二）结构模式

1. 标题

标题的写作一般有三种方式：

（1）公文式标题。这是最常见的标题写作方式，一般由单位名称、时间、主要内容、文种组成。

如《××市财政局 1999 年工作总结》《××厂 2000 年上半年工作总结》《××局 2006 年度拥军优属工作总结》。这是"完整式"标题。综合性总结一般都采用这种形式的标题。

总结标题中也可以不出现单位名称，如《创先争优活动总结》《1999 年教学工作总结》。

（2）文章式标题。以单行标题概括主要内容或基本观点，不出现总结字样，但对总结内容有提示作用。

可以采用主题式，如《建设企业文化是加强和改进企业思想政治工作的必由之路》《技术改造是振兴企业之路》。

也可以采用问题式，如《我们是怎样在市场经济条件下坚持党管干部的》《我们是如何实行教学与科研相结合的》。专题性总结一般都采用这种形式的标题。

(3) 正副双标题。正标题点明文章的主旨或重心，副标题具体说明文章的内容和文种。如《构建农民进入市场的新机制——运城麦棉产区发展农村经济的实践与总结》《加强医德修养　树立医疗新风——南方医院惠侨科精神文明建设的经验》等。

使用文章式标题和正副双标题，以突出的成绩、主要的经验、明确的努力方向等内容来确定总结的题目，对总结主题的凸显可以起到画龙点睛的效果。

2. 开头

总结的开头一般采取高度概括的写法。首先，概述基本情况，包括单位名称、工作性质、主要任务、时代背景、指导思想；其次，阐释总结的目的、主要内容提示，也可交代总结主旨并做出基本评价等。

工作经验类的总结，开头一般概述单位基本情况，简要、突出地介绍所取得的成就和荣誉。或概括所取得的工作成绩，或对工作进行总体评价，或提炼工作的基本经验。

总结的开头部分被人称为"总结中的总结"，一定要通过写明上述相关内容，清晰地勾勒出工作的全貌，要把最重要、最有价值、最能体现工作成效的内容放到总结的开头，也要注意简明扼要，开宗明义，文字不可过多。

3. 主体部分

这是总结的核心部分，篇幅大、内容多，包括主要工作内容概述、成效和做法、经验和体会、问题和教训、今后打算等方面。

(1) 工作内容概述

工作内容包括工作范围、工作时段、工作进程和取得的成绩等。这部分要客观地通过适当的归纳和概括来叙述，并可用一些基本事例、数据来说明。

概述内容应当考虑周全，突出重点。总结所要反映的是全局工作或某项工作的全貌，所以，在内容安排上要考虑到方方面面，全局工作不能遗漏某个方面，单项工作不能遗漏某个环节。同时，又要分清主次轻重，抓住重点，突出工作的核心内容和关键环节。

(2) 成效和做法

这是工作总结最重要的部分。可将成效与做法分开来写，各自独立成为一部分；也可结合起来，根据若干问题，分别构成"成效+做法"的形式。如"狠抓训练质量，提高了业务水平"，就是将二者结合起来写的例子。

在写作本部分的时候，一般采取观点加阐释的写法，即用小标题或者主旨句亮明观点，再结合工作的具体情况进行阐释和说明。

成效型观点常用"提高、改善、增强、改变"等特定的"成效特性词"和"完成"时态体现出效果，如"加强政治学习，提高了员工的思想觉悟"。有时也用结构助词"得"来表示完成时态，如"教学管理抓得扎实有效"；或者用动宾倒装形式，如"干部知识结构改善，业务素质增强"。

结合工作的具体情况阐释观点的方法有多种：可以采用事例说明法，写出能够标志成果的重大典型事例，如：圆满完成了哪些重大任务，涌现出了哪些突出的先进事迹；也可以用面貌描述法，通过描述一个单位出现的崭新风貌来展示工作成果；还可以用数据引证法，通过有说服力的数据统计，证实工作的新进步；当然也可以采用前后比较的对比衬托法，反映工作水平的新提高、单位面貌的新变化。

(3) 经验和体会

经验和体会是工作总结中理性思考的部分。此处所指的经验因其具有的个别性，反映的还不是事物的本质和规律，但由于它是建立在事实基础上的反思，是对取得成绩原因的深入探寻，所以，它是理性认识的桥梁和中介。

总结的说理性主要体现在对经验的提炼中，要求对所做的工作进行认真分析研究，透过现象看本质，通过一定深度的理论概括，得出正确结论。经验的写作不是靠逻辑推理来说理，而是靠事实说理，根据事实得出结论。所以，总结中的经验不能只是"观点+例子"，要善于从工作材料中提炼出观点，通过对事实的深刻分析，尤其是分析对成绩起重要作用的因素，形成相关的经验。

总结出的经验要放眼全局，要把本单位的事放在一个大范围内思考，从中概括出对全局具有指导意义的经验。同时，着眼未来。也就是说，不仅要告诉人们"过去怎么做"，而且要启迪人们"今后怎么做"。

(4) 问题和教训

事物总是一分为二的，再先进的单位和个人也会有不足之处。实践证明，只有深刻揭露问题的工作总结，才有益于抓好今后的工作。

撰写总结要学会找准问题的方法：一是同先进单位作比较。以上级的要求为镜子，在高标准、严要求中找差距。二是从问题的萌芽状态找影响。要善于抓住问题出现的苗头，预见对全局产生的影响。三是对照计划找。查找计划中哪些任务没有完成，为什么没有完成，找出问题的症结所在。四是从领导的批评中找。对领导在不同场合下的批评，要高度重视，看哪些已经改正，哪些还没有改正，对工作带来什么不良影响。五是从对单位的不利影响中找。尤其要揭示没做好的工作、没有完成工作的缘由、有待解决的问题。

查找问题重在寻根。要求问题要抓准，原因要找对。

(5) 今后打算

总结过去，目的是开辟未来。今后要怎么做，努力方向就像指路明灯一样，引导人们心往一处想、劲往一处使。

提出今后的打算：一是用总体思路谋划工作。要善于从本单位领导意图和实际出发，找准自身的结合点，提出工作思路。二是围绕解决问题，拿出具体措施。总结中既然点明了存在问题，就应围绕单位建设中存在的这些突出矛盾和问题拿出针对性、指导性、操作性强的措施办法。三是根据新情况、新任务、新问题，提出总要求。

在不同的工作总结中，以上五方面的内容，各占多大比重，应当突出什么、少讲或不讲什么，要根据受文对象、写作目的和工作实际情况来决定。如果总结的受文对象是上级，目的是汇报一个时段的工作，写作重点就要放在写清工作的基本情况、主要做法和存在问题上，不宜用大量篇幅去讲工作经验；如果是为下级指导工作，则应着重讲清工作的经验教训和今后任务；如果是根据上级和其他有关方面的要求，专门用于某项工作的经验交流，则应突出根据成果而分析归纳的工作经验。

4. 结尾

结尾宜简短利索。作为总结的结束语，在总结经验教训的基础上，应与开头相照应，呼应主旨。可指出今后努力的方向，争取更大的成绩；也可制定后期任务和措施，提出改进意见；还可展望前景，表明决心、信心等。结尾篇幅不宜过长，要富有张力，简短明了。

三、写作策略

（一）依据相关的计划写总结

总结与计划都是各单位做好工作的重要环节，是对同一行为的两种认识和管理手段，二者之间有着密切的联系。因此，在写总结的时候，要以相关的计划作为依据。总结认定成绩的过程，就是检验计划所提出来的目标任务是否完成的过程。只有达到或超过了目标任务的规定，才能认定其为成绩，否则就是工作中的不足。此外，还要对照计划，反思所设计的程序是否合理，提出的要求是否恰当，措施是否得力，方法是否可行，程序和要求做了哪些调整，措施和方法有哪些创造，这些调整和创造的动因、依据是什么。这些反思，是总结的理论概括基础，是总结写作的重要环节。

（二）提炼观点，揭示规律

一篇好的总结，应把形成观点、探索规律放在重要位置。如果总结只是对事实的回顾，不探索规律、提炼观点，那是"总"而不"结"。总结的本质是分析，要围绕工作的中心与重点，透过现象看本质。总结首先要抓住在整个工作中起决定作用的步骤和方法，或具有典型意义的事例，或能体现事物发展趋势的新东西，并对这些材料进行分类整理，分清结果与原因；然后，深入分析，如真相与假象、必然与偶然、次要与主要、现象与本质、内因与外因、局部与全部等；最后，提纲挈领，用准确而精练的语言，把对规律的认识固定下来、表达出来。

（三）坚持实事求是的原则

总结写作的过程中，一定要充分占有材料，坚持实事求是、一切从实际出发。这样才能有益于现在，有益于将来。成绩不夸大，缺点不缩小，更不能弄虚作假。夸大成绩，报喜不报忧，违反了写作总结的目的。

（四）叙议得当，突出重点

以叙述为主，叙议结合。一般在交代工作的过程、列举典型事例时，以叙述为主；在分析经验教训、指明努力方向时，则多发议论。还要注意写好重点经验。

思考与练习

（一）选择题

1. 下列说法中表述错误的一项是（　　）。

A. 总结是对以往的工作、学习等实践活动进行回顾，归纳经验和教训，指导实践的文书

B. 总结和计划有着不可分割的联系，它们都是以实践为基础，以指导实践为最终目的

C. 总结与经验调查颇为相近，但前者叙述成分多，更加具体，后者更有概括性和理性

D. 观点和材料统一、叙述和议论结合、综述和分说交替是写总结必须注意的基本要求

2. 下列关于总结分类的说法中表述正确的一项是（　　）。

A. 按性质可以分为全面总结和专题总结

B. 按内容可以分为生产工作总结、学习活动总结、会议总结

C. 按篇幅可以分为个人总结、班组总结、单位总结、地区性总结、全国性总结

D. 按时间可以分为月度总结、年度总结、跨年度总结

3. 下列表述不符合总结特点的一项是（　　）。

A. 总结要突出成绩，对存在的问题要慎重对待、能省则省

B. 写总结要坚持实事求是的原则

C. 为了说明问题，总结可以引用事例、数据、典故

D. 所有的总结都具有回顾性

4. （多选题）下列有关总结标题的表述中正确的两项是（　　）。

A. 直接标明单位名称、时间、内容、文种的标题是间接性标题

B. 有的标题可以不写文种，如《我市道路建设存在的问题》

C. 双行式标题由引题和正题组成

D. 双行式标题中的正题高度概括点明总结的主要内容

参考答案：1. C　2. A　3. A　4. CD

（二）填充题

阅读下文总结的节选部分，在横线上填写恰当的小标题，尽量做到整齐匀称。

2022 年共青团××县委工作总结

2022 年，共青团××县委员会深入贯彻落实党的十九届历次全会和党的二十大精神，认真学习领会习近平总书记在建团 100 周年大会上的重要讲话、重要指示，紧紧围绕共青团××市第十四次代表大会和县委十六届二次、三次全会确定的各项目标任务，

团结带领全县各级共青团组织和广大青少年在"奋进××"中挥洒青春汗水，在"奉献××"建设中谱写青春华章。先后荣获省级2022年度开展"传承红色基因，争做新时代好队员"主题教育活动优秀单位、2022年度××省加强共青团宣传阵地建设工作先进县称号，全县共青团各项事业迈出了新步伐，取得了新成效。

一、以政治引领筑牢青年信仰之基

（一）＿＿＿＿＿＿＿＿＿＿

围绕喜迎党的二十大胜利召开、庆祝建团100周年等重大活动，组织全县各基层团组织和各行各业青年代表、少先队员，集中收听收看党的二十大开幕会、庆祝中国共产主义青年团成立100周年大会以及主题云团课、主题云队课。成立党的二十大精神学习宣讲团，推动常态化的"青年大学习"进企业、进社区、进学校、进机关、进农村。组织开展的"喜迎二十大，永远跟党走，奋进新征程"系列主题教育实践学习活动，入选2022年××好网民工程重点项目。

（二）＿＿＿＿＿＿＿＿＿＿

持续推进党史学习教育，开展书画展等主题实践教育活动20余场次，指导创建××传统文化教育基地、××校外活动实践基地、2个县级少先队校外实践教育营地（基地）。开展"喜迎二十大，争做好队员""童心颂祖国，筑梦向未来""小小石榴籽，殷殷中华情"书信手拉手等主题教育实践活动20余场，以及其他主题团、队日活动30余场次。

（三）＿＿＿＿＿＿＿＿＿＿

从严从实指导各基层团支部贯彻落实"三会两制一课"制度，按要求扎实开展团支部对标定级、组织生活会。以"五四"、"六一"、建队节等重要节日为契机，要求各基层团组织、学校少工委广泛开展"喜迎二十大，永远跟党走，奋进新征程"、庆"六一"文艺会演、"红领巾爱学习"等丰富多彩的共青团和少先队的组织活动。

（四）＿＿＿＿＿＿＿＿＿＿

持续发挥先进模范的激励作用和示范引领作用，选树"全国优秀共青团员"1人，创建市级"青年文明号"2家，推荐表彰市级青年突击手2人，表彰省、市、县级"两红两优"先进集体15个、先进个人42名，推荐2人参评××市"十佳青年创业人才"、2人参评"××青年五四奖章"，推荐市级青年岗位能手3名、"××好青年"5名。在全县青年干部群众中营造出争先创优的良好氛围。

（下略）

（三）写作练习

进入大学意味着进入了多种不同的群体或者集体之中，请代表你所在的班级、社团、寝室或者任一其他团体，写一份2012年度工作总结（也可写个人总结），字数1000字左右。

第二节　经验材料的写作

一、文种概说

（一）文种释义

所谓经验，顾名思义，就是亲身经历体验而获得的信息知识或实践技能。这种通过感觉器官获得的一般是关于客观事物的现象和外部联系的认识。实践是检验真理的唯一标准，经验一般来自认识主体的亲身实践。根据产生的途径和方式，经验可分为直接经验和间接经验，间接经验来自直接经验。经验是经过成功验证的，而失败的经验则是教训。

经验材料，也可称为"典型经验材料"，属于总结范畴，一般是指国家党政机关部门、社会群体、企事业单位等，为及时归纳、交流和推广先进或成功经验，反映社会发展和生产活动规律，介绍传播先进性认识和知识而写作的总结性应用文书。

经验材料适用范围广泛、使用频率很高。它可以用于会议发言、研究分析、沟通汇报、普及推广等多种情况。

（二）特征解析

1. **典型性**。经验材料所反映的内容必须在同类事物中具有代表性，能够很好地反映事物的本质，能够深入揭示事物的规律。经验材料的代表性和典型性是其生命力之所在。

2. **新闻性**。新闻报道中有一类新闻称为"典型新闻"，就是对某一部门或某一单位的典型经验或成功做法的集中报道。同时，经验材料不只在机关单位内部传阅交流，也常常借助报纸、广播、电视等大众媒体进行广泛的传播，以使该经验在更大范围内产生良好的影响。

3. **借鉴性**。撰写经验材料的主要目的不是向上级机关汇报工作，也不只是在本单位内部产生指导作用，先进的、成功的经验材料还应该对其他的单位和部门具有良好的推广价值和学习借鉴作用。

（三）类型划分

经验材料按内容可分为综合性经验材料和专题性经验材料，前者如《××公司2019年度工作经验材料》等，后者如《全国煤炭行业节能减排工作经验材料》等。

经验材料按用途可分为汇报总结性经验材料和宣传推广性经验材料，前者如《××省高校就业工作经验材料（2018年度）》等，后者如《××地区试种双季稻经验材料汇编》等。

经验材料按时间可分为阶段性过程经验材料和最终性终端经验材料，前者如《党员先进性教育活动第一阶段典型经验材料》等，后者如《全市婚育新风进万家活动经验材料》等。

(四) 文种辨析

1. 经验材料和总结

经验材料是一种特殊的总结。从写作内容上看，它重在深刻、凝练地总结经验和成绩，不反映存在的问题和教训。从写作缘起来看，经验材料是为了宣传表彰、普及推广的特殊需要，而总结一般是根据计划进展对工作定期做出的归纳和汇总；从行文对象来看，经验材料一般用于相关行业、部门交流推广，而总结则是供个人归纳落实参考和上级部门检查评比依据。

2. 经验材料和事迹材料

经验材料和事迹材料都具有先进性和典型性。经验材料一般是先进成功的典型经验的总结，重在介绍经验，总结规律，突出"怎么做"；而事迹材料重在反映情况，描述事件经过，突出"做了什么"。经验材料要高度凝练、言简意赅地指出具有宣传推广价值的普适性做法，而事迹材料需要围绕人物，把整个典型事迹过程及其影响和价值等反映出来。

二、写作指要

经验材料写作可用第一人称，反映"我""我们"的经验；也可用第三人称，总结"他""他们"的经验。在具体写作过程中，既要知其然，又要知其所以然；既要反映"是什么"，更要突出"为什么"，这才能够实现经验材料写作的目的。一般而言，成绩和经验来之不易、弥足珍贵，是很多人长时间实践检验得出的规律性认识，值得总结、提炼和推广，具有重要的指导作用，因此，很有必要写好经验材料，使人们通过借鉴典型经验，多快好省地开展好相关工作。

(一) 例文导读

厦门市多措并举做好儿童青少年近视综合防控工作

厦门市认真学习贯彻习近平总书记关于学生近视问题的重要指示批示精神，落实教育部等八部门《综合防控儿童青少年近视实施方案》和福建省《综合防控儿童青少年近视行动方案》，建立防控机制，落实防控措施，抓好宣传培训，改善软硬件环境，多措并举做好儿童青少年近视综合防控工作，保障儿童青少年健康成长。

构建综合防控机制。结合厦门实际，细化儿童青少年近视综合防控工作具体要求，从加强视力健康管理、减轻学业负担、改进考试评价、强化体育锻炼、控制电子产品使用、改善教室视觉环境、养成良好用眼习惯、开展视力监测等多个方面统筹推进。各区教育局设立"近视综合防控领导小组"，结合实际制定本地近视综合防控方案，将学生视力保护工作纳入学校管理、教师管理和班级管理工作内容，将近视防控知识融入课堂教学、校园文化、学生日常行为规范，形成政府、部门、学校齐抓共管，教师、学生、家长人人重视的近视综合防控格局。

加强科学用眼宣传。要求中小学校开齐健康教育课程，向学生讲授保护视力的意义和方法，提高学生主动保护视力的意识和能力。每学年通过课堂教学、专题讲座、家长学校等方式，至少开展一次保护视力健康教育。在10月10日"世界爱眼日"，市教育局联合市卫生健康委举办"爱眼护眼始于心，科学用眼践于行"主题活动，向学生讲授"关爱视力，保护双眼"知识，邀请专业医师向学生普及选择眼镜知识，开展"爱眼护眼"系列游戏活动，以互动的方式丰富学生护眼知识。

落实视力监测制度。严格落实学生健康体检制度和每学期1次视力监测制度，对新发现有视力问题的学生，及时告知家长带到眼科医疗机构检查。建立学生视力健康电子档案，确保一人一档，对视力下降的学生逐个查明原因，落实防治措施，进行分级管理。按需升级检测仪器，并定期跟踪监测学生的视力变化情况，做好学生视力不良检出率、新发率等的报告和统计分析。发挥"鹭岛校园智慧健康"微信公众号作用，提供随时查询历次视力检查结果服务，便于学校和家长及时采取防控和治疗措施。

改善教学设施条件。严格按照建设标准，落实教室、宿舍、图书馆（阅览室）等场所的采光和照明要求，为学生提供符合用眼卫生要求的学习环境。确保教室前排课桌前缘与黑板间距2米以上，配备符合标准的可调节课桌椅和坐姿矫正器，要求中小学新购大屏幕显示设备应具备健康护眼、防蓝光功能。教育教学按实际需要合理使用电子产品，教学和布置作业不依赖电子产品，使用电子产品开展教学时长原则上不超过总时长的30%，提倡采用纸质作业，严禁学生将个人手机、平板电脑等电子产品带入课堂。

培养体育锻炼习惯。加强体育课和课外锻炼，确保中小学生在校时每天1小时以上体育活动时间。全面实施寒暑假学生体育家庭作业制度，并督促检查学生完成情况。严禁对学前儿童进行"小学化"教学，保证儿童每天2小时以上户外活动时间，寄宿制幼儿园不得少于3小时，其中体育活动时间不少于1小时。按照国家课程方案和课程标准，严格要求中小学校不随意增减课时、改变难度、调整进度，切实做到"零起点"教学。要求教师科学布置作业，小学一、二年级不布置书面家庭作业，其他年级书面家庭作业完成时间不得超过60分钟，初中不得超过90分钟，高中阶段合理安排作业时间，切实减轻学业负担，保证学生课外参加体育活动时间。

阅读与讨论：
（1）经验材料写作要求主题鲜明而集中，结合本文，分析是如何实现这一要求的。
（2）根据此篇经验材料的主题和内容，你认为《厦门市多措并举做好儿童青少年近视综合防控工作》这个标题是否合适。如果采用双标题形式，你能否为此文草拟一个？
（3）此文导语写了哪些内容？导语和主体部分有什么联系？
（4）这篇经验材料的主体部分突出了哪些典型经验？这些经验是否具有推广价值？

（二）结构模式

经验材料在结构上一般分为标题、导语和主体三部分，有的还有结尾。

标题可分为单标题和双标题。单标题又可分为概述式、对偶式、提问式等。概述式标题主要概括材料主题，如《广泛发动群众做好卫生防疫工作》；对偶式标题采用大致对偶的整饬语句揭示主题，如《投身教育无怨无悔　春风化雨培育英才》；提问式标题是用问句引导读者关注主题，如《穷山恶水怎么变成金山银山的》。双标题采用主标题和副标题相结合的形式。一般而言，主标题务虚揭示主题，副标题务实介绍经验，如《"老大难"变成了"宝贝蛋"——××地区乡村企业实现市场衔接和产业升级的成功探索》。由于双标题的主题内涵相对比较丰富，揭示问题比较全面，形式又显得庄重严谨，因此，很多单位在推荐、呈报、转发经验材料时大多选择使用双标题。

导语部分是在有限字数内比较全面概括经验材料的主要内容，有助于阅读者快速把握主题。其内容主要包括三方面：一是材料反映的人员或者单位；二是主要的做法和成绩；三是所获得的主要经验体会。

主体部分是对导语的展开和深化，具体介绍先进做法、成绩和经验，以及感受体会等。主体写作要做到重点突出和条理清晰，因为经验材料重在突出先进、成功的做法，不需要面面俱到，因此，要根据一定的逻辑顺序，分条款有序介绍相关经验，在有理有据的基础上，既有具体做法的概括性介绍，又有规律性认识的揭示和理论层面的提升，由表及里、由现象到本质地对经验进行总结。必要时候，需要通过数据、图表等说明问题。

主体部分的逻辑结构可以采用横式的，如按问题的性质从几个侧面和角度来说明，相互之间为并列关系；也可以采用纵式结构，按照事物发展过程来叙述，几个观点或做法既互相联系，又逐步深入，相互之间为递进关系。无论采用何种结构形式，具体到每个问题或做法，一般都由"怎么做的""效果如何""经验是什么"三方面要素构成。

此外，经验材料也可以有结尾。一般而言，结尾是对典型经验的概括和深化，起到强调的作用。结尾不宜太长，具体写法上或从正反两方面对经验进行辩证分析，拓展经验的适用范围和空间；或归纳感受体会，启发引导别人借鉴采用典型经验；或展望下一步的工作前景，以及进一步推广经验、取得更大成绩的愿望和决心等。

三、写作策略

一篇经验，从内容上看，离不开经验观点、经验解说、经验实例这三个要素。其中，经验观点是"灵魂"和"统率"；经验解说是对经验观点的诠释，是连接经验观点和经验实例的"桥梁"；经验实例是"证据"，对经验观点起证实作用。写作经验材料，就要从这三个要素上下功夫。

（一）注重指导意义，提炼好经验观点

在确定经验观点时，要着重看它有没有指导意义。撰写一篇经验材料，先要弄清它同类的单位或个人在这个问题上的共性要求和存在的问题，再去了解采写对象如何有针对性地回答了相关问题。有指导意义的经验，一定能够紧扣时代脉搏，具有个性特征和推广价值。

如何提炼经验观点？就经验观点的提炼而言，其思维方向主要有三个方面：一是提炼一种做法。做法是经验型典型材料写作的重点。推出一些操作性强的工作方法，是增强典型经验指导性的重要手段。提炼做法要注意与成效和体会相结合，使做法有支撑点。二是提炼一种作风。从经验中提炼出工作作风，让人们学到工作方法，并透过工作方法，学习一种良好的工作作风，发挥长远的作用。如一篇经验材料中，总结出"身到心到，眼到手到，说到做到"的经验，揭示了相关对象深入实际、狠抓落实的良好作风。三是提炼一种精神。从典型经验所能体现的精神来概括经验观点，这是一种高层次的提炼，能起到鼓舞士气、激励人心、唤起大众、催人向上的作用，如"特别能吃苦，特别能战斗，特别能攻关，特别能奉献"的载人航天精神。

（二）注重理性分析，写好经验解说

对理性观点进行深入的理性分析，有助于读者准确恰当地理解经验观点的内涵。同时，可以结合经验解说，引出经验实例，从而起到承上启下的作用。

写作经验解说，可以从以下几个方面进行：一是从背景、依据上解说，说明开展工作的基本状况、采取措施的依据和原则；二是从缘由上解说，说明开展工作的原因和目的；三是从实施过程上解说，说明开展工作的步骤、措施和具体做法；四是从作用成效上解说，说明取得的成绩和达到的效果，证实经验观点的正确性。

（三）注重选材典型，写好经验实例

经验实例就是说明和证实经验观点的实际工作事例，以及有关工作成效的依据。在典型经验材料中，选择经验实例要注重典型性。一是选择重大的典型实例，突出时代特色。二是选择平时工作中具有代表性的实例，只是要注意恰当的叙述角度。

■ 思考与练习

2020年7月3日，中华人民共和国国家发展和改革委员会发布《国家发展改革委办公厅关于公布特色小镇典型经验和警示案例的通知》，提倡各地区要深入借鉴2019年推广的来自16个精品特色小镇的"第一轮全国特色小镇典型经验"。请根据以下材料，分门别类，自拟题目，写作一篇经验推广材料。

河南洛阳新材料及智能装备科创小镇健全制造业配套设施，建设检验检测认证中心、技术研发转化中心和智能标准厂房，吸引科研院所入驻建设研发中试基地，吸引多家高新企业入驻发展"绿色智造""工业上楼"。天津津南小站稻耕文化小镇健全旅游业配套设施，优化特色街区和游客服务中心，完善"小镇客厅"、练兵园和稻作馆等公共文化空间，每年举办稻米节和军事嘉年华等活动近300场。山东泰安泰山出版小镇健全出版印刷业配套设施，建设博物馆、会展中心、交易中心和展示中心"一馆三中心"，以及职业技术学院、实习基地、培训基地和创业基地"一院三基地"，吸引40多家企业入驻发展。

福建厦门集美汽车小镇将大中型客车制造定位为主导产业，建设国家级检测中心和产学研联合攻关平台，与吉林大学等高校深化技术人才合作，支持厦门金龙联合汽

车工业公司等龙头企业发展壮大，集聚100多家汽车零部件生产企业，每年创造约130亿元工业产值。浙江宁波膜幻动力小镇将光学膜及动力装备制造定位为主导产业，精准施策培育引进宁波长阳科技公司、比利时邦奇动力等龙头企业，创造近400项发明专利，形成从基膜到功能膜的完整产业链和进口替代。陕西西安大唐西市小镇将盛唐文化和丝路文化旅游定位为主导产业，依托唐长安西市原址进行再建，发展特色建筑、特色产品、特色演艺和特色餐饮，每年旅游收入达10多亿元。

四川成都温江"三医"研发小镇建立医学、医药、医疗融合发展机制，探索海关特殊监管区外的保税研发模式，试点医疗器械注册人制度，探索临床急需新药审评审批、外资医疗机构设立和境外医生执业，吸引62个研发项目落地，拥有在研医药和医疗器械800多种。湖南醴陵五彩陶瓷小镇创新便企政务服务模式，依托醴陵经济技术开发区平台，承接自然资源、生态环境、市场监管、税务等部门的100多项行政审批权限，努力提供便捷高效的"一站式"综合政务服务。

江苏南京未来网络小镇在发展网络通信产业基础上完善现代社区功能和生态功能，建设人才公寓和专家公寓，引进优质中小学、高校和医院，建成绿化面积100多万平方米。福建长乐东湖数字小镇在发展数字产业的基础上完善商业服务功能和旅游功能，健全各类商业服务设施，建设虚拟现实等前沿科技展馆，打造以海洋资源为依托的湿地公园，吸纳1万多人就业居住。重庆荣昌安陶小镇在发展陶瓷制造产业的基础上完善工业旅游功能，健全安富文化古街居民生活服务设施，建设安陶博物馆、陶艺展示场所和研学旅行基地，每年吸引游客达300多万人次。四川绵竹玫瑰小镇在发展芳香产业的基础上完善科技旅游功能，建成芳香科技研发转化中心、大马士革玫瑰基地和芳香产业链展示中心。

江苏常州石墨烯小镇以常州烯望建设发展公司为主要投资运营商，承担土地整理开发和公共设施建设，构建"创业苗圃—众创空间—孵化器—加速器—产业园"集成化的企业培育生态链，吸引100多家企业（含6家上市公司）入驻发展。山东日照奥林匹克水上运动小镇以日照文化旅游公司为主要投资运营商，承担资源整合、设施建设和运营管理，并依靠社会力量办体育，吸引20多家体育企业入驻发展，举办40多项省级以上赛事，每年承接2000多名专业运动员驻训。辽宁沈阳永安机床小镇健全产业服务平台和智能制造应用示范平台，吸引700多家数控机床及零部件生产企业入驻发展。

广东深圳坂田创投小镇建设国家级科技企业孵化器，设立创业投资引导基金，吸引中科软科技公司等70多家创新型企业入驻，每年贡献税收达20多亿元，带动约2万人就业。吉林辽源袜业小镇培育发展1200多家袜业企业，鼓励企业通过"创牌+贴牌"双向发力，帮助农民"不离家、不离乡、出门进工厂"，带动约3万人就业。河北清河羊绒小镇建设集电商孵化、研发设计、质量认证于一体的多功能孵化器，引进2000多家企业和个体工商户，带动约1万人就业。安徽芜湖殷港艺创小镇将旧厂房改造为文化艺术双创空间，将空心村改造为艺术家村，吸引100多家创业型企业入驻，带动约5000人就业。河北涞水京作家具小镇建设红木家具及文玩核桃集散中心，吸纳大量就业创业人员。

第三节 述职报告的写作

一、文种概说

(一) 文种释义

"述职"一词,最早见于《左传·昭公五年》:"朝聘有珪,亨眺有璋,小有述职,大有巡功。"《孟子·梁惠王下》中指诸侯向天子陈述职守情况:"诸侯朝于天子曰述职。述职者,述所职也。"现在,**述职报告是指各级各类机关、团体、企事业单位的工作人员,主要包括各级领导、管理干部和专业技术人员等,在接受职务考核、工作总结等时候,陈述、总结、评价自我任职期间德、能、勤、绩、廉等方面情况的应用文书。**

当前,我国很多部门和单位实行岗位责任制和聘任制,受聘者要定期汇报工作业绩。这是述职报告广泛使用的现实背景。述职报告是一种独具特色的文本体式,一般是机关部门负责人和管理干部向上级管理机构和内部员工回顾总结自己某一阶段工作情况,找出工作中存在的规律性经验和认识,以指导下一阶段实践的口述报告。其内容主要包括岗位职责履行情况、工作绩效和存在的问题以及下一步打算等。述职报告综合了报告、总结和讲话稿的部分特点。

述职报告的适用范围非常广泛。它是上级主管部门考核、评估、任免、使用干部的重要依据,也是述职者总结工作经验、改进工作、提高业务素质的途径,还是领导干部与群众之间沟通思想和交流工作的重要渠道。一般而言,在上级组织部门考核评估干部时,述职者陈述述职报告,具有接受考察、评估、审议监督以及争取上级工作指导的作用。这有利于上级全面细致地了解述职者任职情况和能力水平,有助于客观公正地评价干部,推动干部考察工作的制度化、规范化和科学化。同时,述职报告还是述职者进行自省、总结的一种形式,有助于其进一步明确职责和加强责任感,总结成功的经验和认清存在的不足,从而在实践中不断完善、提高自身的政治、业务素质等,实现自我超越。另外,领导干部定期述职也是政务公开的重要手段,可使群众了解干部履行岗位职责的情况,增加工作透明度,提高工作效率,有利于杜绝腐败。

(二) 特征解析

一是述职主体的法定性。所谓述职,即指担任一定职务者向特定对象陈述自己履行岗位责任的情况;不任此职者,则不存在述职。任何个人或集体都不得替代其他个人或集体进行述职。述职主体总是以第一人称的口吻,对自己的有关工作情况进行自我表述,而不是以第三者的角度检查、总结或评价他人的工作情况。

二是报告内容的规定性。述职报告的内容必须以其"职"为其所"述"的对象,即必须以自己对一定时段所在岗位的职责、目标的履行情况作为报告内容。岗位职责和目标是由国家、部门或单位统一制定的，它规定了每一岗位的职权范围和工作责任，因而述职报告的内容是既定的、明确的、可循的。述职报告是述职者实践活动的产物，具体体现在德、能、勤、绩、廉等诸方面的工作状况。

三是实用价值的鉴定性。述职报告既是上级主管部门考核鉴定的依据，又是群众民主评价的基础，最后的材料将作为述职人员升迁、留任、降职或调任等的重要凭据，而被纳入干部或专业技术人员的管理档案。

（三）类型划分

根据时间，可分为年度述职报告、任期述职报告、定期述职报告和不定期（临时）述职报告。

根据内容，可分为综合性述职报告、专题性述职报告和单项工作述职报告。

根据述职主体，可分为领导班子集体述职报告和个人述职报告。

根据表达形式，可分为口头述职报告和书面述职报告。

（四）文种辨析

述职报告称得上是一种特殊的总结，因此，它与总结在写作主体的人称、写作内容的结构等方面有诸多相似之处。但是，它与总结也有着明显的不同：

一是行文的目的不同。述职报告是上级主管领导、组织人事部门考察、培养、使用干部和人民群众评议监督干部的重要依据。述职有利于述职者展示成绩，查找不足，进一步明确职责、提高素质。工作总结则是通过对前一阶段工作的回顾，对已经做过的事情进行分析、研究和评价，目的在于总结经验教训，找到带有规律性的认识，用于指导和改进工作。

二是陈述的角度不同。工作总结陈述主要围绕"事"——工作情况，要全面总结工作的优劣得失；述职报告陈述主要围绕"人"——"我"的履职情况，突出自我的主观能动性。工作总结着眼于做了哪些工作，有哪些成绩，取得了哪些经验，存在哪些不足等；述职报告着眼于个人的履职情况：履行什么职责，履行职责的能力如何，是如何履行职责的，称职与否，等等。

三是内容的侧重点不同。工作总结一般以归纳工作事实、汇报工作成绩为主，重点在于汇总工作成果，体现工作实绩，重视过程性和全面性。而述职报告以汇报个人履职情况和反映个人的德、能、勤、绩、廉为主，重点展示履行职责、开展工作的理念、思路和能力，以及廉洁自律情况。其重点和范围有确定性，仅限于职责的范围之内，围绕职责精选材料，职责范围外的不涉及。

四是表达方式有所不同。总结不能停留在对表面现象的认识上，必须运用分析、归纳、综合等逻辑思维方法，把较零散的、肤浅的感性认识上升为理性认识。因此，在叙述的同时，还会用到议论的表达方式，最常见的是叙议结合的写法。而述职报告的主要表达方式是叙述、说明，叙述应当是概述式的，抓住事情的主要环节进行粗略、概括的叙说。述职不宜做过多的理论阐述，不宜用过多的篇幅来谈自己对本职工作的认识，有关职务、职责、岗位的重要性也不宜多写。

二、写作指要

写作述职报告的主要目的是呈现业绩,而业绩是评价述职者履行职守的主要标志。因此,述职报告写作要重点围绕述职者在任职期内按照岗位职责和目标的要求,做了哪些事情,完成了什么指标,取得了什么效益、成就和贡献,以及失误和教训等;要实事求是,既不能夸大其词,也不必过于谦虚;要有条理地概述工作实绩,并适当自评。述职者要注意身份和口吻,要放下官架子,以被考核、被评议、被监督的身份汇报,切不可盛气凌人、夸夸其谈。

(一)例文导读

2019 年度个人述职报告
××市规划和自然资源局党组副书记、局长×××

2019年,本人坚持以习近平新时代中国特色社会主义思想为指导,坚决落实生态发展理念,在省自然资源厅党组和市委、市政府的坚强领导下,严格履行党组副书记、局长工作职责,不忘初心、牢记使命,锐意进取、砥砺奋进,与全系统干部职工共同完成了各项目标任务。现就本人一年来履职及廉政情况报告如下:

一、强化学习,坚定信念,严格落实"一岗双责"

(一)以主题教育为契机,强化政治理论学习

坚决落实中央、省、市关于主题教育的决策部署,认真参加集中研讨和自学,通读了关于习近平新时代中国特色社会主义思想的重要读本,认真研读了党章、党规、党纪等党的重要理论书籍,跟进学习了党的十九届四中全会精神及习近平总书记在庆祝中华人民共和国成立70周年大会上的讲话等重要讲话精神。深刻领悟到习近平新时代中国特色社会主义思想的丰富内涵和精神实质,增强了贯彻落实的自觉性和坚定性,提高了运用党的创新理论指导实践、推动工作的能力。深刻领悟到中国特色社会主义制度是当代中国发展进步的根本保证,充分认识到想问题、做决策、抓落实,都要自觉与中国特色社会主义根本制度、基本制度、重要制度对标对表,在大是大非问题上有定力、有主见,始终沿着正确方向前进。深刻领悟到要以生态发展理念为指导,正确处理好保发展和保生态的辩证关系,在转变资源利用方式、提高资源利用效率上下更大功夫,把习近平生态文明思想和新发展理念贯穿自然资源工作全过程。

(二)以初心使命为中心,坚定理想信念

我始终牢记初心和使命,把不断增强"四个意识"、坚定"四个自信"、做到"两个维护"作为思想政治受洗礼的最根本落脚点。牢固树立了共产主义的远大理想,坚定了对党对人民忠诚的品质和无私无畏的勇气,增强了为理想的早日实现而付出持久努力的行动自觉。牢固树立了中国特色社会主义信念,严格贯彻落实党的基本理论、基本路线、基本方略,以严明的纪律去自觉约束自己的言行,知敬畏、存戒惧、守底线。牢固树立了为人民服务的思想,把以人民为中心的发展理念贯穿在各项工作中,

紧密结合自然资源工作实际，提高为民服务的主动性，全力解决好人民群众最关心、最直接、最现实的问题，不断提升人民群众对自然资源工作的满意度。

（三）以清正廉洁为表率，严格履行"一岗双责"

时刻坚持在思想上与党同心同德，在目标上与党同心同向，在任何时候都能把党纪国法高悬头顶，自省自律、慎独慎行。加强自我约束，保持清正廉洁的政治本色，积极践行"忠诚、干净、担当"要求，保持共产党人的政治本色。恪守清廉从政的底线，自觉接受监督和约束，坚决克服侥幸心理，时刻把个人言行举止置于纪律规定的约束之中。认真履行"一岗双责"，坚持依法行政，强化压力传导，优化流程、压缩时限、加强监管，以制度和队伍建设为抓手，促进党员干部增强法治观念和纪律意识，全局干部作风持续向好。

与此同时，我本人切实发挥廉洁自律表率作用，强化讲规矩守纪律意识，带头严格执行领导干部因公外出报备、请假销假制度，下基层调研轻车简从、不打招呼、不搞形式、力求实效。未发生过违反中央八项规定的行为，没有以个人或借他人名义经商、办企业，未出入过私人会所，也没有接受或持有私人会所会员卡。办公用房、公务用车、个人住房均符合规定要求。能够严格管理身边的工作人员和家属子女，并如实向组织报告个人重大事项。

二、强化服务，坚定履职，圆满完成各项任务

（一）发挥行业优势，助力脱贫攻坚

1. 有序推进，压实责任，促进节余指标交易。（具体工作内容略）
2. 退耕还林，造林管护，推进林业生态扶贫。（具体工作内容略）

（二）强化资源保障，服务转型发展

1. 提前介入，优化流程，加强土地供应。（具体工作内容略）
2. 积极服务，主动沟通，助力项目落地。（具体工作内容略）
3. 多措并举，提质增效，优化营商环境。（具体工作内容略）

（三）坚定履行职责，全面加强监管

1. 坚决防范化解重大风险。（具体工作内容略）
2. 严守耕地保护红线。（具体工作内容略）
3. 加大矿业权出让收益催缴工作力度。（具体工作内容略）
4. 加强地灾防治。（具体工作内容略）
5. 严厉打击自然资源违法行为。（具体工作内容略）

三、存在问题及下步工作计划

回顾一年的工作，尽管经过全系统党员干部的共同努力，各项工作任务圆满完成，但全市土地市场仍有待进一步规范。一是土地收储"难"。土地收储工作中，客观上存在因补偿要求过高、土地收储困难、资产债务纠纷复杂等问题，造成土地收储工作困难。二是低效闲置土地处置"难"，土地供应稀缺与"批而未用"处置困难的矛盾较为突出。三是土地交易秩序仍有待规范。尽管我局在市政府统一领导下，大力推进"两违"项目处置，但受监管执法难、违法成本低等影响，擅自改变土地用途、非法转让等现象仍时有发生，严重影响了规范有序的土地市场建设。

在今后的工作中，要持续推进"不忘初心、牢记使命"主题教育制度化，深入学习贯彻习近平总书记系列重要讲话精神，进一步坚定理想信念。高质量完成国土空间总体规划编制任务，统筹城乡规划管控；严格落实耕地保护责任，加强永久基本农田特殊保护；主动对接，积极介入，优化用地报批服务；规范一级市场，推进"净地出让"，切实提高土地利用效益；便民利民，提质增效，持续推进不动产登记规范化建设；科学规划，防保结合，切实做好林草资源管理工作；强化巡查，严格执法，严厉打击自然资源违法行为；深入开展高陡边坡治理，切实加强森林防火，全力抓好安全生产，坚决防范化解自然资源系统重大风险，全面履行自然资源工作职责。

阅读与讨论：

（1）述职报告写作要求结合自我岗位职责，突出工作实绩。这篇述职报告是从哪些方面述职的，又是如何突出自己工作业绩的？

（2）根据此篇述职报告的主题和内容，如果采用双标题形式，该如何在正标题中揭示主题？

（3）述职报告的内容有虚有实，这篇述职报告内容的"虚"和"实"是如何结合的？

（二）结构模型

述职报告中，"述职"是实质性主体内容，"报告"是外在的呈现形式。述职报告在结构上一般包括标题、称谓、正文、落款四部分。

标题格式有多种，可以直接用文种"述职报告"作为题目，还可以加上定语，如《×××的述职报告》《×××2019年述职报告》《××县文化局长任职期间述职报告》《×××在××会议上的述职报告》等。此外，还可以用正副双标题形式，如《狠抓质量，不忘初心，促进高等职业教育再上新台阶——在××职业技术学院教职工代表大会上的述职报告（2018—2019年度）》。正标题揭示主旨，副标题点明述职时段、文种等。

称谓分为对上和对下两种，对上的述职报告的称谓是上级主管部门，如"××市委组织部"。所谓下行的述职报告，一般是在本单位所做的定期或者例行的述职，要面向领导与本单位群众，可称呼"各位领导、同志们"等。称谓要基本涵盖所有参与述职报告会的人员。如在学校教代会上做的述职报告的称谓可为"尊敬的各位领导、来宾，全体教职工代表，全校教职工同志们，同学们"。

正文一般由引言、主体和结尾三部分组成，主要陈述"干什么""怎么干的""干得如何"等。引言概述述职者的基本情况，如现任职务、任职时间、具体工作等，并明确介绍岗位职责和工作目标。引言有助于听众全面了解述职者的身份和工作职责等。正文的主体部分主要写履行岗位职责和完成工作任务的情况。领导干部的工作实绩往往体现德、能、勤、绩、廉等多个方面，如对党的路线、方针、政策的贯彻执行情况，对岗位职责的履行情况，具体分管和上级交办临时工作完成情况等；还可以陈述自己在工作中进行的调查研究、规划决策、业绩成效等。此外，还应对自己的思想作风、工作方式和职业道德等有所交代。当然，不同行业和部门中不同职业和身份的人员，其述职报告主体内容会有不同的侧重点，所以，根据实际情况，要有所详略和取舍。

述职报告的结尾主要写存在的问题及其原因分析，提出改进的意见和措施。

落款包括述职人的职务、姓名和报告时间。若标题中已有署名，只写述职时间即可。

三、写作策略

（一）摆正角色，用对人称

要以第一人称形式陈述自己的工作，用"我"或"本人"的口吻，不能用第三人称和集体名义，切忌用单位总结代替个人述职。个人述职报告虽然难免要涉及单位工作或他人工作，但绝不可写成回顾整个单位或他人工作情况的工作总结、工作报告，特别是单位负责人，不要将单位的工作总结全盘照搬过来，或将分管部门的工作总结简单拼凑后作为自己的述职报告。要正确处理个人与集体、主观与客观的关系，始终站在述职者本人的角度，将自己在单位所任职务中扮演的角色、在开展某项工作中所承担的任务表述准确，精选足以显示工作业绩和能力水平的典型材料加以阐述，体现出个人的作用。

（二）实事求是，掌握分寸

述职要追求朴实无华，讲真话、讲实话、讲心里话，无论称职与否，都要坚持与事实相符的基本原则；无论功过是非，都要分清原因和责任。既不争功诿过，自吹自擂，掠人之美；也不必让功揽过，过于谦虚，隐己之善。叙述掌握分寸，评价讲究恰当，以获得听者或阅读者的认可。

（三）围绕职责，重点突出

述职报告要围绕岗位职责，讲清楚自己"干了什么""怎么干的""干得如何"。着重反映在自己的职权职责范围内进行的具有个人特色、个人优势的领导、决策和实践活动中，这是述职报告的写作重点，是述职报告的精华之所在，也是组织和群众对述职人进行评议的主要依据。切不可因担心遗漏了自己的工作业绩而面面俱到，以致重点不明、主次不分。

■ 思考与练习

述职报告的前身是工作总结或汇报等，后来逐渐形成具有自述性、自评性、报告性的独特体式。述职报告强调自我性（本人或者本单位），要用第一人称写作。表达方式上多用概括性叙述和具体准确的说明，必要时可用画龙点睛的议论突出主题。主要摆事实，辅之以讲道理。述职报告要对事实、数据、材料等进行归类整理和分析研究，找出带有普遍性的规律认识，从而对以后的工作产生指导作用。另外，述职报告要尽可能让所有听众都听懂，因此，语言表达应通俗易懂。

写作训练：请以某单位或部门负责人的身份，自拟题目，写作一篇任期述职报告，1000字左右。

第十二章　信息类公文的写作

历久弥新的"传家宝"：没有调查就没有发言权

1930年5月，在闽粤赣三省交界处的寻乌县，毛泽东同志进行了一次深入系统的社会经济调查，写下著名的《寻乌调查》，在此基础上又撰写了《反对本本主义》一文，首次提出"没有调查，没有发言权"的著名论断。你对于某个问题没有调查，就停止你对于某个问题的发言权。在《反对本本主义》一文的开篇，毛泽东同志一针见血地提出对这一问题的观点。在他看来，没有对问题的现实和历史情况的调查，对于问题的发言肯定是瞎说一顿。

对于调查研究，毛泽东同志曾做了一个形象的比喻：调查是"十月怀胎"，解决问题就是"一朝分娩"。毛泽东同志认为，一切结论产生于调查研究的末尾，而不是在它的先头。调查研究必须首先尊重现实，在此基础上才能得出科学的结论。如何搞好调查，毛泽东同志说，到斗争中去，到群众中做实际调查去。在寻乌调查时期，毛泽东同志除了开调查会，还主动深入各行各业群众之中，虚心向群众请教，认真了解群众生活状况。没有调查就没有发言权，更没有决策权。[①]

调查形成的报告就是调查报告，属于信息类公文。信息类公文是党政机关、企事业单位、社会团体等组织机构反映情况和问题，收集、汇报、传达信息材料的事务文书的总称，是一种用来交流经验、联系上下、沟通左右，具有汇报、交流和指导功能的文字材料，是上级与下级、单位内外交流联系、推动工作的重要工具。

信息类公文应用广泛、内容丰富，形式载体也较多，既有主要用于机关单位内部信息交流的简报，也包括主要用于机关外部信息发布的公示、启事等文种。简报重在真实客观地反映机关单位的工作进展和情况动态；调查报告则需要在了解真实客观信息的同时，对相关信息进行分析研究。简报如格式固定、装帧简单的内部刊物，其他信息类文书则对格式没有统一的要求。

[①] 材料摘自半月谈网《理论达人讲解建党百年》：没有调查，就没有发言权。

第一节 简报的写作

一、文种概说

(一) 文种释义

简报,从字面上理解就是简略的报道,具有宣传报道的作用。简报还具有报告的性质。1955年6月9日,国务院发布《关于所属各部门工作报告制度的规定》:"工作简报:各办、外交、计委、建委、民委、侨委,每两周向总理写一次工作简报,明白扼要地报告所掌管的范围内重大问题的处理,工作中的重要经验。"当时规定的简报,是专门向上级汇报工作、反映情况、交流经验的一种工作报告。

现在工作中常见常用的简报一般指**党政机关、企事业单位、人民团体等组织内部用来汇报工作、反映问题、沟通情况、交流经验、传递信息的一种简短文书材料**。简报也指各级各类组织编发的刊载这种文书材料的内部刊物。本节主要介绍作为文书材料的简报。

简报不属于法定公文,一般不会公开出版,只在内部发行。日常工作中所见的"××简讯""××动态""××快报""××摘报""情况反映""情况交流""内部参考"等都属于简报的范畴。

信息也是一种简报,只是比一般简报的篇幅更简短。

现行的简报是一种集汇报、交流、指导性质于一体的文字材料,其作用主要有:

向上级汇报工作、反映情况。简报可以上行,迅速及时地向上级反映本单位本系统的日常工作、业务活动、思想状况等,便于上级及时了解下情,为上级机关正确决策、指导工作提供重要参考。

平级之间沟通情况、交流经验。简报可以平行,用于平级机关、部门之间传播信息、沟通情况、交流经验,以便于相互学习借鉴,促进工作。

向下级通报情况,传达上级意图。简报可以下行,用来向下级机关通报有关情况,推广先进经验,传达、解释上级文件精神,指导下级工作。

为宣传部门提供稿件或线索。新闻工作者可以从简报中发现线索,然后进一步深入采访,充实内容,写成新闻稿件。有些具有社会新闻价值而又非保密的简报,也可直接作为消息或通讯发表。

(二) 特征解析

1. 新闻性。简报的写法近似于新闻报道,主要体现在"真、新、快、简"四个方面。"真"是指内容真实;"新"是指内容新鲜,要反映新事物、新思想、新动向、新趋势;"快"是指写作、编发迅速及时,力求让读者在第一时间了解到最新的现实情况;"简"是指内容集中、篇幅短小、文字简洁。简报一般不做艺术描述和理论阐述,只将"是什么,怎么样"写明即可。

2. 非公开性。简报只在组织、系统内部发送、传播,不公开出版。有的简报直接在报头注明"内部资料,注意保存"字样,有的甚至有保密要求。这也是简报和新闻报道的明显区别。不同内容的简报,传阅的范围和保密要求不同。一般来说,简报的发行范围越广,保密程度越低;发行范围越窄,保密程度越高。

3. 交流性。各级各类社会组织编发的简报,尽管不能公开发行,但可以通过简报这个载体,在系统内、单位内传递信息,用以反映情况、沟通信息、指导工作。所以,交流既是编发简报的目的,也是简报应当发挥的作用。

(三) 类型划分

简报用途广泛,在实际工作中的使用频率很高,形式多样,种类繁多。比较常见的是按其内容所涉事务的类型,可将简报分为工作简报、会议简报两类。

工作简报。工作简报是反映工作情况的简报,包括反映工作进展和动向的动态简报、反映工作成绩与经验的经验简报等。因此,简报也常叫作"工作动态""情况反映"。

会议简报。会议简报用来反映会议的主要精神和概况,使与会人员的意见和会议的决定及时得到传达。小型会议一般只编发单篇的概况型简报,大型会议则可编发多期系列型会议简报。

按编写方法,可将简报分为综合性简报、专题性简报。综合性简报是综合反映一个单位或一个系统在一段时间内各方面工作情况或问题的简报,如《××公司工作简报》;专题性简报则是反映单位或部门某一项工作的动态、经验或问题的简报,如《深入开展创先争优活动简报》《××省食品安全动态》等。

此外,按刊出期限,可将简报分为定期简报、不定期简报;按简报文章样式,可将简报分为信息式简报、摘录式简报、总结式简报、转发式(或转载式)简报等。

(四) 文种辨析

1. 简报与报告

简报与报告。二者的相同点是对上均有"报"的职能,即汇报工作,反映情况。二者的不同点,一是行文方向有同有异,报告只具有上行的单向性,简报则有上行、下行、平行的多向性;二是所报内容有多有寡,报告力求全面性、综合性,简报力求单一性、专项性;三是自身效力有高有低,报告作为法定公文,是代表发文机关向上级机关汇报工作、反映情况、答复询问的,法(特)定效力高,而简报则是作为内部刊物,在一定范围内传阅的,法(特)定效力低。

2. 简报与新闻

简报与新闻,总体来说都属于宣传范畴。二者都要求内容新颖、真实准确、迅速及时、简明扼要。不同之处,一是写作对象不同。简报的写作对象较狭窄,主要写本系统、本单位的工作;新闻写作对象则非常宽泛,可以写本系统、本单位,也可以写其他系统和单位。二是传播范围不同。简报的传播范围狭窄,一般限于本系统、本单位内部传送;新闻一经发表,则面向全社会,传播范围非常广泛。三是编写格式不同。

简报有相对固定的报头和报尾;新闻编排时的报面设计则富于变化,忌固定呆板。四是语言风格不同。简报属事务文书,语言平实质朴,一般不追求形象、生动;新闻属记叙文体,在真实的基础上,语言讲究文采,可读性强。

二、写作指要

(一) 例文导读

重庆市夯实基层基础着力解决联系服务群众"最后一公里"问题[①]

教育实践活动开展以来,重庆市委高度重视基层服务型党组织建设,抓住活动契机,聚焦服务功能、夯实基层基础,下大力气抓好清理减负、健全体系、创新方式、整顿后进、强化保障5项重点工作,着力打通联系服务群众"最后一公里"。

减轻基层负担,基层组织由"忙事务"向"抓服务"回归。全面清理基层事务。由组织、民政部门牵头,对136个市级部门延伸到村(社区)事项进行集中全面清理,实行"三个一律",凡不属于村(社区)职责范围内的事项一律取消、工作相近的事项一律合并、未经审批同意事项一律不得下放。经过清理规范,村(社区)负担普遍减少40%以上。严格执行准入制度。市委、市政府专门下发减轻基层工作负担的意见,市和区县分别编制村(社区)承担公共事务目录,严格执行村(社区)工作事项准入制度,使基层承接任务有章可循、有序可控,杜绝随意向基层摊派任务。坚决破除形式主义。市委专门下发在基层党建工作中防止形式主义的"六条规定",大幅精简会议文件、压缩考核评比、整合统计台账,全市调减评比达标表彰项目近50%,以市委、市政府名义考核项目由86项整合为1项,以市级部门名义考核项目由185项精简为26项。

健全服务体系,服务平台由"零散化"向"系统化"升级。完善区县行政服务中心。赋予区县行政服务中心统筹协调职能,负责对乡镇(街道)、村(社区)两级服务中心的工作进行指导,对群众反映事项进行受理、交办、督办和反馈,"兜底"解决基层无法办理的问题。健全乡镇(街道)公共服务中心。整合区县各部门在基层的办事机构,设立"一站式"办事大厅,让群众办事"只进一道门、少跑几趟路"。规范村(社区)便民服务中心。制定下发村(社区)便民服务中心建设指导规范,着力打造集多种服务功能于一体的综合性服务平台。开发服务群众工作信息管理系统,把三级服务中心连接起来,分级办理群众反映事项。目前,全市所有区县、849个乡镇(街道)、7335个村(社区)建立起比较规范的服务中心,基本实现了"小事不出村、大事难事不出镇街和区县"。

创新服务方式,服务内涵由"单打一"向"多元化"拓展。做实基本服务。把与群众生产生活息息相关的证照办理、民政社保、户籍计生、民事调解、政策咨询、法

[①] 选自《党的群众路线教育实践活动简报》第324期。

律援助等服务作为"规定动作",建立完善首问负责、一次性告知、全程代办等制度,为群众提供高效便捷服务。做优拓展服务。在村(社区)实行党务、村务、事务、商务"四务合一",结合实际开展农资购销、金融网点、爱心超市、家政养老、水电气费代收代缴、邮件快件转交等服务,着力打造服务群众"综合超市",满足群众多样化需求。做亮示范服务。在村(社区)开展"双联双帮双促"活动,由基层干部分工负责、分片包干服务群众;在机关事业单位开展在职党员到社区报到为群众服务,全市14.7万名在职党员进社区进楼栋面对面服务群众。

整顿软弱涣散,服务水平由"参差不齐"向"整体提升"转化。动态排查整顿对象。对存在群众反映事项长期得不到解决、"三宗"势力干扰渗透比较严重、社会治安形势比较复杂等6个方面问题的难点村(社区),逐一拉网排查,建立整顿台账,实行挂单整改。细化措施分类施治。针对不同区域、不同类型后进党组织的实际,量身定做整改措施,一村一策进行整顿。781名区县党员领导干部包点联系,1935个部门对口帮扶,736个先进党组织"一对一"帮带,选派624名"第一书记"加强领导。持续用力不断巩固。坚持把整顿软弱涣散党组织作为一项长期性的工作来抓,每年整顿一批问题突出、群众意见大的后进党组织。对情况复杂的难点村(社区),由区县领导牵头,整合纪检、组织、政法、民政、信访等部门力量,实行驻点整顿;对整顿不彻底、问题反弹回潮的,一律"回炉"整顿。

强化服务保障,基层工作由"缺手段"向"有资源"转变。选优配强带头人。重点从本土致富能人中选、从外出创业人员中请、从机关优秀干部中派,使会服务懂经营能带动致富的村(社区)干部大幅增加,队伍结构明显改善。以服务型党组织建设为主题,分级分批对全市1.1万名村(社区)干部进行全覆盖培训。全面落实经费保障。制定加强基层工作保障的政策,分别将村(社区)办公经费补助标准提高25%、干部补贴标准提高40%,全面实行村(社区)工作人员养老保险缴费补贴制度,并建立定期调整机制,为基层组织开展工作创造良好条件。大力推进阵地建设。科学编制社区设置规划,在新建住宅区、城乡接合部、工矿企业所在地、流动人口聚居地等及时组建社区,将社区公共服务基础设施纳入项目工程设计方案,做到同步规划、同步设计、同步建设。市政府专门制定社区服务体系建设5年规划,投入1.65亿元补助社区阵地建设。教育实践活动开展以来,各区县共投入资金2.4亿元,重点解决新建小区和老旧城区活动阵地不达标问题,今年内城市社区阵地面积将全部达到300平方米以上。

阅读与讨论:

(1)本文属于工作简报,是哪一类工作简报?

(2)说说简报的导语部分在全文中的主要作用。

(3)简报主体部分的5个自然段分别由5个主旨句领起,从内容和结构上对文中的主旨句进行分析,并认真体会每个段落是如何围绕主旨句进行具体说明的。

2013年西部计划近6.5万高校毕业生报名
申请服务西藏、新疆等民族地区人数再创新高①

  6月3日，由共青团中央、教育部、财政部、人力资源和社会保障部四部委组织实施的2013年大学生志愿服务西部计划报名工作圆满结束。全国共有来自1725所高校的近6.5万名应届高校毕业生和在读研究生报名参加。其中，本科及以上学历报名人数达43663人，占报名总数的67.3%，研究生1327人；中共党员19404人，占报名总数的29.9%。申请服务西藏、新疆等民族地区人数再创新高，申请服务西藏达8777人，申请服务新疆达9770人，申请服务兵团达8498人。63所高校的报名人数超过200人，其中17所超过500人。

  今年，西部计划全国项目办根据团中央"我的中国梦"主题教育实践活动的统一部署，指导各级项目办深入高校和服务县组织开展"中国梦·西部情"西部计划十周年巡回报告会共300多场，宣传相关政策措施和优秀典型，推介西部基层的发展机遇。同时，出台新的招募选拔政策措施，实现了服务省面向全国高校开展招募工作，报名学生可以选择3个意向服务省，进一步树立西部计划以人为本、尊重毕业生自主选择的招募理念，鼓励更多高校毕业生到西部去、到基层去、到祖国最需要的地方去，为实现中国梦贡献青春力量。

  据悉，下一阶段，各省级项目办将根据《2013年西部计划实施方案》要求，切实做好审核、笔试、面试、体检、公示等工作，并于6月30日前向入选志愿者发放确认通知书。

阅读与讨论：
（1）本文的标题由正副标题构成，说说在表达上各自的作用。
（2）本文在写法上采取的是"倒金字塔结构"，试做具体分析。
（3）本文与上文同属工作简报，说说两文在使用和写法上的差异。

政府信息公开会议简报

  为进一步推进《中华人民共和国政府信息公开条例》在我区全面贯彻落实，20××年3月10日××区政府信息公开办公室召开政府信息公开工作会议。全区各单位负责政府信息公开工作的70余人参加会议。会议表彰了20××年度××区政府信息公开"先进单位"，区发改委、审管办在会上做了典型发言。会议总结了20××年工作情况，并就20××年度全区政府信息公开工作进行了全面部署和安排。

  会议指出，20××年，全区上下深入开展政府信息公开工作，有序推进各项任务，形成了公开意识增强、组织机构健全、职责分工明确、形式丰富多样、公开重点突出的新局面。

---

①选自《大学生志愿服务西部计划简报》2013年第21期。

一是主动公开及时全面。全年全区公开政府信息2900余条，这些信息基本涵盖了政府工作的方方面面，较好地满足了群众的知情权、参与权、监督权。

二是依申请公开高度重视。按要求及时答复了全部信息公开申请，把依申请公开政府信息以及其他相关资料进行登记并整理归档，做到手续完备、程序严谨。

三是长效机制基本建立。继续加强组织领导、制度建设等方面的工作，举办了培训班，进一步提高了从业人员的业务技能。

会议明确了全区20××年的政府信息公开工作的五项重点：

一是加大政府信息主动公开力度。及时更新政府信息。对新形成的文件，必须按《条例》规定的期限予以公开。

二是优化各类信息公开渠道。及时、全面、准确地主动公开各类政府信息，增强信息发布的主动性、权威性和实效性。按照"一站式"要求，完善、提升信息公开公共查阅服务中心管理服务水平，方便公众查阅和获取政府信息。

三是积极推动政府信息公开向基层延伸，探索推进政府信息公开向基层延伸的方法和途径。

四是改进依申请公开政府信息服务。严格按照依申请公开政府信息的工作流程、服务方式、服务内容、操作要求和办结时限，妥善处理公众提出的信息申请，为申请人提供便捷的公开服务。

五是加强工作督导。有计划地组织"分类培训"。制定政府信息公开考评细则，量化考核标准，适时组织开展政府信息公开工作检查，加强对《条例》落实情况的监督、监察和评议。

阅读与讨论：

（1）"政府信息公开会议简报"是本文的标题，还是简报的名称？

（2）结合本文谈谈会议简报和会议纪要在用法和写法上的不同。

（二）结构模式（文稿）

一篇简报的文稿一般由标题、导语、主体构成，有的简报还有结语。

1. 标题。简报的标题，类似新闻标题，而不同于公文标题。基本要求是准确实在，简洁生动，要恰当地概括简报的主要事实，要尽量做到生动有力、引人注目。

简报标题的表述主要有两种形式，一是单标题，二是双标题。

单标题又有多种写作方式，可以用高度概括性的文字表述文章的核心内容；可以用形象化的手法揭示文章的主要内容；可以用简报中最能引起读者关心的问题，以提问的形式作为标题。

双标题有两种写法，一是正题后面加副题，正题概括事实的性质，副题补充叙述事实的相关要素；二是正题前面加引题，正题概括简报报道的内容，引题指出报道事实的作用和意义。

2. 导语。导语是简报的开头语，它用简明生动的语言，开门见山，把简报中最重要或者最新鲜的事实和内容，概括地展示在开头部分，唤起读者的注意。一篇好的简报导语首先应该包含并突出全文最重要、最有价值的内容，体现简报事实的时效性，同时开启全篇，吸引读者。

导语在写法上可分为叙述型导语、描写型导语、议论型导语。叙述型导语是最基本的一种导语类型，直截了当地用客观事实说话，简明扼要地反映出简报最重要、最新鲜的事实，突出文章要旨，让读者获得对事实的总印象。描写型导语是一种以生动具体的描绘见长的导语类型。作者抓住主要事实、事件某一有意义的侧面或某个特定的场景等，做简洁质朴的传神描写，感染和吸引读者。议论型导语从议论入手或是把叙事和议论交织在一起，用夹叙夹议的方法，对简报涉及的事实进行简要评论。

3. 主体。主体部分是简报的主要部分，是对导语部分内容的进一步展开和具体化。不同体式的简报，其主体部分的写法有较大差异。常见的写法有四种：

一是报道式，及时、准确地报告部门、行业、系统、领域内的新情况、新动态。这一类简报的写法与动态消息相似，一般按照新闻的"倒金字塔"结构写作。从新闻要素的"5W"和"1H"来看，"5W"一般在导语部分进行概括性表述，而主体部分则重在"1H"的具体阐释。此类简报常常短小精悍，生动活泼。

二是汇编式，围绕一个中心，把不同地区、不同战线、不同部门的同类情况，综合起来加以报道。汇编式简报的特点是涉及面广，声势浩大。这类简报要做到点面结合，既能反映全局性情况，又有典型事例，写出层次和深度；同时，做到材料和观点统一、分析和综合相辅相成。

三是总结式，主要介绍某项工作的成功经验。其写法类似于工作总结，侧重于总结经验，把一些成功的做法归纳成相互联系的一系列观点，并逐项进行介绍；注意观点和材料的结合，尽量从实践活动中发现和开发事物的规律性。

四是言论摘要式，即从某一人或数人的发言或文章中摘录具有代表性的言论，编写成一期简报的写作方法。这种写法主要用于写作会议简报。一些需要进行分组讨论、审议某一重大问题的大型会议，常用这种方法来写作简报文稿。其具体编选、摘录方法也是灵活多样的。如可以集中摘录一人的会议报告或重要发言的基本要点，也可以在一个主题之下分别摘录多人既有共同性又有不同特点的具体言论。

简报的结尾多是对主体内容的概括小结，与开头形成呼应。如何安排结尾，或者是否需要结尾，可根据简报主旨表达的需要而定。如果简报内容单一、篇幅较短，且主体部分已将该讲的话讲完，则可不必写结尾。

（三）印制格式

简报在格式上由报头、报身、报尾三部分构成。

1. 报头

简报一般有固定的报头，设在首页上方，用红色分隔线与报身部分隔开。报头的格式项目主要包括：

简报名称。一般包含能体现单位、部门或工作特点的限制词，如《安全生产简报》《××会议简报》，也可直接写为《简报》，标注于简报首页上方中心位置，字体及大小可根据需要确定，习惯套红，以美观醒目为要。

期数。标注在简报名称的正下方，有的简报还注明总期数，如"第×期（总第×期）"。

编发单位名称。一般应标明单位全称，位置在期号下方，分隔线左上方。

编印日期。应以阿拉伯数字标明具体的年、月、日，标注于期号之下，分隔线右上方。

另外，根据实际需要，简报还可标注份号、密级、紧急程度等项目，格式可参照法定公文，也可较为灵活地安排。若多篇简报刊发于同一期，还需要编制目录。

2. 报身

报身，又叫"报体、报核"，是报头以下、报尾以上的部分。它是简报的内容部分，常包括目录、按语、报文、署名等要素。

目录。如果是多篇集束式的简报，可编排目录，包括要目和详细目录。

按语。简报按语也叫"编者按"，是表明编报机关编发意见和观点的言论。按语的位置一般在报头之下、文章标题之前。简报按语不可太长，一两句话即可，但要求用语精辟，抓住本质，切中要害。按语并非篇篇必需，视需要而用。常见的写法有三种：

说明性按语，常用于交代简报文章的来源、出处，特别是转发外单位的材料，要做明确说明，也用于说明编发意图，提供相关背景。

提示性按语，一般加在内容重要、篇幅较长的文章前，用于提示简报中心内容，帮助读者把握重点，领会精神。

批示性按语，一般加在具有典型意义或指导作用的稿件前，用于对简报文章发表看法，表明倾向性态度，引起人们对某个问题、某种倾向的高度重视，并对下级提出相关要求或指导意见。

报文。一期简报可以只有一篇文章，也可以是多篇文章按一定的顺序或者版块组合排列。

署名。由编发单位撰写的简报一般不署作者姓名。如果是约稿或是有关部门作者的稿件，则应署名。署名位置在文末最后一行后（可加括号）或者最后一行右下侧。

3. 报尾

报尾印于简报末页下端，用分隔线与简报正文隔开，包括简报的报、送、发单位和印数。报，指简报呈报的上级单位；送，指简报送往的同级或不相隶属单位；发，指简报发送的下级单位。

简报基本格式如下：

××简报
第×期（总第×期）

××××××（编发单位名称）　　　　　　　　　　　××××年×月×日
_____

　　按语：×××××××××××××××××××××××××××××××××××

×××××××××××（标题）

　　××（正文）

（××××供稿）

_____

报：××××××
送：××××××，××××××
发：××××××，××××××
_____

（共印××份）

三、写作策略

（一）找准问题，有的放矢

简报应该围绕本单位的实际，反映那些最重要、最典型、最新鲜、最需要引起注意的问题。一是"超前性"问题。在领导进行某项活动或者将要讨论决定问题之前，努力收集与此有关的情况材料，经过筛选加工，研究提出可供领导参考的建议和方案。二是"追踪性"问题。努力掌握决策贯彻执行的情况、各方面有什么反应、发生什么偏差，迅速地反馈给领导，使决策逐步完善。三是"全局性"问题，着眼大局，以小见大。收集情况材料时，要从全局考虑，从小处着手，挖掘和开拓更广泛深刻的意义。四是"时新性"问题。在改革、开放的过程中，许多新情况、新问题，需要认真研究和解决，制定符合实际的方针、政策和措施加以解决。

（二）材料准确，内容真实

简报是加强领导和推动工作的重要工具，其内容必须保证绝对真实、准确；否则就会造成不良后果。写作简报必须深入调查研究，不走马观花、浮光掠影。要做到简报所选用的任何材料，包括人名、地点、时间、情节、数字、引语、因果关系等，都完全准确无误。特别在估计成绩和宣传先进时，更要实事求是，恰如其分，留有余地。

（三）简明扼要，一目了然

简报的写作必须注意做到简短、明快。一是注意主题集中，一稿一事，不贪大求全。一份简报最好只抓一个问题，不搞面面俱到，才能使简报的主题凝练、问题透彻。二是注意精选材料，撰写简报之前，必须对材料进行深入的分析研究，精心筛选出典型材料加以使用，做到不堆砌，不罗列，不雷同。要通过材料的剪裁，突出主题、缩短篇幅。三是既要求简，又要写清。简报要在说明问题的前提下求简，服从内容的需要，不能由一个极端走向另一个极端。

（四）讲究时效，反应迅速

简报是单位领导对一些问题做出决策的参考依据之一，也是单位推动工作的一个重要手段。简报的功能，决定了简报的编者必须讲求时效。这就要求简报的作者思想敏锐、行动敏捷，对问题反应快，对材料分析快，写作构思快，动笔成稿快。

思考与练习

（一）判断题

1. 简报属于法定公文文种。（　　）
2. 简报可用来传递信息，交流经验，指导工作。（　　）
3. 简报具有非公开性的特点。（　　）
4. 简报可以上行，可以下行，也可以平行。（　　）
5. 简报有较为固定规范的制作格式。（　　）

参考答案：1. ×　2. √　3. √　4. √　5. √

（二）选择题

1. 简报篇幅简短、叙事简要等体现出来的特点是（　　）。
   A. 执行性　　B. 交流性　　C. 简明性　　D. 非公开性
2. 简报新闻性特点中的"真"专指（　　）。
   A. 主旨　　B. 材料　　C. 结构　　D. 语言
3. 简报具有新闻性，但它并不是新闻。简报和新闻报道最大的不同在于简报具有（　　）。
   A. 简明性　　B. 交流性　　C. 单一性　　D. 非公开性
4. 小型会议通常只在会议后期编发（　　）。
   A. 单篇简报　　B. 连续简报　　C. 系列简报　　D. 标题简报
5. （多选题）简报的报头主要由（　　）组成。
   A. 简报名称　　B. 编者按语　　C. 简报期数　　D. 编发单位
   E. 编印日期

参考答案：1. C　2. B　3. D　4. A　5. ACDE

(三) 拓展题

简报有"千字文"之称，一般短小精悍，如果标题太长，会显得头重脚轻，令人生厌。如《发扬主人翁精神，选好人民代表》这个标题就显得冗长，请根据简报写作要求，改写这个标题。

(四) 材料题

请根据下面提供的材料，拟写一份简报稿（只写标题、正文即可）。

(1) 配装眼镜因光度不准，一个月内免费更换。

(2) 江苏省南京质量技术监督眼镜产品质量检验站严把质量关，定期对眼镜产品进行质量检验并提供技术保障，加上市质量技术监督局的监督管理、市商贸局以及市眼镜行业协会等有关单位的支持和协助，目前挂卡保质销售单位的眼镜产品，由于质量稳定，赢得了广大消费者的欢迎和赞誉。

(3) 配装眼镜架年内免费包修。

(4) 所售商品明码标价，保证货真价实。

(5) 随着我国加入WTO，南京眼镜行业将面临新的机遇和挑战。

(6) 明礼诚信，优质服务，顾客至上。

(7) 为提高自身的竞争能力，不断给广大消费者提供更加优质的眼镜产品和服务，进一步体现今年"3·15"活动"重质量、守规则、讲诚信"的主题，值此"3·15"即将到来之际，南京市眼镜产品挂卡保质销售活动参加单位共同向南京市眼镜行业的同人倡议，开展质量承诺。

(8) 配装眼镜架脱焊三个月内免费更换。

(9) 南京市眼镜产品挂卡保质销售活动已连续开展了六个年头。

(10) 售前、售中、售后服务做到件件落实。

(五) 写作题

就当前大学生学习、生活、就业等热点问题，在网上或报纸杂志上收集资料，编写一期《大学生动态》资料摘编简报。可以由五六个同学组成一个编写小组，每人负责摘编一二则资料，然后整合起来形成简报。

第二节 调研报告的写作

一、文种概说

(一) 文种释义

调研报告是基于调查研究活动写成的报告。调查研究就是对客观实际情况的调查了解和分析研究，包含"调查"和"研究"两个层面工作。"调查"是以发现问题为导向，需要写作者深入现场、实地和基层群众之间，去观察、询问、聆听、感受客观存在。这不仅是一个摸透情况的过程，更是一个不断增加感性认识的过程。"研究"则是以解决问题为导向，需要写作者运用演绎、归纳、比较等方法，去分析、判断、总结、提炼包含其中的内在联系。这不仅是一个对调查材料进行深度"发酵"的过程，更是一个不断增强理性认知的过程。从二者的关系来看，"调查"是"研究"的前提和基础，"研究"则是"调查"的升华和深化。没有调查，研究就无法进行；而没有研究，调查就没有意义。因此，整个调查研究的过程，实质上就是在感性认识的基础上延伸和升华为理性认知，从而实现对客观实际、社会现象和问题的了解、预测和掌握，得出符合实际结论的过程。

调研报告就是针对某一客观对象，经过深入细致的实地调查，将调查到的情况和材料进行分析、综合，由此揭示出规律、总结出经验，而写成的书面报告。

调研报告的作用是多方面的，可以作为制定路线、方针、政策的依据；可以通过典型事例的分析，总结出具有方向性、全局性的经验来推动工作；可以追踪和回答重大的、人民普遍关心的社会问题。

重视调查研究，是我们党在中国革命、建设、改革各个历史时期做好领导工作的重要传家宝。毛泽东是党内大兴调查研究之风的开创者和开拓者，一生对调查研究极其重视。他在繁重的革命和建设工作中，亲自做过或组织过多次深入细致的著名调查，撰写了《湖南农民运动考察报告》《长冈乡调查》等堪称典范的调查报告，提出了"没有调查，没有发言权""一切结论产生于调查情况的末尾，而不是在它的先头"等著名论断。习近平同志进一步指出："调查研究是谋事之基、成事之道。没有调查，就没有发言权，更没有决策权。研究、思考、确定全面深化改革的思路和重大举措，刻舟求剑不行，闭门造车不行，异想天开更不行，必须进行全面深入的调查研究。"

（二）特征解析

1. 真实性。调研报告是为解决实际问题而写，它通过调查得来的事实材料说明问题、阐述观点、揭示规律，一切分析研究都必须建立在事实之上。因此，确凿的客观事实是调研报告写作的基础和价值所在，写入调研报告的材料（包括细节）必须真实无误，只有真实的材料才能得出令人信服的结论。

2. 针对性。调研报告从社会或工作的实际需求出发，就现实问题展开调查、取证和研究，因此具有很强的针对性。同时，也只有针对性调查研究，才容易深入，走马观花式地泛泛调研，是不会有太大收获的。一般来说，针对性越强，调研的效果就越好，调研报告的作用也就越大。

3. 典型性。调研报告的典型性主要表现在两个方面：一是调研对象典型；二是文章所用的材料典型。好的调研报告不仅对调研对象总结工作得失、提高认识具有指导意义，更重要的是对全局性工作具有现实意义和普遍的指导意义。

4. 逻辑性。调研报告离不开丰富确凿的事实，但绝不是材料的机械堆砌，而是对核实无误的数据和客观事实进行严密的逻辑论证，探明事物发展变化的原因，预测事物发展变化的趋势，揭示事物本质和规律，得出科学的结论。

（三）类型划分

从内容上看，调研报告可分为反映基本情况的调研报告、总结典型经验的调研报告、反映新生事物的调研报告、揭露问题的调研报告、考察历史事实的调研报告以及综合性调研报告等。

（四）文种辨析

调研报告和总结作为两种常用事务文书，都需要对实践活动进行归纳概括，从感性认识上升到理性认识，通过对具体材料的分析，得出规律性结论，用于指导工作；都是以叙述、议论、说明相结合的方式展开表达。其主要区别如下：

人称角度不同。总结主要是总结本单位或者个人的情况，一般从当事人的角度，以当事人的语气叙述情况、分析事实，所以采用第一人称。即使是上级单位派人总结典型经验，写作者也应站在当局者的角度，用第一人称表述。调查报告大多是调查外单位的情况之后写成的书面报告，作者从局外人的角度，以第三者的语气客观叙述事情、分析问题，所以采用第三人称。即使是写本单位的情况，也要采用第三人称。

写作目的不同。总结是从本单位或本人的角度出发，检查、评价执行计划的情况，找出经验和问题，指导本单位今后的工作，或者向上级进行汇报。调查报告则是从全局出发，选择具有普遍意义的问题、情况和经验，专题性较强，尤其强调突出重点，通过对某个"点"的剖析研究来指导、推动、改进"面"上的工作。

主要内容不同。总结的内容仅限于反映本单位或本人在贯彻执行党的方针政策、完成任务方面的经验教训；而调查报告的内容十分宽泛，可以调查历史、现状，总结经验教训，也可以调查新事物的成长，还可以揭露问题。

二、写作指要

（一）例文导读

关于××市村卫生室现状的调研报告

党的十九大报告将"加强基层医疗卫生服务体系和全科医生队伍建设"作为实施健康中国战略。抓好"卫生扶贫"，村级医疗机构是一支不可或缺的有生力量。为深入了解我市基层卫生工作现状，积极探索基层卫生服务体系建设、人才队伍建设、落实待遇保障等方面创新体制机制，政协××市科教文卫体委员会于4月底对全市村卫生室现状进行了专题调研，现报告如下。

一、基本概况

（一）医疗网底建设越来越健全。我市有政府举办的村卫生室190个。近年来，我市通过争取省、州、村卫生室投资建设项目，累计投资4100万元，加强了村卫生室建设，中心卫生室全部达到"产权公有化、建设标准化、服务规范化、运行信息化、管理一体化"五化标准，配备了长程心电图机和动态血压监测仪，与州、市、乡三级医疗机构建立了远程会诊体系，累计完成远程诊疗 2000 余例。全市 75% 的村卫生室配备了中药煎药机和健康一体机，能够提供中医药服务。有 20 个村卫生室被省卫计委命名为"湖北省中医药服务示范村卫生室"。各乡（镇、办）卫生院对村卫生室实行"机构统一设置、人员统一调配、药械统一购销、业务统一管理、绩效统一考核，财务独立核算、责任独立承担"一体化管理模式。

（二）基层卫生队伍越来越壮大。全市有乡村医生 638 人。其中，大专学历 133 人，中专及以下学历 505 人。61 岁以上 24 人，51—60 岁 75 人，41—50 岁 142 人，40 岁及以下 397 人。有执业医师 11 人，执业助理医师 60 人，执业护士 194 人。从 2013 年起，我市就建立了农村医疗卫生人才能力提升培训长效机制，累计培训乡村医生 1600 余人次。从 2014 年起连续几年，我市与州卫校共同办班，采取定单定向培养的方式培养乡村医生，至 2017 年底，共定向培养 156 人，目前已有 50 名毕业生到村卫生室工作。

（三）基层医疗改革越来越深入。一是国家基本公共卫生服务项目自 2009 年启动以来，在全市村卫生室得到了普遍开展，取得了一定的成效，累计为 75.9 万人免费建立了健康档案。2017 年 5 月，我市代表湖北省迎接国家基本公共卫生服务项目评估考核，在 31 个考核省中排全国第 7 名。二是从 2011 年 10 月起，我市辖区内所有村卫生室全部实施国家基本药物制度，基本药物实行了零差率销售，药品由配送公司委托卫生院统一配送。三是全面落实家庭医生签约服务工作。自 2014 年起，我市根据《省卫计委关于全面开展乡村医生签约服务工作的通知》要求，积极开展家庭医生签约服务工作，累计签约 21.14 万人。

二、存在的主要问题

（一）医疗资源短缺仍是村民看病就医的难题。我市现有 172 个行政村。各村现有居住人口中，超过 3000 人的 97 个，超过 4000 人的 52 个，超过 5000 人的 27 个。三岔镇茅坝等 9 个村居住人口超过 6000 人，下塘坝村超过 9000 人。因医疗资源有限，加之我市地处山区，山高路远，且村民居住分散，看病就医仍显不便。如芭蕉侗族乡小红岩村的仙人桥组，村组之间不仅不通公路，而且到小红岩村卫生室就诊，要经过 1000 多级台阶的"百步梯"；新塘乡下塘坝村的蒲塘组到中心卫生室 20 公里，且交通不便利。同时，因路途遥远贻误诊治时机而失去生命的不乏实例，如 2013 年的一个夜晚，新塘乡前坪村茶盘组一谭姓老妇，因患急性心肌梗死，在送往前坪卫生室的途中死亡。

（二）服务能力不足仍是影响村民健康的瓶颈。一方面，村医的数量与工作量不对等。我市有 77.33 万农村居民，按每个卫生室 1-3 名的数量配备村医，他们既承担着 14 大项 46 小项基本公共卫生服务、家庭医生签约、卫生知识宣传等工作，还要承担农村多发病、一般常见病初级诊治，部分进入村支两委的村医还要负责相关村务工作。由于人员有限，工作量大，加之居住分散，很难完成基本公共卫生服务任务。另一方面，村医的业务水平与群众需求不对等。群众对村医的期望是什么病都能看、什么病都能治的多面手。在现有的村医队伍中，年长的"赤脚医生"医学知识老化，年轻的村医临床经验不足。在日常工作中，他们除了治病，还要学会操作远程医疗设备、电脑，懂得心理诊疗等，大多数村医力不从心。

（三）人才引不进留不住仍是制约事业发展的关键。一是村卫生室地处偏远，工作条件艰苦，岗位缺乏吸引力，大中专毕业生不愿意到村卫生室工作。二是实施国家基本药物制度后，取消了药品加成，加之从2018年1月起，医保取消了一般诊疗费的报销，村医的收入来源仅靠市财政补助、财政拨付给村卫生室国家基本公共卫生服务项目工作经费、一般转移性支付和村卫生室运行经费6000元/人/年、中药20%的利润，同时要承担卫生室的水、电、维修等运行费用，人均工资3万多元。虽然超过省、州的标准，但部分村医认为与村干部、乡村教师差距甚远，付出与收入不成正比，宁愿放弃村医工作到城市打工或另谋职业。据统计，近3年共引进126人，流出129人，人才很难留住。

（四）基药品种少仍是影响医患关系的短板。国家基本药物制度实施后，基药品种少、价格贵、配送不及时等问题普遍存在。一方面，基药生产厂家和配送企业因去痛片、阿司匹林、创可贴等部分常用药品利润少，不生产或不配送，医疗机构在省基本药物采购平台上购选不到价格低的常用药品。另一方面，药店能通过不同渠道采购到群众日常药品且价格实惠，两家同时有的药品，药店价格低于医疗机构，受基药品规的限制，医疗机构不能自主采购药品。多种因素导致百姓不信赖医生，不信任医院，医患双方都不满意。

三、几点建议

（一）进一步加大卫生室投入，完善基层服务体系建设。根据国家卫生计生委、国家发展改革委、教育部、财政部、国家中医药管理局联合下发的《村卫生室管理办法（试行）》（国卫基层发〔2014〕33号文件）第十三条"原则上一个行政村设置一所村卫生室，人口较多或者居住分散的行政村可酌情增设"的规定，建议对现居住人口超过6000人的村增设1个卫生室，由市人民政府出资、村委会协调土地、市卫计局按照区域规划选址，分期分批进行新建，每年建3个，3年建完。减少小病、基层能诊疗的病而越级诊疗的现象，降低上级医院的压力。

（二）进一步加强卫生队伍建设，创新用人激励机制。一是足额配备乡村医生。根据《国务院办公厅关于进一步加强乡村医生队伍建设的实施意见》（国办发〔2015〕13号）第四条规定，建议按77万农村居民逐年配齐770名村医（补充132人）。二是提高村医补助标准。实施国家基本药物制度和取消一般诊疗费医保报销政策后，村医的待遇明显下降，建议市人民政府按村卫生室负责人2400元/人/月、一般工作人员2000元/人/月的标准兑现村医补助。对地处边远、条件艰苦的村卫生室，由市财政另行安排300元/人/月的艰苦津贴，以吸引众多的医务人员自愿到最边远、最艰苦的地方工作。三是建议由市卫生计生行政主管部门牵头，人社、财政等部门配合，制定我市《乡村医生管理办法》，探索乡村医生"乡管村用"用人机制，强化乡村医生医德医风教育，加强行业自律。

（三）进一步加大培养力度，提高村医服务能力和水平。一是结合我市实际，重点培养。建议市人民政府安排培训教育资金，每年举办2次以农村中医药适宜技术、农村常见多发病诊治、国家基本公共卫生服务项目为重点的培训，邀请湖北民族学院医学院、州卫生学校、民大医院、市中心医院相关专家教授，结合我市疾病发病规律编制教材，有针对性地开展培训。二是继续做好乡村医生定点定向培养工作。通过定点招生、定向培养、定向就业的方式，为农村免费培养大中专层次全科乡村医生。三是收集利用民间偏方验方，组织学习和推广，提高我市中药材利用率。

阅读与讨论：
（1）本文属于哪一类调查报告？为什么？
（2）本文使用的是公文式标题，如果使用文章式标题，可以怎样拟制？
（3）本文主体部分采用的是哪一种结构？请做具体说明。

（二）结构模式

调研报告一般由标题和正文两部分组成。

1. 标题

调研报告的标题可以使用公文式，也可使用文章式。

（1）公文式标题。这类标题参照公文完全式或省略式标题制作，平实沉稳，如《关于乡镇水利建设的调研报告》，实际写作中也可省略最后的"报告"二字，直接写为《关于××××的调研》或《××××调研》。

（2）文章式标题。这类标题可分为单标题和双标题两种。

①单标题。常见的有提问式、陈述式两种。提问式标题是针对调研关键点，在标题中提出问题，以引起读者关注，如《为什么大学毕业生择业倾向沿海和京津地区》；陈述式标题则直接点明调研报告的基本观点或概括中心内容，简洁醒目，如《主城区违法建筑触目惊心》等。

②双标题。由正副标题结合而成，正标题点明主旨、揭示意义，副标题表明调研的对象、范围、内容。这是比较常用的一种调研报告标题，如《高校发展重在学科建设——××大学学科建设实践思考》。

2. 正文

调研报告的正文一般分为前言、主体和结尾三部分。

（1）前言。又称"导语"，是调研报告正文的开头部分，写法较灵活，常见的有以下几种：

①概括调研的基本情况，如调研的起因或目的、时间和地点、对象或范围、经过与方法，以及人员组成等，以说明调研缘由。

②概括调研对象的基本情况，如历史背景、发展历程、现实状况、主要成绩、存在问题等，在此基础上提出中心问题，以引起读者关注，从而自然地展开下文。

③开门见山地概括调研结果，如肯定做法、指出问题、提示影响等。

调研报告前言部分的写法很多，其内容侧重点由写作者根据调研目的来具体确定，不必面面俱到，但一般都要求紧扣主旨，为主体部分的展开做准备，文字简练，概括性强。

（2）主体。主体部分的内容，一般包括三个方面：一是调查到的事实情况，包括事情产生的前因后果、发展过程、基本情况、具体做法等；二是研究、分析事实材料所揭示的事物本质及其特点、规律、思考与启示；三是提出具体建议或应采取的一些具体措施、对策与建议。主体部分内容丰富，结构安排力求条理清晰、简洁明快。

一般说来，调研报告主体的结构大约有两种形式。

①横式结构。将说明主题的材料，根据事物的内在联系或按事物的性质分成若干类（如几个方面的情况、几个方面的经验、几个方面的问题），每类用小标题即分论点统率。各个小标题之间既相对独立，又有内在逻辑联系，呈现出并列的关系，由此成为有机的整体。这种结构方式层次清楚、条理性强、观点明确、重点突出，使人一目了然。例如：

转变政府职能推进管理创新——××市打造便民高效的服务型政府

主　体

一、大幅清理削减行政审批事项

二、确立行政审批"一站式"服务体制

三、开发电子政务，实行网上咨询与初审交流

四、压缩时限，理顺流程，提高行政审批效率

②纵式结构。有两种形式，一是按照时间顺序安排结构，即按照调查对象发生、发展变化过程的时序划分为几个阶段，一个阶段即成为一个层次；二是按照调查研究各个内容之间的逻辑发展进程安排结构。这样的逻辑进程由于调查报告种类的不同，呈现出不同的结构形式：

"情况—成果—问题及原因—建议"式结构，多用于反映基本情况的调研报告。

"成果—做法—经验"式结构，多用于介绍经验的调研报告。

"问题—原因—意见或建议"式结构，多用于剖析问题的调研报告。

调研报告的主体部分不论采取什么结构形式，都应该做到纲目清晰、先后有序、主次分明、详略得当，能够更好地表达主旨。

（3）结尾。不同的调研报告，其结尾写法各不相同。可以对文章内容归纳说明，总结观点，深化主题，以提高人们的认识；可以展望发展前景，指出努力的方向，启发人们进一步去探索；可以提出下一步改进工作的建议，供领导参考；也可以补充交代正文没有涉及而又值得重视的情况或问题。总之，调研报告结尾的原则性要求是简明扼要、意尽言止，如无必要，也可以不写。

三、写作策略

（一）选题要准确

调查研究的选题，就是确定调研活动所要研究和解决的主要问题，是整个调查研究过程的起点，决定着调查研究的方向，对调查研究工作的进程、结果及其价值具有决定性的意义。怎样才能选好题？

第一，从工作实际出发，抓住主要矛盾。围绕本地区、本单位年度重点及中心工作，抓住对事物发展方向、效果等起决定意义的全局性问题展开研究，做到牵一发而

动全身。如党政机关的机构改革、"三农"、信息化建设等问题。

第二，从民生需要出发，抓住热点、难点问题。调研课题着眼于解决实际工作中遇到的困难和问题，这些困难和问题事关群众的切身利益。如食品药品安全、个人所得税、生态文明建设等。

第三，从发展前景出发，抓住带有倾向性、苗头性的问题。着眼于本单位或本行业的未来发展趋势，寻找本单位或本行业将来可能遇到的问题，针对这些问题，进行超前研究。比如信息化对基层单位管理工作提出的挑战，互联网的飞速发展造成的手机依赖症等，都需要不断进行超前研究。

（二）调查要深入

选题确定后，就要进行深入调查，摸清情况。做好调查，需要把握以下几点：

第一，调查准备应充分细致。调查者要吃透调查研究的目的，搞清调查什么、研究什么，根据调研选题及调研目的，认真学习有关理论和上级有关方针、政策意见以及有关业务知识。还要制订调研计划，确定参加调研的人员、时间、方法、步骤和注意事项，以及调研经费、交通方式等。调查者有时需要提前向被调查对象提供调查提纲，以便调查者进行相应的准备。

第二，调查的方式方法应科学多样。要根据不同的对象和自己的实际情况，采用科学的调查方式方法。常见的调查方式包括普遍调查、抽样调查、随机调查、非随机调查，重点调查、典型调查、整群调查、分层调查等。常见的调查方法主要有听取汇报、召开座谈会、现场勘查、问卷调查、个别访谈、跟踪调查、定点调查、文献调查、网络调查等。

（三）分析要到位

获取大量的材料，并不一定就能写好调研报告，还需要对调研获得的信息进行分析综合，进而提炼出观点。

第一，对材料分类处理，去粗取精。调研报告绝不是材料的堆积、情况的汇总，而是要进行大量的分析，对调查得来的情况、材料进行分类处理。如何筛选材料？要围绕重点来归纳，抓住主要情况、主要事件、主要成绩、主要问题，善于从不同的具体情况中找出共同的因果关系。通过分类研究，对问题的认识就会更加清楚。

第二，从材料中提炼观点，厘清思路。调研报告所揭示的问题，既要在当下有一定的普遍性和针对性，又要对未来有一定的预见性和指导性。写好调研报告，关键的环节是对调查来的情况和问题进行深刻透彻的综合分析，把调查得来的零散材料系统化，把感性认识理性化，努力从定性和定量、宏观和微观、静态和动态、纵向和横向等方面的综合分析中，把能够反映事物本质和规律的东西留下来。抓准问题，找对原因，引出规律性的观点，得出科学的结论。

第三，围绕调研目的，进一步明确主题。在确定调研报告的主题时，要充分考虑单位的中心工作、重点工作是什么，有哪些难点和热点问题需要回答和解决，哪些新事物、新经验需要总结、推广，哪些倾向性问题需要引起注意。通过认真分析，努力抓住事物的主要矛盾，提炼出正确、集中、深刻、新颖的主题。

（四）对策要管用

调研报告不仅要陈述客观情况，还要研究问题的成因及解决建议，要处理好写文章与指导工作的关系。调研的初衷是找准问题并拿出好的对策，既要回答"是什么""为什么"，又要回答"怎么办"。"研以致用"指的是在调查研究的基础上提出的措施必须切实可行，尤其应充分考虑实际的需要和可能。一份好的调研报告要做到查找分析问题客观科学，内容实在具体，针对性强，能抓住主要矛盾，为破解难题找准突破口。

思考与练习

（一）判断题

1. 客观事实是调研报告赖以存在的基础。（ ）
2. 调研报告的典型性表现在实施调研的主体具有典型性，以及文章所运用的材料典型。（ ）
3. 调研报告的写作目的主要是向上级机关提交建议以及向主管部门请求批准。（ ）
4. 调研报告以议论为主要表达方式。（ ）
5. 调研报告能够较为深入地揭示事物的本质。（ ）

参考答案： 1. √ 2. √ 3. × 4. × 5. √

（二）选择题

1. 写作调研报告，通常使用（   ）。
   A. 第一人称　　B. 第二人称　　C. 第三人称　　D. 任何人称均可
2. 调研报告的材料必须（   ）。
   A. 真实　　　　B. 形象　　　　C. 幽默　　　　D. 生动
3. 调研报告的文章结构中可以没有（   ）。
   A. 标题　　　　B. 主送机关　　C. 前言　　　　D. 主体
4. （多选题）调研报告的特点主要有（   ）。
   A. 真实性　　　B. 针对性　　　C. 权威性　　　D. 典型性
   E. 逻辑性
5. （多选题）调研报告正文的构成要素为（   ）。
   A. 标题　　　　B. 主送机关　　C. 前言　　　　D. 主体　　　　E. 结尾

参考答案： 1. C 2. A 3. B 4. ABDE 5. CDE

（三）写作题

阅读下面材料，假如你是××市文明办的工作人员，请拟写一份调研报告的提纲（400~600字）。

带狗上公交，甚至"狗占人座"的现象时有发生，而且容易引发社会争议，其焦点指向公共文明的短板。的确，公共空间中每个人的行为必须服从公共安全与公共秩序的需要，从而对行为的自由做出约束，并将一部分自由的权利让渡给公共空间。城市养狗等宠物也是如此，不能损害公共利益。例如，带狗上公交，一方面，侵占了公共交通的资源供给，哪怕有的当事人解释，给狗刷了卡，也是不允许的，客观来说不是钱的事，而是占有了他人乘车的空间与便利；另一方面，可能对公共安全带来影响，如对狗疏于约束会吓到小孩、绊倒乘客等，还会影响公共卫生，甚至传播疾病。

"狗占人座"是公共文明现状的缩影，折射出少数人缺乏公共意识，将个人的自由凌驾于公共安全与公共秩序之上，将好恶与道德的判断建立在损害公共利益之上。毫无疑问，对此类不良现象必须加以批评和谴责。然而，对公共文明的培养，仅仅局限于道德评价和教育引导是远远不够的。从很大程度上来说，公共文明更该是规则的文明，即具有共识的行为界限，哪些是允许的，哪些是禁止的，违反了又该如何处理，给予个体行为以清晰的界限。

这些年，加强城市养狗立法的声音不断，规范养狗行为，禁止狗进入公交、商场、学校等场所也是内容之一，都列入了相关的法律条款。例如，《××市养犬管理暂行办法》规定，乘客不得携犬乘坐除小型出租汽车以外的公共交通工具。但是，有法不依的现象比较普遍。我们无法奢望不出现个案，问题在于出现了该如何处理。对此，公交司机表示自己无权处理与罚款，而车辆运管部门解释了一通法规，又建议司机报警，由警察处理。管理踢了皮球，只会弱化法规的效率，公共文明事实上还是处在蛮荒地带野蛮生长。倡导和培养公民的文明素质，不但立法要快速跟进，而且城市管理的方式、手段，也要适应社会的发展，真正地管起来，富于智慧与效率。

参考答案：

关于 A 市文明养狗等行为的调研报告

带狗上公交现象时有发生，引发社会热议。少数人缺乏公共文明意识，将个人的自由凌驾于公共安全和秩序之上，将好恶与道德的判断建立在损害公共利益之上。

带来的危害：

1. 侵占公共交通的资源供给，占有了他人乘车的空间与便利。

2. 对公共安全带来影响，影响公共卫生，甚至传播疾病。

建议：

1. 应对不文明行为进行道德评价和教育引导，让民众了解城市养狗要服从公共安全和秩序，不能损害公共利益，个人的部分自由权利要让渡给公共空间。

2. 政府应建立公共文明规则，加强城市养狗立法，将禁止狗进入公交、商场、学校等公共场所列入法律条款，规范民众养狗行为。

3. 政府要更新城市管理方式和手段，适应社会发展，车辆运营等相关监管部门要明确权责，落实到人，监管到位，提升管理的可行性和效率。

（四）拓展题

下载并认真阅读一篇与自己所学专业有关的调研报告，思考下列问题：

1. 该调研报告的主题是什么？请尽量用一句话将其表达出来。

2. 该调研报告的论据有哪些？请将其一一罗列出来。
3. 为该文拟出一个结构提纲。

第三节　公示、启事的写作

一、公示的写作

（一）文种概说

1. 文种释义

公示，意为"公开宣示"或"公布宣示"。作为一种公务文书，**公示是指各级党政机关、企事业单位和社会团体将有关公共事务向广大群众和社会有关方面公布，让公众了解并征求意见、建议的文书。**

公示是随着我国政治体制改革逐步深化而形成并广泛使用的新兴公务文书，是社会主义政治文明建设发展的产物。从公示发布者的角度来说，各级各类机关单位可以利用公示向公众宣示有关情况和信息，实现党务、政务、公务公开，并征求群众的意见、建议，以促进、改善工作；从公示阅读者的角度来说，广大群众可通过公示知悉相关事项，从而实现政治参与，实行民主监督。

2. 特征解析

公开性。公示是向广大群众宣示与公众权益直接相关的各种事项和信息，从而促进各项事务公平、公正、合理地得到解决与办理。因此，公示写作的内容、承载的信息是公开、透明的。

诉求性。公示公布相关事项和信息，一为宣示告知，二为听取反馈，具有明确的征询诉求。所以，公示中须写明意见反馈的渠道、方式、期限等。这是公示区别于其他文告的重要特征。

广泛性。公示适用面较广，凡与公众权益直接相关、需要听取反馈信息的事项，都可用公示行文；公示的发布单位基本不受级别和类别限制，上至中央、国家机关，下至基层单位，各级各类组织都可以在自己的职权范围内使用。

3. 类型划分

按内容性质不同，公示可分为领导干部任前公示、机构设置与有关事项公示、行政执法信息公示、机构服务与价格公示、工程项目与采购事项公示、评比检查活动结果公示等。

按发布载体不同，公示可分为公告栏公示、媒体公示等。

4. 文种辨析

公示不同于公告。发布公示的目的在于使社会各有关方面或者本系统内的公众了解和掌握被公示对象的基本情况，同时征询各方面的意见，接受社会公众的监督；而发布公告的目的在于将有关的重要事项或者法定事项向国内外告知。从中也可看出，公告的发布范围要比公示更广。不仅如此，从内容上看，公告所涉及的内容事项具有确定性，它要将已经确定的重要事项或者法定事项向国内外公布；而公示的内容具有可变性，可根据社会公众所提交的反馈意见，按实际情况和需要加以调整和变更。

公示也不同于通告。主要表现为作为行政公文的通告，在告知的范围方面虽然不及公告广泛，但要比公示相对宽些；更为重要的是，通告还对一定范围内的社会公众和有关方面具有强制性和约束力，而公示则显然不具备此种效能。

公示还不同于通知。通知作为一种知照性公文，具有用以公布有关人事任免事项的功能，而且这些事项是由法定机关经过法定程序确定的；公示中所涉及的相关内容事项则是尚未确定的，它要广泛征求社会公众的意见，而后方能做出定论。同时，就行文要求来看，通知所涉及的事项一般是需要下级机关遵照执行和办理的，而公示则要求，如果有关人员对公示对象的基本情况有异议，可以向组织人事部门进行举报，或对公示内容的真实性和程序的合法性进行监督，但这种举报和监督出自有关人员的自愿，不是一种必然要求。[①]

（二）写作指要

1. 例文导读

干部任前公示[②]

经市委研究，盐田区委副书记、区长杨军同志拟任大鹏新区党工委书记。根据《党政领导干部选拔任用工作条例》规定，现予公示。

杨军，男，1971年8月生（48岁），湖南长沙人，1993年7月参加工作，1995年12月入党，学历为在职研究生（武汉大学经济法学专业），法学硕士，经济师。曾任市投控公司副总经理、党委委员，龙岗区委常委、副区长，2018年5月任盐田区委副书记，2018年7月任盐田区政府区长。

在公示期限内，可通过来信、来电、来访等形式，向市委组织部反映公示对象的情况和问题。要坚持实事求是的原则，不得借机诽谤和诬告。以个人名义反映的提倡实名；以单位名义反映的应加盖本单位印章。

公示时间：2020年5月27日至6月2日止

受理单位：市委组织部干部监督处

地址：深圳市福田区深南中路市委大院

邮政编码：518006

联系电话：0755-12380，传真电话：0755-88134394

电子信箱：gbjdc@opic.sz.gov.cn

中共深圳市委组织部
2020年5月17日

[①] 岳海翔. 公示及其写作 [J]. 写作, 2004 (21).
[②] 材料来源于深圳政府在线网站。

阅读与讨论：

（1）公示为什么要写明公示时间、受理单位、地址、联系电话等相关信息？

（2）请认真阅读例文，结合公示写作的相关知识，制作一个任前公示结构模板。

2. 结构模型

作为一种新兴文种，公示有自己较为固定的写作格式，一则完整的公示一般由标题、正文、落款三部分构成。有时有附件。

（1）标题。公示标题的写法比较多，常见的有以下三种：

由"发布单位名称、事由（公示内容）、文种词"组成，如《教育部办公厅关于公布〈教育部政府网站监管年度报表（2019年度）〉的公示》《××省民政厅关于救灾捐款捐物接收和发放使用情况的公示》；

由"事由（公示内容）、文种词"组成，如《关于全市民办高等职业技术学院办学质量评估结果的公示》；

直接使用文种词"公示"作为标题，如××市公开招聘县处级干部，经过初试、复试、面试，初步确定了录用名单，在市报公示时，其标题就只有"公示"这两个大大的黑体字。

（2）正文。公示的正文大致可分为缘由、事项和要求三部分。

公示缘由。简明扼要地交代发布公示的背景、原因、依据、目的、意义等，可根据需要酌定写作项目，常用"根据……，决定……，特此公示""为……，特公示如下"等特定的承启句式引出下文公示事项。

公示事项。即需要公示的事务、信息。撰写这一部分时，内容与结构形式的安排可因文而异，但都要做到条理分明，层次清晰。事项或信息如果比较简单，可与第一部分内容"篇段合一"；如果内容较多，可分条列项，还可附表、附图。

公示要求。这是公示正文的重要组成部分，一般包括：公示期限（公示的起止日期，一般是7~15天）、意见反馈的渠道和方式（包括受理单位或机构名称、联系方式、受理方式和要求）等。

（3）落款。包括公示发布机关名称和发布日期。公开张贴的公示，应加盖发文机关印章。

（三）写作策略

1. 内容明确，表达完整

公示的写作内容有时多而杂，有时少而精，但均要求做到"六明确"。一是明确公示对象。比如，拟任干部的姓名职务等，必须准确详细。二是明确公示范围。根据要求，有的公示面向社会公示，有的仅在本系统、本单位公示。三是明确公示内容。公示对象为个人的，多数要明确其自然情况和工作简历等；为单位的，也要讲明其性质、业务范围等。四是明确公示方式。需要向社会公示的，一般通过报纸、电视、广播等新闻媒体发布；在部门、单位或系统内公示的，可采取召开会议公示、张榜公示、网站公示等方式。五是明确公示时间。根据不同的规章制度要求，公示期也不一样，因此，要认真研究相关制度，准确确定公示期的时间长短。六是明确意见反馈渠道。要畅通意见和建议反馈渠道，便于公众参与。

2. 言简意赅，要言不烦

多数公示寥寥数语便可交代清楚各项要素。一些涉及重大事项的公示，篇幅相对较长，但不管长短，都要认真吃透有关政策精神，避免出现原则性、政策性和常识性错误；同时，要认真锤炼语言，用笔简练，惜墨如金，绝不涉及公示事项以外的其他内容，避免引起不必要的误解。

3. 主旨单一，一文一事

一份公示只涉及某一事务或信息，不可芜杂。

（四）案例研讨

关于对拟任干部进行公示的公告

经×××自治区党委研究，决定对以下1名拟任干部进行公示。

一、公示名单

×××，男，1971年5月生，汉族，大学学历，正高级工程师，中共党员，现任×××电力（集团）有限责任公司党委副书记、董事，拟提名任自治区党委直接管理领导班子的企业正职人选。

二、公示时间

公示时间从2021年10月1日至2021年10月13日。

三、受理方式

单位和个人可通过来访、来函、电话等形式反映上述公示对象的有关情况和问题。为便于对反映的问题进行调查核实，请在反映问题时提供有关线索，以及本人真实姓名、联系方式或工作单位等信息，我们将严格遵守工作纪律，履行保密义务，及时反馈核实情况。

公示办公室设在×××党政机关办公楼401房间。

受理时间：工作日上午9：00—12：00，下午13：30—17：00

受理电话：×××××××

特此公告

×××自治区党委组织部
2021年9月30日

公示目前已经成为一个普遍通行的公文文种，一般作为杂体公文使用。《党政机关公文处理工作条例》目前还未对其做正式公文文种规范，那么，国家党政机关是直接使用"公示"还是选用其他文种如"公告""通知""通告"正式文种进行公示呢？在国家党政机关还未做正式规范的情况下，公示可作为常用公文或杂体公文直接使用。事实上，许多机关，主要是组织部门和人事部门，也在直接使用。但例文《关于对拟任干部进行公示的公告》，优点是考虑到了公文文种使用的规范性，但公示与公告语义重复;另外,公示已约定俗成,再使用公告或通告、通知,显然不太符合习惯。当然,党政机关应使用规范的公文文种,因而《党政机关公文处理工作条例》在修订时,应根据使用需要加以规范和增补。

关于干部任免的公文标题已经形成一些"标准化"的形式,应准确使用。如例文标题可修改为"关于×××同志拟任职务问题的公示";如果人数比较多,可以使用"关于×××等同志拟任职务问题的公示"或"关于干部职务的任前公示";或使用杂体公文标题形式"干部职务任前公示"等。例文标题语义上就存在一些问题,应该不是对干部进行公示,而是对干部职务安排进行任前公示。

另外,"关于对",使用两个介词很累赘。例文内容在用语上也值得推敲,如"拟提名任自治区党委直接管理领导班子的企业正职人选",究竟是"提名"公示,还是"职务任前"公示,二者含义是不同的。另外,既然是干部职务任前公示,就是"公开"的意思,干部任什么职务应该一清二楚,"自治区党委直接管理领导班子的企业正职人选",显然任什么职务不清晰,容易让人猜想。

二、启事的写作

(一)文种概说

1. 文种释义

启事是机关、单位、团体或个人就某项具体事宜告知公众,希望有关单位、广大群众关心帮助或参与时所使用的事务文书,通常张贴在公共场所或者刊登在报纸、刊物上。机关、团体、企事业单位和个人都可以使用启事。

"启事"不同于"启示"。"启事"的"启"是"陈述",有"说明""告知"之意;"事"是"事情""事项"。"启事"就是陈述事情,告知事项。而"启示"的"启",则是"开导""启发";"示"是把事物摆出来或指出来让人知道。"启示"就是启发指示,开导思考,使人有所领悟。可见"启事"和"启示"的含义截然不同,二者不能通用。

启事的适用范围非常广泛,凡是需要有关方面或人员周知,需要大家关注、参与或帮助的事项,都可用启事向社会公众公开陈述告知。

2. 特征解析

告启性。启事面向大众告知相关事宜,只具有告启性,而没有强制性和约束力。

公开性。启事无保密要求,既可以张贴在允许张贴的公共场所,如公告栏等,也可通过报刊、电视、广播等大众媒体公开发布。

灵活性。启事既可由机关单位使用,也可以个人名义书写发布。所涉事项内容繁多,发布形式多样,文体形式比较简单、灵活。

3. 类型划分

征招类启事。包括征文、征稿、征订、征婚、征友、招生、招工、招聘、招标、招商、招领等启事。

告知类启事。包括开业、停业、迁址、更名、更正、庆典、遗失、作废等启事。

寻找类启事。包括寻人、寻物等启事。

（二）写作指要

1. 例文导读

壮丽 70 年　奋斗新时代
湖南省优秀教师"三笔"书法比赛征稿启事

2019 年是中华人民共和国成立 70 周年。为深入贯彻落实习近平新时代中国特色社会主义思想和党的十九大精神，根据《中共中央　国务院关于全面深化新时代教师队伍建设改革的意见》精神，强化教师"钢笔字、毛笔字、粉笔字"等教学基本功和教学技能，提高教师的教学素养，搭建学习交流的平台，展现新时代教师风采，湖南日报报业集团旗下《科教新报》、《放学后》、新湖南·湘学频道等媒体联合举办以"壮丽 70 年　奋斗新时代"为主题的湖南省优秀教师"三笔"书法比赛。

一、征稿时间

2019 年 8 月 21 日起至 9 月 30 日。

二、比赛项目

钢笔字、毛笔字、粉笔字。

三、参加对象

全省各幼儿园、大中小学、职业学校教师（含离退休教师），各地青少年宫、群众艺术馆、文化馆、书法补习和培训学校教师均可参加。作品分钢笔、毛笔、粉笔三种笔别。

四、作品内容和形式

1. 内容要求：风格高雅，具有时代精神和积极意义。古今优秀诗文、名言、楹联皆可。提倡自撰自书作品。

毛笔作品：形式不限，书体不限，最大幅不超过 6 尺。

钢笔作品：宜用 16 开纸书写。

粉笔作品：要求以规范、简化的楷体字书写，作品要拍成 6 寸的照片。

2. 征集作品的要求：

每位参赛者，同时提供三种笔别的作品参赛。要求作者在附送作品时注明姓名、年龄、作品名称、单位、通信地址、邮编、电话、QQ 及电子邮箱。应征作品一律不退。

应征作品寄至：长沙市芙蓉中路一段 442 号新湖南大厦事业楼 13 楼科教新报社　陈洁收　邮编：410005

咨询电话：0731-84326428

电子邮箱：kjxb2019@163.com

五、评奖及评选办法

1. 作品评选：将聘请有关专家组成评委会，对参赛作品分钢笔、毛笔、粉笔三种笔别进行评审，根据三种笔别作品得分累积总分排名评奖。

2. 奖项设置：

各组均设一、二、三等奖和优秀奖,颁发荣誉证书;总分排名成绩优秀者颁发"三笔"书法比赛全能金、银、铜大奖。

组织奖:以学校为单位组织教师集体参赛,20人以上可获组织奖,授予"优秀组织奖"称号,颁发荣誉证书。

所有获奖作品和名单将在新湖南·湘学频道、《科教新报》上刊登。

六、注意事项

为了展示教师书写能力的真实水平,比赛作品必须是作者本人书写,切忌代笔(非本人书写,一律取消参评资格)。

湖南日报报业集团科教新报社
《放学后》杂志社

阅读与讨论:

(1)如果将本文的文种改为通知或者通告,是否妥当?为什么?

(2)启事的落款一般是在正文右下方写明启事者的单位名称或个人姓名、成文日期,本文的落款为什么只有启事者单位名称,而没有成文日期?

(3)以本文为例,谈谈启事与声明在语气使用上的差异。

海南大学跳蚤市场开业启事[①]

全体同学:

大家好!

海南大学跳蚤市场原定于2016年9月30日16:30—19:00开业,但由于台风天气影响,不能正常开业。在此我们敬请全体师生员工谅解。第二期开业时间为2016年10月13日16:30—19:00。

届时,欢迎全体同学踊跃将自己的旧物品摆设在跳蚤市场供广大学生自由选购。只要你愿意跨出一步,无数学生将得到实惠。届时,如有意销售旧物品的同学,请到跳蚤市场现场审批处登记,现场工作人员安排地点销售。

海南大学跳蚤市场本学期开业时间为每月的第二周周五16:30—19:00,在开业期间欢迎全体同学惠顾!如遇暴风雨天气,将停业。

祝同学们学习进步,学业有成!

后勤服务集团
2016年10月11日

阅读与讨论:

(1)这是一则开业启事,本应开门见山地直接说明相关事项,但文中出现了一些与主旨无关或关联不大的内容,使文章显得芜杂,语言也不够简洁,试举一二例说明。

[①]夏景春. 应用文阅读与写作[M]. 北京:现代教育出版社,2018:35.

（2）启事是面向大众行文，正文之前写出具体受文者"全体同学"是否必要？

（3）启事不是书信，正文前后的问候、祝愿语是否妥当？如果不妥，如何修改？

（4）按照一事一启的要求，请根据上文提供的材料，删繁就简，重新写一则开业启事。

2. 结构模型

启事的基本结构为标题、正文、落款。

（1）标题

启事标题的写法体现出启事的灵活性特点，较为常见的是由事由、文种构成，如"征稿启事""招生启事"；也可由启事者、事由、文种三部分构成，如"××商场开业启事"；或只写文种"启事"；有时还可只写事由，如"招聘""寻人"等。不过，后两种写法在公务文书中较为少见。

（2）正文

正文是体现各种启事不同性质和特点的关键部分，一般用简明的语言说明启事的缘由、事项、要求、联系方式等。同时，应根据启事的不同种类和目的，注意内容侧重和详略上的不同，写法不必强求一律。

比如，开业启事一般应写明企业性质、宗旨、经营范围、地址、电话以及开业时间等内容，并使用"欢迎惠顾"等惯用短语；迁址启事应写清搬迁时间、新址、联系方式；招聘、招工启事要写明拟招聘的职别（工种）、人数、招聘条件、报名事项（报名资料、报名时限、报名方式）、联系方式等；征文、征稿启事则要说明征文（稿）目的、对象、内容（主题）、文体、字数、投递时限、投递方式、奖励办法；寻物启事要清楚告知失物名称、数量、特征、遗失时间和地点、失主的详细联系方式等；招领启事则应重点写明联系人、联系方式，写物品特征则要有所保留，以防冒领。

启事正文的写法比较灵活，内容简单的通常一段成文，内容较为丰富的则可分为多个段落，也可以分条列项陈述。末尾可用"特此启事""此启"等语作结。

（3）落款

在正文右下方写上启事者的单位名称或个人姓名、成文日期。以单位名义张贴的启事，一般应加盖公章。

（三）写作策略

1. 一事一启，主旨单一。启事内容要求事项单一，不可掺杂无关内容。

2. 内容真实，结构完整。启事内容要严密、完整，不遗漏应启之事。征招类、寻找类启事务必写清联系人、联系电话、联系方法等。

3. 语言平实，态度恳切。启事往往期待得到人们的了解、帮助或参与，因此，用语通俗平实，态度恳切诚挚，且应适当使用礼仪用语。

4. 注意启事与文告类公文的区别。启事不具有法规性和约束力，所涉事项为一般具体事务。如公布重大或重要的公务事宜，宜选用公告、公报、通告等法定公文文种。

思考与练习

(一) 判断题

1. 公示是社会主义政治文明建设发展的产物。（　）
2. 公示必须通过媒体进行发布。（　）
3. 一份公示只涉及某一事项或某一信息。（　）
4. 发布公示的目的，是收集群众的意见和建议。（　）
5. "启事"可以写成"启示"。（　）
6. 启事的标题可以只用事由表示。（　）
7. 招领启事应把拾到物品的详细情况，如物品的规格、数量、型号、特征写清楚，以便失主认领。（　）
8. 启事可用来处理公务，也可用于处理私人事务。（　）
9. 启事用语要求恳切、真挚、有礼。（　）

参考答案：1. √　2. ×　3. √　4. √　5. ×　6. √　7. ×　8. √　9. √

(二) 选择题

1. ××公司征求对拟提职者的意见，应用（　）。
   A. 启事　　　B. 公示　　　C. 声明　　　D. 通知
2. 公示的语言表达要求（　）。
   A. 生动传神　B. 言近旨远　C. 客观平实　D. 回味无穷
3. 为利于主旨表达，公示的写作应做到（　）。
   A. 一文一事　B. 一文多事　C. 数文一事　D. 数事一文
4. （多选题）公示正文一般分为（　）三部分。
   A. 公示缘由　B. 公示单位　C. 公示标题　D. 公示要求
   E. 公示事项
5. 诚佳酒店因设备检修，需要暂停营业，行文告知公众，应用（　）。
   A. 公示　　　B. 声明　　　C. 通知　　　D. 启事
6. 主体内容不宜写得太详细具体的启事是（　）。
   A. 寻人启事　B. 征文启事　C. 招领启事　D. 招聘启事
7. （多选题）启事的种类主要有（　）。
   A. 寻找类启事　B. 总结类启事　C. 批准类启事　D. 告知类启事
   E. 征招类启事
8. （多选题）启事的标题结构可为（　）。
   A. 启事者+事由　B. 事由+文种　C. 文种　　　D. 事由
   E. 启事者+事由+文种
9. （多选题）下列事项中，适宜使用启事行文的有（　）。
   A. 招生　　　B. 开业　　　C. 寻人　　　D. 公司迁址

E. 宣布法定事项

参考答案：1. B 2. C 3. A 4. ADE 5. D 6. C 7. ADE 8. ABCDE 9. ABCD

（三）写作题

根据下面的材料，为南方工艺品公司拟写一份公示。

1. 南方工艺品公司打算聘请谢天华为该公司工艺总监。

2. 谢天华现在是南方工艺品公司兼职工艺总监。

3. 谢天华目前是国家一级工艺美术师，1993年毕业于中央工艺美术学院。

4. 工艺总监聘期三年。

5. 在兼职担任南方工艺品公司工艺总监期间，谢天华主持完成了大型和田玉雕刻《天女散花》、大型寿山石雕像《抗战岁月》等工艺作品，扩大了公司的市场占有份额，提高了公司的知名度。

（四）分析题

李阳在打篮球的时候，把一件黑色夹克放在了篮球场边上，结果打完篮球后忘记穿上，再去找的时候已经不见了。他写了一份寻物启事并张贴在学校的张贴栏，你看看有什么问题？

哪位同学捡到一件衣服，请交还给我。

2020年5月20日
李阳

1. 如果你是李阳，你能通过这个启事拿回自己的夹克吗？为什么？
2. 请从实际出发，试着改写上面这则启事。

第十三章 讲话类公文的写作

邓小平亲自拟定《解放思想，实事求是，团结一致向前看》讲话提纲

1978年12月13日，在中央工作会议闭幕会上，邓小平指出，首先是解放思想，只有思想解放了，才能正确地以马列主义、毛泽东思想为指导，解决过去遗留的问题。发出了振聋发聩的改革强音："再不实行改革，我们的现代化事业和社会主义事业就会被葬送。"《解放思想，实事求是，团结一致向前看》重要讲话，对中央工作会议提出的正确意见作了肯定和总结，也为党的工作重心转移后所面临的重大任务提出了具体的指导方针和原则，在实际上为即将召开的党的十一届三中全会做出工作重心转移决定做了充分准备，成为会议的主题报告，被誉为"开辟新时期新道路、开创建设有中国特色社会主义新理论的宣言书"。

这份由邓小平亲自拟定的1978年中央工作会议闭幕会讲话提纲手稿，由于年深日久，纸面已微微泛黄。提纲手稿，用铅笔写在长26.5厘米、宽19厘米的16开白纸上，共3页，约500字。这份珍贵的手稿一直保存在讲话起草人之一、经济学家于光远手中，于光远夫妇1997年2月将其找出，并在《百年潮》1997年第4期上首次披露。2013年12月24日，根据于光远生前遗嘱，其夫人孟苏将手稿捐赠给国家。目前，这份提纲手稿陈列于中国共产党历史展览馆。[①]

会议是社会生活、政治生活中一种经常的、广泛的活动形式，也是党政机关、企事业单位、人民团体重要的组织管理形式。讲话类公文就是在各种会议和公众场合发表见解、交流思想、开展工作而使用的一种书面文稿。

讲话类公文虽然是一种书面文体，但主要用于与听众的口语交流。讲话者通过声音，将自己的思想、观点、情感直接传达给听众，起到更好的教育、宣传、鼓舞作用。因此，讲话类公文在社会生活中，使用广泛、种类繁多，并且分类复杂。根据传播媒介的不同，讲话类公文可分为现场讲话、广播讲话、电视讲话、电话讲话；根据会议的性质和讲话产生作用的不同，讲话类公文可分为会议讲话稿、仪式致辞和演讲稿；根据讲话人身份的不同，讲话类公文可分为领导讲话稿、代表发言稿等。

---

① 资料来源：中国共产党历史展览馆。

第一节　领导讲话稿的写作

一、文种概说

（一）文种释义

领导讲话稿也就是狭义的讲话稿，**指的是党政机关、企事业单位的领导人员在有关会议等各种场合，代表该机关单位发表讲话时使用的文稿**。它是领导人组织开展公务活动的重要方式，是实施领导职能的重要途径，是推动工作的重要载体，在传达政令、布置任务、指导工作和交流经验中，发挥着不可替代的作用。其一，通过领导讲话，把上级机关召开的重要会议精神和重大决策、工作安排传达下去，以确保政令的上下贯通。其二，通过领导讲话，把一些涉及全局性的重要工作向与会人员进行通报，以沟通情况，达成共识。其三，通过领导讲话，对某一阶段工作或某项工作进行回顾总结，肯定成绩，指出不足，对未来工作进行安排部署。

领导讲话稿有时会以通知等法定文种印发，供下级单位学习和贯彻。

（二）特征解析

1. 主体权威性

领导讲话稿的使用主体是党政机关、企事业单位的领导人员，由于其具有法定职权，所以，领导讲话不同于一般的发言和演讲，而是对其负责和分管的工作提出指导性意见，是实施领导管理职权的直接体现。因此，领导讲话具有其职权赋予的权威性和指导性。

2. 内容启发性

领导者处在某个系统的中心和最高点，其讲话应该站在全局的高度凝聚人心、调配资源、指示工作，体现出较强的启发性。其所提出的意见，应该既要让人有所启发、有所共鸣，又要让人有所信服、有所进益；既要让人知其然，也要让人知其所以然；既要让人明确目标任务、掌握工作方法，也要让人乐于接受、主动作为。

3. 指向实用性

领导讲话稿是领导管理人员在会议等有关场合使用的文稿，这些场合活动本身具有很强的目的性和针对性。这也决定了领导讲话的实用性。领导的各种讲话，无论是宣传真理、传递信息，还是剖析形势、分析问题；无论是激励人心、鼓舞士气，还是解释疑问、提示方法；无论是确定目标、申明要求，还是总结经验、部署工作，均是履行领导管理职责的体现，必须言之有旨、言之有物，具有很强的目的性和实用性。

（三）类别划分

根据专题讲话稿的内容和目的的不同，领导讲话稿可分为三种类型。

汇报性讲话稿。这种专题讲话稿主要是就一定时期内开展的各项工作向与会人员进行汇报,以确定下一阶段工作的重点和目标,如各级人民政府每年向同级人民代表大会所作的政府工作报告。

传达性讲话稿。这种专题讲话稿主要是向与会人员传达党和国家的各项法令、政策、方针,以及上级机关的重要会议精神和工作指示等内容,以期认真学习、深刻领会。

部署性讲话稿。这种专题讲话稿侧重于对下一阶段的工作进行动员和部署,以使与会人员明确下一阶段某项工作的开展原则、任务和具体内容,如《×副市长在突发事件信息报送工作会议上的讲话》。

(四)文种辨析

领导讲话稿与代表发言稿文类相近,都属于讲话类文稿。从词义来看,"讲话"和"发言"并没有多大区别。但是,从文书撰拟的角度看,二者有着多方面的差异。

1. 主体性与方向性存在差异

就行为本身而言,讲话就是发言,发言就是讲话。但是,由于主体和对象不同,在实际运用中,讲话稿的"下行性"和发言稿的"上行性"已被大家广泛接受,并形成一种思维定式。一般来讲,人们习惯把上级领导在会议上所说的话或主要领导在单位专门活动和会议上所说的话称为"讲话",而将普通与会者在会议上所说的话称为"发言"。比如,某校长在新生开学典礼上所说的话是"讲话",而某教师在新生开学典礼上所说的话是"发言"。

2. 层次与角度存在差异

位置决定态度,高度决定角度。讲话稿体现的是会议的中心思想,要求讲话人站在全局的高度,从宏观的角度考虑和认识问题。如《××省政法委书记在全省司法行政系统社会管理创新推进会上的讲话》,讲话人站在全市社会管理创新的大局,对司法行政系统提出要求,比较符合讲话人的身份和高度。发言稿体现的是局部性视野,一般是站在个人或某一群体的立场上,从微观的角度考虑和认识问题。如《×××同志在全市新疆籍高校毕业生培养实习工作欢迎会上的表态发言》,发言人站在实习指导老师的立场谈如何履行职责,而不是站在领导的角度对全市的实习培养工作提要求,这样的发言角度就比较得体。

3. 功能与性质存在差异

讲话稿是各级领导在各种会议上发表的带有宣传、指示、总结等性质的文稿,一般体现主办方或上级领导的意见,其特点是从整体出发,具有一定的原则性、政策性和权威性。发言稿是与会者为了在会议或重要活动上就某个问题发表自己的看法和主张,或汇报某项工作的具体落实、执行情况而准备的文稿,其特点是从自身实际出发,畅所欲言,具有一定的务实性和灵活性,具有汇报、发布、交流等功能。比如,某省委副书记在某市环境保护工作会议上的讲话,即属于讲话稿的性质。其内容应当体现出国家、省对环境保护工作的总体要求,从全省的角度对该市的环境保护工作做宏观指示。

4. 主题与内容存在差异

讲话稿的主题是分析形势,指出差距和不足,提出目标任务、工作要求、意见和希望，发出号召。在题材选择的时间纬度上，既可以向后看——总结工作，又可以向前看——布置任务、提出要求；在题材选择的空间纬度上，既可以向内看——分析进度，又可以向外看——分析形势、比较差距。发言稿的主题是汇报对上级政策的贯彻落实情况，即具体做法、举措及成效。在题材选择的时间纬度上更强调回顾性，即使涉及将来的工作，也只是谈一谈工作思路，不能提工作要求；在题材选择的空间纬度上更强调内向性。

二、写作指要

（一）例文导读

×副市长在突发事件信息报送工作会议上的讲话

（××××年×月×日）

×××

同志们：

今天，我们在这里专门召开全市突发事件信息报送工作会议，充分体现了市委、市政府对这项工作的高度重视。这次会议的主要任务是：分析当前我市突发事件信息报送工作现状，重点解决一些县区和单位迟报、漏报、轻报、瞒报突发事件问题，研究部署进一步加强和改进突发事件信息报送工作。刚才，源城区、和平县政府以及市公安局、市安监局、市三防办有关负责同志，围绕如何加强和改进突发事件信息报送工作作了很好的发言。现在，我讲三点意见。

一、统一思想，充分认识突发事件信息报送工作的重要性和紧迫性

（一）信息报送是处置突发公共事件的关键环节

加强应急管理，提高预防和处置突发公共事件的能力，是坚持以人为本、执政为民的重要体现，是关系经济社会发展全局和人民群众生命财产安全的大事，是全面落实科学发展观、构建社会主义和谐社会的内在要求，是各级政府履行社会管理和公共服务职能的重要体现。突发公共事件信息报送工作是处置突发公共事件的关键环节。信息报送渠道畅通与否和传递效率高低，直接影响对突发公共事件的预测预警、应急处置、善后恢复。如果信息报送渠道不畅，发生信息迟报、轻报、漏报甚至瞒报、谎报的行为，那么，将影响上级的决策，影响应急处置工作的有效开展，还有可能导致事态的进一步恶化。及时、准确的信息报送，有利于掌握突发公共事件的动态和发展趋势，及时采取积极有效的措施，最大限度地减少事故和灾害的发生以及造成的损失，保护人民群众生命财产安全。因此，各级各部门务必提高认识，进一步增强责任感和紧迫感，切实做好突发事件信息报送工作。

（二）做好突发公共事件信息报送工作是各级政府各部门的法定责任

有关法律以及国家、省的法规、规定对各级各部门突发事件信息报送均作了明确的要求……坚决把责任落实到岗位、落实到具体人员，为积极、主动、有效应对突发

事件创造有利的条件。

二、正视差距，清醒认识我市突发事件信息报送工作存在的不足

市委、市政府一直以来高度重视应急管理工作。近年来，按照党中央、国务院，省委、省政府以及市委、市政府的决策部署，全市各地、各有关单位以"一案三制"（应急预案，应急体制、机制和法制）为工作重点，以"一网五库"（应急管理工作联络网，救援专业队伍库、物资库、专家库、法规库、典型案例库）为工作突破口，精心组织，狠抓落实，社会各界积极支持、广泛参与，各项工作进展顺利，应急管理工作取得显著成效。这一成绩的取得，与各级各部门认真做好信息报送工作密切相关。但是，我们也清醒地看到，我市应急管理工作的信息报送工作还存在一些突出问题，主要表现在：一是迟报现象十分严重。突发事件信息迟报是通病，在全市范围内普遍存在，这也是目前我市信息报送工作中的一个"顽疾"。二是漏报现象时有发生，尤其表现在各县区常有漏报现象。三是轻报现象一定程度上存在。四是信息报送的质量有待进一步提高。

冷静思考，深刻剖析，上述问题存在的主要原因有：一是思想认识不到位。当前及今后一段时间，我市经济社会发展正逐步转入科学发展轨道，既是"黄金发展期"，又是"矛盾凸显期"，各种传统和非传统的、自然和社会的安全风险将交织并存，我市应急管理工作依然面临严峻的形势和挑战。有的县区、有的部门对我市应急管理工作面临的严峻形势和挑战缺乏足够的认识。具体到突发事件信息报送工作中，思想上不够重视，认为信息报送工作无关紧要，可有可无，可快可慢。二是体制不健全。按照省政府的要求，各县区人民政府今年3月底前应成立应急办。但是，到目前为止，全市只有源城区成立了应急办，还是区府办公室下属的正股级事业单位。这与目前公共安全形势是十分不相适应的，也难以承担应急管理办事机构理应承担的职责。三是应急管理工作联络网建设不完善。有的县区和部门到目前为止都尚未明确专人负责应急信息报送工作，这直接导致信息报送工作的滞后。四是业务水平有待进一步提高。信息报送人员素质参差不齐，业务水平高低不一，也导致突发事件信息报送工作中常出现漏报、迟报、瞒报或轻报，以及报送质量不高等现象。对这些问题，我们必须高度重视，及时予以解决。

三、强化措施，进一步加强和改进突发事件信息报送工作

做好突发事件信息报送工作是讲政治、讲大局、讲稳定的具体表现，各级各部门务必高度重视，增强使命感、责任感和紧迫感，严格落实信息报送的责任，打起十二分精神、投入百分之百的精力，切实保证信息渠道的畅通，不断提高信息报送的时效性和质量。当前要重点做好以下几方面工作：

（一）加强应急管理体制建设。这是做好突发事件信息报送工作的前提之一，也是衡量一个地方一个部门是否重视突发事件信息报送工作的主要标志之一。要健全完善应急管理体制，进一步建立健全市、县区、乡镇（街道）、居委会（村委会）的应急管理组织体系。各县区政府必须在今年7月底前成立应急办，配备专职人员开展应急管理工作，履行值守应急、信息汇总和综合协调职责，充分发挥各级政府应急办"统筹、协调、补不足"的职能作用。乡镇政府、街道办事处要根据实际情况，成立应急

工作领导机构和办事机构，确定相关责任人员，其办事机构可以在强化现有相关机构应急管理职能的基础上组建，承担日常应急管理工作职责和任务，真正做到基层应急管理"有人管、有人做"。各基层机关、社会团体和企事业单位要根据实际情况，建立健全应急管理组织体系，在属地政府的领导下开展应急管理工作。

（二）加强突发事件信息员队伍建设，完善信息报送工作网络。"一网五库"中"一网"就是指应急管理工作联络网。只有形成网络，才能进入"信息高速公路"，实现信息的无缝对接。各县区政府和市各单位要把政治敏感性强、责任心强、业务能力强的同志吸收进专（兼）职信息员队伍，明确本地区、本部门的专（兼）职信息员具体负责突发事件信息报送工作，并将各专（兼）职信息员有关通信资料在今年6月底前报市政府应急办。同时，各县区、各部门要创新方式，讲求实效，加强对突发事件信息员的宣传和培训工作，努力增强广大信息员对各类信息的分辨能力以及业务水平。

（三）努力拓宽信息来源渠道。各县区各部门要通过聘任基层信息员……

（四）切实提高信息报告的质量……

（五）强化信息报送责任制，坚决落实责任追究制……

阅读与讨论：

（1）本文开头采用的是什么方式？

（2）本文主体部分是"两块式结构"，如果按照"三块式结构"写作，应该怎样写？

（3）思维导图，指通过图文并重的方式，把文章各级主题相互隶属与相关的层级表现出来。请使用思维导图，勾勒这篇讲话稿的写作思路。

（二）结构模型

一篇完整的领导讲话稿由标题、称谓、正文三部分构成。

1. 标题

专题讲话稿标题常用以下四种写法：

标明讲话人姓名、会议名称、文种，如《×××市长在全市教育工作会议上的讲话》。

标明会议名称和文种，如《在全市行政机关反腐倡廉动员大会上的讲话》。

直接概括讲话的核心内容，如《完整地准确地理解毛泽东思想》。

新闻式双标题，正标题标明讲话的核心内容，副标题标明讲话背景和文种，如《扛起新使命　开启新征程　奋发有为深入实施健康中国重庆行动——2021年全市卫生健康工作报告》。

第一种标题中已含讲话者姓名，标题之下只标明日期；其他三种，标题下应写明讲话者（或冠以职务）、日期。日期通常单列一行，外加圆括号。

2. 称谓

讲话者对在场听众的称谓，类似广播文稿中的"呼语"。讲话稿中的称谓一般为讲话者开讲的第一句话，奠定讲话全程的情感基调。不同场合的称谓依参会成员的身份而定，称谓既要囊括在场所有听众，还要突出与会议相关的重要对象。称谓应注意先后次序，表述准确。通常有四种称谓方法：一是类称，基本模式是"各位+……"，如各位领导、女士、先生、来宾、嘉宾、朋友、同胞、同志等；二是泛称，同志们、朋友们、市民们等；三是称呼前加敬语，尊敬的、亲爱的等；四是复合式，如"尊敬的领导，各位老师、同学"。

3. 正文

领导讲话稿的正文一般由开头、主体和结尾构成。不同类型的领导讲话稿正文的写法不同，本节主要介绍部署性讲话稿正文的写法。

（1）开头

开头应高屋建瓴，统摄全篇，开门见山，紧扣主题，简明扼要，吸引听众。开头的内容一般会涉及讲话的缘由（会议召开的背景、意义）、目的、主旨和任务，让与会者明确，会议是在什么情况下召开的，为什么召开（意义、作用），中心议题是什么，要达到什么目的；有时，还对如何开好会议提出要求。常用开头方法有以下几种：一是交代背景法，介绍与会议、讲话有关的情况，说明会议是在什么情况下召开的；二是点明主旨法，开门见山，直奔主题，提出工作要点或讲话主旨；三是揭示意义法，先点出会议性质，紧接着阐明其目的意义；四是提出问题法，提出问题，引起注意，引发思考；等等。部署性讲话稿最常使用第二种开头方式，如：

今天，我们在这里专门召开全市突发事件信息报送工作会议，充分体现了市委、市政府对这项工作的高度重视。这次会议的主要任务是：分析当前我市突发事件信息报送工作现状，重点解决一些县区和单位迟报、漏报、轻报、瞒报突发事件问题，研究部署进一步加强和改进突发事件信息报送工作。刚才，源城区、和平县政府以及市公安局、市安监局、市三防办有关负责同志，围绕如何加强和改进突发事件信息报送工作作了很好的发言。现在，我讲三点意见。

（2）主体

主体是领导讲话稿的核心部分，主要讲述开展工作的原则、工作任务、工作目标以及开展工作的具体方法、步骤和要求等，表明讲话者的立场、观点、意见、方法、措施，以及希望和要求。主体部分要做到：主旨鲜明、观点正确、内容丰富、分析透彻、材料充实、详略得当、层次分明、条理清晰、逻辑严密、言之有序。

主体部分常见的结构方式有三种：

一是一块式结构。专注于工作要求而进行写作。如《×副市长在突发事件信息报送工作会议上的讲话》主体部分的结构：一要确保各类突发事件信息及时、有效、准确报告；二要加快建立一支专业化信息员队伍；三要畅通突发事件信息报送渠道，及时上报信息；四要规范突发事件信息管理工作。

二是两块式结构。第一部分总结成绩，或分析形势，或明确意义，或统一思想，或指出问题，或兼而有之；第二部分指出工作思路、目标任务、主要措施和具体要求。如《×副市长在突发事件信息报送工作会议上的讲话》主体部分的结构：第一部分结合统一思想和明确问题进行写作，安排了"统一思想，充分认识突发事件信息报送工作的重要性和紧迫性""正视差距，清醒认识我市突发事件信息报送工作存在的不足"具体内容；第二部分从主要措施和具体要求进行写作，聚焦"强化措施，进一步加强和改进突发事件信息报送工作"的具体内容。尽管主体部分有三方面内容，但其结构却是两块式结构。

三是三块式结构。第一部分写作形势背景、重要意义、提高认识、统一思想等内容；第二部分写作工作任务、工作重点、工作要求、工作步骤等内容；第三部分写作组织领导、经费保障、宣传动员、督促检查等内容。这种结构的思路符合人们的认识规律，"为什么开展这项工作"→"如何开展这项工作"→"如何才能保证把这项工作做好"，多用于部署动员性的专题讲话稿。

（3）结尾

结尾往往凸显结论性、方向性、指示性、建议性、展示性、要求性等。专题性领导讲话稿应根据讲话的主体内容，充分实现一种或数种糅合的使用，力求首尾呼应。常用的结尾方法有以下几种：一是总结式，将讲话要点加以归纳概括，在"综上所述""总之""同志们"等提领语之后列出；二是希望式，向与会者提出要求和希望；三是号召式，向与会者指明方向，发出号召；四是展望式，展望未来前景，鼓舞人心。

三、写作策略

领导讲话虽出自领导之口，但由于领导政务繁忙，讲话稿往往由秘书"代劳"，再由领导审核把关。要写出领导满意、受众认可的高质量讲话稿，须做到以下几点。

（一）准确定位，把握讲话基调

写作领导讲话稿时，应根据主题、场合、对象的不同，灵活掌握讲话的内容和方式。其一，明确讲话的主题。讲话主题决定了讲话内容的方向和重点，同一场合不同领导的讲话内容各不相同，其根本原因在于讲话主题存在差异，而讲话内容、角度以及语气是随主题变化的。因此，起草领导讲话稿时，要弄清讲话的主题，根据中心主题安排讲话稿的内容与结构。其二，弄清讲话的场合。讲话的场合就是在什么时间、什么地点、什么背景下讲话，这些因素对讲话的内容、方式具有一定的影响。其三，把握听讲对象。起草领导讲话稿前，要弄清楚听众的身份地位、思想政治水平、文化程度及职业等，充分尊重听众的现实需求，写出具有针对性的内容。

（二）认真领会，把握领导意图

领导意图就是讲话稿的主旨，讲话稿内容一定要围绕领导意图展开。在领受写作任务时，务必弄清楚领导想要表达的观点，想要达到什么样的目的，需要强调的问题等。领会领导意图，需要具备两种思维。一是"换位思维"。要学会站在领导的角度去分析和解决问题。二是"延伸思维"。在掌握领导意图的基础上，对领导意图进行扩展，创造性地理解和发挥领导意图，使讲话稿既体现领导意图，又将写作者独到的见解融汇其中，使二者有机结合。

（三）全面了解，把握领导讲话风格

领导在年龄、经历、性格、文化程度等方面存在差异，从而形成了各具特色的领导风格，讲话也是风格各异。在为领导起草讲话稿时，必须弄清楚为谁而写，摸清楚

领导的特点,使讲话内容充分体现领导的身份、年龄、职务、阅历、文化修养。写作时,应视情况的不同,在领导讲话的语气、措辞上多下功夫。

(四) 内容实在,着力于解决问题

写作领导讲话稿,要坚持一切从实际出发,针对实际问题,将解决问题的办法充实到讲话稿当中,使讲话内容客观实在。一方面,如实地把客观真实的现象表述出来,从翔实的材料中分析得出正确的观点和结论,整个过程不掺杂任何主观臆断。这样,领导讲话中所提及的任务、措施才能真正用于指导实践,并接受实践的检验。另一方面,着眼于本单位的工作实际,坚持从实际出发,全面分析问题。尽可能地吃透上级精神、摸清下情、掌握实情,提出符合上级方针政策、切合本单位实际情况的思路和举措。

思考与练习

(一) 上网阅读《习近平在中国文联十一大、中国作协十大开幕式上的讲话》(2021年12月14日),做好思维导图笔记,从评析讲话稿结构的角度写作500字左右的评论。

(二) 讲话类公文与党政机关法定公文的语言风格有何异同?

(三) 近年来,多地倡导领导干部自己动手写讲话稿,你如何看待?

(四) ××大学的人文学院2020级学生即将开始毕业实习,人文学院为此专门召开毕业实习动员大会,该院分管教学的张华副院长需要在大会上作毕业实习动员。请你代张华副院长拟写一份讲话稿。

第二节 致辞的写作

一、文种概说

(一) 文种释义

在日常社会交往中,出席公司开业、工程剪彩、周年庆贺等庆典活动,宾主双方需要现场发表一些礼节性讲话,这就是致辞。**致辞,指具有特定身份的人在重大节日、重要活动、特定场所发表讲话的一种礼仪性文书**。致辞,亦作"致词",《现代汉语词典》以"致辞"为推荐词形。其主要目的在于传递信息、交流感情、增进友谊、营造氛围。

(二) 特征解析

1. 礼仪性

礼者,"人所履也",是一种合乎道德的行为规范,所以需要通过一定的形式、程序、动作表现出来,也就是仪。所以,礼和仪密不可分。也就是说,礼必须体现为一

种行为方式或者外在形式。这种行为方式或者外在形式，既表现在日常生活中，也包括公开、正式、隆重的典礼场合，如重要会议或重要活动、贵客嘉宾的迎送仪式、婚庆寿诞的宴会集会等。

2. 情感性

致辞面对的是有血有肉有感情的听众，只有注入真挚、浓烈的感情，才能激起听众的共鸣。致辞要带着感情、知晓实情、表达真情，并采用情感化、通俗化、形象化的语言，或严肃，或喜悦，或亲切，声情并茂，以情感人，浓郁氛围。与其他讲话稿相比，致辞更注重从言语行为中体现热情、真情与实意，突出情绪的感染力量。

3. 简明性

礼仪致辞作为整个公务活动的序曲或尾声，意在开启公务活动或者对本次公务活动做出高屋建瓴的总结。所以，致辞内容切忌烦冗，在公务活动中的时间占比不可太多。绝大部分致辞时间在3分钟以内，力求简短精练，以免让听众产生厌烦心理。

（三）类型划分

根据讲话的具体场合，可将致辞分为三类：

一是节日致辞，如新年贺词、五一国际劳动节致辞等，习近平总书记2014年新年献词就是一篇典型的节日致辞。

二是活动致辞，如重点工程开工奠基、项目竣工、商场开业以及婚礼、宴会、周年庆典等活动致辞。

三是会议致辞，如开幕词、闭幕词、欢迎词、欢送词等。

（四）文种辨析

1. 开幕词与闭幕词

开幕词和闭幕词常用于举行比较重要的会议或举办规模较大、有一定社会影响力的活动，前者如党代会、人代会、专题工作会、学术会议，后者如运动会、展销会、庆典等。

开幕词和闭幕词首尾相应，配合使用。开幕词主要阐述会议的目的、任务、会期、主要议程等，引导会议的正式开始；闭幕词则通过总结会议的主要内容和精神，评价会议取得的成果和意义，宣告会议正式结束。

开幕词和闭幕词的致辞者一般是会议或活动主办方的主要领导人，尤其是在一些特别隆重和盛大的场合，有时也可以是主持人。

2. 欢迎词与欢送词

迎送是社会组织和个人之间交际往来中必不可少的礼仪行为，欢迎词和欢送词即用于一些正式隆重的典礼场合迎送嘉宾，从而使宾主的交往更加融洽与和谐。

欢迎词和欢送词在使用上也相互关联，欢迎词是对嘉宾的到来表示热烈的欢迎，表达主人的热情好客之意；欢送词用来送别嘉宾，传达主人对客人的惜别之情和衷心祝愿。

3. 祝词与贺词

祝词、贺词可以合称为"祝贺词",二者都泛指对人、事表示祝贺的言辞,富于强烈的感情色彩,针对性、场合性也很强。因此,祝词和贺词在某些场合可以互用,如祝寿也可以说贺寿。

虽然祝词与贺词有时可以互用,但二者所包括的含义却并不相同。祝词一般是对正要开始或方兴未艾的某件事情的发展趋势或结果,表示良好的祝愿、祝福和期望,因为此时事情尚未成功,致辞者表达的是祝愿、希望。而贺词一般针对已经成功的事情,致辞者对此表示的是庆贺、道喜。如祝贺生日诞辰、结婚纪念、竣工庆典、荣升任职等,都比较适于用贺词的形式来表达。另外,贺词的含义范围也较广,贺信、贺电也属于贺词的范畴。

二、写作指要

(一) 例文导读

在首届智博会开幕式上的讲话[①]

尊敬的韩正副总理,各位来宾,女士们、先生们:

大家上午好!今天,首届中国国际智能产业博览会隆重开幕。习近平总书记专门发来贺信,韩正副总理亲临大会指导,带来了党中央、国务院的亲切关怀和巨大的鼓舞。来自国内外的2万余名宾朋相聚在"山水之城、美丽之地"重庆,共享大数据发展机遇,共商智能化合作大计。在此,我谨代表中共重庆市委、市人民政府,向各位领导、各界嘉宾表示热烈欢迎和衷心感谢!

重庆在国家区域发展和对外开放格局中具有独特而重要的作用。2016年初习近平总书记亲临重庆视察指导,今年全国"两会"期间总书记到重庆代表团参加审议,殷切希望重庆发挥西部大开发的重要战略支点、"一带一路"和长江经济带的联结点作用,要求我们加快建设内陆开放高地、山清水秀美丽之地,努力推动高质量发展、创造高品质生活。

我们深入贯彻习近平新时代中国特色社会主义思想和党的十九大精神,坚持从全局谋划一域、以一域服务全局,脚踏实地、真抓实干,切实把总书记的殷殷嘱托全面落实在重庆大地上。当前,新发展理念指引下的高质量发展态势持续向好,干部群众的精神状态积极向上,重整行装再出发的重庆正以新的姿态奋力地向前!

习近平总书记在贺信中指出:"我们正处在新一轮科技革命和产业变革蓄势待发的时期,以互联网、大数据、人工智能为代表的新一代信息技术日新月异。"在信息化发展的新阶段,互联网是新的基础设施,大数据是新的生产要素,云计算是新的服务模式,智能化是新的发展动能。在推进大数据智能化创新方面,重庆拥有良好的区位优

[①] 本材料来源于搜狐网《书记、市长:首届智博会开闭幕式讲稿全文刊发》。

势、政策优势、产业优势、科教优势和市场优势。我们牢牢把握信息化带来的新机遇，制订实施以大数据智能化为引领的创新驱动发展战略行动计划，并取得了长足进步。我们致力于做大智能产业，打造以大数据、人工智能、集成电路、软件服务等为重点的智能产业集群，推动电子、汽车、装备制造等工业企业智能化的改造，新旧动能加快转换。我们致力于做优创新平台，培育两江数字经济产业园、中国智谷（重庆）科技园等一批发展载体，规划布局重庆工业大数据制造业创新中心和云制造产业基地，平台体系日益完善。我们致力于做强基础保障，开展5G规模化商用试点，建成国家级互联网骨干直联点，推进公共区域免费Wi-Fi全覆盖，信息"高速路"更加畅通。我们致力于做实智能应用，推动大数据智能化在政务服务、社会治理、民生改善等领域广泛应用，网上政务服务平台、公共交通移动支付等一批示范项目落地生根。我们致力于做精关键技术，汽车智能驾驶、人脸识别系统、半导体级硅片等一批创新成果不断涌现。目前全市集聚大数据智能化企业3000余家，预计今年智能产业规模可达4500亿元。在大数据智能化有力的驱动下，重庆的经济社会发展格局正在发生深刻变化，人们的思想观念、工作生活方式也正在发生深刻的变革！

首届智博会以"智能化：为经济赋能，为生活添彩"为主题，体现了世界经济发展的趋势，体现了人民对美好生活的期盼。我们理解，为经济赋能，就是要突出数字产业化、产业数字化，促进数字经济与实体经济融合发展，为经济发展赋予满满的正能量。为生活添彩，就是要凸显科技改变生活、智慧开启未来，全面地提升经济社会智能化水平，为人民的生活增添盈盈获得感。

我们将认真贯彻习近平总书记的贺信精神，按照韩正副总理刚才讲话的要求，借助大数据智能化的强大力量，把重庆这方好山好水保护好、这座江城山城建设好，努力实现总书记对重庆提出的"两地""两高"美好愿景。

要以智能化带动内陆开放高地建设，用智能化提升开放的通道、开放的平台、开放的主体和整个开放环境，以信息流汇聚技术流、资金流、人才流、物资流，努力在西部内陆地区带头开放、带动开放。

我们要以智能化促进山清水秀美丽之地的建设，加强智能化在生态环保领域的运用，构建以大数据技术为支撑的生态监管体系，促进生态产业化、产业生态化，推动发展方式和生活方式绿色化转型。

我们要以智能化推动高质量发展，紧紧抓住深化供给侧结构性改革这条主线，大力推进数字经济新发展，谋划实施一批引领性、应用性、支撑性产业项目，加快优势产业和重点企业的数字化升级，助推经济发展质量变革、效率变革、动力变革。

我们要以智能化创造高品质生活，积极提供智慧交通、智慧旅游、智慧教育、智慧医疗、智慧家居等相关的应用服务，深度开发智能化便民利民惠民的应用，更好地增进民生福祉！

女士们、先生们！"重庆"两个字从字面结构来看，就是千里为重、广大为庆。因此，我们把重庆的人文价值解读为"行千里、致广大"。我们衷心希望以首届智博会为新的起点，与各国朋友、各界人士携起手来，积跬步以行千里，致广大而尽精微，共促智能产业蓬勃发展，共创数字经济美好未来！我们热忱地欢迎各位嘉宾多来重庆观光旅游、投资兴业，实地感受大美重庆的新魅力，共同谱写事业发展的新篇章！

祝本次大会取得圆满成功！祝各位来宾身体健康、工作顺利！谢谢大家！

阅读与讨论：
（1）以本文为例，说说开幕词开头部分的写法。
（2）本文的主体部分重点写了哪些内容？
（3）致辞写作应根据场合确定语言风格，以本文为例，分析致辞写作的这一策略。

（二）结构模型

作为书面文稿的致辞一般包括标题、称谓、正文等要素。

1. 标题

标题在致辞时一般不会宣读，但撰写的文稿应有标题。致辞文稿的标题常有以下几种写法：

一是"致辞场合+文种"，如《在信阳第十四届茶文化节开幕式上的致辞》《中国共产党第十六次全国代表大会开幕词》等。

二是"致辞人+致辞场合+文种"，如《国务院副总理王岐山在世博闭幕式上的致辞》《李肇星在欢迎朝核问题六方会谈代表晚宴上的祝酒词》等。

三是直接以文种词作为标题，如《欢迎词》《欢送词》。

如果题目中没有致辞人的姓名，可在题目下一行单独标出。讲话人和讲话时间单独标出时各独占一行，单独标出的讲话时间须加圆括号。

2. 称谓

称谓是指对与会者的称呼。致辞的称谓必须规范简明，不杂不漏。规范简明，是指致辞人必须使用约定俗成的适宜于正规场合的称谓；所谓不杂不漏，是指几个并列的称呼既不能互相涵盖，又不能有所遗漏。

在具体使用时，要根据致辞场合的性质和出席人员来确定，但有一些共同特点：一是常使用类别性的泛称，如"各位代表、各位来宾""女士们、先生们"；二是在称谓前常使用敬语，表达尊敬之意，如"尊敬的××女士、××先生"；三是对于个别主宾，可先单独称谓，以突出其地位。

3. 正文

致辞的正文必须突出致辞者强烈的意愿，或是热烈的祝贺，或是诚挚的欢迎，或是殷切的希望，或是深切的祝福，而这种强烈的意愿既需要相应的事实理据作为支撑和基础，也需要致辞者真诚炽热的情感渗透其中。因此，致辞应是事情意的完美融合，要尽量做到叙事简洁生动，情绪饱满真诚，表意恰切热烈。

致辞的语言必须得体恰当。如何做到得体？一是合乎特定的场景，欢迎和欢送的场合，以及招待国外贵宾和日常生活场合中的宴会祝词肯定有明显的区别；二是合乎特定的身份，是代表组织还是代表个人，致辞者跟在场的来宾是什么样的关系等，以此作为根据，选择合适的言辞。

致辞的正文应当简短精练，通常三五分钟即可。

（1）开（闭）幕词正文的写作

开幕词的开头一般是宣布会议开幕，并代表会议或活动的主办机关对会议的召开表示祝贺，对与会代表和来宾表示欢迎。也可简述会议的有关筹备情况、与会人员的构成、出席会议的领导和来宾等。主体部分主要阐明会议召开的背景和意义；提出会议的指导思想或会议的宗旨；交代会议的议题、议程、有关事项和预期目标；表达对与会者的要求和希望。结尾对会议表达良好祝愿，通常以"预祝……圆满成功"等惯用语结束全文。

闭幕词的开头通常是关于会议或活动的各项任务完成情况的说明，宣布大会圆满结束或胜利闭幕。主体部分概述会议取得的成就，并对之进行评价，以进一步明确会议或活动的重要意义和基本精神。如果是工作会议，还可以提出传达贯彻会议部署、会议精神的具体要求。结尾则展望前景，发出号召，宣布大会闭幕。

（2）迎送词正文的写作

欢迎词开头一般先交代致辞者在何种情况下，代表谁，向宾客表示欢迎、感谢和问候；主体部分阐明宾客来访的目的、意义，同时回顾宾主双方交往的历史与友谊，对宾客在交往过程中所做的贡献予以赞扬，突出双方合作的成果及继续加强合作的意愿。结尾再次表示欢迎，表达良好的祝愿和衷心的希望。

欢送词的开头先引出送别的主题。主体部分根据送别对象的具体情况选择不同的内容，如果是送别将要长期离开的友人、同事，可回顾过去的友好关系、一同走过的经历，表达惜别之意；如果送别对象只是暂时离开本地，如外出执行任务、新兵入伍等，可展望前程或表示勉励，为之壮行；如果是送别来访的客人，可描述来宾在此期间完成的工作、做出的贡献，以及对今后双方合作的期望等。最后以表达良好的祝愿结尾。

（3）祝词正文的写作

祝词有事业祝词、祝寿词、祝酒词等不同类型，所以，根据不同的祝贺对象，不同的祝贺动机，正文在写法上有一定的差异。但总的来看，这部分一般是先说明祝贺的事由以及致辞人的身份，并表达祝贺、祝愿或感谢等；主体部分则回顾过去，放眼全局，展望未来，进一步阐明祝贺的缘由，同时概括祝贺对象取得的业绩，颂赞其做出的贡献；最后，通过表达祝愿、鼓励或希望的方式结尾。

三、写作策略

（一）根据致辞对象表达特定意愿

致辞是向特定对象传递信息、沟通情感的，要能够有效地达到这个目标，就一定要尽可能体现出对对方特有的了解和情感。致辞中也一定要有双方关系中独有的具体内容，并针对对方的具体情况和双方关系表达出特定情景下的祝愿。使致辞对象感觉到致辞者的话的确是针对他们而不是任何别的人讲的，达到致辞的目的。

（二）根据致辞目的组织相关内容

致辞都要有特定的主题和目的，每一次致辞都要考虑好该次致辞要达到什么目的、表达什么情感，而致辞内容必须根据目的恰当地选择和组织。即使是同一个对象，在不同时期，针对不同事件，也需要研究确定应该说什么，使致辞内容最明确地表达致辞主题，最有效地满足致辞对象的心理需求，从而达到致辞的预定目标。

（三）根据致辞场合确定语言风格

社会生活是多方面的，致辞作为一种口语表达形式，在不同场合都有使用。为了提高致辞效果，就必须选择符合致辞场合的修辞手段和语言风格，使致辞确实能够体现场合特点，调节、烘托现场气氛。致辞场合大致可以分为政治活动场合、商业活动场合、学术活动场合和日常生活交际场合。

政治活动场合属于高层次正式场合。相应地，政治活动场合的致辞主题都比较重大，内容也与政府的政策或事务密切相关。尤其是国家级政治活动致辞，体现的是国家形象，在语言风格上，必然体现出鲜明的政治性，做到最高层次的规范和严谨。

商业活动致辞主要用于企业的开张、庆典、祝贺等，内容主要是宣传企业，争取合作和社会各界的支持等，语言风格上要做到规范典雅，但不如政治活动场合那么严肃庄重。

学术界、教育界的活动，通常是精神层面的活动，追求的是人类文明的传承和永恒精神的探索。因此，学术活动的致辞，在语言风格上要显示出高雅和智慧。

日常生活中的社交致辞是以个人身份面向亲朋好友的致辞，代表的是个人关系和个人感情。因此，日常生活致辞应该有更多的生活气息，要表现出对对方生活的熟悉和彼此之间的亲密关系，在语言上也可以有适度的夸张和幽默，以此烘托气氛。

（四）根据文化背景采用特定语料

任何言语交往都是在一定的社会文化语境中进行的，致辞自然也不例外。这种社会文化语境包括致辞双方的社会、政治、经济、文化环境，以及他们的意识形态、生活观念等。致辞的时候，要有意识地体现出双方共有的文化背景，或者体现出对对方文化的尊重和欣赏。如胡锦涛在欢迎连战一行的致辞中使用了《论语》中的句子："有朋自远方来，不亦乐乎？"还特意提到了中华民族的历史伟人孙中山先生，高度肯定了孙中山先生的光辉业绩和他的政治理想。这正是为了强调两岸共有的历史文化背景，表达促进两岸沟通交流，实现国家兴旺、统一的愿望。

■ 思考与练习

（一）阅读题

阅读下文，说说该文对致辞写作的启示。

做自己尊重的人
——在北京大学 2015 届本科生毕业典礼上的致辞
饶 毅

在祝福裹着告诫呼啸而来的毕业季，请原谅我不敢祝愿每一位毕业生都成功、都幸福；因为历史不幸地记载着：有人的成功代价是丧失良知，有人的幸福代价是损害他人。

从物理学来说，无机的原子逆热力学第二定律出现生物是奇迹；从生物学来说，按进化规律产生遗传信息指导组装人类是奇迹。

超越化学反应结果的每一位毕业生都是值得珍惜的奇迹；超越动物欲望总和的每一位毕业生都应做自己尊重的人。

过去、现在、将来，能够完全知道个人行为和思想的只有自己；世界上很多文化借助宗教信仰来指导人们生活的信念和世俗行为；而对于无神论者——也就是大多数中国人——来说，自我尊重是重要的正道。

在你们加入社会后看到各种离奇现象，知道自己更多弱点和缺陷，可能还遇到小难大灾后，如何在诱惑和艰难中保持人性的尊严、赢得自己的尊重并非易事，却很值得。

这不是：自恋、自大、自负、自夸、自欺、自闭、自怜，而是：自信、自豪、自量、自知、自省、自赎、自勉、自强。

自尊支撑自由的精神、自主的工作、自在的生活。

我祝愿：

退休之日，你觉得职业中的自己值得尊重；

迟暮之年，你感到生活中的自己值得尊重。

不要问我如何做到，50年后返校时告诉母校你如何做到：在你所含全部原子再度按热力学第二定律回归自然之前，它们既经历过物性的神奇，也产生过人性的可爱。

（二）写作实践

为了创建和谐之家、丰富公寓文化，××科技大学准备举行第三届公寓文化节，学校党委副书记张××同志要代表学校在公寓文化节开幕仪式上致辞。请你代张书记拟写一篇讲话稿。

第三节　竞聘演讲稿的写作

一、文种概说

（一）文种释义

演讲稿又称"演讲词"，是为准备演讲而写成的在较为隆重仪式上和某些公众场合发表的讲话文稿。它针对某件事、某个问题发表自己的意见。

竞聘演讲稿属于演讲稿的一种，它是伴随着我国人事制度改革而生的新文体。目前，许多机关、企事业单位及群团组织改革人事制度，公开向社会或本系统招聘需要的人才。为了真正选到优秀人才，他们在人事组织和纪律监察等有关部门的监督和指导下,坚持公开、公正、公平的竞争原则,采取考试、考核和发表演说等方法,综合评分,择优录取。竞聘演讲稿即指个人针对某一工作岗位,以成功竞聘为目的,**本着对个人、对单位负责的态度,在特定的会议上,面对特定的听众所发表的用以阐述竞聘优势及被聘用后的工作设想等内容的演讲稿**。竞聘演讲稿写得如何,直接关系竞聘者演讲成败、竞聘成败。

(二) 特征解析

竞聘演讲稿具有针对性、鲜明性、条理性、口语化等特征。

针对性是指撰写竞聘演讲稿时要考虑竞聘工作岗位的目标要求,结合该单位最需要解决的实际问题发表见解,将矛头指向该单位的热点、焦点问题,有的放矢地确立主题,选择材料,撰写文稿。

鲜明性是指在演讲中必须表明自己的主张,阐明自己的见解,做到立场鲜明、态度明确。竞聘演讲对所要竞聘岗位的表述要明确,对竞聘职务的认识要清楚,对施政目标与设想思路要清晰,表达愿望态度要诚恳。

条理性是指演讲要条理清楚、层次分明;否则,所讲内容虽丰富、深刻,但缺乏逻辑性,会影响讲话效果。竞聘演讲中涉及个人竞聘的优势条件和施政设想的陈述宜分条列项。

口语化是指竞聘演讲的语言应有一定的文采,以便雅俗共赏,但要求通俗易懂、明白畅晓。句子不要太长,修饰不要太多,不宜咬文嚼字,要合乎口语,具有话语的特点。

(三) 文种辨析

竞聘演讲稿与就职演讲稿都属于公务演讲稿,在性质特点、结构模式、表达手法上有诸多相同或相似之处,但在用法和写法上也有一些明显区别。

1. 形成时间不同

竞聘演讲稿的写作形成于竞职之时,能否成功被聘,尚属未知。而就职演讲稿的写作形成于竞职成功、顺利受聘之后,即将就职、走马上任之际,已经明确岗位职务。

2. 听众对象不同

竞聘演讲者面对的听众主要是招聘单位的领导、人事部门的负责人或有关专家组成的评委会,属于极具特殊性的一类听众群体。而就职演讲者面对的听众为上级组织部门的领导、本单位的干部职工。面对的听众不同,演讲者的心理紧张度是有差异的。

3. 写作目的不同

竞聘演讲稿的写作以竞聘某一职务为目标,通过竞争,找到适合自己展示才华的工作岗位。而就职演讲是就职者新任某一职务时面对干部和群众所做的一种自我表白,其目的在于充分展示自己任职的责任感和事业心,以获取听众的信任和支持,给听众以激励和鼓舞。

4. 内容重点不同

竞聘演讲旨在获取听众的信任和支持。竞聘者在演讲中不仅要陈述自己能胜任某一职务的基本素质与条件,而且要重点陈述自己与其他竞聘者相比的突出优势。而就职演讲稿的内容侧重于发表施政纲领，公布任职目标，以显露领导者才干。

二、写作指要

（一）例文导读

竞聘财务科科长职务演讲词

尊敬的各位评委：

首先感谢局党委给予我这次参与财务科科长竞聘的机会，我非常珍惜这次学习和提高自己的机会，认真准备了这份演讲词。

我叫×××，今年36岁，毕业于东北财经大学，本科学历。自2007年参加工作以来，先后在会计师事务所担任会计，××机关财务处担任科员、副科长，担任本局财务科副科长等职务。工作期间连年被评为单位先进工作者，尤其是熟知会计工作、财务工作具体内容和工作流程。本人从业以后就一直自学法律知识，熟知财经法规，知识基础扎实。而且与我市各地财务部门业务往来较多，人脉资源广泛，便于开展工作。同时，在局里我与财务领导配合一向融洽，各项工作均能圆满完成，得到了领导和局里同事的一致认可。

今年我局各科室正副职均采取竞争上岗的任用方式，是新形势的需要，契合当前公开、公平、公正选拔优秀人才的政策，能够充分调动各方工作积极性，激发干部职工的事业心、责任感。我非常庆幸自己赶上了这样一个好时代，也非常感谢局里给予我这样一个难得的机会。这次我参加财务科科长竞聘，如果有幸选任，我将努力做到以下几点：

一、加强自身综合素质，增强业务能力。尽管我在基层工作岗位上锻炼了较长时间，基层工作经验丰富，但是我深知，自己还存在很大的提升空间，我将继续努力学习，向局里领导和其他同事学习，不断增强自身综合素质，使自己尽早适应职位要求。

二、强化科室管理，不断提高财务人员业务素质，提升工作水平。我将严格按照《会计法》相关规定，明确本科室员工工作职责，加强会计人员继续教育，不断提高财务科工作水平，确保单位利益不受损害。

三、采取有力措施管理单位资金，为职工谋取更多福利。目前，局里资金紧张，我制定了一份详细的资金收支预算，决心将局里有限的资金用好、用活，在严守财务制度的前提下，通过合理规划，为全体职工谋取更多的福利。

四、在抓好财务工作的同时，积极协调好与其他科室、其他单位的关系，配合好领导的工作，为我局工作顺利开展做好资金保障工作。

请局党委和同事们放心，如果有幸选聘成功，我一定会履行我的诺言，让全体职工满意，让局里领导放心。当然，如果落选，我也不会气馁，我将一如既往地在自己平凡的岗位上为全局的工作做好基础服务。恳请得到各位领导和同事们的支持。

谢谢大家！

阅读与讨论：

（1）对于竞聘某局财务科科长一职，竞聘者具有哪些突出的优势和条件？

（2）竞聘工作的思路谈了四点内容，分析其逻辑顺序。

（3）请谈谈该演讲词对于你参加班干部竞选有哪些启发。

（二）结构模型

竞聘演讲稿通常包括标题、称谓、正文三部分。

1. 标题

单独由文种名称构成，如《竞聘演讲稿》《我的竞聘演讲稿》。

由竞聘的职务或岗位名称和文种名称构成，如《校学生会主席竞聘演讲稿》《竞聘学院办公室主任职务的演讲稿》。

2. 称谓

竞聘者演讲时通常是面对自己的上级领导或招聘单位的领导等，在称谓上宜选用尊称，如"尊敬的各位领导"。当然，也可以将在场的听众统一称为评审（评委）老师，即"尊敬的各位评委老师"。

3. 正文

（1）开头

竞聘演讲通常有一定的时间限制，因此，演讲稿的开头须简洁而精彩，最大限度地吸引听众的注意力。开头方式主要有四种：

一是概述式，用概括的语言陈述应聘的岗位和演讲的主要内容，如"我今天将坦诚地向各位领导汇报我的基本情况、我应聘校学生会主席所具备的优势，并提出我对校学生会工作的设想，敬请各位领导提出宝贵意见"。

二是感谢式，用诚挚的心情表达对招聘单位或单位领导的谢意，如"我在这里以平常人的心态，参与学院办公室主任岗位的竞聘。首先特别感谢学院领导为我们创造了这次公平竞争的机会！我此次应聘并不只是为了当官，更是为了响应人事制度改革的召唤，在有可能的情况下最大化地实现自己的人生价值"。

三是名言警句式，引用名家名言表达自己的应聘意义，如"记得美国政治家富兰克林有句名言：'推动你的事业，而不要让你的事业推动你。'今天，我正是为推动我无比热爱的教育事业而来应聘副校长职务，我希望带给大家的是一个真诚、理性、执着、勇于迎接挑战的我"。

四是简介式，用简洁的语言介绍自己的基本情况，包括个人信息、学习和工作经历、工作能力、特长等，让听众对自己建立初步的了解，如"我叫张一，重庆人，2018年毕业于重庆医科大学公共事业管理专业，毕业后在××医院办公室做文字秘书工作"。

（2）主体

竞聘演讲稿的主体部分是重点写作部分，一般包括三部分内容：一是陈述自己竞聘的主要优势，针对竞聘的岗位向听众介绍自己的业务素质、能力、业绩、品德等，重点突出与竞聘岗位相关的经历和能力；二是竞聘者对竞聘岗位职责的认识，应聘者应该明确岗位职责，并提出拟聘后的工作目标、工作方法等；三是表明任职后在开展工作方面"做"的具体内容，针对竞聘岗位目前工作中存在的热点、难点问题，提出切实可行的具体措施。

（3）结尾

对于竞争性极强的竞聘演讲来说，结束语是竞聘者走向成功的又一关键环节。演讲稿的结尾部分应当追求画龙点睛、凸显"强音"的功效。

常见的结尾方式有五种：

一是期盼式，期望得到认可和接纳，如"若能有幸成为贵单位的一员，我将尽心尽责、竭尽所能，为贵单位的发展贡献自己的一份绵薄之力"。

二是感受式，简要谈谈对这次应聘的感受，如"这次竞聘于我而言，更是一次学习和提高的机会，无论成功与否，我都将一如既往地努力工作"。

三是寻求支持式，简要表态以得到领导和评委们的支持，如"非常感谢各位评委能够支持信任我，我一定用自己的能力向你们交上一份满意的答卷"。

四是借景抒情式，巧妙地借用当时的情景来抒情表志，如"同志们，听着窗外响起的阵阵春雷，我的心中不由得一震，是啊，我们的屋内不也是春雷滚滚吗？干部聘任制度改革的春雷正在我们这块天空中震响，在这场竞争中也许我只是一个过客，但我要张开双臂，为春雷春雨的到来而欢呼"。

五是以谢圆场式，"谢"字不仅可以表示自己礼貌待人的文明素质，还可以成为沟通听众心灵的虹桥，如"今天天气那么冷，大家都来捧场，这让我非常感动。无论我竞聘是否成功，我都要向各位领导、评委、在座的朋友们表示深深的谢意"。

三、写作策略

（一）全面理解竞聘岗位

竞聘者对自己竞聘的岗位要有全面而深刻的理解与认识，要围绕竞聘岗位进行演讲。第一，对竞聘岗位的理解与认识要有一定的高度；第二，对竞聘岗位的理解与认识要准确、全面；第三，对竞聘岗位的理解与认识要有新意，力求做到思想观点新、思维角度新。

（二）准确突出竞赛优势

竞聘者的演讲要尽量突出自己的优势。一是要突出适合岗位需要的优势，竞聘者具备的优势要与岗位需求高度一致；二是要对自己的优势总结到位，概括准确、精练；三是要把握恰当的分寸，不可铺张扬厉，不宜写得过于具体，只要能够说明问题并能使听众了解即可。

（三）深入阐述工作思路

竞聘者对今后工作思路的阐述要深入具体。一是要针对竞聘单位的具体实际，有针对性地提出具体可行的办法，抓住主要矛盾解决实际问题；二是既要有短期打算，又要有长期奋斗目标；三是应从单位群众利益出发考虑问题，提出群众满意的工作思路。

(四) 恰当彰显个性魅力

竞聘演讲应文如其人,不可人云亦云。或者温文尔雅,或者雷厉风行,或者朴实沉稳,或者粗中有细。良好的个性魅力有助于获得现场听众的好感。竞聘者做人的真诚,高度的责任感、事业心,出色的综合素质、综合能力,均可从演讲稿中反映出来。

思考与练习

(一) 认真研读下文,明确演讲中凸显主旨与层次的技巧。

就任北大校长之演说[①]

(1917年1月9日)

蔡元培

五年前,严几道先生为本校校长时,余方服务教育部,开学日曾有所贡献于同校。诸君多自预科毕业而来,想必闻知。士别三日,刮目相见,况时阅数载,诸君较昔当必为长足之进步矣。予今长斯校,请更以三事为诸君告。

一曰抱定宗旨。诸君来此求学,必有一定宗旨,欲求宗旨之正大与否,必先知大学之性质。今人肄业专门学校,学成任事,此固势所必然。而在大学则不然,大学者,研究高深学问者也。外人每指摘本校之腐败,以求学于此者,皆有做官发财思想,故毕业预科者,多入法科,入文科者甚少,入理科者尤少,盖以法科为干禄之终南捷径也。因做官心热,对于教员,则不问其学问之浅深,惟问其官阶之大小。官阶大者,特别欢迎,盖为将来毕业有人提携也。现在我国精于政法者,多入政界,专任教授者甚少,故聘请教员,不得不聘请兼职之人,亦属不得已之举。究之外人指摘之当否,姑不具论。然弭谤莫如自修,人讥我腐败,而我不腐败,问心无愧,于我何损?果欲达其做官发财之目的,则北京不少专门学校,入法科者尽可肄业法律学堂,入商科者亦可投考商业学校,又何必来此大学?所以诸君须抱定宗旨,为求学而来。入法科者,非为做官;入商科者,非为致富。宗旨既定,自趋正轨。诸君肄业于此,或三年,或四年,时间不为不多,苟能爱惜光阴,孜孜求学,则其造诣,容有底止。若徒志在做官发财,宗旨既乖,趋向自异。平时则放荡冶游,考试则熟读讲义,不问学问之有无,惟争分数之多寡;试验既终,书籍束之高阁,毫不过问,敷衍三四年,潦草塞责,文凭到手,即可借此活动于社会,岂非与求学初衷大相背驰乎?光阴虚度,学问毫无,是自误也。且辛亥之役,吾人之所以革命,因清廷官吏之腐败。即在今日,吾人对于当轴多不满意,亦以其道德沦丧。今诸君苟不于此时植其基,勤其学,则将来万一因生计所迫,出而任事,担任讲席,则必贻误学生;置身政界,则必贻误国家。是误人也。误己误人,又岂本心所愿乎?故宗旨不可以不正大。此余所希望于诸君者一也。

二曰砥砺德行。方今风俗日偷,道德沦丧,北京社会,尤为恶劣,败德毁行之事,

[①] 赵晖东. 中外名人经典演讲词 [M]. 北京:新世界出版社,2010:408-409.

触目皆是，非根基深固，鲜不为流俗所染。诸君肄业大学，当能束身自爱。然国家之兴替，视风俗之厚薄。流俗如此，前途何堪设想。故必有卓绝之士，以身作则，力矫颓俗。诸君为大学学生，地位甚高，肩此重任，责无旁贷，故诸君不惟思所以感己，更必有以励人。苟德之不修，学之不讲，同乎流俗，合乎污世，己且为人轻侮，更何足以感人。然诸君终日伏首案前，芸芸攻苦，毫无娱乐之事，必感身体上之苦痛。为诸君计，莫如以正当之娱乐，易不正当之娱乐，庶于道德无亏，而于身体有益。诸君入分科时，曾填写愿书，遵守本校规则，苟中道而违之，岂非与原始之意相反乎？故品行不可以不谨严。此余所希望于诸君者二也。

三曰敬爱师友。教员之教授，职员之任务，皆以图诸君求学便利，诸君能无动于衷乎？自应以诚相待，敬礼有加。至于同学共处一堂，尤应互相亲爱，庶可收切磋之效。不惟开诚布公，更宜道义相勖，盖同处此校，毁誉共之。同学中苟道德有亏，行有不正，为社会所訾詈，己虽规行矩步，亦莫能辩，此所以必互相劝勉也。余在德国，每至店肆购买物品，店主殷勤款待，付价接物，互相称谢，此虽小节，然亦交际所必需，常人如此，况堂堂大学生乎？对于师友之敬爱，此余所希望于诸君者三也。

余到校视事仅数日，校事多未详悉，兹所计划者二事：一曰改良讲义。诸君既研究高深学问，自与中学、高等不同，不惟恃教员讲授，尤赖一己潜修。以后所印讲义，只列纲要，细微末节，以及精旨奥义，或讲师口授，或自行参考，以期学有心得，能裨实用。二曰添购书籍。本校图书馆书籍虽多，新出者甚少，苟不广为购办，必不足供学生之参考。刻拟筹集款项，多购新书，将来典籍满架，自可旁稽博采，无虞缺乏矣。今日所与诸君陈说者只此，以后会晤日长，随时再为商榷可也。

（二）适逢学院学生会改选干部，请结合自己想竞聘的岗位，写作一篇800字左右的竞聘演讲词。

第十四章 规约类公文的写作

"八项规定"促进党的作风建设

2012年12月4日,中共中央政治局会议审议通过《十八届中央政治局关于改进工作作风、密切联系群众的八项规定》。十年来,在以习近平同志为核心的党中央以身作则、率先垂范下,落实中央八项规定精神切实有效,作风建设取得历史性、开创性成就,党风政风焕然一新。数据显示,党的十八大以来,全国共查处违反中央八项规定精神问题76.1万多件。经过十年坚持不懈的努力,刹住了一些长期没有刹住的歪风邪气,纠治了一些多年未除的顽瘴痼疾。

回望过去十年,我们每个人都能看到或感受到绳弊纠顽、革故鼎新的新气象:"会所里的歪风"销声匿迹、"车轮上的腐败"越来越少、公款大吃大喝歪风被刹住……群众对身边发生的改变心里有数、嘴上有话说。2022年国家统计局社情民意电话调查结果显示,对党中央带头贯彻执行中央八项规定精神情况表示满意、总体成效表示肯定的,分别为98.2%、95.7%。[①]

规约类文书的出现,既是为了规范工作流程、提高工作效率,也是依法治国、依法行政、依法办事的体现。因此,规约类文书在制定的程度、内容上必须遵循严格的规范。为了进一步规范法规规章制定程序,保证法规规章质量,在《立法法》的有关规定之外,国务院制定并发布了《行政法规制定程序条例》和《规章制定程序条例》,于2001年1月1日起施行。2017年,国务院又发布了《关于修改〈行政法规制定程序条例〉的决定》和《关于修改〈规章制定程序条例〉的决定》两个文件,对条例进行修改和补充,新条例自2018年5月1日起施行。

《行政法规制定程序条例》总则指出:"为了规范行政法规制定程序,保证行政法规质量,根据宪法、立法法和国务院组织法的有关规定,制定本条例。"《规章制定程序条例》总则指出:"为了规范规章制定程序,保证规章质量,根据立法法的有关规定,制定本条例。"由此可见,规约类文书的制定必须以法律、法规、政策为依据,有很强的规范性。

---

① 资料来源:中央纪委国家监委网站。

第一节 规约类文书概述

一、规约类文书的含义

规约类文书又称"规范性文书"，**是国家党政机关、社会团体、企事业单位为实施管理、维护秩序，依据国家法律、法规、政策，在其职权范围内制定的具有指导性、约束力的公务文书的总称。**

发文主体不同，规约类文书的重要性和约束力便有所不同。根据发文主体和约束力的差异，规约类文书可以分为法规类文书、规章类文书、类规章文书三种类型。

法规类文书是国务院和省、自治区、直辖市、有关市人民代表大会，为领导和管理各项行政工作，根据宪法、法律和有关规定，按照法定程序制定、发布的，具有强制性的规范类文件。包括行政法规和地方性法规，具体文种有"条例""规定""办法"。

规章类文书包括部门规章和地方政府规章。部门规章指国务院所属的各部委和具有行政管理职能的直属机构，根据我国法律和国家行政法规，按照规定程序，在本部门的权限内制定的具有一定法律效力的文件。地方政府规章则指省、自治区、直辖市和较大市的人民政府，根据我国法律和国家行政法规，按照规定程序制定的适用于本地区行政管理的规范性文件。制定规章一般使用"规定""办法"，但不得使用"条例"。

类规章文书是相对法规和规章而言的。法规、规章的制定主体均有明确的资格限制，一些地区或部门不具有制定法律、法规、规章的资格，它们根据法律、法规和规章制定的规约性文件便被称为"类规章文件"。类规章文书即指各机关、组织、团体、部门、企事业单位为实施管理和推动工作，在其职权范围内制定和发布的、具有约束力的文件。类规章文书的适用范围非常广泛，上至国家领导机关，下至企事业单位、组织部门均可制定。类规章文件使用的文种名称主要有"规定""办法""细则""章程"等，不能使用"条例"。

规约类文书均不能独立行文，一般应在履行法定程序后用狭义公文文种发布才能产生特定效力。三类规约文书不仅发文主体不同，并且发布使用的文种和方式也有所区别。相关内容如表14-1所示。

表14-1 不同类别的规约性文书行文特点比较表

规约种类		发文主体	发布机关	发布载体
法规	行政法规	国务院	国务院总理	命令（令）
	地方性法规	省、自治区、直辖市和较大市的人民代表大会及其常委会	省、自治区、直辖市和较大市的人民代表大会及其常委会	公告

续表

规约种类		发文主体	发布机关	发布载体
规章	部门规章	国务院各部委和具有行政管理职能的直属机构	国务院各部委和具有行政管理职能的直属机构首长	命令（令）
	地方政府规章	省、自治区、直辖市和较大市的人民政府	省、自治区、直辖市和较大市的人民政府首长	命令（令）
类规章		不具有制定法律、法规、规章资格的其他单位	发文机关	通知

二、规约类文书的特点

（一）制作的程序性

规约类文书的制作、发布程序都有明确的规定。《规章制定程序条例》和《行政法规制定程序条例》之所以对规章制度类文书，尤其是法规、规章类文书的立项、起草、审查、决定、公布、解释程序进行明确的规定，就是为凸显规章制度类文书的程序性。

以某市人民政府拟制定规章制度为例，仅在立项和起草阶段，按照《规章制定程序条例》规定，该市人民政府首先需要向所在省人民政府报请立项，立项申请需要对规章的必要性、主要问题、拟确定的主要制度等做出说明；所在省人民政府可以就拟定规章制度向社会公开征集建议；相关部门对立项申请和项目建议进行评估论证，拟订年度规章制度工作计划，报送上级机关批准后向社会公布。起草阶段，负责部门应当深入调查，广泛听取各界意见，进行多方论证。还需要面向社会公布规章草案，征求意见。起草过程需要接受法制部门的督促和指导。如下所示：

报请立项—征集建议—评估论证—多方论证—公布草案—接受监督。

法规、规章之外的类规章，在制作和发布等环节，对程序性的要求没有那么严格，但仍然要经过相应的审批程序，也需要经过多方论证，才可发布实施，因为制作的程序性是对规章制度有效性、实用性的保障。

（二）内容的严密性

内容必须合法。规约类文书内容的严密性首先体现为内容必须合法。规章制度的内容必须做到有法可依，不能与国家法律、政策相违背。《规章制定程序条例》"总则"第三条规定："制定规章，应当贯彻落实党的路线方针政策和决策部署，遵循立法法确定的立法原则，符合宪法、法律、行政法规和其他上位法的规定。没有法律或者国务院的行政法规、决定、命令的依据，部门规章不得设定减损公民、法人和其他组织权利或者增加其义务的规范，不得增加本部门的权力或者减少本部门的法定职责。没有法律、行政法规、地方性法规的依据，地方政府规章不得设定减损公民、法人和其他组织权利或者增加其义务的规范。"《行政法规制定程序条例》"总则"第三条规定："制定行政法规，应当贯彻落实党的路线方针政策和决策部署，符合宪法和法律的规定，遵循立法法确定的立法原则。"

内容必须全面。规约类文书内容的严密性还体现为内容必须全面。规章制度涉及对象的内容必须全面，已经存在的问题、可能出现的问题、相应的奖惩措施等都要考虑在内，内容要明确具体，不能有遗漏。对不同方面的规定内容要相互补充、照应，不能相互抵触或矛盾。

内容必须明确。规约类文书内容的严密性还体现为内容必须明确。为确保规章制度得到施行和贯彻，规章制度的每项规定内容必须有明确的含义，语言风格要严肃，措辞要准确严谨，不能有任何语义模糊和歧义，这样才能确保有关人员准确理解、认真贯彻。

（三）作用的强制性

规约类文书是具有约束力的文书类型，按照相关法规和规定程序制定的规章制度单方面生效，不以对方是否同意为前提。也就是说，规章制度类文书一经发布，就对相关部门和人员形成强制力和约束力，有关人员必须遵照执行，不得违反。如有违反，就要接受相应的惩处。

三、常见的规约类文书种类

根据发文机关、对象、内容、重要性、约束力等差异，规章制度类文书可以分为法规类文书、规章类文书和类规章文书。同时，规约类文书还包括一些具体的文种，常见的有条例、规定、办法、细则、章程、守则、公约等。

（一）条例

条例是由国家机关依据有关法律、法规、政策制定的用以指导长期性工作或活动的法规类文书。

条例对制定机关有明确的要求。《行政法规制定程序条例》第一章第五条明确规定："国务院根据全国人民代表大会及其常务委员会的授权决定制定的行政法规，称'暂行条例'或者'暂行规定'。国务院各部门和地方人民政府制定的规章不得称'条例'。"

条例的内容关系国家政治、经济、军事、文化、教育、科技等重要方面的工作，是对国家某一方面工作的全面性、系统性规定，是国家法规、政策在相应领域的具体体现，具有长期性和稳定性。如《征兵工作条例》，就是国务院、中央军事委员会依据《中华人民共和国兵役法》，针对征兵工作，制定的全面、系统规定。

（二）规定

规定是党政机关、社会团体、企事业单位等为实施管理、规范工作，针对其职权范围内某方面的工作、事务或专门问题等制定的要求和规范，是一种具有强制性和约束力的规范性文件。

规定的适用范围广泛，上至党政机关，下至企事业单位、社会组织，凡需要规范某一方面的工作或行为,均可以使用规定。规定的使用非常灵活,既可以是较长时期内的规范性要求,也可以是临时性的措施和规范。

(三) 办法

办法是国家机关、社会团体、企事业单位针对某项或某类具体工作提出的较为细致的要求或规定。

办法的制定主体非常广泛,上至国家机关,下至企事业单位,均可以制定办法。由国家机关制定的办法是法规或者规章的一种,具有强制性。如由国家互联网信息办公室、国家发展和改革委员会等12个部门联合制定的《网络安全审查办法》,就是依据《中华人民共和国国家安全法》《中华人民共和国网络安全法》制定的,具有强制性。由企事业单位制定的办法是管理类规章制度的一种,尽管不具有法规、规章的强制性,但具有一定的约束力。如高校制定的《科研项目管理办法》,要求特定人员必须遵守。

(四) 细则

细则常被称为"实施细则",是国家机关、社会团体、企事业单位为使其下级机关、机构、部门、相关人员更好地贯彻执行某一法令、条例、规定等,结合在实际执行中可能出现的问题,所做的具体的、细致的解释和补充。

细则的制定机关和内容比较广泛和灵活。细则一般与原法令、条例、规定配套使用,目的是解释原法令、条例、规定中可能产生的争议和漏洞,进一步发挥原法令、条例、规定的作用。如《中华人民共和国反间谍法实施细则》,就是对《中华人民共和国反间谍法》在实施过程中可能出现的问题的补充和完善。

(五) 章程

章程是党政机关、社会团体、企事业单位或其他组织,用来规定其性质、宗旨、目标、机构设置、权利、义务、纪律、规则等内容的规章制度类文书。章程一般由该政党、团体、组织的代表大会讨论制定或由代表大会讨论通过,是政党、团体、组织的"根本大法",一经制定、发布,就具有明确的强制性和约束力,是最高纲领和行动指南,要求该政党、组织、机构内所有成员必须严格遵守并坚决执行,不得违反。同时,章程只对所在政党、团体、组织的成员,或特定的工作内容有强制性和约束力,因此具有有限性。

(六) 守则

守则是国家机关、社会团体、企事业单位为维护工作秩序,面向职权范围内的对象制定的具有约束性的行为规范和道德准则。

守则的制定机关同样非常广泛。守则常常是在条例、规定基础上的进一步细化,如北京市人民政府制定的《北京市轨道交通乘客守则》,第一条就明确指出其制定依据是:"为加强本市轨道交通运营安全管理,保障运营秩序,为乘客创造安全、便捷、和谐的乘车环境,依据《北京市轨道交通运营安全条例》等规定,制定本守则。"

守则的内容非常灵活，可以针对某一类人群制定，如《中小学生守则》；也可以针对某一类行为，如《普通住宅居民消防安全守则》《在国际学术期刊发表论文的"五不"行为守则》。

守则属于类规章文书，目的是培养对象行为和道德的自觉性，提高对象的行为和道德水平。守则不像法规、规章类文书那样具有较大的强制性。根据制定机关的不同，其约束效力有一定的灵活性，惩处也不像规定、条例那么严格。

（七）公约

公约是某一社会组织或群体在自觉自愿的基础上，经过充分的讨论，达成一致意见后制定的行为准则和道德规范，如《首都市民文明公约》。

四、规约类文书的写作要求

（一）内容必须合法

内容必须合法首先体现在任何法规制度都必须有法律依据和政策依据。不论是法规类规章制度，还是管理类规章制度，不论是国家权力机关制定的规章制度，还是企事业单位制定的规章制度，内容都必须符合国家法规政策。具体机构、部门制定的规章制度类文书，是对国家相关法律、政策在本机构或部门的补充和说明，是对相关内容的具体化，因此不能出现方向性的违背。没有法律和政策依据，任何机构和部门不得设定减损公民权利或增加其义务的规范。

内容必须合法还体现在所有规章制度类文书的制定者必须是合法的行文主体。也就是说，所有机构和部门只能在其职权范围内制定规章制度，制定内容不得超出其职权和业务范围。

（二）结构必须严谨

规章制度类文书的格式并无具体的要求，但因为有强制性和约束力，所以，其格式必须严谨。比如，章节次序应该符合逻辑，内容应该做到条理分明、排列有序，不能相互重叠和交叉。

《行政法规制定程序条例》规定："行政法规根据内容需要，可以分章、节、条、款、项、目。章、节、条的序号用中文数字依次表述，款不编序号，项的序号用中文数字加括号依次表述，目的序号用阿拉伯数字依次表述。"

（三）语言必须规范

规章制度类文书的语言应该参考党政公文的语言规范，做到"准确、明白、直接、平实、简练"。"准确"指的是要对词语含义进行准确辨析，避免误用。"明白"指的是力避模糊性的词语，尽量不选择生僻的词语，语句不能有歧义。"直接"指的是要开门见山，词意要直接，不能含糊；语义要直接，不能含蓄。"平实"指的是用词要朴素，风格要朴实。"简练"指的是多用词语最基本的意思，多用单句、短句，少用复句、长句，语气要坚决肯定，只说明必要内容，不必对理由、过程等进行交代和议论。

(四) 要求必须具体

因为规章制度类文书是为了实施管理、维护秩序、推动工作，所以，相关规章制度的内容必须做到明确具体，使受文对象清楚了解在履行职责、推进工作时需要遵守的规定和准则。因此，根据实际内容，规章制度类文书必须对相关职责、程序的权利和义务、程序和规定、必须遵守的规定、不得违反的准则，以及奖惩举措等有明确具体的说明。

思考与练习

指出下文写法上存在的问题，并提出修改意见。

公司信息收集工作制度

第一条　信息源开发要广。要从全面联系来认识事物，信息收集工作要发挥更大价值，就必须广辟信息来源。只有这样，信息的选择才成为可能。

第二条　信息流向的分析要加强。信息流向反映事物的发展，表面上是杂乱的、偶然的，如做科学分析，仍可以从中抓住其内在的必然联系。把握住信息流向，可使信息收集更及时。由于流向分析的预测性质，对重大信息变动，又可早做准备，更具主动性。

第三条　信息量值的区分要准确。不同信息的内涵量不同，量值大的信息在信息群中起主导作用，因而是收集的重点。但信息量值的大小是相对的，会因条件的变化及与其他信息关联程度的不同而增减。因此，要根据不同情况做具体分析。

第四条　信息收集工作的主动性要增强。人是信息收集的主体，信息的开发、选择、分析都受人的因素制约。收集者的工作是否主动、自觉，决定着收集的成败。收集者如缺乏积极主动精神和一丝不苟的作风，即使是对显而易见的信息，也会视而不见或视如敝屣。

第二节　章程的写作

一、文种概说

(一) 文种释义

章程是党派组织、社会团体、企事业单位或其他组织用来规定其性质、宗旨、目标、机构设置、权利、义务、纪律、规则等内容的规约类文书。

章程根据制定部门、内容、目的的不同，可以分为组织章程、业务章程两种类型。组织章程是党派组织、社会团体、企事业单位的"根本大法"，是组织、团体、单位的最高纲领和行动指南，因此具有纲领性。一般情况下，各个党派、团体、单位都会制定自己的章程，通过章程规定组织的性质、宗旨、机构，对加入及退出的程序、成员的权利义务、经费来源等进行说明。组织章程只对所在政党、团体、组织的成员有强制性和约束力，因此，其强制性和约束力具有一定的有限性。

组织章程对制定部门、制定程度有比较严格的要求：一般由该政党、团体、组织的代表大会讨论制定或由代表大会讨论通过，一经制定、发布，就具有明确的强制性和约束力，要求该政党、组织、机构内所有成员必须严格遵守并坚决执行，不得违反。通常情况下，国家行政机关及其部门不使用这一文种。

业务章程的使用范围则比较广泛，上至国家机关、党派组织，下至企事业单位及其机构部门。如果需要对某一常规性工作内容的流程、方法等进行规定，从而规范工作流程、提高工作质量，均可以使用工作章程。和组织章程相比，业务章程更具灵活性、针对性。如《北京大学招生章程》《重庆市大学生公文写作技能竞赛章程》，就是典型的业务章程。

（二）特征解析

1. 作用的纲领性

公司章程是一个公司得以成立的必备要件之一，大学章程则是一所大学的"基本法"和"宪法"。所以，作为规定一个组织的组织规程和办事规则的章程，是该组织的最高准则，具有纲领的性质。组织赋予章程绝对效力，一切活动都必须遵循这个章程，一切管理活动中规章制度的制定都必须体现这个章程的基本精神。

2. 程序的合法性

章程一定要经过合法的程序制定，才能得到所有成员认可，才能对成员的行为具有约束力。章程反映的是一个组织全体成员共同的理想、愿望、意志，体现全体成员的共同利益，必须在全体成员达成共识的基础上才能建立。章程制定的程序一般是先由起草小组拟出草案，然后向全体成员征求意见，最后由该组织的最高级会议——代表大会表决通过，形成正式章程。章程的修改，也要经过代表大会的表决。公司章程的修改和废除，须经股东特别大会或经股东大会三分之二以上的股东做出决议。章程具有法定的权威和约束力的主要原因就在于此。

3. 时效的稳定性

章程是一个组织的根本大法，一经形成，就具有长期的稳定性，非经法定程序，不得随意变更。一个成熟的章程，应该实行多年不过时。那种朝令夕改的章程，不仅证明文件本身质量低劣，也证明了制定该章程的组织本身不成熟、不稳定、不正规。当然，章程不是一成不变的，也可以随着时代的发展和形势的变化而进行必要的补充和修改，但这些修改只能是局部调整，不能是原则上的否定。

二、写作指要

(一) 例文导读

◇ 例文 1

中国作家协会章程

(中国作家协会第九次全国代表大会部分修改，2016年12月2日通过)

第一章 总 则

第一条 中国作家协会是中国共产党领导的、中国各民族作家自愿结合的专业性人民团体，是党和政府联系广大作家、文学工作者的桥梁和纽带，是繁荣文学事业、加强社会主义精神文明建设的重要社会力量。

第二条 中国作家协会以马克思列宁主义、毛泽东思想、邓小平理论、"三个代表"重要思想、科学发展观为指导，深入贯彻习近平总书记系列重要讲话精神，坚持文艺为人民服务、为社会主义服务的方向和百花齐放、百家争鸣的方针，紧紧依靠广大作家和文学工作者，坚持社会主义先进文化前进方向，坚持以人民为中心，努力推出更多无愧于民族、无愧于时代的优秀作品，不断满足人民精神文化需求，为建设社会主义文化强国，实现"两个一百年"奋斗目标和中华民族伟大复兴的中国梦，提供强大的价值引导力、文化凝聚力、精神推动力。

第三条 中国作家协会的一切活动以中华人民共和国宪法为根本准则，遵守国家的各项法律、法规，依照章程独立自主开展工作。

第四条 中国作家协会贯彻全心全意为作家服务的宗旨，履行团结引导、联络协调、服务管理、自律维权的职能，把协会真正办成广大作家和文学工作者之家。

第五条 中国作家协会坚定不移走中国特色社会主义群团发展道路，坚持党对作协工作的统一领导，围绕中心，服务大局，与时俱进，改革创新，保持和增强政治性、先进性和群众性。

第二章 任 务

第六条 组织作家学习马克思列宁主义、毛泽东思想、邓小平理论、"三个代表"重要思想、科学发展观和习近平总书记系列重要讲话精神，学习党的方针政策，培育和践行社会主义核心价值观，增强文化自信、文化自觉和文化担当，不断提高文学队伍的思想道德修养、科学文化素养、文学艺术学养。

第七条 坚持文学创作的正确方向，尊重和遵循文学创作规律，树立精品意识，实施精品战略。提倡题材、体裁、形式的多样化，推动多种艺术风格、流派的充分发展。传承和弘扬中华优秀传统文化，学习和借鉴世界各国优秀文化成果，鼓励探索和创新，不断提高作品的思想水平和艺术水平。加强文学公共服务，开展文学普及工作，把最好的精神食粮贡献给人民。

第八条　坚持以人民为中心的创作导向，引导广大作家深入生活、扎根人民，努力反映以爱国主义为核心的民族精神和以改革创新为核心的时代精神，反映人民群众建设新生活的伟大实践，弘扬中国精神、传播中国价值、凝聚中国力量。

第九条　加强文学理论建设和文学评论工作，提倡和鼓励不同学术观点和学派的自由讨论，树立和发扬与人为善、实事求是的文学批评风气，切实加强对创作思想的引导。

第十条　发现和培养文学创作、评论、编辑、翻译等新生力量，关心青年文学人才成长，广泛团结联系新的文学群体，发展和壮大社会主义文学队伍。

第十一条　大力培养少数民族作家，尊重少数民族文学传统和特色，尊重少数民族作家使用本民族语言文字进行创作与翻译，加强各民族之间的文学交流，促进少数民族文学繁荣与发展。

第十二条　努力办好本会所属报纸、期刊、出版社和网站等文学传媒。坚持正确导向，不断提高质量，努力实现思想性和艺术性的统一，社会效益与经济效益的统一。

第十三条　高举爱国主义旗帜，维护祖国统一，增进同香港特别行政区、澳门特别行政区和台湾地区作家以及海外华文作家的联系、交流。

第十四条　推进中外文学交流，积极参加国际文学活动，增进同各国作家的友谊，维护世界和平，促进人类进步事业。

第十五条　依据宪法和法律的规定，加强协会管理，倡导会员自律，反映会员的意见和要求，维护会员的合法权益，保障会员从事正当文学活动的自由。

第十六条　组织全国性文学评奖活动，对优秀创作成果和文学人才给予表彰和奖励。

第十七条　加强与社会各界的联系，与党和政府有关部门密切合作，为会员从事创作、评论和其他文学活动创造良好的环境和氛围，提供必要的条件和服务；积极帮助解决会员的生活、工作、学习等方面困难。

第十八条　做好所主管文学社团的业务指导和管理工作。

第三章　会　员

第十九条　本会由个人会员和团体会员组成。

第二十条　凡赞成本会章程，发表或出版过具有一定水平文学创作、理论评论、翻译作品者，或从事文学编辑、教学、组织工作有显著成绩者，由本人申请，团体会员推荐或两名个人会员介绍，并征求申请人所在地区或系统团体会员的意见，经专家评议，由本会书记处会议审议批准，即为个人会员。

香港特别行政区、澳门特别行政区和台湾地区的作家、文学工作者，由本人申请，两名个人会员介绍，经本会书记处会议审议批准，即为个人会员。

第二十一条　凡赞成本会章程，并有一定数量个人会员和健全办事机构的省、自治区、直辖市作家协会和全国性行业作家协会等，向本会提出申请，经主席团审议批准，即为团体会员。

第二十二条　会员有遵守本会章程、执行本会决议、参加本会活动、接受本会委托工作、缴纳会费的义务；有选举权、被选举权，有对本会工作及领导人的建议、批评和监督权,有享用本会福利设施等权利。

第二十三条 团体会员接受本会委托,负责代为联系本会在该地或该系统的个人会员。

第二十四条 会员有退会自由。会员要求退会时,由本会书记处会议确认终止其会籍。

第二十五条 会员的创作成果、著作权和其他合法权益受到侵犯时,有权要求本会予以保护。本会有责任提供法律咨询、协调纠纷等服务,依法维护会员的合法权益。

第二十六条 本会会员如严重违反本会章程或严重违法、触犯刑律,经本会书记处通过,停止或取消其会籍。

第二十七条 会员入会、退会及取消会员会籍采取公告形式。

第四章 组 织

第二十八条 本会的组织原则是民主集中制。

本会的最高权力机构为中国作家协会全国代表大会。全国代表大会的职责是:

一、决定本会的工作方针和任务;

二、审议和批准全国委员会的工作报告;

三、制定和修改中国作家协会章程;

四、选举产生全国委员会;

五、决定其他重大事项。

全国代表大会代表,由团体会员组织居住本地或本系统所属会员民主协商,选举或推举产生。

在全国代表大会闭会期间,全国委员会负责行使下列职权:

一、执行全国代表大会的决议;

二、审议本会年度工作报告;

三、批准全国委员会个人委员的变更和增补;

四、决定其他重大事项。

全国委员会闭会期间,由主席团负责执行全国代表大会和全国委员会的决议。

第二十九条 全国代表大会每五年举行一次。必要时由全国委员会决定提前或延期召开。

第三十条 全国委员会由个人委员和团体委员组成。其中,个人委员由全国代表大会选举产生;团体委员由团体会员从其主要负责人中民主协商,推举产生,报请全国代表大会主席团审议通过。在全国代表大会闭会期间,全国委员会团体委员的变更和增补,由团体会员推举人选,报请主席团审议通过。全国委员会会议每年举行一次,由主席团召集,必要时由主席团决定提前或延期召开。

第三十一条 全国委员会选举主席一人,副主席、主席团委员各若干人组成主席团。主席团会议由主席或常务副主席召集,每年举行一至二次。

第三十二条 主席团推举书记若干人组成书记处,负责处理本会日常工作,并根据需要及有关规定建立相应的工作机构和若干由相关作家、评论家等组成的专门委员会。

第三十三条　本会必要时设立名誉职务。其具体人选由全国委员会推举或主席团聘请。

第五章　经费及资产管理

第三十四条　本会的经费来源：一、财政拨款；二、会员会费；三、社会资助；四、其他合法收入。

本会鼓励和争取多方吸纳社会资金，为繁荣社会主义文学事业服务。

第三十五条　中国作家协会的资产受法律保护，任何单位和个人不得侵占、挪用和任意调拨。中国作家协会所属企业、事业的资产隶属关系不得任意改变。

第六章　附　则

第三十六条　中国作家协会的英文全称为"China Writers Association"。

中国作家协会会徽图案内容为：以标点符号逗号为构图主体，形如朝阳，象征着蓬勃向上、繁荣发展的文学事业。

中国作家协会会址设在北京。

第三十七条　本章程解释权属于中国作家协会全国委员会。

阅读与讨论：
（1）本文属于哪一类章程？
（2）本文的标题是如何构成的？总则部分说明了哪些内容？
（3）本章程是通过哪种方式产生法定效力的？

◇ 例文2

北京大学招生章程

第一章　总　则

第一条　为了保证学校普通本科招生工作的顺利进行，规范招生行为，维护考生合法权益，依照教育部普通高等学校招生工作规定，特制定本章程。

第二条　我校全称为北京大学，是国家公办的教育部直属全日制普通高等学校，对在规定的年限内达到所在专业毕业要求者，颁发北京大学普通本科学历证书；符合学校学位授予有关规定者，颁发普通高等教育本科毕业生学士学位证书。

第三条　北京大学招生工作遵循"公平竞争、公正选拔、公开程序，德智体全面考核、综合评价、择优录取"的原则。

第四条　北京大学招生工作接受学校纪检监察部门、新闻媒体、考生及其家长以及社会各界的监督。

第二章　组织机构和人员

第五条　北京大学设立招生委员会，负责制定招生章程、招生战略、招生政策，确定招生规模和调整学科招生计划，讨论决定招生重大事宜。招生委员会由主管校领导、学科专家及相关部门负责人组成。主任由主管校领导担任。

第六条　北京大学招生办公室是北京大学组织和实施招生工作的常设机构，具体负责普通本科招生的日常工作。授权北京大学医学部招生办公室具体负责医学部招生的有关事务。

第七条　北京大学招生办公室根据需要组建赴各省（自治区、直辖市）招生工作组，负责该地区招生宣传和咨询，并协助招生办公室进行招生录取。招生工作组组长由北京大学聘任。

第八条　北京大学设立招生工作监督领导小组，监督领导小组办公室设在监察室，对招生工作实施监督。

第三章　计划与录取

第九条　北京大学根据本校办学条件等实际情况，统筹考虑各省份高考人数、生源质量、区域协调发展等因素，结合近年来本校来源计划编制情况，综合分析，确定本校分省来源招生计划。报教育部审核后由各省（自治区、直辖市）招生主管部门向社会公布。

北京大学将招生计划总数的1%作为预留计划，主要用于生源质量调控及解决同分数考生的录取问题。

第十条　北京大学执行教育部规定的"学校负责，招办监督"的录取体制，在教育部领导下，由各省（自治区、直辖市）招生委员会统一组织录取。

第十一条　北京大学按照理工类、文史类和医学类分代码（分类）录取。

第十二条　北京大学根据各省（自治区、直辖市）生源情况确定提档比例，按照顺序志愿投档的批次，调档比例原则上控制在120%以内；按照平行志愿投档的批次，调档比例原则上控制在105%以内。北京大学在内蒙古自治区按分数优先原则进行录取。北京大学在高考综合改革试点省（市）按其高考改革方案相关规定进行投档录取。

第十三条　在思想政治品德考核和身体健康状况检查合格、统考成绩达到同批录取控制分数线，符合北京大学提档要求的情况下，北京大学依据考生志愿，从高分到低分的顺序录取，单科成绩原则上应达到及格水平。

第十四条　北京大学在各省（自治区、直辖市）专业录取时按考生的投档分和专业志愿进行录取，各专业志愿之间设定专业志愿级差，专业志愿级差原则上在5分以内。若考生投档分数相同，按各省（自治区、直辖市）确定的同分排序规则进行录取。

第十五条　北京大学在提档时原则上认可各省（自治区、直辖市）教育主管部门根据教育部相关规定给予考生的政策性加分。但同一考生如符合多项加分条件，只取其中最高一项分值，且加分不得超过20分。经北京大学认定且各级公示合格的各类特殊类型招生入选资格考生，以公示的优惠政策为准进行录取。

第十六条　北京大学在录取提前批次的非通用语种考生时，按投档分提档，按实考分录取专业，专业志愿间不设级差，不调剂，录满为止，实考分未达到所报专业录取分数的考生予以退档。

第十七条　北京大学在江苏省录取时，对两门选测科目学业水平测试等级最低要求为A+、A；自主招生、综合评价招生（博雅人才培养计划）、高校专项（筑梦计划）、高水平艺术团等入选资格考生两门选测科目等级最低要求为B、B；高水平运动队考生的学业水平测试等级要求按江苏省有关规定执行。

第十八条　北京大学在部分省份招收定向生，定向生录取线参照北京大学统招生调档线执行。若出现志愿率不足的情况，可适当降分录取，最多不能超过统招生调档线 10 分，若仍无法满足计划要求，则调剂到其他招收同类别生源地区招收。

第十九条　北京大学对肢体残障的考生，若其生活能够自理、符合所报专业要求，且高考成绩达到录取标准，则予正常录取。

第四章　附　则

第二十条　北京大学对保送生、自主招生、综合评价、非通用语种、高水平运动队、高水平艺术团、"双学籍"飞行员、定向生、"国家专项"、"高校专项"、内地西藏班、内地新疆班、少数民族预科、港澳台侨等招生事宜，依据教育部有关规定和本校的招生简章执行。

第二十一条　北京大学本科招生体检标准按照教育部、卫生部、中国残疾人联合会印发的《普通高等学校招生体检工作指导意见》及有关补充规定执行。

第二十二条　北京大学外语类专业只招收英语语种考生。

第二十三条　北京大学校本部学费收费标准：理科试验班类、文科试验班类、电子信息类、生物科学专业为 5300 元人民币/学年，其他专业 5000 元人民币/学年；住宿费：750-1200 元人民币/学年。

第二十四条　北京大学医学部根据本章程及医学专业的特点制定医学类专业的招生实施细则。

第二十五条　北京大学招生工作严格落实教育部关于信息公开的相关要求，确保招生政策、招生资格、招生章程、招生计划、考生资格、录取程序、录取结果、咨询及申诉渠道、重大事件违规处理结果、录取新生复查结果等信息按规定公开。自主招生、保送生、高水平运动队、高水平艺术团等特殊类型招生，以及综合评价录取的资格考生信息和录取按教育部相关规定进行公示。

第二十六条　本章程公布后，如遇部分省份高考招生政策调整，则北京大学将根据当地相关政策制定相应的录取政策，并另行公布。

第二十七条　本章程由北京大学招生办公室负责解释。

阅读与讨论：

（1）本文属于哪一类章程？

（2）本文的附则与一般的章程相比，条目较多，是否合适？有没有更好的表达方式？

（3）对于学校的招生工作，既有"招生章程"，又有"招生简章"，"章程""简章"是两个文种，还是同一文种？

（二）结构模型

不论是组织章程还是业务章程，外在结构一般都由标题、签注、正文三部分构成。

1. 标题

组织章程的标题常常采用"组织机构名称+文种（章程）"的形式。如《中国作家协会章程》《中华全国妇女联合会章程》。

业务章程的标题可以采用"事由+（文种）章程"或"组织机构名称+事由+文种（章程）"的形式。如《中国人民政治协商会议章程》《××大学招生章程》。

2. 签注

章程的签注又叫"题注"，是表明章程权威性的标志，通常是发文机关对章程通过的会议名称、时间的说明，在标题下居中用"（　　）"注明。如《中国作家协会章程》的题注是：

（中国作家协会第九次全国代表大会部分修改，2016年12月2日通过）

3. 正文

规约类文书正文部分的内容一般包括以下要素：制定的目的、依据、程序、基本原则、适用范围、主管部门、具体规范、奖惩措施、生效日期、解释权、修订权。某些要素有时可以省略。

章程的正文部分一般由总则、分则、附则三部分构成，通常采用章条式，章断、条连。这种形式就是将全文分为若干章，各章之下又分若干条，章是对内容的分类，条是对内容的表述。前一章的"条"写完后，后一章的"条"按序码续上。

（1）总则

总则是章程全文的灵魂，对章程的全文起统率作用。在总则部分，一般要求阐明组织的性质、宗旨、任务、目标、指导思想等内容。相对于正文内容所占比重，总则内容常常比较简短。将其与分则、附则并列处理，是因为总则的纲领性作用。因此，在一些章程里，总则又称为"总纲"。

（2）分则

分则是在总则指导下，对总则内容的具体化展开，是章程正文的主体相关内容的统称。一般按内容集中编排，分类设章。

组织章程的分则部分通常包括以下内容：组织成员（加入条件、加入程序、成员的权利和义务、纪律规定等）、机构设置（最高权力机关、领导机构、常设机构、部门职责、隶属关系、办事程序等）、组织经费（经费来源、管理办法等）、职能范围（职责范围、经营范围等）、其他事宜（根据制定机关性质具体确定）。

股份制企业章程的分则部分一般有宗旨与经营范围、股票、股份和股东、董事会、监事会、经营管理机构、财务会计、税收和利润分配、劳动人事、章程修改、公告内容及办法等内容。

分则在章节上不标示"分则"，而是按照章的顺序排列。

（3）附则

附则一般用最后一章简要说明章程的生效日期、实施要求、修订规则、解释权限等。

附则不是章程必备的内容，有些章程可以省略附则。

三、写作策略

（一）项目齐备

无论是组织章程还是业务章程，其应涉及的规范内容必须完整齐备，不能出现遗漏；否则，制度上的漏洞将会导致执行过程中的"盲区"。比如，社团章程的内容要包括组织名称、性质、宗旨、任务、机构、会员资格、入会手续、会员权利义务、领导者的产生和任期、会费的交纳和经费的管理使用等一系列项目。

（二）结构严谨

章程的内容系统全面，所以，必须使用章条式结构，先总则后分则，全文是一种总分式结构。分则部分的内容应一环扣着一环，体现出严谨的逻辑性，使全文成为一个有机的统一体。

章程中的每一条和每一款，意思要完整、单一。完整是指不要把一个完整的意思拆成几部分；单一是指一条（款）只说一个意思，不要把几个意图混杂在一起。

（三）语言庄重简明

组织章程是一个组织纲领性的文件，对组织的行为具有深远影响。因此，其语言宜庄重、严谨、简练。条文宜简明扼要，使用说明性的语言，只回答"是什么""做什么"，而不必回答"为什么"和"怎样做"，多用词语的直接意义，概念单一准确。

思考与练习

单项选择题：

1. 某组织制定的组织原则或办事原则的规章类文书是（　　）。
   A. 条例　　　　B. 办法　　　　C. 规定　　　　D. 章程

2. 以下不属于规章制度文书的是（　　）。
   A. 章程　　　　B. 规程　　　　C. 草案　　　　D. 守则

3. 以下关于规章制度文书的特点表述不正确的是（　　）。
   A. 强制性　　　B. 严密性　　　C. 稳定性　　　D. 灵活性

4. 一个政党关于成员在思想、言论、行动上必须严格遵循的规定，叫作（　　）。
   A. 规章　　　　B. 规定　　　　C. 章程　　　　D. 条例

5. 章程中，表述组织性质、目标、总任务的部分，叫作（　　）。
   A. 总纲　　　　B. 分则　　　　C. 细则　　　　D. 罚则

6. 一个政党、组织、团体的根本大法，叫作（　　）。
   A. 章程　　　　B. 总纲　　　　C. 规章　　　　D. 制度

7. 以下关于章程写作要求表述正确的是（　　）。
   A. 形式灵活　　B. 全面系统　　C. 语言生动　　D. 结构多样

8. 国家机关制定或批准的用于指导某项长期性工作的法规文件，叫作（　　）。
   A. 章程　　　　B. 守则　　　　C. 细则　　　　D. 条例
9. 国家机关对某一条例、规定、事项的具体规定，叫作（　　）。
   A. 规章　　　　B. 规定　　　　C. 办法　　　　D. 条例
10. "中国人民对外友好协会××"，"××"最适合选择的文种是（　　）。
    A. 规定　　　　B. 纲领　　　　C. 章程　　　　D. 规章
11. "房屋建筑工程竣工验收××"，"××"最适合选择的文种是（　　）。
    A. 章程　　　　B. 规章　　　　C. 细则　　　　D. 规定
12. "中国科学院院士科学道德自律××"，"××"最适合选择的文种是（　　）。
    A. 规章　　　　B. 准则　　　　C. 办法　　　　D. 细则
13. "中国人民银行存款业务暂行××"，"××"最适合选择的文种是（　　）。
    A. 规定　　　　B. 办法　　　　C. 守则　　　　D. 细则

参考答案：1. D　2. C　3. D　4. D　5. A　6. A　7. B　8. D　9. C　10. C　11. C　12. B　13. B

第三节　规定的写作

一、文种概说

（一）文种释义

公文学界早有"规定规定，有规有定"之说。那么，何者为规？《说文解字》释为："规，有法度也。"《诗·沔水》序·笺："规者，正圆之器也。"王粲诗有"生为百夫雄，死为壮士规"句，"规"的原始义即校正圆形的工具，引申义为规范、措施。何者为定？荀子曰："论德而定次，量能而授官。""定"可理解为制定、定则。可见规定的目标是规范某项具体的工作或事务，侧重于明确管理原则或原则性管理措施。就规定的事项而言，"规"指的是原则性规范要求，"定"指的是具体性约束措施。

当今公务活动中的规定，**指的是党政机关、社会团体、企事业单位等为实施管理、规范工作**，针对其职权范围内某方面的工作、事务或专门问题，制定的一种具有强制性和约束力的规范性文件。

按照发文机关、制定程序、约束效力等的不同，规定可以分为法规类规定、规章类规定、类规章规定。法规、规章类规定是对国家法律、法规的补充，对制定机关有一定的要求，内容涉及的是国家政治、经济、社会发展中的重要事项，具有较强的约束力。类规章规定主要适用于机关、单位、部门，用于规范较具体的工作。

规定的适用范围广泛，上至党政机关，下至企事业单位、社会组织，凡需要规范某一方面的工作或行为，均可以使用规定。规定的使用非常灵活，既可以是较长时期的规范性要求，也可以是临时性的措施和规范。

(二) 类型划分

按行文目的及规范内容，规定可划分为以下类型：

一是政策性规定。这类规定主要用于依照有关法律法规，制定有关的准则和政策，作为开展某项活动、某项工作的主要办事依据。如地震局发布的《地震行政执法规定》。

二是管理性规定。这类规定主要用于制定某方面工作的管理规则，在一定范围内提出管理要求、禁止事项，以达到加强某些工作管理，规范某些活动和行为的目的。如新闻出版署发布的《出版物市场管理暂行规定》。

三是实施性规定。即为实施有关法律法规而制定的规定。这类规定和实施原件配套使用，其功能和实施办法、实施细则基本相同。如《吉林省实施〈中华人民共和国行政处罚法〉若干规定》。

四是补充性规定。有些法规性文件的内容不够明确具体，若在贯彻执行过程中出现一些问题和新的情况，也可以用规定进行补充。如国家税务总局印发的《关于土地使用税若干具体问题的补充规定》

(三) 文种辨析

规定、条例以前均属党的机关公文，而新的《党政机关公文处理工作条例》不再将条例、规定作为法定公文，但它们现在仍然是国务院和地方权力机关制定行政法规和地方性法规的重要文种。

条例、规定在使用上的区别主要体现在两个方面：

一是使用的范围和对象不同。条例只能用于制定行政法规和地方性法规。根据《行政法规制定程序暂行条例》和《中华人民共和国地方各级人民代表大会和地方各级人民政府组织法》，只有国务院和省（自治区、直辖市）人民代表大会及其常务委员会、省会所在市和经国务院批准的较大单列市的人民代表大会，才有权使用条例制定法规性文件。而规定除了可以用来制定法规，也可以用来制定行政规章，甚至可以用于各种社会组织制定本机关的规范性文件，其适用范围和对象比条例要宽泛许多。

二是内容的系统性和全面性存在差异。《行政法规制定程序暂行条例》指出，条例是"对某一方面的行政工作作比较全面、系统的规定"，而规定则是"对某一方面的行政工作作部分的规定"。因此，条例所涉及的内容比规定更丰富、更全面，某一条例包括若干规定。国务院曾在1988年颁布《土地复垦规定》，不分章，共26条；而在2010年重新颁布《土地复垦条例》，则分7章，共44条，对土地复垦领域事项的管理和处置，对土地复垦当事人法律责任和奖惩，做出比较全面系统的规定。

二、写作指要

(一) 例文导读

女职工劳动保护特别规定

第一条　为了减少和解决女职工在劳动中因生理特点造成的特殊困难，保护女职工健康，制定本规定。

第二条　中华人民共和国境内的国家机关、企业事业单位、社会团体、个体经济组织以及其他社会组织等用人单位及其女职工，适用本规定。

第三条　用人单位应当加强女职工劳动保护，采取措施改善女职工劳动安全卫生条件，对女职工进行劳动安全卫生知识培训。

第四条　用人单位应当遵守女职工禁忌从事的劳动范围的规定。用人单位应当将本单位属于女职工禁忌从事的劳动范围的岗位书面告知女职工。

女职工禁忌从事的劳动范围由本规定附录列示。国务院安全生产监督管理部门会同国务院人力资源和社会保障行政部门、国务院卫生行政部门根据经济社会发展情况，对女职工禁忌从事的劳动范围进行调整。

第五条　用人单位不得因女职工怀孕、生育、哺乳降低其工资、予以辞退、与其解除劳动或者聘用合同。

第六条　女职工在孕期不能适应原劳动的，用人单位应当根据医疗机构的证明，予以减轻劳动量或者安排其他能够适应的劳动。

对怀孕7个月以上的女职工，用人单位不得延长劳动时间或者安排夜班劳动，并应当在劳动时间内安排一定的休息时间。

怀孕女职工在劳动时间内进行产前检查，所需时间计入劳动时间。

第七条　女职工生育享受98天产假，其中产前可以休假15天；难产的，增加产假15天；生育多胞胎的，每多生育1个婴儿，增加产假15天。

女职工怀孕未满4个月流产的，享受15天产假；怀孕满4个月流产的，享受42天产假。

第八条　女职工产假期间的生育津贴，对已经参加生育保险的，按照用人单位上年度职工月平均工资的标准由生育保险基金支付；对未参加生育保险的，按照女职工产假前工资的标准由用人单位支付。

女职工生育或者流产的医疗费用，按照生育保险规定的项目和标准，对已经参加生育保险的，由生育保险基金支付；对未参加生育保险的，由用人单位支付。

第九条　对哺乳未满1周岁婴儿的女职工，用人单位不得延长劳动时间或者安排夜班劳动。

用人单位应当在每天的劳动时间内为哺乳期女职工安排1小时哺乳时间；女职工生育多胞胎的，每多哺乳1个婴儿每天增加1小时哺乳时间。

第十条　女职工比较多的用人单位应当根据女职工的需要，建立女职工卫生室、孕妇休息室、哺乳室等设施，妥善解决女职工在生理卫生、哺乳方面的困难。

第十一条　在劳动场所，用人单位应当预防和制止对女职工的性骚扰。

第十二条　县级以上人民政府人力资源和社会保障行政部门、安全生产监督管理部门，按照各自职责负责对用人单位遵守本规定的情况进行监督检查。

工会、妇女组织依法对用人单位遵守本规定的情况进行监督。

第十三条　用人单位违反本规定第六条第二款、第七条、第九条第一款规定的，由县级以上人民政府人力资源和社会保障行政部门责令限期改正，按照受侵害女职工每人 1000 元以上 5000 元以下的标准计算，处以罚款。

用人单位违反本规定附录第一条、第二条规定的，由县级以上人民政府安全生产监督管理部门责令限期改正，按照受侵害女职工每人 1000 元以上 5000 元以下的标准计算，处以罚款。用人单位违反本规定附录第三条、第四条规定的，由县级以上人民政府安全生产监督管理部门责令限期治理，处 5 万元以上 30 万元以下的罚款；情节严重的，责令停止有关作业，或者提请有关人民政府按照国务院规定的权限责令关闭。

第十四条 用人单位违反本规定，侵害女职工合法权益的，女职工可以依法投诉、举报、申诉，依法向劳动人事争议调解仲裁机构申请调解仲裁，对仲裁裁决不服的，依法向人民法院提起诉讼。

第十五条 用人单位违反本规定，侵害女职工合法权益，造成女职工损害的，依法给予赔偿；用人单位及其直接负责的主管人员和其他直接责任人员构成犯罪的，依法追究刑事责任。

第十六条 本规定自公布之日起施行。1988 年 7 月 21 日国务院发布的《女职工劳动保护规定》同时废止。

阅读与讨论：
（1）本文使用的是条项式结构，如果采用章条式，哪些条目是总则、分则和附则？
（2）本文围绕"女职工的劳动保护"，从哪些方面进行了具体规定？
（3）本文在正式发布时，应该使用什么文种？

（二）结构模型

规定由标题、签注、正文三部分或标题、正文两部分组成。

1. 标题

规定的标题常常采用"组织机构名称+规定内容+文种（规定）"的形式。如《中共中央政治局关于改进工作作风、密切联系群众的规定》。

标题还可以采用"规定内容+文种（规定）"的形式。如《广播电视行业统计管理规定》《事业单位公开招聘违纪违规行为处理规定》。

2. 签注

签注并不是规定必备的内容。重要的规定，如法规类规定，经过会议讨论、审议通过的规定，可以注明通过会议的名称和日期；普通规定如某部门的管理规定可以没有签注。

正文中如有序言说明规定通过的会议、时间，则无须在标题下使用签注。

3. 正文

通常情况下，当规定的内容复杂、篇幅较长时，正文常常采用章条式结构，做到层次清晰、结构严谨。当内容较少、篇幅较短时，正文可以采用条项贯通式或者撮要分条式结构。

条项贯通式。内容比较简单的规定，以及一些机关、企事业单位的管理制度多采用这种写法。它的写作特点是：全文既无独立的开端，也无单独的结尾，而是由若干条文并列成文。如《天津港保税区外商投资企业审批和登记规定》。

撮要分条式。除了规定，这也是其他规章制度通常采用的结构形式。如《国务院关于严禁淫秽物品的规定》开头：

淫秽物品毒害人们的思想，诱发犯罪，危害极大。为了保护广大人民特别是青少年的身心健康，维护社会治安，保证现代化建设的顺利进行，对各种淫秽物品必须严格查禁。为此，做如下规定……

开头的"撮要"由三句话组成，前两句表明制发本规定的原因和目的，第三句用强调性惯用语"为此"过渡到主体部分，即规定事项的说明。主体部分采用"分条"的形式，规定事项共写了十条：一、二条说明严禁的范围，三条至八条交代查禁时应注意的问题，九、十条是对违犯规定者的处分原则。结尾，包括十一条与十二条，说明实施要求与时间。条分缕析，清楚明白。

三、写作策略

（一）主旨要集中

首先，对象要有针对性。必须明确规定针对的具体对象和问题，坚持问病开方、对症下药。如果对象不明、问题不清，主旨必然模糊。其次，主旨要专一。必须遵循一文一事、一文一旨原则。布局谋篇紧紧围绕确立的主旨，并从不同角度对主旨涉及的问题加以规范，这样才能使文章的主旨集中、深刻、鲜明。

（二）措施要具体

这是写作规定的核心要求，应当针对某项工作或某些薄弱环节做出切实可行的管理规范。围绕主旨涉及的所有问题具体谋划，把该做什么、怎么去做、做到什么程度，规定得清清楚楚，不遗不漏。如果谋划不周，所发规定必然难以执行和实施，就无法实现规定应当发挥的作用。

（三）格式要规范

规定的结构模式有章条式、条项式、撮要式三种。章条式适用于事项较大、分量较重、内容较多的规定。条项式适用于事项一般、分量适中、内容较少的规定。通篇从首条排至尾条，条下亦可设款，条连款不连。撮要式适用范围同条项式，所不同的是在条目之前加写序言。序言相当于章条式结构的总则，条目部分也是条连款不连。总之，规定格式必须与内容的表达相适应，并且做到条目清晰、规范严谨。

思考与练习

根据下面提供的材料，撰写一篇规章制度文书，并拟写相应的法定公文予以印发。

1. 文华艺术学院是西平县的市属高等学校，也是一所新成立的高校，今年才开始招收学生。新生于9月初报到入学，本科专科共计820人。学校的各项规章制度正在建立和逐步完善之中。

2. 开学不久，在学生宿舍的管理上就暴露出不少问题：有的学生不讲公德和卫生，把纸屑、瓜果皮、塑料袋等到处乱丢，还有人把痰吐在墙上、地上；晚上熄灯后，有人不但不按时就寝，还大声讲话打闹，影响别人休息；有的学生深夜不归，回来后见宿舍门关了，便翻院墙进来；有人熄灯后在床上点蜡烛看小说、杂志、教参书等，缺乏安全意识。学校虽然在各栋宿舍都安排有管理员，但是管不住上面这些事，有的人不但不听劝告，还质问说，"你凭什么管我?"呛得管理员出不了声。

3. 不少师生向校领导反映了上述情况，希望及时采取措施，加强管理。同时，完善宿舍管理员岗位责任制，要求管理员尽职尽责，依规管理。大家还建议，明确规定学生必须在晚上 11 点以前回到宿舍，如果确实有特殊情况，要在宿舍管理处登记，说明情况后才能进入。

4. 学校后勤处对学生宿舍进行了检查，发现有的学生私自接、拉电线偷用电，在寝室里用电器烤、煮、炖东西吃，严重违反了学校用电规定。

5. 为此，学院专门召开了校长办公会进行研究，决定组织有关部门，以《高等学校学生行为准则》和已经发布实施的《文华艺术学院校园秩序与环境卫生管理规定》为根据，采纳师生们的建议，再拟订一份专门针对学生宿舍现状的、管理性的规章制度，目的是维护学生宿舍的正常秩序。只有这样，才能给学生营造一个良好的学习与生活环境。

6. 学校领导强调说，这份规章既要从正面引导，又要有约束或禁止性要求，对违反相关规定的要按照《文华艺术学院校园秩序与环境卫生管理规定》来处罚。同时，要开展文明寝室评选活动，其具体实施办法另行拟订。

7. 这份规章于今年 9 月 20 日草拟完成后，经由院务委员会审议通过，然后以学院名义用一份法定公文印发给全学院所有部门，包括各个处室和每个教学系。同时说明，这一规章从该公文下发之日起施行。

第十五章 书信类公文的写作

毛泽东写给徐特立的"生日贺信"

徐特立，1877年2月1日生于湖南省长沙县五美乡，参加过辛亥革命，在湖南一师当过毛泽东的老师，43岁远渡重洋到法国勤工俭学，在白色恐怖、革命处于低潮时加入中国共产党，57岁时参加红军万里长征，是长征队伍中年龄最大的。

1937年2月1日，这一天正是徐特立的六十大寿，中共中央决定公开为徐特立做寿，用这种特殊的方式，宣示红军是不可战胜的，借以扩大党的影响，庆贺红军的胜利。

中共中央为祝寿活动提出了一系列具体要求。例如，在祝寿过程中不许收礼，只收信件和祝词；允许群众自发的聚餐活动，不过红军将士们如果需要聚餐的话，应从苏区银行发给的津贴中拿出钱来自己解决……

毛泽东和朱德分别给徐特立写了祝寿的信件。毛泽东主席在信的开头写道："你是我二十年前的先生，你现在仍然是我的先生，你将来必定还是我的先生。"

书信是机关、单位、团体和个人在学习、生活和工作中沟通情况、交流信息、表达愿望、传达感情的具有直接效用和一定体式的文书，是人们生活、学习和工作中经常使用的一种重要交际工具。古人对书信类文书并不称书信，而是根据其传播媒介、书写方式、传递方式等的不同，将之称为尺牍、尺素、尺书、尺一、鸿、雁书、鸿雁、雁帛、雁足、雁音、鱼书、鱼笺、双鲤、鱼雁、八行、八行书、书启、笺札、简帖、音书、音信、音耗、音讯、音问、音邮、锦书，等等。

书信类文书既可用于处理日常私人事务，也可用于处理公共事务。日常生活中，人们一般按适用范围，将其分为普通书信和专用书信两大类。专用书信主要是指个人或集体向组织、领导和有关部门表达有所求或意愿时，使用的侧重于公务往来的文书，常见的有申请书、介绍信、志愿书、保证书、检讨书、感谢信、公开信、慰问信、贺信、倡议书、决心书、挑战书、表扬信，等等。专用文书是事务文书，属于广义的公文范畴。

由于专用书信属于公务文书范畴，所以，其在内容和形式上都呈现出较为突出的模式性。为了便于具体、直观地学习公文类书信的写作，本章拟以感谢信、慰问信和贺信三种文体为例，对书信类公文进行提纲挈领式的梳理，以期能够有效地帮助大家由此及彼，联类而及，写出形式和内容都令人称道的公务书信。

第一节 感谢信的写作

一、文种概说

（一）文种释义

任何集体和个人的发展历程都不是一帆风顺的，难免遇到各式各样的或多或少的坎坷或意外。而要想顺利地克服困境或渡过难关，组织或朋友的帮助不可或缺。这就是人们常说的"一个篱笆三个桩，一个好汉三个帮"的道理。那么，当组织或个人对你付出物质或精神上的帮助以后，作为受惠者的你，对无私帮助你的组织或个人略表谢忱之意也是理所当然的。表达感谢的方式有很多，或物资酬谢，或口头致辞，或通过报社、电台、电视台等大众传媒进行宣传表扬，等等。在众多的表达方式中，写感谢信是常用的也是较为得体的方式之一。何谓感谢信？**感谢信就是单位或个人在得到对方帮助、关怀和支持之后，为表达感谢和敬意而写作的一种专用书信。**

（二）类型划分

根据书信中表达感谢的方式不同，可将感谢信分为口头表扬型和实际行动型两类。

1. 口头表扬型

口头表扬型感谢信是指写感谢信的个人或集体在信中除了赞扬、宣传对方的美好品质，并不明确表达"感恩"的具体行动的专用书信文书。

2. 实际行动型

实际行动型感谢信是指写感谢信的个人或集体在信中除了赞扬、宣传对方的美好品质，还明确地写出报答对方"恩情"的具体行为和方式的专用书信文书。

二、写作指要

（一）例文导读

◇ 例文 1

感谢信

尊敬的××大学全体师生员工：

我县地处山区，是国家级贫困县。今年我县遭遇了特大洪水灾害，有十余所农村学校校舍被淹，教学设备遭到严重损毁，无法恢复正常的教育教学。在此极度困难的时候，你们省吃俭用、慷慨解囊，向我们捐赠了 20 万元、500 套桌椅、1000 套学习用具，帮助我们重建校园、恢复教学，使数千名学生很快又回到课堂，重新开始了快乐的学习生活。你们这种无私奉献、助人为乐的精神是值得我们好好学习的。为此，特向你们表示衷心的感谢！

我县全体师生决心努力工作、刻苦学习，以优异的成绩报答你们的关怀，为社会主义建设事业作出应有的贡献。

此致

敬礼

××县教育委员会（盖章）
2020 年 5 月 17 日

阅读与讨论：

（1）本文所谢何事？致信方对此事进行了怎样的评价？

（2）作为感谢信，本文是"口头表扬型"还是"实际行动型"？

◇ 例文 2

感谢信

中国工业防腐蚀技术协会：

为贯彻落实国务院关于深化"放管服"改革的总体要求和特种设备行政许可改革的工作部署，国家市场监督管理总局启动了《特种设备生产和充装单位许可规则》安全技术规范的修订工作，在时间紧、任务重、标准高的情况下，贵单位选派优秀专家积极投入此次安全技术规范的修订工作，优质高效、圆满地完成了市场监管总局委托我院的特种设备安全技术规范的起草工作。

在此，对贵单位选派专家的辛勤工作和突出贡献予以表扬，对贵单位在特种设备安全技术规范修订工作中给予的大力支持表示衷心的感谢！

中国特种设备监测研究所（印章）
2019 年 8 月 2 日

阅读与讨论：

（1）为什么感谢信必须写明所谢之事的相关背景？请以本文说明之。

（2）比较本文和前文在写法上的差异。

（二）结构模式

1. 外在格式

感谢信由标题、称谓、正文、致敬语和落款五大部分组成。用于公务的感谢信属于广义的公文，不像《党政机关公文处理工作条例》所规定的 15 种公文的格式要求那么严格，但由于其事务文书的特殊"身份"所限，其呈现出的外部格式的模式性还是相对稳定的。

(1) 标题

感谢信的标题置于首页正文上部居中位置，字体比正文等略大。其主要有以下几种拟制形式。

单独以文种为标题，写为"感谢信"；以感谢对象和文种名称构成，写为"致×××的感谢信"；以感谢双方和文种名称构成，写为"×××致×××的感谢信"。

(2) 称谓

在标题之下左顶格书写被感谢的单位、组织名称和个人姓名。感谢对象如果是个人，称谓前面有时需要加"尊敬的""亲爱的""敬爱的"等字样，以示尊重；在个人姓名之后有时还加上"同志"或其他适宜称呼，以示尊敬和亲切。称谓后加上全角冒号。

(3) 正文

指位于称谓用语之下、致敬语之上的内容。

(4) 致敬语

正文之后另起一行，左边空两格写"此致"，其后不加标点符号，下一行顶格写"敬礼"之类的致敬语，后加感叹号或不加标点符号。也可以用"再次表示感谢"或其他祝愿语取代。如果感谢的是单位，也可以不写致敬语。

(5) 落款

落款包括署名和日期两部分。其写作范式为：如果是单位发出的感谢信，就要求作者在结束语之右下方写明单位名称且加盖公章，以示权威性和严肃性；如果是作者以个人名义写的感谢信，就没有必要盖章，但作者必须在结束语之右下方留下非打印的而是亲笔签写的姓名，以之表示对被感谢者的尊重；当然，无论作者是单位还是个人，都应该在署名之下一行写明全称式发信日期。

2. 正文结构

感谢信作为一种专用书信，其不仅外部格式上具有规范要求，内部结构即感谢信正文部分的结构，也是有着"个性"特征的。其逻辑结构模式为：因何事感谢（概述对方帮助自己的事实，要求写清时间、地点、人物、事件原因、结果）→为何感谢（突出对方关心、帮助、支持所产生的客观效果和意义）→怎样感谢（表明向对方学习的决心和真诚的感谢之意）。

这三个层次的逻辑联系正好契合"知恩图报"的内蕴。成语"知恩图报"由西汉刘向的《说苑·复恩》记载的死士拼死报答秦穆公"食马得酒"的故事演化而来，意思是得到别人的恩惠，就要懂得回报他人。知恩图报是并列结构的短语，由"知恩"和"图报"两部分组成。知恩图报正好可以用来图解感谢信正文的写作。其中，"因何事感谢"和"为何感谢"为"知恩"部分，"怎样感谢"为"图报"部分。

(1) "知恩"部分

"知恩"是感谢信的第一层，它要求作者写清感谢对象和事由。即简明扼要地介绍被感谢者的事迹，交代清楚与事迹有关联的时间、地点、人物、事件、原因、结果六个要素，在此基础上简要阐明因帮助而产生的客观效果和现实意义，并向对方表明真诚的谢意。

如例文1《感谢信》中的"今年我县遭遇了特大洪水灾害,有十余所农村学校校舍被淹,教学设备遭到严重损毁,无法恢复正常的教育教学。在此极度困难的时候,你们省吃俭用、慷慨解囊,向我们捐赠了20万元、500套桌椅、1000套学习用具,帮助我们重建校园、恢复教学,使数千名学生很快又回到课堂,重新开始了快乐的学习生活。你们这种无私奉献、助人为乐的精神是值得我们好好学习的。为此,特向你们表示衷心的感谢"便是"知恩"之内容。

(2)"图报"部分

"图报"是感谢信的结尾部分,其内容为表达向对方学习的态度和决心,其写法会因受益者"报答"方式的差异而有所区别。

"实际行动型"的感谢信要求实实在在地写出感谢的具体行为,例文1便是"实际行动型"感谢信。其中的"我县全体师生决心努力工作、刻苦学习,以优异的成绩报答你们的关怀,为社会主义建设事业作出应有的贡献"便是××县教育委员会代表×县师生员工,向××大学全体师生员工表达学习态度和决心的"图报"部分的内容,也是他们实实在在的"报恩"行动。

例文2中的"在此,对贵单位选派专家的辛勤工作和突出贡献予以表扬,对贵单位在特种设备安全技术规范修订工作中给予的大力支持表示衷心的感谢",属于"图报"部分。文章只有强调宣传、表扬的感谢内容,没有实际报答的行动、措施,属于典型的重在宣传、表扬对方美好行为的"口头表扬型"感谢信。

三、写作策略

(一)使用社会化的书面语体

感谢信在表达感谢的同时,还承担着宣传好人好事、弘扬良好风尚、净化社会风气的育人功能。读者对象的多元化决定了其用语具有鲜明的社会化属性。因此,感谢信在书面表达时应尽量避免使用方言土语,尽量避免使用过于通俗的口语,尽量避免使用超常规的句式和生僻字。

(二)叙事真实而简洁

因为感谢信所涉及之事是对方明确做过的,故而没有必要事无巨细皆写,也没有必要写出让对方尴尬的虚构情节,只要写出主要感人事迹、突出关键事例就行了。字数一般不超过500字。

(三)评价要得体

写感谢信总是怀有感激之情的,作为受益者,对对方的美好行为进行适当赞美是必要的,但议论、评价一定要得体自然,不要无原则地拔高事迹之性质,力戒矫揉造作、虚假浮夸之辞。如例文1中用"你们这种无私奉献、助人为乐的精神是值得我们好好学习的"语句就非常得体地表达了感激之情,如果改成"你们是全县人民的再生父母,全县人民感动得五体投地"等话语,则显得大而不当了。

思考与练习

（一）判断题

1. 感谢信的落款时间可以不写年份。（　　）
2. 对被感谢者的行为的精神向度可以进行夸张。（　　）
3. 感谢信的语言具有书面语色彩。（　　）

参考答案：1. ×　2. ×　3. √

（二）单项选择题

1. 感谢信属于（　　）。
   A. 规章文书　　　　　　　　　B. 狭义的公文
   C. 广义的公文　　　　　　　　D. 只用于私人事务的文书
2. 感谢信在叙事时应（　　）。
   A. 含蓄　　B. 详写事实经过　　C. 可以虚构事实　　D. 概括叙述

参考答案：1. C　2. D

（三）写作题

1. 根据材料写一封实际行动型感谢信。

××大学学生张山，父母均是残疾人，家境十分贫穷，靠亲友的资助读完了中学，中学毕业后，以优异的成绩考上了××大学，但由于支付不起学费，即将中断学业。××市××经贸公司了解到该情况，向他伸出了援助之手，愿意提供他大学期间的学费及生活费，资助他完成大学学业。假如你是××大学三年级学生张山，请你给××经贸公司写一封信函，表达你的感谢之意，不少于300字。

2. 根据材料写一封口头表扬型感谢信。

2019年4月上旬，××县遭到了有史以来罕见的特大洪水灾害。××部队出动了1000余名官兵、5架直升机、10艘舰艇，奔赴抢险第一线，全力投入抗洪救灾工作。洪灾期间，疏散群众500余人，抢救遇险人员150余人，抢运救灾物资2000余吨，抢运受灾群众的财物、牲畜等折合人民币3000余万元，最大限度地降低了××县人民的生命财产损失。灾后，广大官兵又积极帮助广大灾民恢复生产和重建家园，先后搭建帐篷3000余顶，帮助补种水稻、玉米等农作物1000余亩。请你代××县人民政府给××部队全体官兵写一封感谢信。

第二节 慰问信的写作

一、文种概说

（一）文种释义

慰问信是指以组织或个人的名义向在某方面做出特殊贡献，遇到意外损失、巨大灾难，或正处在特别节日里的集体或个人，致以关切之意或表达问候之情的一种专用书信。慰问信是非常重要的社交礼仪文书，是工作、学习、生活中不可或缺的"润滑剂"。它可以充分体现国家、集体或个人给予被关爱者的关心和温暖；可以增进同志之间、亲朋好友之间的深情厚谊；可以使被慰问的单位或个人增强战胜灾难或困难的勇气和决心；可以激发被慰问者勤奋学习或努力工作的力量。

（二）类型划分

一般来讲，根据接受对象的异同，慰问信可大致分为三大类，即表彰型、慰抚型和节日型。

1. 表彰型

表彰型慰问信是指单位或个人对承担了艰巨任务、做出了巨大贡献、取得了突出成绩的先进个人或集体表达慰问的书信。如《省委、省政府致我省支援湖北医疗队的慰问信》《致保家卫国的边防军人的慰问信》，等等。

2. 慰抚型

慰抚型慰问信是指单位或个人对那些由于某种原因（如车祸、火灾、地震、暴雨等）而遭受灾难，或蒙受了巨大损失的集体或个人，表达问候和安抚的书信。如《致××大学被困××疫区的师生员工的慰问信》《致地震灾区各基层学会、广大会员及地质科技工作者的慰问信》，等等。

3. 节日型

节日型慰问信是指在节日或特别活动日到来之际，以单位或个人的名义，对处在节假日或特别活动日里的特殊人群或个人表达问候的书信。如《公司致员工的五一节慰问信》《致全市妇女同胞的慰问信》，等等。

二、写法指要

（一）例文导读

◇ 例文1

致奋战在疫情防控一线党员干部和工作人员的慰问信

全市奋战在疫情防控一线的广大党员干部和工作人员：

新冠肺炎疫情暴发以来，在各级党组织的正确领导下，全市各行业、各领域及各条战线的广大党员干部和全体工作人员，坚决贯彻落实习近平总书记的重要指示精神和中央、省委、市委的决策部署，夜以继日坚守在疫情防控第一线，无私无畏奋战在抗疫阵地最前沿，用心血和汗水守护着全市人民群众的生命安全和身体健康。在此，市委组织部向你们致以崇高敬意和诚挚问候！向默默支持你们的家人表示衷心感谢和亲切慰问！

疫情防控工作开展以来，你们闻令而动、迎难而上、逆向而行，义无反顾投身到疫情防控战斗中。你们放弃休假、到岗履职，践行初心作表率，用责任担当展现了忠诚如一的为民情怀；你们直面风险、舍己为人，主动请缨战病魔，用医者仁心换取了人民群众的万家平安；你们无畏严寒、不惧风雪，严防死守筑防线，用日夜守护筑牢了联防联控的坚强阵地；你们进村入户、逐人排查，精疲力竭不言苦，用连续奋战夯实了疫情防控的坚实基础；你们解疑释惑、宣传引导，苦口婆心不怕难，用无私奉献坚定了战胜疫情的信心决心。你们用扎实作风和实际行动让党旗始终高高飘扬在疫情防控战争的第一线，诠释了对党的忠诚和对理想信念的坚定。

疫情就是命令，防控就是责任。当前，全市疫情防控正处在最吃劲的关键阶段，形势依然严峻，任务尤为艰巨。越是艰难时刻，越要保持定力；越是关键时期，越要扛责在肩。希望你们牢记习近平总书记嘱托，牢记全市人民期待，继续发扬连续作战的顽强作风，以更加饱满的精神状态、更加科学有效的方法、更加严谨细致的作风，把市委、市政府的各项决策部署传递到每一个环节、落实到每一个岗位，以不获全胜不收兵的决心，坚决打赢疫情防控阻击战。

狭路相逢勇者胜。我们坚信，有以习近平同志为核心的党中央坚强领导，有省委、市委的科学决策，有全市人民的齐心协力、同舟共济，我们必定能夺取疫情防控阻击战的全面胜利！

最后，衷心祝愿奋战在疫情防控一线的同志们健康平安！衷心祝愿勤劳善良的鹰城人民幸福安康！衷心祝愿美丽鹰城早日阴霾散尽、春暖花开！

中共平顶山市委组织部（印章）
2020 年 2 月 17 日

阅读与讨论：

（1）本文属于哪种类型的慰问信？

（2）文中概述慰问对象种种事迹的目的和意义何在？

（3）认真阅读全文，归纳此类慰问信的内在结构模式。

◇ 例文 2

致地震灾区各基层学会、广大会员及地质科技工作者的慰问信

地震灾区各基层学会、广大会员及地质科技工作者：

2008年5月12日14时28分,我省汶川县发生了8.0级地震,且余震不断,波及范围甚大,给人民群众的生命财产造成了重大损失,举国震惊。在这场巨大的灾难降临之际,四川省地质学会全体会员非常关注受灾地区的灾情,特别牵挂地震灾区的基层学会、广大会员及地质科技工作者。在此,四川省地质学会代表全省各基层学会、专业委员会和2千多名会员,向你们并通过你们向灾区人民表示深切的慰问,向在震灾中遇难的同胞表示沉痛的哀悼。

地震灾害发生后,党中央、国务院英明决策,果断指挥,全国军民众志成城,奋力抗灾,采取科学有力的措施,全力抢救受伤人员,妥善安置受灾群众生活,为使灾害损失降到最低程度进行了不懈的努力。

当前,抗震救灾工作正进入紧要关头,请身处地震灾区的各基层学会、广大会员及地质科技工作者,发扬不怕牺牲、不畏艰险、特别能吃苦、特别能战斗、特别能奉献的优良传统,在各级党委、政府的统一指挥下,积极配合有关部门,全力抢救受伤群众,并发挥我们自身的专业优势,深入抗震救灾的第一线,把人民群众生命安全放在第一位,全力以赴投入抗震救灾工作中。同时做好灾区地质灾害防治工作。

四川省地质学会在号召各基层学会、专业委员会、全体会员及广大地质科技工作者积极投身到地震救灾、地质灾害防治的同时,号召全省各基层学会要大力发扬"一方有难、八方支援"的精神,积极通过捐款、捐物和献血等各种方式,为灾区群众送温暖、献爱心,支援灾区,和灾区人民风雨同舟,共渡难关。

我们相信有党中央、国务院的亲切关怀和坚强领导,有全国人民心连心,手挽手,坚定信心,众志成城,我们一定能够战胜灾难,夺取抗震救灾斗争的全面胜利,重建美好家园。

四川省地质学会(印章)
二〇〇八年五月二十日

阅读与讨论:
(1) 本文属于什么类型的慰问信?
(2) 文章前言、主体、结尾部分各写了什么内容?

(二) 结构模式

1. 外在格式

慰问信由标题、称谓、正文、祝愿语、落款五大部分组成。慰问信虽然不像《党政机关公文处理条例》所规定的15种公文的格式要求那么严格,但由于属于广义的公文,所以,其呈现出的外部格式仍然是相对稳定的。

(1) 标题

慰问信标题应置于首页正文上部居中位置,字体比正文略大。其形式通常有以下三种:

单独以文种名称为标题,写为"慰问信";由慰问对象和文种名称构成,写为"致×××××的慰问信";由慰问双方和文种名称构成,写为"×××致×××的慰问信"。

（2）称谓

即在标题之下左顶格书写的被慰问的单位、组织名称或个人姓名。慰问对象如果是个人，称谓前面有时需要加"尊敬的""亲爱的""敬爱的"等字样，并在个人姓名后加上"先生"或其他表示尊敬的称呼；称谓后应加上全角冒号。

（3）正文

正文位于称谓用语之下、祝愿语之上。

（4）祝愿语

正文之后另起一行，左边空两格写"此致"，其后不加标点符号，下一行顶格写"敬礼"之类的祝愿语，后加感叹号或不加标点符号；也可以用其他祝愿语取代；如果慰问的是单位，也可以不写祝愿语。

（5）落款

落款包括署名和日期两部分内容。其写作范式为：如果是单位发出的慰问信，就要求作者在祝愿语之右下方写明单位名称且加盖公章，以示严肃性；如果是以作者个人名义写的慰问信，就没有必要盖章，但作者必须留下非打印的而是亲笔签写的姓名，以之表示态度的真诚；当然，无论作者是单位还是个人，都应该在署名之下一行写明规范的全称式发信日期。

2. 正文结构

慰问信的正文由前言、主体和结尾三个有序的部分组成。

（1）表彰型、节日型慰问信正文的写作

前言：简述慰问对象和缘由。例文《致奋战在疫情防控一线党员干部和工作人员的慰问信》，是中共平顶山市委组织部对全市奋战在疫情防控一线的广大党员干部和工作人员的慰问信。

主体：概述被慰问者值得赞扬的业绩事实。例文《致奋战在疫情防控一线党员干部和工作人员的慰问信》，用排比的方法概括叙述了一线党员干部和工作人员舍小家、顾大家，舍生忘死地抗击疫情的种种事迹。

结尾：提出希望和号召。例文《致奋战在疫情防控一线党员干部和工作人员的慰问信》的结尾，希望大家"牢记习近平总书记嘱托，牢记全市人民期待，继续发扬连续作战的顽强作风，以更加饱满的精神状态、更加科学有效的方法、更加严谨细致的作风，把市委、市政府的各项决策部署传递到每一个环节、落实到每一个岗位，以不获全胜不收兵的决心，坚决打赢疫情防控阻击战"。

分析上述两类慰问信内在结构的三个层次之间的逻辑关系，其前言、主体、结尾所写的内容可具化为：简述因何事慰问对方→概述被慰问者的可喜业绩→提出希望和号召。成语"继往开来"是其很好的注脚，可以用来帮助我们形象地记忆表彰型慰问信与节日型慰问信的写法。该成语出自朱熹《朱子全书·周子书》："所以继往圣，开来学，而大有功于斯世也。"原指继承先贤的学说，为后来的学业开路；现常用来喻指继承过去的好精神或品德，在未来发扬光大。继往开来是并列结构的短语，由"继往"和"开来"两部分组成。慰问信的前言部分只是慰问信的"帽子"，其"身体"（重点）还在主体和结尾部分所涉及的值得学习与传承的具体精神、品德和行为。该精神、品德和行为正是"继往"的内容。"开来"是指在继往精神引领之下开创美好未来，这与慰问信的结尾部分要求的"提出希望和号召"的内容正好不谋而合。继往开来的内涵与表彰型、节日型慰问信内在结构的逻辑联系，可以帮助我们有效地进行两类慰问信的写作。

（2）慰抚型慰问信正文的写作

前言：简述慰问对象和慰问缘由。如例文《致地震灾区各基层学会、广大会员及地质科技工作者的慰问信》，开篇便点出了慰问对象和慰问缘由是"牵挂地震灾区的基层学会、广大会员及地质科技工作者以及广大的灾区人民"。

主体：概述灾难等发生后政府的措施，受灾者现有的状态，写信者的帮助措施。如例文《致地震灾区各基层学会、广大会员及地质科技工作者的慰问信》概述了地震发生后，党中央、国务院英明决策、果断指挥，全国军民众志成城、奋力抗灾；灾区各基层学会、广大会员及地质科技工作者应该发挥专长，积极自救；我们将伸出援助之手，与你们共渡难关。

结尾：展望美好前景，增强战胜灾难或困难的信心。如例文《致地震灾区各基层学会、广大会员及地质科技工作者的慰问信》，给灾民展望的美好前景是：只要"我们相信有党中央、国务院的亲切关怀和坚强领导，有全国人民心连心，手挽手，坚定信心，众志成城，我们一定能够战胜灾难，夺取抗震救灾斗争的全面胜利，重建美好家园"。

分析慰抚型慰问信结构的三个层次之间的逻辑关系，其前言、主体、结尾三部分可具化为：简述因何事慰问对方→概述灾难等发生后政府的措施，受灾者现有的状态，写信者的帮助措施→展望美好前景，增强战胜灾难或困难的信心。其逻辑关系可以用成语"风雨同舟"来呈现。该成语出自《孙子·九地》："夫吴人与越人相恶也，当其同舟共济，遇风，其相救也如左右手。"现常用风雨同舟来比喻共同经历患难。风雨同舟是偏正短语，"风雨"是状语，同舟是中心语。"风雨"在这里喻指生活中的灾难或困难。月有阴晴圆缺，人有旦夕祸福，此事古难全。所以，集体或个人在困难或灾难面前，所持的态度不应该是消极逃避，要敢于面对困难或灾难，彼此紧密团结、同舟共济。从例文《致地震灾区各基层学会、广大会员及地质科技工作者的慰问信》中可以看出，书信的重点不是写地震灾害如何严重，重在强调政府、我们、你们三方如何扮演好各自的角色，彼此密切配合，积极"共济"，共同为实现重建家园的美好愿望而奋斗。

三、写作策略

（一）浓郁的情感性

无论是对有突出贡献者或是节假日仍在坚持工作的劳动者的慰勉，还是对遭遇灾难者的安抚，情感的沟通都是不可缺少的。卓有贡献者或节假日、特殊时期没有休息而坚持战斗在第一线的人们，借此可以得到一种被理解和尊重的满足感，进而激发起再接再厉的动机和热情；处在灾难中的人们借此可以获得一种被关爱、被抚慰的温情，可以平复其内心的疼痛感，可以激发起战胜灾难或困难的决心。

（二）书面语体性

不管是直接寄给本人的慰问信，还是以张贴、登报，在电台、电视上播放的形式出现的慰问信，都是希望让尽可能多的社会大众理解和学习——表彰型慰问信和节日型慰问信所鼓励的是创造佳绩者、节假日仍然在贡献力量的被慰问者；关爱或支援慰抚型慰问信面向的是受灾、受损的被慰问对象。要实现这样的目的，只能使用大家都能接受的书面语体形式。此外，使用书面语体，还能表明作者对被慰问者的慰问是发自内心的，是郑重而严肃的。

（三）语言精练、篇幅短小

慰问信一般都非常简略、精练。因为，慰问信中所涉及的事实都是被慰问者所亲历或知晓的，故而，慰问信写作者对慰问信所涉及的事件经过一般都不必做详细的阐释，只需要简略地介绍事件所涉及的时间、地点、人物、起因。

思考与练习

（一）判断题

1. 慰问信中所涉及的事实的经过要详写。　　　　　　　　　　　　（　　）
2. 表彰型慰问信中的主体部分重在歌颂被慰问者值得赞扬的业绩事实。（　　）
3. 慰问信的语言具有书面语色彩。　　　　　　　　　　　　　　　（　　）
4. 慰抚型慰问信的主体部分主要概述灾难等发生后政府的措施，受灾者现有的状态，写信者的帮助措施。（　　）

参考答案： 1. ×　2. √　3. √　4. √

（二）单项选择题

1. 下列情况中不能使用慰问信的是（　　）。
   A. 张教授50岁寿辰　　　　　　　B. 某地遭受火灾
   C. 教师节问候　　　　　　　　　D. 做出贡献的人或单位
2. 慰问信的标题可以只写（　　）。
   A. 慰问对象　　B. 被慰问对象　　C. 文种　　D. 问候语

参考答案： 1. A　2. C

（三）写作题

1. 根据下面的材料，以××公司的名义，向全体员工及家属写一份新春慰问信。

（1）春节到了，公司向一年来战斗在各个工作岗位并付出辛勤劳动的各位员工表示衷心的感谢，同时向员工及其家属致以亲切的节日问候。

（2）过去的一年，员工们发扬了舍小我为大家的精神，为完成公司的各项生产任务努力拼搏，先后克服了年初的雪灾、严寒，年中的西山路北大桥封路维修的时间紧、人手紧缺，年底的金融风暴冲击等困难，以高度的责任感和职业道德，向公司和社会交出了一份满意的答卷。

（3）春节是中华民族的传统节日，是辞旧迎新、阖家团聚的良辰吉日。而在这一美好时刻，大部分员工仍然战斗在工作第一线，为的是让更多的人能与家人团聚，这种大公无私的精神令人钦佩！员工家属们，当你们的亲人无法回家团聚时，你们毫无怨言，还选择了大力支持，这种崇高品质同样值得赞扬！

2．阅读下列材料，以××大学学生会的名义为"中国援意专家组"写一封慰问信。

（1）2020年3月11日，世卫组织宣布新冠肺炎已具有"大流行病"特征。全球进入会战"新冠肺炎"时间。3月12日，外交部发言人耿爽主持例行记者会时强调，病毒是人类共同的敌人，疫情没有国界。中方将同世界各国同舟共济、共克时艰，为夺取全球抗"疫"的最终胜利贡献中国力量和中国智慧，与各方一道在抗击疫情的过程中推动构建人类命运共同体。

（2）据新华社消息，意大利新冠病毒应急委员会专员博雷利在3月16日说，截至当地时间当天18时，意大利累计新冠肺炎确诊病例升至27980例，累计死亡病例升至2158例，成为境外疫情最为严重的国家。

（3）3月12日，由国家卫健委和中国红十字会共同组建的抗疫医疗专家组一行9人携31吨医疗物资抵达罗马，驰援意大利抗击新冠肺炎疫情。专家组一行9人分别为：中国红十字会副会长孙硕鹏，国家卫健委国际合作司欧美处处长陆明，中国疾病预防控制中心寄生虫病预防控制所（国家热带病研究中心）副所长肖宁，中国血液制品专家、国药中国生物副总裁杨汇川；其中，四川派出5人，分别为四川大学华西医院呼吸与危重症医学科主任梁宗安，华西医院重症医学科小儿ICU护士长唐梦琳，四川省疾控中心微生物所副所长童文彬，四川大学外国语学院讲师吉晋，中国红十字会成都救灾备灾中心主任秦小利。

（4）3月17日，受国家派遣，浙江组建中国抗疫医疗专家组共12人赴意大利协助应对疫情。专家组由浙江大学医学院附属第一医院、省中医院、省疾控中心、省立同德医院的重症医学科、呼吸内科、感染病科、中医内科、检验科、传染病防治等专业的专家组成。其成员分别是：裘云庆（浙江大学医学院附属第一医院常务副院长/主任医师），杨珺超（浙江省中医院副院长/呼吸内科主任中医师），凌锋（浙江省疾病预防控制中心传染病预防控制所副所长），胡旭（浙江省立同德医院/中医内科副主任中医师），俞海英（浙江大学医学院附属第一医院/感染科副主任医师），周华（浙江大学医学院附属第一医院/呼吸科副主任医师），蔡洪流（浙江大学医学院附属第一医院/重症医学科副主任医师），王晓燕（浙江大学医学院附属第一医院/护理部副主任医师），余斐（浙江大学医学院附属第一医院/检验科主治医师），廖亿兴（浙江大学医学院附属第一医院/呼吸治疗师主管技师），陈正方（浙江卫生健康委员会合作交流处处长），陈垣（浙江省侨缘公益互助促进会副秘书长）。

第三节 贺信的写作

一、文种概说

（一）文种释义

贺信是党政机关、企事业单位、社会团体和个人向其他单位、组织和个人表示祝贺的一种专用书信。作为一种事务文书，其使用范围非常广泛，个人与集体之间、上下级单位之间、平级单位或不相隶属单位之间都可以使用。作为一种社交礼仪文书，其传播方式自由灵活，公开宣读、寄给单位或个人、张贴、大众传媒宣传等方式都可以采用。贺信与人们的生活息息相关，它除了具有显在的祝贺功能，还有着积极的鼓励和宣传教育作用。

（二）类型划分

一般来说，贺信按内容分为三类：一是佳绩型，用于对取得突出成绩的单位和个人表示祝贺；二是诞辰型，用于对单位或个人的诞辰、节日以及纪念性活动表示祝贺；三是会议型，用于对一些重要会议开幕表示祝贺。

二、写作指要

（一）例文导读

◇ 例文 1

贺　信

××药业公司：

欣悉你们 2020 年利税总额首次突破 1 亿元大关，比上一年度翻了一番，实现建厂以来历史性突破。这是××药业公司发展历程中具有里程碑意义的大喜事。为此，市政府向你公司全体员工表示热烈的祝贺！

近年来，你公司领导班子率领全体员工解放思想，更新观念，抢抓机遇，秉承"××××"的企业精神，求真务实，开拓进取，牢固树立科学发展观，以高新技术改造传统产业，大力实施"绿色"制药理念，通过卓有成效的管理创新、产品创新、技术创新和市场创新，创造了一个又一个发展奇迹，成为我市经济建设的重要力量和药都建设的楷模。目前，你公司已经成为全国技术水平最高、生产规模最大的生产企业，同时也是国内重要的生产基地，经济效益跨入全国制药 100 强企业行列，企业和产品先后荣获全国优秀企业和省名牌产品等众多荣誉称号，取得了令人瞩目的可喜成绩。

××药业公司是我市制药骨干企业,也是我市重点工业利税大户之一。多年来,为我市经济建设作出了重要贡献。市政府希望你公司全体员工不骄不躁、再接再厉,创造更加优异的成绩,为加快我市经济建设和工业发展,在全省率先实现全面建成小康社会的宏伟目标作出新的更大的贡献。

××市人民政府(印章)
2020年×月×日

阅读与讨论:

(1) 本文是哪一种类型的慰问信?祝贺的事由是什么?
(2) 以本文为例,谈谈此类贺信正文部分的结构模式。
(3) 写作贺信应当情感真挚、热情洋溢,在文章中是否有所体现?
(4) 篇首的"欣悉"是贺信开头的惯用语,贺信还有哪些类似的习惯性表达?

◇ **例文2**

致2019中国国际大数据产业博览会的贺信

值此2019中国国际大数据产业博览会召开之际,我谨向会议的召开致以热烈的祝贺!

当前,以互联网、大数据、人工智能为代表的新一代信息技术蓬勃发展,对各国经济发展、社会进步、人民生活带来重大而深远的影响。各国需要加强合作,深化交流,共同把握好数字化、网络化、智能化发展机遇,处理好大数据发展在法律、安全、政府治理等方面的挑战。中国高度重视大数据产业发展,愿同各国共享数字经济发展机遇,通过探索新技术、新业态、新模式,共同探寻新的增长动能和发展路径。希望各位代表和嘉宾围绕"创新发展·数说未来"的主题,共商大数据产业发展与合作大计,为推动各国共同发展、构建人类命运共同体作出贡献。

预祝会议取得圆满成功!

中华人民共和国主席 习近平
2019年5月26日

(二) 结构模型

1. 外在格式

贺信一般由标题、称谓、正文、祝愿语、落款五部分构成。

(1) 标题

贺信标题应置于首页正文上部居中位置,字体比正文等略大。其形式通常有以下四种:

单独以文种名称为标题,写为"贺信"。
由祝贺对象和文种名称构成,写为"致×××××的贺信"。
由祝贺与接受祝贺的双方和文种名称构成,写为"×××致×××的贺信"。

由祝贺单位和文种名构成，写为"×××××贺信"。

（2）称谓

在标题之下左顶格书写被祝贺的单位、组织名称或个人姓名。如果被感谢的对象是个人，其称谓前面需要加"尊敬的""亲爱的""敬爱的"等字样，以示尊重；在其姓名之后应加上先生、女士或其他适宜称呼，以示尊敬和亲切。称谓后加上全角冒号。如果是上级对下级的祝贺，有时也可不写称谓。

（3）正文

正文位于称谓用语之下、祝愿语之上。

（4）祝愿语

即正文下一行，左侧空两格开始写的表祝愿的话语，如"祝健康长寿""祝前程似锦""此致，敬礼"等。当然，如果被祝贺的是单位，也可以不写祝愿语。例文《贺信》是市政府写给"药业公司"这个集体的，所有的祝愿和希望在文中已经交代清楚，故没有必要再写祝愿语。注意："此致"后不用标点符号，"敬礼"后用"感叹号"或不用标点符号；其他表祝愿的话语后面宜用感叹号。

（5）落款

落款包括署名和日期两部分。如果是单位发出的贺信，就要求在祝愿语之右下方写明单位名称且加盖公章，以示权威性和严肃性；如果是以作者个人名义写的贺信，作者必须在祝贺语之右下方留下非打印的而是亲笔签写的姓名，以之表示对被祝贺者的尊重。当然，无论作者是单位还是个人，都应该在署名之下一行写明发信日期，其标注之年月日应为规范的全称式。

2. 正文结构

贺信正文部分包括前言、主体、结尾先后有序的三大部分。

前言：结合当前的形势，说明对方取得成绩的大背景，或者某个重要会议召开的历史条件。常以"欣闻……"或"值此……之际"领起。

主体：概述对方取得的成绩，分析其成功的主客观原因；贺寿的贺信要概述对方的贡献和品质。这一部分是贺信的核心之所在。

结尾：对被祝贺者表示发自内心的祝贺。要写些表示鼓励的话，提出希望和共同的愿望。

虽然贺信三大部分的结构和内容安排总体相近，但不同类型的贺信在具体写法上还是存在一定差异的。其中，会议型贺信与佳绩型、诞辰型贺信的写法区别更为明显。

1. 佳绩型、诞辰型贺信的写法

写佳绩型贺信时，要着重分析单位或个人取得成绩的主客观原因，并将所取得的成绩对单位发展、国家建设、人类进步的作用、影响阐述清楚，在此基础上，祝愿被祝贺者取得更大的成绩。其结构模式一般为：前言（祝贺什么、为何祝贺、祝贺谁）→主体（取得的成绩及其原因、作用等）→结尾（愿被祝贺者取得更好的成绩或做出更大的贡献）。诞辰型贺信一般是单位开展成立周年或个人寿辰等庆典、纪念性活动时，相关单位或个人为表示庆祝而使用的。写这种贺信时，要着重说明开展该庆祝活动的重要意义，并给予对方客观公正的评价。其结构模式是：前言（祝贺什么、为何祝贺、祝贺谁）→主体（赞扬被祝贺对象所取得的成绩及其美好品德）→结尾（祝愿双方关系或事业等迈上新台阶）。两类祝贺信的前言部分都只是贺信之"帽子"，意在用一两句话引出祝贺对象、祝贺事件和祝贺原因；主体与结尾部分是贺信的核心部分，意在赞扬成绩和提出希望。这两部分内容正好与成语"百尺竿头，更进一步"的内蕴相契合。该成语出自释普济《五灯会元·长沙景岑禅师》："百尺竿头须进步，十方世界是全身。"佛教用以比喻道行修养达到极高境界，但尚须继续努力；现在常用来勉励人们不要满足于已取得之成绩，而应该继续努力，以求上进，达到更高的水平。如果用成语"百尺竿头，更进一步"来帮助我们记忆佳绩型、诞辰型贺信的主体与结尾部分的逻辑结构，那么，此类贺信的写作就容易多了。

（1）"百尺竿头"与主体制作

"百尺竿头"，即百尺高的竹竿顶端，意为已经取得了很大的成绩或达到很高的精神境界。其含义正好与佳绩型贺信主体部分的"概述已经取得的成绩，议论其成绩对人类进步、国家富强、单位发展之意义"内容合拍；与此同时，其含义也与庆贺寿辰的贺信主体部分"赞扬对方在事业上的成就或对社会的贡献"等内容相契合。因此，我们可以说，"百尺竿头"是佳绩型贺信与诞辰型贺信主体部分的最好注脚。

（2）"更进一步"与结尾制作

"更进一步"是需要继续努力的意思，这与佳绩型贺信结尾"愿对方取得更好的成绩或做出更大的贡献"和诞辰型贺信的结尾"祝愿双方关系或事业等迈上新台阶"的内容要求高度一致。

因此，只要领会了"百尺竿头，更进一步"的含义，就记住了佳绩型、诞辰型贺信主体与结尾部分的写作方法。

2. 会议型贺信的写法

此类贺信一般是为祝贺一些重要会议的开幕而作，要着重写出召开此次会议的重要性，并表达对会议的期望或要求。该类贺信的结构模式是：前言（祝贺什么、为何祝贺、祝贺谁）→主体（会议召开的背景及其必要性、意义等）→结尾（表达对会议的期望或发出祝愿）。会议型贺信的前言部分与佳绩型、诞辰型贺信的前言部分的写法差不多，也仅仅是一个模式化的"帽子"而已，只要写清祝贺什么会议召开，为什么要祝贺其召开就行。如《致2019中国国际大数据产业博览会的贺信》开头："值此2019中国国际大数据产业博览会召开之际，我谨向会议的召开致以热烈的祝贺！"其实，会议型贺信的主体和结尾才是正文的核心部分，而该部分的逻辑建构恰好与成语"用天因地"的内涵相一致。该成语出自东汉班固等的《东观汉记·公孙述传》，其原文为"蜀地沃野千里，土壤膏腴……所谓用天因地，成功之资也"，意为利用天时、顺应地利是成功的依托，即只要符合客观发展规律，充分利用有利条件，事情就一定会成功。成语的寓意与会议型贺信正文的主体、结尾部分的写作要求十分契合。

(1)"用天"与主体部分的写作

成语"用天因地"是并列结构的短语,其"用天"意为适应客观规律,本指自然规律,也泛指时代发展规律。会议型贺信正文的主体部分就是要强调会议的召开是与特定发展背景相一致的,是符合时代发展规律的,是很有必要的。例文《致2019中国国际大数据产业博览会的贺信》中的"当前,以互联网、大数据、人工智能为代表的新一代信息技术蓬勃发展,对各国经济发展、社会进步、人民生活带来重大而深远的影响。各国需要加强合作,深化交流,共同把握好数字化、网络化、智能化发展机遇,处理好大数据发展在法律、安全、政府治理等方面的挑战",就是强调2019中国国际大数据产业博览会是"用天"的,强调它是与特定的时代背景相适应的,是符合社会发展规律的。因此,该会议的召开是顺应历史潮流的,是有利于历史进步的,是很有必要召开的。

(2)"因地"与结尾部分的写作

"用天因地"中的"因地"与"用天"分属成语的两翼。"用天"偏向于社会发展规律的"时代背景","因地"则更加强调有利的实实在在的现实条件。例文《致2019中国国际大数据产业博览会的贺信》中的"中国高度重视大数据产业发展,愿同各国共享数字经济发展机遇,通过探索新技术、新业态、新模式,共同探寻新的增长动能和发展路径",正是"因地"的具体阐释。

总之,只要既注意了宏观层面的发展大势,又充分利用了有利的现实的发展条件,事业就一定能够成功!正是因为2019中国国际大数据产业博览会"用天因地",所以"希望各位代表和嘉宾围绕'创新发展·数说未来'的主题,共商大数据产业发展与合作大计,为推动各国共同发展、构建人类命运共同体作出贡献"的提出也就顺理成章了。

三、写作策略

(一)情感真挚

态度真诚,评价恰当。贺信需要热情洋溢,但一定要把握分寸,任何浮躁和夸饰都是不允许的。

(二)语体书面化

贺信属于广义的公文,使用规范的现代汉语书面语是其基本要求。正是基于此,贺信应尽量避免使用方言、土语以及晦涩难懂的字词和语句。

(三)精练简短

语言要求尽量精练简洁,反对不切实际的抒情与描写;篇幅要求尽量短小精悍,反对空泛的长篇大论。

思考与练习

（一）判断题

1. 贺信的主要功能是向对方表示祝贺，也具有教育、鼓舞作用。（ ）
2. 贺信的开头常以"欣闻……"或"值此……之际"领起。（ ）
3. 贺信的作者可以是单位，也可以是个人。（ ）

参考答案： 1. √ 2. √ 3. √

（二）单项选择题

1. 贺信的标题不可以没有（   ）。
   A. 作者 B. 事件 C. 关于 D. 文种
2. 贺信的结尾部分一般要求写上（   ）。
   A. 被祝贺单位或人的事迹 B. 写信的单位
   C. 提出希望和愿望 D. 祝福语

参考答案： 1. D 2. C

（三）多项选择题

1. 贺信写作应（   ）。
   A. 实事求是 B. 评价恰当 C. 态度诚恳 D. 用语得体
2. 贺信可以（   ）。
   A. 公开宣读 B. 寄给单位或个人
   C. 张贴 D. 大众传媒宣传

参考答案： 1. ABCD 2. ABCD

（四）写作题

××汽车有限公司成立于2008年10月。成立之初，该公司仅有员工80人，只有双排座微卡商用车一条生产线，没有独立的设计、研发和销售团队，只能挂靠其他汽车公司生存。而今，××汽车有限公司已经拥有完善的设计、研发、制造、销售、服务产业链体系。公司相继获得了国家高新技术企业、××市企业技术中心、××市知识产权优势企业、××市高成长性科技型企业、××市工业互联网试点示范企业的称号。已经开发出VV汽车乘用车品牌、茶杯商用车品牌，产品涵盖SUV、MPV、微客、微卡、新能源汽车等。在××市××区建有年产40万辆乘用车基地、40万台发动机生产基地以及20万辆商用车生产基地。公司销售、服务网络覆盖全国1000多个县市，产品远销南美、非洲、中东、东南亚等40多个国家和地区，2019年产值超125亿元，员工超过3000人。

公司拟于2020年10月举行诞辰12周年庆祝仪式，并开展丰富多彩的庆祝活动。假如你是YY汽车有限公司的法定代表人，请你以YY汽车有限公司的名义为该公司写一封祝贺信。

参考文献

[1] 中共中央办公厅，国务院办公厅. 党政机关公文处理工作条例［S］. 2012.

[2] 国家质量监督检验检疫总局，国家标准化管理委员会. 党政机关公文格式［S］. 2012.

[3] 秦熏陶. 高级应用文［M］. 长沙：湘芬书局，1946.

[4] ［英］休谟. 人性论［M］. 关文运，译. 北京：商务印书馆，1980.

[5] 张寿康. 文章学导论［M］，武汉：湖北教育出版社，1983.

[6] 徐立，陈新. 古人谈文章写作［M］. 广州：广东人民出版社，1985.

[7] 李德顺. 价值论［M］. 北京：中国人民大学出版社，1987.

[8] 徐望之. 公牍通论［M］. 北京：档案出版社，1988.

[9] 苗枫林. 中国公文学［M］. 济南：齐鲁书社，1988.

[10] 许同莘. 公牍学史［M］. 北京：档案出版社，1989.

[11] 周森甲. 中国现代公文写作原理与方法［M］. 北京：知识出版社，1994.

[12] 马克思恩格斯选集：第2卷［M］. 北京：人民出版社，1995.

[13] 林守为. 最新应用文［M］. 台湾：大孚书局，1996.

[14] 丁晓昌，昌志祥，胡元德. 应用写作学［M］. 南京：南京师范大学出版社，2000.

[15] 洪威雷，等. 应用文写作新论［M］，武汉：武汉大学出版社，2001.

[16] 吴新元. 公文正文三要素说与公文正文格式化导论［M］. 北京：中国档案出版社，2005.

[17] 苗发勇. 工作总结写作规范与范例［M］. 南宁：广西人民出版社，2007.

[18] 陆雅慧. 公文写作［M］. 北京：北京师范大学出版社，2007.

[19] 陆明，赵华. 怎样写总结［M］. 北京：中国民主法制出版社，2011.

[20] 徐成华，等. 《党政机关公文格式》国家标准应用指南［M］. 北京：中国质检出版社，中国标准出版社，2012.

[21] 张浩. 总结计划类文字材料写作范本［M］. 北京：北京工业大学出版社，2012.

[22] 袁雪良，刘静. 新编应用文写作实用教程［M］. 北京：北京邮电大学出版社，2012.

[23] 邓红. 经济应用文写作［M］. 重庆：重庆大学出版社，2012.

[24] 吴新元. 公文要素对应理法［M］. 北京：九州出版社，2012.

[25] 夏海波. 公文写作与处理［M］. 北京：北京大学出版社，2013.

[26] 洪威雷，刘伟伟. 新编大学应用文写作［M］. 3版. 武汉：武汉大学出版

社，2013．

　　［27］高永贵．公文写作与处理［M］．北京：北京大学出版社，2013．
　　［28］杨霞．公文写作规范与例文解析［M］．2版．北京：北京大学出版社，2013．
　　［29］岳海翔．公文写作教程［M］．北京：高等教育出版社，2013．
　　［30］中国公文写作研究会．公文写作培训教程［M］．北京：中国言实出版社，2013．
　　［31］张家恕，等．现代应用写作教程［M］．重庆：重庆出版社，2013．
　　［32］邱心镜．公文写作与处理［M］．北京：人民卫生出版社，2013．
　　［33］赵映诚．当代公文写作［M］．大连：东北财经大学出版社，2013．
　　［34］赵映诚．秘书学新编［M］．大连：东北财经大学出版社，2013．
　　［35］周轩．公职人员述职报告写作一本通［M］．北京：中国人事出版社，2014．
　　［36］赵映诚．文书工作与档案管理［M］．北京：高等教育出版社，2014．
　　［37］张庆儒．公文处理学［M］．2版．北京：高等教育出版社，2014．
　　［38］胡占国．机关经验做法类文字材料写作要领与范本［M］．北京：海潮出版社，2014．
　　［39］岳海翔．公文写作实用大全［M］．北京：中国文史出版社，2014．
　　［40］郭冬．秘书写作［M］．北京：高等教育出版社，2014．
　　［41］王健．文书学［M］．3版．北京：中国人民大学出版社，2015．
　　［42］李承军．公共组织学［M］．北京：中国人民大学出版社，2015．
　　［43］尉天骄．汉语实用写作新编［M］．上海：上海外语教育出版社，2015．
　　［44］裴显生，岳海翔．公文写作教程［M］．北京：高等教育出版社，2015．
　　［45］王健平．从零开始学公文写作［M］．北京：清华大学出版社，2015．
　　［46］李和忠．新编领导讲话稿写作方法与范例［M］．北京：中国文史出版社，2016．
　　［47］高永贵．公文写作与处理考试教程［M］．北京：北京大学出版社，2016．
　　［48］吕泽志，马常亮，杨杰．经验做法类文字材料写作（修订版）［M］．北京：蓝天出版社，2016．
　　［49］余潇，侯蓉英．社交文书写作模板与范本［M］．北京：中国纺织出版社，2016．
　　［50］白延庆．公文写作教程［M］．北京：对外经济贸易大学出版社，2016．
　　［51］王群．品味公文［M］．北京：北京联合出版公司，2016．
　　［52］杜维民，岳海翔．新编公文写作［M］．西安：陕西人民出版社，2017．
　　［53］徐福义，熊睿．应用文写作指导与口语交际［M］．1版．北京：机械工业出版社，2017．
　　［54］叶黔达．现代公文写作与处理最新规范·观念·技巧［M］．成都：四川人民出版社，2017．
　　［55］杨文丰．现代应用文书写作（第5版）［M］．北京：中国人民大学出版社，2017．

[56] 桂维民，岳海翔. 新编公文写作［M］. 西安：陕西人民出版社，2017.

[57] 黄文贵. 应用写作实训教程［M］. 重庆：重庆大学出版社，2017.

[58] 陈顾，王瑜珲. 实用应用文写作教程［M］. 北京：北京理工大学出版社，2018.

[59] 像玉的石头. 怎样写出好公文［M］. 北京：清华大学出版社，2019.

[60] 张昕，李泉. 行政组织学［M］. 2 版. 北京：中国人民大学出版社，2019.

[61] 胡苏姝，雷晓燕. 应用文写作［M］. 成都：西南交通大学出版社，2020.

[62] 辛辉，荣丽双. 公文写作范本［M］. 北京：中国法制出版社，2020.

[63] 叶黔达. 现代公文写作技巧［M］. 成都：四川人民出版社，2021.

[64] 张志华. 公文写作教程［M］. 长沙：中南大学出版社，2004.

[65] 孙观青. 公文写作主体的"三足鼎立"［J］. 档案学通讯，2018（1）.

[66] 黄小玲，张南平. 知照类公文写作模式探微［J］. 应用写作，2011（10）.

[67] 张文翔. 浅谈运用逻辑划分规则解决层次标题混乱问题［J］. 应用写作，2014（12）.

[68] 苏武荣. 强化审核把关提高公文质量［J］. 应用写作，2018（2）.

[69] 刘凤，李好好. 论公文中模糊语言的使用——以《2019 年国务院政府工作报告》为例［J］. 应用写作，2019（8）.

[70] 张志华，华婷. 论公文主旨的科学界定、科学划分及科学表达——以《国务院公报》（2013—2017 年）的公文文本为例［J］. 写作，2019（3）.

[71] 房立洲. 海纳百川 有容乃大——浅谈公文语言的借鉴与创造［M］. 领导之友，2016（22）.

[72] 胡峰力. 规范公文写作基本要素的思考［J］. 领导之友，2017（3）.

[73] 张迎军，陈红霞. 讲话稿与发言稿的六种差异［J］. 秘书，2013（12）.

[74] 马国华. 文稿起草"八步法"［J］. 秘书工作，2016（7）.

[75] 薛贵辉. 如何写出好用的提纲［J］. 秘书工作，2020（1）.

[76] 姜德照. 公文主体写作"三线提纲法"要略［J］. 秘书之友，2020（4）.

[77] 朱明友. 谈谈修改文稿的方式［J］. 秘书之友，1991（12）.

[78] 张鹏立. 浅谈中国古代书信［J］. 河北社会主义学院学报，2014（2）.

[79] 赵映诚. 论公文的写作技法［J］. 江汉大学学报，1994（1）.